UAM
EDICIONES

Colección de estudios

Las Audiencias y la Administración de Justicia en las Indias

Eduardo Martiré

Ediciones Universidad Autónoma de Madrid
Servicio de Publicaciones de la UAM
Ciudad Universitaria de Cantoblanco. Ctra. de Colmenar, Km. 15
Edificio Rectorado, 2ª Entreplanta
28049 Madrid
Tel. 914974233
http:/www.uam.es/servicios/otros/publicaciones
servicio.publicaciones@uam.es

Diseño de portada: Miguel Ángel Tejedor López
Diseño colección: Servicio de Publicación
I.S.B.N.: 84-7477-994-4
Depósito Legal: M-38448-2005
Impreso en: Solana e Hijos, A. G., S.A.-San Alfonso, 26 (La Fortuna) - MADRID
Impreso en España

ÍNDICE

PRÓLOGO 7

PRIMERA PARTE. ***El Derecho Indiano (Del* ius commune a *la modernidad)*** 9

1. Introducción; la prolongada vigencia en el tiempo y en el espacio del *ius commune* 9
2. El *ius commune* y los *iura propria*: Del rey lector al rey legislador 17
3. La importancia de la ley del rey en los orígenes del Derecho Indiano 22

SEGUNDA PARTE. ***La administración de justicia*** 41

1. Introducción 41
2. Los altos tribunales de justicia en Indias 46
3. El proceso 49
4. El estilo castellano-indiano de no motivar las sentencias 53
5. El *iudex perfectus* en Indias 56
6. El modelo durante la Ilustración 72
7. La importancia de las Audiencias en el Nuevo Mundo 92
8. La elación de los oidores indianos 98
9. La selección de los jueces para las plazas de Indias 104
10. Posesión de bienes materiales, tratos y contratos 108
11. Matrimonios de oidores celebrados sin licencia 127
12. Armonía entre presidente y oidores y de estos entre sí 140
13. La conducta de los jueces y sus relaciones con el medio 170
14. El respeto por el proceso audiencial 178
15. El *iudex perfectus* y su trato con los naturales 190
16. La vigilancia de la conducta de los magistrados. Residencias y visitas 206
17. La crítica a la administración de justicia en el siglo XVIII 237
18. La justicia atada al antiguo régimen 242
19. La administración de justicia pos-revolucionaria 259

ABREVIATURAS UTILIZADAS 273
BIBLIOGRAFÍA 275

Prólogo

Este libro es esencialmente fruto de la investigación que realicé durante mi "estancia académica" en la Facultad de Derecho de la Universidad Autónoma de Madrid, otorgada por el Ministerio de Educación de España, a instancias de esa Universidad, durante los años académicos 2002/2003.

Me integré por tal motivo a la cátedra de Historia del Derecho de la Profesora Marta Lorente, ocupándome de actividades docentes y de investigación. En este último campo hice mi contribución al Programa de investigación que se venía desarrollando bajo la denominación de «Historia Cultural e Institucional de la Justicia Hispana", HIJU (REF.: BHA 2000-0195). Aporté a dicho programa mi propia investigación que se dirigió al estudio del funcionamiento de la administración de justicia a través de los altos tribunales de América, es decir las Reales Audiencias de las Indias españolas, pues consideré que esos tribunales fueron el espejo obligado en que se miraba toda la justicia letrada o lega de aquellos Reinos.

Se benefició la investigación y el estudio que llevé a cabo durante esa "estancia" de los abundantes fondos bibliográficos y documentales de la Biblioteca Nacional y de la Bibliotecas de las Facultades de Derecho y de Filosofía y Letras de la Universidad Autónoma, como también de los riquísimos archivos que en Madrid y Sevilla guardan una ingente masa documental del período indiano, en especial el Archivo Histórico Nacional y el Archivo General de Indias.

Fue altamente beneficioso para la composición de la obra el cambio de ideas y opiniones que mantuve con el excelente grupo científico y humano que se conforma alrededor de la cátedra de Historia del Derecho e integran la propia catedrática profesora Marta Lorente, los profesores Carlos Garriga, Fernando Martínez y Alejandro Agüero, que han logrado un ámbito de estudio y reflexión de elevado nivel académico, del que he disfrutado y con el que he enriquecido mi propio mundo intelectual.

Del mismo texto de la obra surge esa colaboración inestimable de mis colegas. Muchas gracias a todos por ello.

No me han faltado ni las fuentes, ni el ambiente intelectual fundamental para llevar adelante cualquier investigación de esta naturaleza, ni el diálogo y la discusión enriquecedoras, de ahí que las deficiencias que pudieran encontrarse en la obra son tan solo el fruto de mis limitaciones.

Por fin quiero testimoniar mi agradecimiento a los miembros de la junta de Publicaciones que aprobó esta edición y especialmente al Director de Publicaciones de la Universidad Autónoma de Madrid, profesor Jorge Pérez de Tudela, que se interesó por llevarla a feliz término, cuya proximidad a los temas históricos le llegan de noble estirpe, hijo del ilustre americanista Don Juan Pérez de Tudela, de cuyas enseñanzas nos hemos aprovechado todos los estudiosos de la Historia de América Española, y cuya cercana ausencia nunca dejaremos de lamentar lo suficiente.

Cantoblanco, verano de 2003.

E. M.

Primera parte*
El Derecho Indiano (Entre el *ius commune* medieval y la modernidad)

Nadie echa vino nuevo en odres viejos;
porque revientan los odres,
y se pierden el vino y los odres;
a vino nuevo, odres nuevos
(San Marcos, 2-22)

1. Introducción. La prolongada vigencia en el tiempo y en el espacio del *ius commune*

Toda investigación o estudio sobre la administración de justicia en Indias debe ocuparse, para resultar comprensible, del panorama jurídico que la enmarca. Es decir del *ordo iuris* dentro del cual se organiza y funciona esta primera acción de la Monarquía Católica Universal.

El rey-juez de la Baja Edad Media al que sucedió el rey-juez-legislador de la Moderna, era fundamentalmente supremo magistrado en sus reinos y toda justicia se administraba en su nombre. Esta sencilla expresión conlleva en sí una compleja relación de instituciones, magistrados, funcionarios y altos Consejos de la misma Monarquía, cuya poderosa "máquina" se sustentaba precisamente en la justicia.

De ahí que comience este estudio sobre la administración de justicia indiana con un esquema, por cierto muy general, del orden normativo de las Indias, durante el período de la dominación española.

La escuela jurídica medieval, forjadora del *ius commune,* que surge al filo de los siglos XI y XII, ha tenido sin duda una larga vigencia, a despecho de las transformaciones que históricamente pudieran registrarse, y una difusión extraordinaria. Dice el clásico Calasso que el derecho de los textos justinianeos, elaborado por la escuela italiana, cruzó los Alpes y los mares y fue recibido "da genti lontane, diverse per stirpe e per tradizione, dove le aquile romane non s'eran mai spinte; e fu pertutte il diritto comune. Quasi divinando,

---

*. Esta Primera Parte de la obra está construida sobre la base del artículo "Algo más sobre Derecho Indiano", publicado en el *Anuario de Historia del Derecho Español* Vol. LXXIII, Madrid, 2002.

Baldo aveva detto che nellespressione "ius commune", quantunque essa propriamente designi il "ius civile", si include tuttavia anche il "ius gentium": *quia utrumque commune est*"[1].

A tal punto alcanzó vigencia y jerarquía la escuela jurídica medieval del *ius commune*, que ni aún sustituida por la racionalista visión del mundo jurídico contemporáneo, esencialmente legalista y codificador, ha caído en el olvido. Me animo a decir que, hoy mismo, no es infrecuente encontrar la invocación de sus principios, elaborados por los célebres jurisconsultos medievales, en la enseñanza del derecho, en los alegatos forenses, en las sentencias de los tribunales, en las conclusiones arbitrales, en la doctrina de los autores, es decir en la cultura jurídica de nuestro tiempo.

Ahora bien, durante la prolongada vida de aquella concepción jurídica de origen medieval, debemos tener por integrados en la consideración del *ius commune* a los *iura propria*, porque como bien se ha sostenido no resulta adecuada la distinción entre el momento de formación del derecho de aquél de su difusión, o sea de la llamada *recepción*[2]. Aún cuando por entonces el poder Real demuestre una mayor fortaleza e interés en la formulación del derecho[3] y con ello asistamos a una nueva realidad normativa[4]. En ese sentido, nos dice Iglesia Ferreirós "la recepción supone, en definitiva, la reivindicación por el monarca de la creación del derecho: al presentarse la creación del derecho ahora no como un descubrimiento del mismo, sino como resultado de la actividad regia, su ámbito de aplicación aparece determinado por el ámbito del poder regio; es decir, el derecho regio será un derecho para su reino", sin que ello signifique, nos advierte el mismo autor, que ya encontremos en plena vigencia el principio de la creación del derecho por el monarca. "La tradición de que el derecho antiguo es el buen derecho, impide que el monarca pueda derogarlo, o sea, que pueda llevar a sus últimas consecuencias la afirmación de que lo que place al rey tiene fuerza de ley"[5]. *No cambies de lugar las piedras que colocó tu padre ... porque si bien conviene evitar la innovación, conviene, por el contrario, seguir lo que es antiguo, porque si lo nuevo es vil, lo antiguo es sagrado*[6].

En realidad esos derechos particulares, dice Grossi, carecen de vocación totalizadora y aún cuando contradigan al derecho común, no dejan de integrarlo y en manera al-

---

1. Francesco Calasso, *Introduzzione al Diritto Comune,* Milano, Dott.A.Giuffrè Editore, 1970, p. 75-76.

2. Jesús Vallejo, "Il calice d'argento (secoli XII-XV)" en *Storia d'Europa. Il Medioevo, secoli V-XV*, Vol. III, Torino, Einaudi, p. 27-36 (Cito por la versión castellana mecanografiada, en mi poder merced a la gentileza del Prof. Fernando Martínez).

3. Alfonso García-Gallo, *Manual de Historia del Derecho Español,* Madrid, 1975, tº 1º, p. 93.

4. Antonio Manuel Hespanha, *Cultura jurídica europea. Síntesis de un milenio* (Edición al cuidado de Antonio Serrano González, traducción de Isabel Soler y Concepción Valera), Madrid, Tecnos, 2002, p. 134.

5. Aquilino Iglesia Ferreiros, "Derecho municipal, derecho señorial, derecho regio", en *Historia, Instituciones, Documentos*, nº 4, Sevilla, 1977, p. 133.

6. Así enseñaba el monje Vicente de Leríns en el siglo V (Arón Guriévich, *Las categorías de la cultura medieval,* Madrid, Taurus Humanidades, 1990, p. 197).

guna pretenden sustituirlo o impugnarlo, "son impensables fuera del Derecho común"[7].

En parecido sentido, pero desde otra perspectiva, apoyándose en la enseñanza que deriva de la práctica, sostiene Bellomo, que en la aplicación que pudiese hacer el juez o el abogado de una norma del *ius proprium*, "regia, o comunale o de d'altra natura", habrá siempre una referencia al *ius commune*, que fija el significado de los términos técnicos que se encuentran en la norma o en el documento notarial, al que necesariamente habrá de remitirse. No solo en punto a la utilización de términos técnicos, como acaba de afirmarse, sino aún con respecto a las normas. Porque "... non ha importanza che il "contenuto" delle norme o delle clausole negoziale sia in linea o contrasti con i precetti del diritto commune. È perciò del tutto irrelevante se il diritto commune, como diritto positivo da applicare, stia al primo o al'ultimo posto nella graduazione delle fonti normative". Es decir que existe "fra *ius commune* e *ius proprium* un sistema di rapporti e di valore che deborda largamente dalla tematica della graduazione delle fonti", ... "anche se le norme no se applicano e anche se sono differenti da quelle del *ius proprium*, o addirettura contrastanti con esse", pues a partir de esas circunstancias el abogado o el juez habrán logrado un *modus argumendi* que utilice tales situaciones para hallar en las coincidencias, las contradicciones o los silencios, la solución adecuada. "Senza il *ius commune* il *ius proprium* non avrebbe tanta vitalità né tanta attualità nelle coscienze del tempo, e per converso senza le provvide differenze e varietà del *ius proprium* il *ius commune* non avrebbe le radici della stessa esistenza, né campo operativo per esplicare le sue funzioni"[8].

Como ya decía Calasso, no pueden pensarse los *iura propria* de manera independiente del *ius commune*, pues "facce parte dello stesso sistema normativo", ya que "il *ius proprium* nasceva naturalmente vincolato al l'*utrumque ius*, sia che si svolgese in conformità di questo, sia che ne reppresentasse una deviazione"[9].

Ante la prácticamente desaparición del poder imperial y el retraimiento relativo del pontificio, se advierte una notable autonomía de los diversos reinos y un importante desarrollo de sus instituciones políticas (jurídicas) particulares, lo que de ninguna manera llega a trascender o superar los límites impuestos por el *ius commune*, pero sí permitirá acentuarse en cada reino las particularidades de sus órdenes normativos y la diferente jurisprudencia de sus más importantes tribunales[10].

---

7. Paolo Grossi, *El orden jurídico medieval* (con prólogo de Francisco Tomás y Valiente), Madrid, Marcial Pons, 1996, p. 223-224.

8. Manlio Bellomo, *L'Europa del Diritto Comune*, Roma, Il Cigno Galileo Galilei. Edizione di Arte e Scienza, 1989, p. 166-169, 170-171 (Hay traducción española supervisada por la prof. M. Emma Montanos Ferrín, de la misma editorial, Roma, 1996).

9. F. Calasso, *Introduzione...*, cit., p. 111-112.

10. Bartolomé Clavero, *Temas de Historia del Derecho: Derecho común*, Sevilla, Publicaciones de la Universidad de Sevilla, 1979, p. 163.

La multiplicidad de ordenamientos responde a la presencia del poder político de cada círculo social, de cada región, de cada reino, del propio Imperio(sin dejar de admitir la presencia de otros órdenes superiores que escapan a cualquier paternidad terrena, como el derecho de revelación divina, el natural propio de cada hombre, el de gentes derivado de aquél). Son varios los organismos del poder político, colegiados o unipersonales (maestros, señores, senadores, príncipes o reyes), que consideran "suyos" los ordenamientos de leyes que han sancionado, ya sea para regir la comunidad artesanal, el municipio, la ciudad, el señorío, o el reino. Por lo pronto el concepto de "ley" es amplísimo y abarcativo de todo tipo de "norma", sin importar ni quien la pronuncia, ni en qué ámbito se la aplica, ni aún si es escrita o no, la diferencia con la costumbre es imperceptible, ya que la ley es *commune preceptum* y por ende una y otra dimanan de una voluntad colectiva[11].

Ya volveremos sobre este tema, vinculándolo al Derecho de las Indias, que forma parte de la prolongación en los siglos XV y siguientes, con especiales *particularidades*, de ese *ordo iuris*.

Pero a pesar de ello, dentro del orden del *ius commune,* no todos, o mejor dicho no cualquiera, puede "hacer leyes", que no es otra cosa que convertir en normas una realidad objetiva ya existente, la *aequitas*. Es decir la "ruda equidad", indefinida aún, que el legislador convierte en precepto jurídico, norma de derecho, que pasará luego a ser sistematizada. "Hacer una ley es declarar, no crear, el derecho", es en suma "interpretar", que no es mera adecuación de una norma general a un caso concreto, sino poner por escrito una realidad que venía impuesta de lo alto. El poder político que declara el derecho a través de la ley, lo hace en virtud de la potestad jurisdiccional (la *iurisdictio*[12]), y en virtud de esa misma potestad dicta sentencias y las ejecuta. Usa del poder, un solo y único poder, que reconoce diversos grados, el mayor de los cuales es el del monarca en su reino, a quien sus súbditos le han transferido el que originariamente les era propio, proveniente de Dios.

En esta concepción, el monarca puede usar de su *iurisdictio* sancionando leyes y aplicándolas, leyes que como hemos dicho, se integran en el orden jurídico con otras normas de distinto origen, provenientes de otros funcionarios u organismos con capacidad también ellos para hacerlo (es decir con *iurisdictio),* o bien de orden consuetudinario, pero teniendo en cuenta que en realidad el verdadero legislador es el pueblo. "Es a él a quien compete la potestad normativa por excelencia: la *lex* es antes que otra cosa, *constituto populi*, ligada al *consensus* de la comunidad", al decir de Grossi[13].

11. J. Vallejo, op. cit. El autor ha explicitado largamente estos conceptos en: Jesús Vallejo, *La ruda equidad, ley consumada. Concepción de la potestad normativa (1250-1350)*, Madrid, Centro de Estudios Constitucionales, 1992. Ver A. Guriévich, cit., p. 191 y sig.

12. Pietro Costa, *Iurisdictio. Semantica del potere politico nella pubblicistica medievale (1100-1433)*, Milano, Dott.A.Giuffrè Editores, 1969, *passim.*

13. P. Grossi, *El orden jurídico medieval*, cit., p. 199.

En la Edad Media, las nuevas leyes que sancione el príncipe (citamos a Guriévich[14]), exigirán el acuerdo de los súbditos (*consensus fidelium*), y serán los *meliores et maiores*, sus representantes, que "encarnaban las concepciones jurídicas del pueblo" quienes juzgarían si ellas se correspondían con el antiguo derecho vigente.

No cabe en tal orden una *categoría de fuentes*, todas tienen igual jerarquía por cuanto todas son un mero *reconocimiento* de un derecho preexistente. El *ius commune* es considerado entonces como "una gran operación llevada a cabo por una multitud anónima de modestos artífices, que en conjunto logran esculpir la piedra angular de la historia, al tallar de manera permanente las facciones del rostro de una completa experiencia jurídica" surgida de la praxis[15]. Señala Vallejo, en una expresión bien lograda, que podían ser varios los llamados a "normar" el derecho, pues "aún plurales los orfebres, la misma era la materia sobre la que trabajaban, y la misma también la obra final perseguida, ese cáliz de plata ... de ley"[16].

Explica Grossi que para el mejor estudio y comprensión del derecho forjado en la Edad Media europea, se lo ha "independizado" de la influencia deletérea del Estado. De ahí que a su entender los más seguros instrumentos de acceso a su conocimiento sean, preferentemente, los institutos jurídicos que hoy llamaríamos de derecho privado[17], por ser esas relaciones entre las personas las más elocuentes expresiones del "tejido de una civilización histórica", es decir las más apropiadas, por expresar "con fidelidad el derecho como experiencia y mentalidad" de la sociedad de que se trata, y sobre todo por cuanto en la época de su formulación, se juzga al poder político como casi indiferente por ese tipo de derecho, del que o no se ocupa, o se ocupa poco, dejando la regulación de la vida cotidiana a los particulares, para que se den su propia y libre organización social. Estas estructuras jurídicas, en donde la injerencia de la autoridad es escasa o nula ("la levedad del poder político medieval"), son consideradas como las más apropiadas para trasmitirnos un mensaje mucho más genuino acerca de cómo fue ese derecho, nacido en el siglo XI, y en plena madurez durante los siglos XII a XIV, que estudiado por los juristas de su tiempo y por los de los sucesivos, alcanzó a adquirir una larga, ancha y absoluta vigencia. Un derecho sin Estado, un derecho sin vinculaciones a fuertes manifestaciones del poder político, sino permaneciendo en estrecha alianza con la completa sociedad civil en toda su complejidad. Se trata, en suma, de un derecho que es substancialmente un

---

14. A. Guriévich, cit., p. 196.

15. P. Grossi, *Discurso de investidura de Doctor honoris causa*, Universidad Autónoma de Madrid, 1994, p. 44.

16. J. Vallejo, "Il calice d'argento...", cit., p. 58.

17. Es de difícil distinción lo público y lo privado, especialmente en el mundo medieval, según lo señalara oportunamente Francisco Tomás y Valiente en el *Prólogo* a la obra de Grossi, *El orden jurídico medieval*, ya citada (p. 24-25). Dificultad que aún hoy preocupa a los juristas.

ius involuntarium, radicado en la costumbre y en la naturaleza de las cosas[18]. El príncipe es "un lector" de la realidad natural en que está inscripto el derecho, por eso no crea el derecho sino que lo "dice", es en suma un "intérprete" de un orden jurídico que reposa en la "plataforma constitucional de la costumbre, hecho primordial, segunda naturaleza, en ocasiones —aunque en mínima parte— redactada por escrito y convertida en *lex* por obra de un príncipe diligente".

La tarea del legislador, en la Edad Media, no es la de elaborar nuevas leyes sino la de hacer una "selección, en el derecho antiguo, de las disposiciones más sabias y justas". Un derecho que por ser "antiguo" recibía una alta valoración moral en la vida medieval (*Nihil innovetur nisi quod traditium est*)[19].

Ese príncipe era considerado en realidad el juez supremo y su función primordial era la de hacer justicia("Vicarios de Dios son los reyes cada uno en su regno puestos sobre las gentes para mantenerlas en paz et en justicia et en verdad [...] ca así como el alma yace en el corazón del home, et por ella vive el cuerpo e se mantiene, así en el rey yace la justicia, que es vida e mantenimiento del pueblo et de su señorio" (*Partidas*, II,i,5) y sigue el código del rey sabio diciendo que "Justicia es una de las cosas por que mejor et mas endereszadamente se mantiene el mundo, et asi como fuente onde manan todos los derechos: et nom solamente ha logar la justicia en los pleytos que son entre los demandadores y los demandados en juicio, mas aun entre todas las cosas que aviene entre los homes, quier se fagan por obra o se digan por palabra" (*Partidas*, III, i).

En el orden del *ius commune* el príncipe en realidad "debe" o "puede" transcribir la costumbre en textos legislativos, la denominada *lex*. "La *consuetudo* es una *lex* en potencia y la *lex* es una costumbre clasificada y sistematizada; una y otra en continua ósmosis, pues hay una tendencia natural de la costumbre a convertirse en *lex*, pero también de la *lex* a flexibilizarse y modificarse abierta a nuevos movimientos consuetudinarios"[20].

En esta atractiva consideración del derecho común, nos encontramos con un príncipe reacio a dictar leyes, pues esa es una función considerada más bien extraña a su carácter de tal, que solo aparece, en el tiempo, cuando hace crisis la civilización jurídica medieval, pues hasta tanto existe una "timidez" del monarca por legislar. Las *Siete Partidas* de Alfonso el Sabio —que podrían ser una excepción— son en verdad a juicio de Grossi un cuerpo de doctrina elaborado por juristas del derecho común y no un mandato del Rey[21].

Dentro de este esquema del derecho el jurista es en realidad el gran intérprete. "La *scientia juris* es por excelencia *interpretatio*"[22]. Pero los juristas medievales no están redu-

18. Maurizio Fioravanti, *Los derechos fundamentales. Apuntes de historia de las constituciones*, Madrid, Departamento de Derecho Público y Filosofía del Derecho, Universidad Carlos III, Editorial Trotta, 1996, p. 28.
19. A. Guriévich, cit., p. 194-196.
20. P. Grossi, *Discurso de investidura* ..., cit., p. 36-37.
21. P. Grossi, *El orden jurídico medieval* ..., cit., p. 108, 140.
22. P. Grossi, *El orden jurídico medieval* ..., cit., p. 169.

cidos a un mero proceso de descubrimiento, su labor es también un acto volitivo libre. Grossi encuentra apoyo de lo afirmado en la *Glossa Magna*: *Interpretor, idest corrigo* [...]. *Item verbum apertius exprimo* [...] *item arrogo, item prorogo, sed econtra corrigo id est addo* ("Interpreto, es decir, corrijo. Asimismo, explico más ampliamente la palabra, asimismo añado, también amplío; y en un sentido contrario, corrijo, es decir amplío")[23].

En esa labor de interpretación obra el príncipe mediante una *interpretatio* "generalis et necessaria", vinculante para la generalidad de sus súbditos, expresada normativamente; la costumbre, también es "generalis et necessaria", vinculante para todos los miembros de la comunidad; la del juez es una *interpretatio* "necessaria" pero no "generalis", pues solo vincula a las partes del pleito sometido a su resolución. La del sabio es tan solo "probabilis". Ahora bien, según aclara nuestro autor, la *interpretatio* del príncipe (norma escrita) y la de la costumbre (norma no escrita), son equiparables, "siendo absolutamente extrínseca la circunstancia de la redacción por escrito"[24].

El sabio jurista tiene en esta concepción el mismo poder "jurisdiccional" que los otros dos protagonistas, el príncipe y la comunidad, pues con su labor consigue un resultado "probable", que puntualiza una vecindad dialéctica a la verdad en la lógica escolástica.

Cuando el derecho romano que cultivan los juristas glosadores se enfrenta a nuevas circunstancias no contempladas (*nuova negotia*) que necesitan ser reguladas y a las que habrá que encontrarles solución, por ser asuntos "ignorados por el derecho romano o desviados de sus esquemas rigurosos pero también rígidos", la solución puede ser doble: o mediante un acto normativo del príncipe, o mediante la acción interpretativa del juez o del jurisconsulto, otorgándole la glosa mayor autoridad: *interpretatione iurisconsulte authoritate*. De esta consideración se desprende una cada vez mayor desvinculación del derecho de las decisiones del príncipe, que es al decir de Grossi, eliminado incruentamente, manteniendo respeto y consideración por él, pero relegado a un mero soporte formal, dando paso al procedimiento de *de similibus ad similia* confiado al juez y al jurisconsulto. Pero si por un lado se eliminaba incruentamente al poder de la elaboración del derecho, por el otro se vaciaba al propio derecho romano justinianeo "forzado y reformado por los contenidos medievales". La ciencia jurídica medieval de los glosadores y comentaristas "quiere simplemente revivir el texto en conformidad a su propia mentalidad y en nombre de sus propias exigencias; intenta revivirlo para hacer de él la regla de la propia vida actual". Se trata de un "derecho de juristas", es verdad, pero fundamentalmente por ser ellos quienes al lado del juez,

23. P. Grossi, *El orden jurídico medieval ...*, cit., p. 170 y nota 94.
24. P. Grossi, *El orden jurídico medieval...*, cit., p. 170-171.

generalmente lego, dan —con su parecer jurídico— *contenido* a su sentencia (*consilium sapientis iudiciale*)[25].

Los juristas, glosadores y comentaristas, aportan su ciencia en aras de lograr un derecho ordenador de la sociedad medieval, con la fuerza que otorga la *opinio communis doctorum*, especie de "costumbre doctrinal", como la llama Hespanha, que pasa a ser decisiva —mas que en las propias fuentes de derecho de los reinos— en la orientación de la jurisprudencia[26]. Para ello utilizan los textos jurídicos de seis siglos atrás a fin de hacerlos aptos a la realidad de su tiempo, es decir reconstruir un derecho efectivo, ligado a los hechos. Son en suma los grandes personajes que auxilian en la "lectura" del derecho, *ius involuntarium*, preexistente hallado en la costumbre y la naturaleza de las cosas.

Siguiendo a Grossi, podemos decir, que la ciencia jurídica elabora el derecho desde dos puntos o momentos fundamentales: desde el texto romano o canónico que le otorga validez y desde la interpretación o sea la efectividad de una construcción doctrinal: "Nuestra ciencia jurídica no es pensable sin un texto que interpretar, pero el texto no puede ser considerado más allá de una insustituible referencia formal". Se trata de una ciencia "mediadora" entre los hechos de la vida real y el texto y por ello es creadora y constructora del derecho. La anécdota sobre el más célebre comentarista, Bártolo de Saxoferrato, que primero formulaba la decisión apropiada y una vez hallada se hacía buscar por otro los pasajes del *Corpus Iuris* que podían ser adaptados a ella[27], es una clara expresión de la labor de los sabios del derecho en la Edad Media, cada vez más alejados de la exégesis y más cerca de la interpretación.

En suma "los "glosadores" y "comentaristas" son en sustancia bastante poco glosadores y comentaristas; son bastante poco romanistas y el derecho común es bastante poco derecho romano modernizado". Citando a Alano de Lille afirma Grossi que los juristas medievales, en su soledad, no pueden despreciar la autoridad formal de los textos, pero esta autoridad tiene para ellos la nariz de cera, es decir debe ser entendida como "materia dúctil y puede ser dirigida hacia una u otra parte según las exigencias del operario". Por supuesto que toda su labor tiene, eso sí, un límite infranqueable, una ley de fondo, legitimación última y fundamental, el derecho divino[28].

Los juristas, dentro de esta concepción, son intérpretes de la *aequitas*, que no es producto de la mente humana sino que está en las cosas, que conlleva la impronta providencial de Dios, porque la quintaesencia de la *aequitas* es el *ius naturale*, calificado por los juristas medievales como *ius aequissimum*.

---

25. P. Grossi, *El orden jurídico medieval*..., cit., p. 168-179.
26. A. M. Hespanha, *Cultura jurídica europea*..., cit., p. 74, nota 1.
27. Cit. por P. Grossi, *El orden jurídico medieval*..., cit., p. 176 y 225.
28. P. Grossi, *El orden jurídico medieval*..., cit., p. 225-226.

Ahora bien al independizar el estudio del derecho común del "dogal" del Estado, se lo considera "liberado" de lo episódico de una política, por elemental que fuese, para permitirse con total libertad construir ese orden social que viene de las entrañas de la sociedad, surge de abajo y establece sin condicionamientos una constitución duradera[29].

No es necesario señalar que en estas palabras del profesor Grossi, está contenida la piedra basal de su concepción del *ius commune*. Un edificio fundamentalmente europeo, único y común, que a pesar de las fragmentaciones que se preanuncian, no podrá ser desintegrado en su tiempo y que los ataques que sufre solo deben ser considerados —vuelvo a sus palabras— como "manifestaciones de un proceso tumoral que condena lentamente a muerte al viejo organismo jurídico". Es por ello que la utilización de fuentes en su mayoría italianas, a juicio del mismo autor, no pueden desviar el camino hacia la verdad, ya que la península itálica puede ser considerada como el "corazón" del *ius comune*, y a ese fenómeno, como "exquisitamente italiano, que fue adquiriendo forma y contenido en el florecimiento universitario italiano del siglo XII". Es ese derecho medieval, el "derecho común", un fenómeno cerrado, distinto del derecho clásico y distinto del moderno (entendiendo por tal al de la codificación).

Ese *ordo iuris* es la medida de los varios derechos positivos, todos ellos en el gran marco del derecho natural y divino de principios normativos eternos e inmutables, por ser la voz de Dios.

De lo hasta aquí expuesto, resulta casi innecesario señalar el abismo que separa aquella concepción del derecho de la que se atribuye a la ciencia jurídica moderna, que concibe al Estado como supremo legislador y a ley como la expresión formalizada de la voluntad general, abstracta y pronunciada conforme a las pautas solemnes que le son impuestas. Es lo que se denomina el "estatalismo jurídico", el "monopolio legiferante", el "absolutismo jurídico" del Estado; en suma la regulación impuesta por el poder político a todos los órdenes de la vida del hombre, desde el nacimiento hasta la sepultura[30].

2. El *ius commune* y los *iura propria*. Del rey lector al rey legislador.

No ha habido una caída brusca desde la concepción jurídica del *ius commune*, que hemos expuesto, a la consideración absolutista del derecho estatal nacida en el setecientos

29. P. Grossi, *El orden jurídico medieval...*, cit., p. 29-31.

30. La condena a tal sistema jurídico "legalista" ha sido expresada, en ocasiones, de manera brutal. Oigamos al propio profesor Grossi explicar lo que a su entender, usando el lenguaje del hombre de la calle, es el derecho de nuestro tiempo: "L'uomo della strada, portatore del buonsenso de luomo comune, non ha torto. Il diritto appare a lui soltanto come legge, e legge è il comando autoritario che piove dallalto sulla inerme comunità dei cittadini senza tener conto dei fermenti circolanti nella coscienza colletiva, indiferente alla varietà delle situazione che pretende di regolare. È infatti insegnamento corrente che virtù commune della lege sono: la astratteza e la generalità, cioè la sua insensibilità alle posible differenti esigenze dei destinatarii; la autoritarietà, cioè la indiscutabilità del suo contenuto" (P. Grossi, *Mitologie giuridiche della modernità*, Milano, Giuffrè Editore, 2001, p. 14-16). Ya volveré sobre este tópico.

y cristalizada con la codificación napoleónica en la siguiente centuria (aún cuando registrase importantes antecedentes en siglos anteriores). En ese intermedio, es cuando debemos ubicar el objeto de nuestro estudio, el Derecho Indiano, por supuesto que mucho más cerca del mundo jurídico medieval y su prolongación en la Edad Moderna, que de la época contemporánea.

Durante el largo período que transcurre desde la Edad Media a la modernidad, precisamente a partir de uno de los hitos en que se cifra la iniciación de la tradicionalmente denominada Edad Moderna (1492)[31], nace el Derecho Indiano, es decir aparecen en el firmamento jurídico "las Leyes de las Indias", como se llamaron en su tiempo a las normas destinadas a regir en los nuevos dominios de España en América y Asia, descubiertos a partir de 1492. Un derecho que surgió respondiendo a la necesidad apremiante de "normar" la nueva sociedad, y organizar la conquista y el gobierno del mundo nuevo que aparecía en escena, desconcertante e inédito. Surge —y ello es de capital importancia— en los tiempos de declinación del llamado "derecho sin Estado".

Es la época en que la presencia "tumoral" del príncipe en la formación del derecho cobra fuerza. Deja de lado su casi indiferente posición de intérprete y observador, para intervenir, cada vez con más decisión, en la formación del derecho. Los sabios maestros de aquel *ordo iuris* que habían cimentando, lenta pero eficazmente, casi sin su concurso, una cultura jurídica universal, y sus discípulos, deberán en los tiempos que se inician, atender a este nuevo sujeto, "fuente" de normas, antes prácticamente inexistente.

En esta nueva etapa, que Bellomo ubica en el siglo XVI, pero que se inicia a nuestro entender ya anteriormente, al menos en la Península ibérica, "los juristas vestían los paños y los colores del príncipe" (utilizando nuestro autor, la que juzga "felicísima expresión" de Federico Chabot), o sea se hacen cortesanos, son sus consejeros, pero siguen siendo juristas y como tales siguen considerando que es necesario poseer el conocimiento del *Corpus Iuris Civilis* y del *Corpus Iuris Canonici*. Por ello, colocados como estaban en la nueva y siempre potente y remunerativa posición de servidores del príncipe, el *ius commune* seguiría siendo el instrumento fundamental del poder, articulado ahora de modo diverso, pues en su vértice se encuentra el príncipe y por ello, en la expresión de Bellomo, "el antiguo y vencedor estamento (de los juristas) se debía adaptar a usar el *ius commune* no más para la defensa de un autónomo poder de estamento, sino para las exigencias públicas del príncipe del que se habían hecho, o habían sido constreñidos a hacerse, servidores"[32].

31. También puede considerarse el inicio del período con la caída de Constantinopla en manos de los turcos en 1453, es decir unas décadas antes.

32. Manlio Bellomo, "Compartiendo, respondiendo, añadiendo. Reflexiones en torno al *ius commune*", en *Rudimentos legales. Revista de Historia del Derecho*, Universidad de Jaén, nº 3, 2001, p. 16.

Por descontado que no recibirán con pleno acatamiento esa intromisión del príncipe en la formulación del derecho. Amarrados a la enseñanza y aplicación del derecho común romano canónico y enfrentados a la intervención regia, se sumergirán en una manipulación de textos y opiniones en donde el derecho terminará siendo juguete de los letrados[33]. Las invectivas en prosa y en verso contra estas maniobras, que fueron inspiradas en un sentir general de repulsa, han ocupado mucho ingenio[34].

Lo cierto es que los juristas, usando como ariete las enseñanzas del *ius commune*, procuran ser control y censura del derecho del rey, al que tratan de hacerle decir lo que ellos consideren que debe decirse.

* * *

El mundo nuevo aparece en el mundo viejo cuando el rey castellano hace tiempo ya que se ha quitado el manto de intérprete o mero descubridor de un derecho preexistente, con el que lo cubría la escuela jurídica medieval, para adoptar sin vacilaciones la figura de legislador (no importa en el caso y por ahora los resultados efectivos de esa decisión).

Evidentemente se abría una nueva etapa en la elaboración del derecho, una etapa de alejamiento de la tradicional postura aceptada durante siglos, de un "derecho sin rey", para acceder a la presencia de este importante personaje en su formación, que cada vez con más ahínco pretenderá dejar de ser "lector" para asumir la función de "legislador".

Si bien la irrupción definitiva de la voluntad Real, con pretensiones de constituirse en exclusiva y excluyente, en la formación del derecho es del siglo XVIII (en la Península Ibérica especialmente en su segunda mitad), hay quien ha podido ubicar bien tempranamente, una marcada autonomía del príncipe con respecto a la esfera del *ius dicere* (al menos en el plano teórico), que comienza a constituirse en modificador del derecho, fundado en su propia voluntad[35]. "Contrastando con la inhibición de los príncipes en la formación del derecho en tiempos anteriores, ha dicho García-Gallo, ahora los reyes, por sí mismos o con las Cortes, legislan activamente. En algunas regiones promulgan códigos y en todas dictan disposiciones que encauzan el derecho —incluso el local— en una dirección determinada o se reservan la facultad de interpretar el derecho"[36].

---

33. A. Iglesia Ferreirós, "Derecho Municipal, Derecho Señorial, Derecho Regio", cit., p. 136.

34. Ver Enrique Gacto Fernández, *Sobre la Justicia en las fuentes literarias*, Universidad de Murcia, 2002 y "La administración de justicia en la obra satírica de Quevedo", en *Homenaje a Quevedo*, Actas de la II Academia Literaria Renacentista, Universidad de Salamanca, 1982, p. 133-162.

35. Luca Mannori, "Justicia y Administración entre antiguo y nuevo régimen", en R.Romanelli (a cura di) *Magistrati e potere nella storia europea*, Bologna, 1997 (Agradezco al prof. Alejandro Agüero la referencia).

36. A. García-Gallo, *Manual* ..., cit., tº 1, p. 391. Ver asimismo A. Iglesias Ferreirós, "Derecho municipal ..., cit., p. 139.

Por lo pronto aún antes de la sanción del orden de prelación contenido en el Ordenamiento de Alcalá de 1348 —considerado como una típica intervención Real en la regulación de asuntos señoriales o forales— puede verse una significativa mutación en la actividad regia, de manera que al "rey que declara derecho, propio de la alta Edad Media, sucede un rey legislador que lo crea", situación que quedará consolidada, al decir de Petit, "de un modo irreversible" con los Reyes Católicos[37]. El ordenamiento de que hablamos es demostración de esa intervención, pues sancionado por el rey Alfonso XI, venía a confirmar la vigencia de las Partidas, que aún cuando fundamentalmente fueran *ius commune*, en Castilla podían ser consideradas como derecho Real; habían sido elaboradas por un rey, Alfonso el Sabio, e "interpretadas en el punto conflictivo de los poderes del monarca" por otro, Juan II[38]. Sin duda que las Partidas eran el derecho del rey, aún cuando contuviesen fundamentalmente derecho común y fuesen consideradas (o precisamente por eso) como un instrumento de la llamada "recepción"[39].

Lo cierto es que, como acabo de señalarlo, no por ello dejó de imperar el *ius commune*, como derecho marco o si se quiere como derecho alternativo o supletorio, sobre todo por la labor (las "manipulaciones"[40]) de los juristas, o mejor dicho por su resistencia denodada al cambio del vértice central de creación del derecho[41]. Todo ello sin dejar de recordar la estrecha relación entre el *ius commune* y los *iura propria* (derechos en donde el príncipe actúa con fuerza) a punto tal que no se concibe el uno sin el otro, según se explicó más atrás.

Ni las "leyes de citas" de Juan II y los Reyes Católicos[42], ni la insistencia regia de que prive "su" derecho, el derecho Real, podrán impedir que el *ius commune* pierda su importancia y los juristas habrán de lograr que, a pesar de la intención evidente del monarca de querer estar en la cúspide de la pirámide legislativa, se recurra al derecho co-

37. Carlos Petit, "Derecho Común y Derecho Castellano. Notas de literatura jurídica para su estudio (siglos XV-XVII)", en *Tijdschrift voor rechtsgeschiedeenis — Revue dhistoire du droit* — The legal history review, L, nº 2, Universitaire Pers Leiden, 1982, p. 158.

38. C. Petit, op. cit., p. 159. El autor se remite, para apoyar su afirmación acerca de que las Partidas reconocían tal carácter en Castilla, a lo expuesto por Tomás y Valiente, quien puntualizó que ese cuerpo "actuó paradójica y simultáneamente como vehículo legal de penetración del Derecho romano-canónico en Castilla, y como dique legal que impedía una vigencia global del Derecho común, tal y como sucedió, por ejemplo, en Cataluña": Francisco Tomás y Valiente, *Manual de Historia del Derecho Español,* Madrid, 1979, p. 244. Ya hemos visto que Grossi las considera un cuerpo de doctrina elaborado por juristas, más que una ley del Rey (*Vide infra*, p. 12).

J. Vallejo ha desarrollado una interesante interpretación sobre el relativo valor, en la práctica y en su tiempo, del Ordenamiento de 1348, al que considera más como jalón en la marcha hacia la preponderancia regia en la elaboración del derecho, que como hito fundamental de ese proceso: Jesús Vallejo, "Leyes y jurisdicciones en el *Ordenamiento de Alcalá*", en *Textos y concordancias del* Ordenamiento de Alcalá*"; Biblioteca Nacional, Madrid, Vit. 15-7* (Ed. por Frank Waltman) y Biblioteca Nacional, Madrid, Res. 9 (Ed. por Frank Waltman y Patricia Martínez de la Vega Mansilla). Introducción de Jesús Vallejo), Madison 1994, p. 3-14.

39. A.García Gallo, *Manual*... cit., tº 1, p. 90-91.

40. C. Petit, op. cit., p. 163 y 172.

41. A. García-Gallo, *Manual*..., cit., tº 1, p. 89-90.

42. A. García-Gallo, *Manual*..., cit, tº 1, p. 231.

mún para cubrir vacíos o dirimir cuestiones no previstas en el derecho local o personal, sustituyendo el recurso a la persona del monarca, que es lo que apetece a éste, por el recurso a ese *ordo iuris*, que ellos dominan[43].

El monarca no habrá de alcanzar de inmediato, ni en breve tiempo, la posición legislativa prevalente que se propone, pero esta nueva corriente impulsada por él irá erosionando lenta, pero eficazmente, aquella vieja concepción jurídica. El paso del tiempo y la insistencia del monarca en convertirse en legislador hará que aquellos juristas y hombres sabios, arropados en el prestigioso *ius commune*, dejen de resistir la prepotencia Real para convertirse en sus devotos aliados, dando formas y razones jurídicas al regalismo imperante[44], que concluye generando con el "iluminismo" y el "despotismo ilustrado" del siglo XVIII, a mi entender, especialmente en su segunda mitad, la formación de un "nuevo" derecho, tan distinto del gestado en la Edad Media y prolongado a siglos posteriores, como del que advendrá torrencialmente después de las revoluciones, que podemos sentirnos autorizados a llamarlo de ese modo y a considerarlo como un "tomo" de características especiales en la evolución general de la historia jurídica europea y americana (pero ello no es materia de este trabajo).

Es entonces cuando con el poderoso y remozado instrumento de la *razon de estado*, puesto en las manos del monarca por los juristas de los nuevos tiempos, supuesta la vigencia del principio *princeps legibus solutus est*, quedará autorizado el "soberano" para alterar el derecho tradicional legado de la Edad Media en aras del "bien público", que al decir de Domat "es la obra de Dios mismo"[45]. "La ragione di stato e un necessario eccceso del iure commune per fine de pubblica utilità"[46].

Por cierto que en este camino hacia el "absolutismo-despotismo" regio, la obra de Jean Bodin (1530-1596) es de trascendental importancia, con independencia de cualquier tipo de precedente, pues cuaja en ella "una concepción de la "soberanía", cuya esencia se identifica con la capacidad de sancionar y derogar la ley[47].

El triunfo del principio de la creación del derecho por parte del monarca no significó empero la instauración de la desvinculación definitiva del rey frente al derecho vi-

---

43. C. Petit, Idem., p. 172 y siguientes. Las "interpretaciones" intencionadas acerca de la aplicación del derecho común, "manipulando" las cláusulas del Derecho Real (Ordenamiento de Alcalá o Leyes de Toro),están claramente expuestas en este trabajo.

44. Ver atrás la cita de M. Bellomo "Compartiendo ..., cit., loc. cit.

45. De la dedicatoria a Luis XIV de su obra *Les lois civiles dans leur ordre naturel* (1ª. edic. 1689), cit. por Eduardo García de Enterría, *La lengua de los derechos. La formación del Derecho Público tras la Revolución Francesa*, Madrid, Civitas, 2001, p. 99.

46. Andrea Canonhiero, *Del'introduzione alla politica, alla ragion di Stato* (1614), cit. por E. García de Enterría, op. cit., p. 98.

47. Aún cuando la bibliografía sobre Bodin sea numerosa, me permito remitir, por considerarlo una síntesis del tema, al artículo de Marta Lorente "Autonomía y soberanía: Entre la Historia conceptual y la Historia del Derecho", en *Initium, Revista catalana d'història del dret,* nº 3, Barcelona, 1998, p. 487-530.

gente, al menos hasta que el "despotismo ilustrado" de los Borbones lo termine por liberar apoyado por las doctrinas "sacralizadoras" de la persona regia, provocando un cambio verdaderamente radical[48].

El monarca, hasta entonces, había quedado siempre sujeto a "su" propio derecho[49]. "Il principe, come ogni altro legislatore —sostiene Bellomo—, dev'essere non solo giusto: dev'essere anche "principe legalis" cioè signore chi rispetta la sua stessa legge; agire secondo giustizia significa agire "secundun ius""[50].

3. La importancia de la ley del rey en los orígenes del Derecho Indiano

Ahora bien en la etapa de transición del *ius commune* al orden jurídico presidido por la voluntad del rey, es cuando toca a Castilla mirar allende el océano y tratar de dar respuesta a la multitud de cuestiones que surgen en el Nuevo Mundo. La inesperada aparición de las Indias arroja a los pies del Trono, como un alud, cientos de situaciones desconocidas y desconcertantes, que pronto se harán miles, que no encuentran respuesta adecuada en el derecho (y la religión), y que por ello precisan de reglas con que darles solución, normas que deberá elaborar la Corona sin demora. Todo ello además de la necesidad de "ordenar" la conquista y colonización del Nuevo Mundo.

En esas circunstancias nacen "las leyes de las Indias". Surgen para dar solución a las múltiples cuestiones, de toda índole, producidas por la aparición de los territorios allende los mares. Lo hacen en un momento especialísimo de la historia del derecho europeo, cuando una nueva fuerza en la creación de normas se afirma en el Mundo Viejo. Al decir de Grossi "cuando, en el siglo XIV [y desde entonces], la vocación de un poder político completo —si queremos, el Estado— represente la fermentación de las estructuras políticas; será ese el momento del eclipse de la civilización política medieval y la inauguración de la nueva edad"[51].

Allí, en esa coyuntura histórica, en ese "eclipse de la civilización política medieval", encontramos el orto del nuevo derecho. Es decir que a la necesidad de dar nuevas nor-

---

48. Según Bossuet, "los príncipes obran como ministros de Dios y lugartenientes suyos en la tierra. Por medio de ellos Dios ejerce su mando ..." [puesto que] "el trono real no es el trono de un hombre, sino [el] del mismo Dios" (Jacques Bénigne Bossuet, *Política sacada de las Sagradas Escrituras* (Traducción y prólogo de Jaime Maestro Aguilera), Madrid, Tecnos, 1974, p. 55. Bossuet, preceptor del Delfín de Francia en tiempos de Luis XIV y Obispo de Meaux (1627-1704), fue autor de varias obras en esa corriente, como la que se cita, cuyo título es por demás sugerente. Fué publicada en 1709, después de su muerte. Se lo ha considerado inspirado en Hobbes y su *Leviatham* (1651). Ver Maestro Aguilera, en el "Prólogo" a la obra que acabo de citar, p. 13-15, y Daisy Ripodas Ardanaz, "Bossuet *ad usum moxorum.* La "cartilla" atribuida a Lázaro de Ribera", en *Revista del Instituto de Historia del Derecho Ricardo Levene* nº 17, Buenos Aires, 1966, p. 182 y sig.

49. A Iglesia Ferreiros, "Derecho Municipal, Derecho Señorial, Derecho Regio", cit., p. 136. En este trabajo se pasa revista a los pasos que se van dando en Castilla sobre la obligación del monarca de sujetarse a su propia ley.

50. M. Bellomo, *L'Europa del Diritto Comune* ..., cit., p. 170.

51. P. Grossi, *El orden jurídico medieval* ..., cit., p. 63.

mas para nuevas situaciones, se suma la presencia de un monarca que ya ha gustado la tarea de dictar normas, o de alterar el derecho tradicional, o de apartar costumbres que supone "contra derecho e contra razón"[52]. Es decir un monarca que ya no se limita a aceptar un orden jurídico involuntario, cuyas normas sólo debe descubrir o interpretar. Es en este hito de la evolución del derecho europeo cuando se enfrenta el príncipe con el deber de "ordenar" el mundo nuevo que ha agregado a sus dominios (lo hará sin poder omitir —de buena o mala gana— la permanente presencia del derecho común, al que en los albores del siglo XVIII llegará a juzgar como un elemento extraño a la soberanía absoluta que le corresponde en "su" reino).

Frente al hecho nuevo (*nuova negotia*) de América la *iurisdictio* del príncipe adquirirá nueva dimensión, es más, será primordial, supeditando las otras opciones (costumbre, jurisprudencia) a su decisión soberana. Pero no nos equivoquemos, y recordemos lo dicho un poco más atrás, el monarca, será ahora, con relación a la tierra nueva, un activo personaje en el mundo del derecho, pero no obrará a su antojo, ni podrá prescindir (ni tampoco habrá de quererlo ante semejante empresa), del inmenso bagaje intelectual que le ofrece el derecho común (que es además, un derecho imperial que lo atrae irresistiblemente). Por lo demás ese *ordo iuris* pone a su disposición una ingente labor científica y una prestigiosa jurisprudencia secular. Podrá servirse de ellas y utilizarlas en su provecho, y lo hará inteligentemente, con el auxilio de hombres sabios, letrados y teólogos, consejeros áulicos formados en el derecho común, el derecho de todos los tiempos. En realidad el rey no procurará cegarlo, muy por el contrario, lo acogerá en las escuelas superiores que ha fundado y fundará (en América con una constancia invariable, desde la primera en Santo Domingo en 1538), como instrumento imprescindible en la formación jurídica de sus consejeros y magistrados.

Es más, desde los primeros problemas que se presentan, como los vinculados con la situación y trato del indígena, o con el intrincado tema de la licitud de la presencia de España en América, buscará en el derecho común la solución adecuada.

En verdad iniciamos una nueva época, intermedia o preparatoria de la gran transformación, que se acelera durante el hito del la Ilustración y el "despotismo ilustrado", e irrumpirá violentamente con el revolucionario derecho racionalista y codificador.

En esta nueva etapa de transición de que hablamos el *ius commune* recibirá en los *iura propria* la sabia nueva de la voluntad Real, pues como lo hemos dicho ya, esa "recepción" del derecho común es, en definitiva, el aporte del príncipe a la formación del derecho de su tiempo, que no es un derecho que haya nacido ayer.

En esta importantísima coyuntura jurídica surgen los problemas de las Indias, por eso el estudio de su derecho, es decir del derecho que habrá de aplicarse en esos terri-

52. Ver el citado artículo de A. Iglesia Ferreirós, p. 139.

torios, consiste en una experiencia inigualable, al poder contemplar en un mundo nuevo, virgen para la sociedad europea del derecho común, cómo actúan las diversas fuerzas llamadas a normar la nueva sociedad.

Observatorio privilegiado para el historiador del derecho, que no debe desaprovechar.

El Derecho Indiano, ya lo he dicho[53], dentro de la concepción del *ordo iuris* de la escuela jurídica medieval, debe ser considerado como un derecho particular del de Castilla, que era a su vez un derecho propio en el marco del derecho común. O de manera más clara, se trata de un nuevo derecho propio, imbricado con el castellano, pero de características novedosas, conforme a las particularidades y necesidades de los territorios nuevos y sus habitantes, indígenas o arribados con la conquista.

El derecho que rigió en las Indias siempre estuvo imbricado con el castellano, es más, formó parte de él. No se entiende un estudio de historia del derecho indiano que no comprenda ambos órdenes normativos, lo que no excluye, ni mucho menos, sus propias personalidades. Un derecho, el indiano, cuya "personalidad", lo ponemos de resalto, no se ciñe a una mera cuestión de "amplificación" de los caracteres del derecho castellano impuesta por las circunstancias.

Sus definidas aristas particulares nacen de hechos y situaciones absolutamente inéditos que no pudieron dejarse de lado al formularlo, ni al aplicarlo, ni el jurista de su tiempo al estudiarlo, ni el historiador del derecho al reconstruirlo.

El rey que gobierna las Indias puede seguir siendo todavía un "rey-juez", un "rey-lector", pero ha pasado a ser —antes que nada— en América, un "rey-legislador", que ejerce en plenitud el "gobierno" de sus nuevos "reinos", en los cuales —como se expresaba la Audiencia de Charcas— "por ser la tierra nueva parece que a todas [las cuestiones] se les puede poner ese nombre"[54]. Si ese rey aún sigue, en ocasiones, "descubriendo" el derecho en cuya sanción no ha intervenido, o lo ha hecho escasamente, en las Indias ha tenido que tomar la iniciativa, ha debido "crear" el derecho, ha debido "dictar" las leyes organizadoras de los nuevos territorios anexados a su Corona, inspirado sin duda en el equilibrado sistema del *ius commune-ius proprio,* en el Derecho Natural y en su derivado *de gentes*, en la religión (poderosa rectora de la sociedad del antiguo régimen), con el auxilio

53. Eduardo Martiré, "El Derecho Indiano, un Derecho propio particular", en *Revista de Historia del Derecho* nº 29, Buenos Aires, Instituto de Investigaciones de Historia del Derecho, 2001, p. 331-361.

54. Carta del Presidente de la Audiencia de Charcas, López Diez de Armendaris al Rey; La Plata, 25.IX.1576, en Levillier, *Audiencia de Charcas*, tº 1, p. 353.

En un interesante trabajo Pihlajamäki sostiene que el derecho indiano está integrado fundamentalmente por normas de "buen gobierno" o "policía", al considerarlo como una variante ultramarina del estrato administrativo, en cierto modo más avanzado y novedoso, de la Edad Moderna, el llamado *ius politiae*, policía o buen gobierno, usados como sinónimos (Heikki Pihlajamäki, "Lo europeo en derecho: *ius politiae* y el derecho indiano", en Actas del XIII Congreso del Instituto Internacional de Historia del Derecho Indiano (Toledo, 19/21 de octubre de 1998), *Derecho y Administración Pública en las Indias Españolas*, Ediciones de la Universidad de Castilla-La Mancha, Cuenca, 2002, tº 2, p. 1364).

de hombres sabios (que se han formado en el *ius commune*). Pero ha tenido que ajustar su óptica al sancionar las leyes a la realidad indiana, desconcertante, inédita, cambiante, y aún más, ha debido considerar otros órdenes de normas e instituciones, ni siquiera imaginados para un jurista europeo, como por ejemplo las "buenas costumbres" de los indígenas, cuya vigencia se aceptará condicionada a no violentar ni el derecho ni la religión oficiales. Costumbres que le serán exhibidas como modelo a seguir por la Real Audiencia de Charcas, que las invoca —junto con otras razones de orden común— para pedir al Consejo la modificación de una ley Real. Argumenta el tribunal, integrado por juristas de formación tradicional, que ni "entre los mismos indios en su tiempo aún no era permitido" que los jueces subalternos juzgasen a los superiores[55]. Argumento de peso, pero de insólita fuente, para que sea considerado por el *legislador europeo*, a quien se le muestra a seguir nada menos que el ejemplo proveniente de un orden jurídico extraño, de origen incierto[56].

Instituciones jurídicas nuevas, ya sea por estar contenidas en el hasta entonces desconocido derecho indígena precolombino, que pervive durante el dominio español, o que el legislador modifica substancialmente (o no tanto) para que pueda hacerlo. Pero ha tenido en otros supuestos que dar normas que surgieron de su decisión soberana, atendiendo a la propia naturaleza y características de la novedad inédita, en busca de la regulación adecuada que, ya sin respetar las costumbres de los naturales, impusiese un nuevo orden ajustado a los principios fundamentales del derecho y la religión del pueblo conquistador. Y aún más, que pudiesen ser "entendidas" y "aplicadas" a los pueblos sometidos. Podemos recordar, por ejemplo, las vacilantes soluciones normativas para terminar con la poligamia de los indígenas y adecuar su "familia" preexistente, la de esos momentos o la futura, a las reglas que exigía la religión y el derecho hispánicos, o el trato "legal" que debió darse a la propiedad comunal precolombina, o a la autoridad y permanencia del cacicazgo en el mundo hispanoindiano. Y sólo cito un par de ejemplos, de los centenares que podríamos hallar.

Una rápida visita al mundo indiano llenará de sorpresas al iushistoriador que solo espere ver en la peculiaridad indiana una mera cuestión de intensidad o de amplitud del mundo jurídico castellano, o crea que le bastará con acudir al medieval privilegio del "rústico" para comprender la compleja situación jurídica e institucional del indio americano (dentro de ese amplio abanico de culturas que exhibe la América indígena y enfrentado a la variopinta apreciación que adopta el español enfrentado a juzgar acerca de la naturaleza, costumbres y futuro de los naturales en los nuevos dominios de España), cuando en verdad los problemas y las soluciones son típicamente americanos. Como son ame-

55. La Audiencia de Charcas al Rey; La Plata, 23.XII.1564, en Levillier *Audiencia de Charcas*, p. 151-152.
56. P. Grossi, *El orden jurídico medieval*..., cit. p. 225-226.

ricanos los modos y formas de normar aquel conjunto abigarrado de habitantes de tan disímiles características, culturas y costumbres, en donde además de las modalidades impuestas de manera brutal por el elemento humano original, también necesitará de normas adecuadas a la presencia española en esta tierra nueva. Adecuadas por lo pronto a su convivencia con indios, mestizos, negros, mulatos y "castas" en un territorio apenas conocido.

Está claro sin embargo, que, del rey abajo, quienes debieron dar solución a tantos y tan intrincados temas, es decir quienes debieron "normar" las Indias, fueron personas nacidas y formadas en el derecho castellano, que pensaban y actuaban como castellanos y que habrían de hurgar en ese derecho particular del derecho común romano canónico, para encontrar allí el ejemplo, la inspiración y el impulso necesarios. Pero una realidad abrumadora e inédita habrá de condicionar a cada paso su actitud normativa, como el elemento humano nativo de diverso grado de civilización, con costumbres inauditas profundamente enraizadas en esas poblaciones, de lenguas primitivas, de origen desconocido, y complejos lazos de dependencia originarios o bien provenientes de la conquista de unos pueblos por otros, anteriores a la presencia española, entre otros muchos temas, que sería largo detallar aquí. En suma, las manifestaciones de diferentes culturas indígenas, desde las más elementales a las más complejas estaban allí, como moles de granito que no se podían soslayar. A ello se agregaba la enorme distancia desde donde debían atenderse las necesidades indianas, y una realidad geográfica desconcertante, unas manifestaciones de la naturaleza, animada o no, mineral vegetal, imposibles de suponer hasta haberlas conocido. En realidad todo y por supuesto también y principalmente "la política, en aquel dilatado *Welttheater*, estuvo severamente condicionada por la geografía y las distancias", como ha dicho con acierto Escudero en una obra reciente[57].

Sin dejar de atender, por supuesto, a un elemento que, si no era nuevo, era sí nueva la medida de su caudal incalculable: los metales preciosos, la plata y el oro que se escondían en el suelo americano o que se exhibían a la luz del día en las arenas auríferas de sus cursos de agua. Un elemento que emponzoñaba y pervertía las relaciones de los hombres en el mundo nuevo, obligando a un celo y una actividad legislativa de dimensiones desconocidas y de fuerte particularismo.

Las Indias requirieron de la ley del príncipe para dar solución inmediata a problemas desconocidos hasta entonces, la necesitaron para ordenar la conquista, la colonización y la evangelización, necesitaron de múltiples preceptos de todo orden. Muchos de neto corte administrativo, aparecen contenidos en la generalidad de sus leyes[58]. No importa que los juristas llamados a resolver esos problemas los vean a través de la óptica

57. José Antonio Escudero, *Felipe II: el rey en el despacho*, Madrid, Editorial Complutense/Colegio Universitario de Segovia, 2002, p. 509.

58. Alfonso García-Gallo, "La ley como fuente del derecho en Indias en el siglo XVI", en *Estudios de Derecho Indiano*, Madrid, Instituto Nacional de Estudios Jurídicos, 1972, p. 171.

del derecho que conocen y en el que han sido formados. A su luz, tratarán de dar respuesta a la legitimidad de la ocupación de las Indias, a la libertad del indígena, a la propiedad de las cosas que tenían antes de la ocupación española, al derecho de los caciques a conservar su poder o a la facultad de los reyes de imponer tributos a los naturales, a los derechos de la Corona sobre el subsuelo americano, al trabajo del indio en aquellas tierras y a tantas cosas más. Pero será la "ley del príncipe" la que defina la solución[59].

Cuando a comienzos del siglo XVI Fernando el Católico debe contestar al reclamo que le llega desde La Española, a causa del sermón de un fraile alborotador, de tener que dar libertad a los indios, se expresa en términos de inequívoca raíz medieval: "me ha maravillado en gran manera decir lo que dijo [Fray Antonio de Montesinos], porque para decirlo ningún buen fundamento de teología ni cánones ni leyes tenía, según dicen todos los letrados y yo así lo creo" y se remite al dictamen de una junta de teólogos y juristas celebrada con su esposa la reina Isabel, en 1503, en la que sabios doctores formados en el derecho común le aconsejaron la servidumbre de los naturales[60]. Y no olvidemos el gran tema de la anexión de los nuevos territorios, que sabemos fue tratado por los juristas de su tiempo a la luz del derecho romano canónico[61].

La tierra nueva exige del rey mucho más que la tierra vieja. Como nueva que es, está precisada de ser "ordenada", de ahí el reclamo de consideración especial. ¿Se podrá hacerlo con solo el derecho de Castilla?[62]. La respuesta es sin duda negativa, *pero tampoco sin él*.

Desde un comienzo surgió con claridad la necesidad de una nueva categoría de normas, ajustada a la nueva realidad, y con ello la insuficiencia del *ordo iuris* castellano para "regular",

---

59. Acerca de la elaboración de las "leyes de Indias", puede verse con provecho el trabajo de García-Gallo que cito en la nota anterior, p. 170-285, en especial p. 259 y sig.

60. José M. Mariluz Urquijo, "Ius Commune y Nuevo Mundo", conferencia pronunciada en la Universidad Católica Argentina el 21 de agosto de 2001, al inaugurar el Congreso Internacional *De Roma al Tercer Milenio. La pervivencia del derecho común* (en prensa, agradezco al autor que me haya facilitado una copia del original mecanografiado); Lewis Hanke, *La lucha por la justicia en la conquista de América*, Buenos Aires, 1949, p. 33; E. Martiré, "Justo trato, justo título (Un ensayo acerca del origen de la controversia sobre los justos títulos de España sobre las Indias)", en *Anuario Mexicano de Historia del Derecho*, México (UNAM), vol. V, 1993, p. 193.

61. Son varios los historiadores del Derecho Indiano que se han ocupado del problema, entre otros Bernardino Bravo Lira, *Derecho común y Derecho propio en el Nuevo Mundo*, Santiago, Editorial Jurídica de Chile, 1989 (con prólogo de Alejandro Guzmán Brito), prólogo que más tarde, con algunas modificaciones, se publicó con el título "Historia de las nociones de <Derecho Común> y <Derecho Propio>, en *Homenaje al Profesor Alfonso García-Gallo*, Universidad Complutense de Madrid, t° I, p. 226 y sig.; Javier Barrientos Grandón, *Historia del Derecho Indiano del descubrimiento colombino a la codificación. I° "Ius Commune-Ius Proprium" en las Indias Occidentales*, Roma, Il Cigno Galileo Galilei, 2000. El maestro J.M. Mariluz Uquijo también se ha referido al tema en "Ius commune y Nuevo Mundo", cit.

62. García-Gallo planteó en su tiempo el problema, al que dedicó especialmente tres trabajos, que fueron apareciendo en tres décadas sucesivas (en 1955 y 1964 y 1974), lo que demuestra hasta qué punto le inquietaba; son de lectura imprescindibles para comenzar a entender el grave conflicto social, jurídico y religioso que significó para España el mundo nuevo: Alfonso García-Gallo, "El Derecho Común ante el Nuevo Mundo", "Génesis y desarrollo del Derecho Indiano", y "La ciencia jurídica en la formación del Derecho Hispanoamericano en los siglos XVI y XVII", reunidos posteriormente, los dos primeros, en sus *Estudios de Historia del Derecho Indiano*, Madrid, Instituto Nacional de Estudios Jurídicos, 1972, p. 123-166. El último se publicó en el *Anuario de Historia del Derecho Español*, Madrid,1974, p. 157-200.

por sí solo, la vida americana, aún teniendo en cuenta que hasta el descubrimiento de Nueva España en el siglo XVI, el Nuevo Mundo pudo haber sido considerado por la Corona, al decir de Lohmann Villena, como un "accidente interpuesto en la ruta hacia la Especiería"[63].

A principios de 1562, es decir dos años antes de aquella invocación de la Audiencia de Charcas a la costumbre indígena de que hemos hablado, el franciscano Jerónimo de Mendieta, al comunicar desde el monasterio de Toluca sus ideas a su superior en México, critica que la Audiencia pueda rever las decisiones del Virrey, *alter ego* del Rey en Nueva España, a quien le cabe dar respuesta "legal" a los problemas mexicanos. Un tribunal integrado por tres o cuatro jueces expertos en el derecho civil, dice, que es de tan poca importancia y necesidad para el gobierno de estos reinos, "que pugliera Dios que ni Código ni Digesto ni hombre que había de regir a indios por ellos, pasara a estas partes, porque ni Justiniano hizo leyes, ni Bartolo, ni Baldo las expusieron para este Nuevo Mundo y su gente", a las que no les puede cuadrar ni convenir las disposiciones de ese derecho, el cual habla con los hombres que son capaces de él y lo saben entender y pedir[64]. Duro cuestionamiento formulado por quien vive en las Indias y debe atender a las miles de situaciones que escapan aún a la más laxa y posible aplicación del derecho gestado para el viejo mundo del que se consideraba custodia la Audiencia.

Creo que es necesario insistir en ello: no podemos entender el Derecho Indiano desprendido del derecho de Castilla, ese *ius proprium*[65] integrado en el *ius commune* romano canónico medieval, al que Barrientos llama *lex particularis*. Pero es imposible concebirlo usando *tan solo* el molde castellano, para proyectarlo a las Indias, pues el derecho de estos territorios tuvo, necesariamente, que ajustarse a sus "propios" hechos y a sus "propias" cosas, lo que habrá de otorgarle personalidad singular. En suma que el derecho de Indias, esa nueva categoría de normas, sin embargo de su pecularìedad, integrará el "intero sistema solare" del *ius commune*, usando palabras de Bellomo[66].

---

63. Guillermo Lohmann Villena, "El proceso de ocupación territorial y la ordenación urbana. Siglos XVI-XIX", en *La ciudad iberoamericana. Actas del Seminario de Buenos Aires 1985*, Madrid, Ministerio de Obras Públicas y Urbanismo, Biblioteca CEHOPU, s/f, p. 12-13.

64. Joaquín García Icazbalceta (editor), *Cartas de religiosos de Nueva España, 1539-1594*, México, Editorial Salvador Chaves Hayhoe, 1941, p. 17, cit. por J.M. Mariluz Urquijo, "Ius Commune y Nuevo Mundo", cit., p. 2. También en J. García Icazbalceta, *Colección de Documentos*, t° II°, p. 534. Todavía en el siglo XVIII (1749), tal vez uniendo al problema de la conveniencia de apartar a los juristas de las decisiones del manejo de las Indias, la fuerte personalidad que ahora tiene el soberano para gobernar derechamente, los marinos Juan y Ulloa recomiendan "prohibir que las materias puramente políticas y gubernativas pudiesen convertirse en puntos de derecho, porque si no se evita este inconveniente permanecerá siempre la dificultad [de la intervención de las Audiencias] en su fuerza" (Jorge Juan y Antonio de Ulloa, *Noticias secretas de América*, 2ª parte, Cap. 7, cit. por A. García-Gallo, "La Capitanía General como institución de gobierno político en España e Indias en el siglo XVIII", en *Los orígenes españoles de las instituciones americanas. Estudios de Derecho Indiano*, Madrid, Real Academia de Jurisprudencia y Legislación, 1987, p. 961, nota 24.

65. J. Barrientos Grandon, *Historia del Derecho Indiano*, cit., p. 195-134.

66. M. Bellomo, "Perché lo storico del diritto europeo debe occuparse del giuristi indiani?", en *Rivista Internazionale di diritto comune*, n° 11, Roma 1994 Erice, p. 24.

También en Indias, sin duda, existió un *ius involuntarium*, radicado en la costumbre y en la naturaleza de las cosas[67], que nació al ritmo del avance de los descubrimientos y de la consiguiente ocupación hispánica de los nuevos territorios. No antes. El derecho anterior a la presencia hispánica servirá como antecedente, aún como ejemplo, también como clave de interpretación de las civilizaciones precolombinas y del conocimiento de sus usos y costumbres, algunos de los cuales continuarán rigiendo, modificados o no, para ser acomodados a nuevos principios, según se dijo más atrás, pero no integran los estudios del Derecho Indiano, sino tan solo en esa medida. El Derecho Indiano no es el estudio del derecho indígena, y si en ocasiones ha habido que referirse a él, será en la medida que ello sirva para entender una norma subsistente o instituciones *mixtas*, o para comprender conductas y actitudes de esos pueblos aborígenes.

En la formación del derecho de las Indias la presencia de las normas impuestas por el monarca atendiendo a las propias circunstancias del territorio anexado a su dominio, fue fundamental para la conformación del nuevo derecho hispano indiano. Si en muchas ocasiones hubo coincidencias a uno y otro lado del Océano en la regulación jurídica (¡cómo no habrían de existir!), no ocurría tal cosa por que se hubiesen extendido las normas vigentes en la metrópoli a ultramar, sin más. Tales coincidencias o semejanzas partían de la circunstancia de tratarse de ordenamientos que reconocían una raíz común por ser integrantes del *ordo iuris* de una misma Monarquía Universal. Ya sea por el hecho de que la decisión dictada fuese sancionada como norma general para que, en determinados asuntos, que lo admitían, no se hiciese novedad a uno y otro lado del Océano, ya por tomar estilos y normas de origen peninsular adaptándolos a América o sencillamente extendiéndolos a esos territorios por juzgarlo pertinente. No en vano se recomendaba al Consejo que "siendo de una Corona los Reinos de Castilla y las Indias", debía reducirse la forma y manera de gobierno de las Indias al estilo y orden en que son regidos y gobernados los Reinos de Castilla y de León. Pero esas coincidencias o similitudes sólo podían ser aceptadas cuando se diese en el caso concreto la gran regla de oro del Derecho Indiano: "*en cuanto hubiere lugar y* [lo] *permitiere la diversidad y diferencia de tierras y naciones*" (Ordenanzas del Consejo de Indias de 1571, incorporadas a la *Recopilación de Leyes de Indias*, II, ii, 13).

Sí resulta claro, en cambio, según se dijo anteriormente, que en Indias, con una intensidad mucho mayor que en la Península, la ley del rey tiene capital importancia, especialmente en los primeros tiempos de la presencia de los españoles en esos territorios, porque si en los descubrimientos, según opinión del cronista Gonzalo Fernández de Oviedo (*Historia General de las Indias* (1523), "quassi nunca Sus Magestades ponen su hacienda e dinero en estos nuevos descubrimientos, excepto papel e palabras

67. M. Fioravanti, *Los derechos fundamentales...*, cit., p. 28.

buenas", lo que implicaba desde ya un cierto "desinterés" por los futuros territorios que se fuesen a descubrir, una vez producido el descubrimiento y asentada la población, el monarca avanza en la regulación de la vida en la nueva tierra "hasta en sus más nimios aspectos"[68].

Advirtamos, aunque parezca ocioso decirlo, que no se trataba de la conquista de territorios arrebatados a otros príncipes, o de la reconquista de lugares ocupados por enemigos, o de nuevos reinos cristianos agregados, se trataba de lo desconocido, de tierras salvajes ocupadas por gentes a quienes se reputaban salvajes, donde jamás había habido presencia cristiana. Se ponía pié en una "tierra nueva", donde no existía relación, ni mucho menos coincidencia alguna, entre ella misma (y los habitantes que la poblaban), con la tierra y la sociedad europea de donde provenían los conquistadores españoles.

En Indias las cosas eran *diferentes*, algunas les parecerán a los europeos demoníacas, depravadas, otras dignas de ser tomadas como ejemplo, otras muchas tan solo aquello: *diferentes*, pero todo será para ellos nuevo y extraño, inédito.

Como en ningún otro territorio de la Monarquía Católica, casi todo dependerá en América de la cesárea voluntad del soberano. En esa "tierra nueva"[69] la presencia de la decisión (norma) del poder político resultó indispensable desde el mismo momento en que se ocupó el territorio ignoto. Si ya en Europa la concepción de un derecho sin Estado ha sido abandonada, o está en vías de serlo, en este campo virgen americano el rey-legislador deberá obrar por imperio de las circunstancias —y lo hará— con mucha mayor libertad que en la vieja Europa, y arbitrará soluciones muchas veces bastante lejanas a las que podrían encontrarse en el europeo *ius commune-ius proprio.*

Analizando Tau Anzoátegui el Derecho Indiano en un tiempo tan distante del período de los descubrimientos como es el de la sanción, en 1680, de la *Recopilación de Leyes de las Indias*, advierte que, sin desdeñar la significación alcanzada ya entonces por las normas locales y la costumbre, "en la formación de este ordenamiento tuvieron papel importante las leyes, en su acepción genérica, expedidas por el rey", preeminencia que se explica "tanto por las concepciones políticas que fortalecían la autoridad del príncipe como por la necesidad de dirigir y controlar la empresa indiana"[70]. Es que la ley, explica Tau Anzoátegui en otra oportunidad, "es la fuente en avance"[71].

---

68. Ver A. García-Gallo, "La ley como fuente del derecho en Indias en el siglo XVI", cit., p. 170.

69. Ver José M. Mariluz Urquijo, "El concepto de tierra nueva en la fundamentación de la peculiaridad indiana", en *Memoria del IV Congreso del Instituto Internacional de Historia del Derecho Indiano*, México, UNAM, 1976, p. 389-402.

70. Victor Tau Anzoátegui, "Consideraciones sobre la aplicación de la Recopilación de 1680"(Cito por la reedición efectuada por Franciscio de Icaza Dufour (Coordinador),*Recopilación de Leyes de los reinos de las Indias. Estudios histórico-jurídicos*, México, Miguel Angel Porrúa, 1987), p. 553.

71. Del mismo autor *La Ley en América Hispana. Del descubrimiento a la emancipación*, Buenos Aires, Academia Nacional de la Historia, 1992, p. 8 (Es esta una exposición de los problemas "legislativos" a lo largo de la dilatada vigencia del Derecho Indiano).

En el Derecho Indiano, la ley del rey, la ley elaborada en los Consejos y juntas de la Monarquía Católica Universal e *impuesta* por el monarca en esos territorios (aún cuando sabemos a cuántos condicionamientos, una vez avanzada la dominación española, se enfrentaba su aplicación concreta), adquiere un protagonismo singular, que de ninguna manera habrá de desplazar a otras formas del derecho, algunas que por ahora no existen o que aparecen en embrión, como las costumbres desarrolladas en las Indias a partir del descubrimiento, o la doctrina y jurisprudencia adaptada a la novedad, pero cuya importancia se destacará en su momento. Esas leyes (en el sentido más amplio del término) que significaban la presencia del poder del monarca en Indias, podrán ser aceptadas buenamente por sus antiguos y nuevos súbditos, o bien, en su caso, "impuestas" a unos y otros, dentro de los límites infranqueables del Derecho Natural y de la religión. Se trata en suma de exigir el cumplimiento de un "régimen especial en Indias", adoptado luego de vacilaciones y dificultosos conciliábulos, largamente elaborado, y fuertemente influenciado en sus comienzos por circunstancias diversas, como fueron los compromisos adquiridos con el descubrimiento, y materializados en las famosas "Bulas de Donación" solicitadas por los Reyes Católicos al Papa (v.g. la evangelización de los naturales), o las que concedieron el "patronato" a la Corona Española sobre América, como también las obligaciones asumidas en pactos con particulares (capitulaciones) o tratados internacionales, celebrados aún antes del descubrimiento, como los acuerdos de Santa Fé con el descubridor, o el tratado de Alcazobas, o los posteriores a él, como el de Tordesillas y los firmados más tarde con otras potencias, como Francia e Inglaterra, o las circunstancias especiales —tantas veces invocadas— de la tierra nueva.

Entre las mencionadas "circunstancias especiales", que hemos erigido como regla fundamental del Derecho Indiano, se encuentran situaciones particulares, de tiempo, lugar y persona (las "cosas de Indias"). Sin ánimo de hacer una enumeración completa de ellas, sino de mejor explicarme, podríamos nombrar, entre las más invocadas: las enormes distancias que separan la residencia del gobierno metropolitano del lugar de aplicación de la norma que este elabora, y aún las que separan uno y otro centro urbano en América; el escaso conocimiento que se tiene del inmenso territorio que había que normar y de sus naturales; la peculiar y poco homogénea personalidad de estos indígenas (que conforman a poco andar un arco bien amplio de sujetos, desde los miembros de civilizaciones elementales o antropófagas del Caribe, a las complejas sociedades de mayas, aztecas o incas); la presencia en la tierra desconocida de creencias, ritos o costumbres juzgados como despreciables por el español, y de otros, compatibles con la civilización europea, y en algunos casos de un derecho indígena conceptuado modélico para el mundo occidental y cristiano[72], el es-

72. Ver José M. Mariluz Urquijo, "El derecho prehispánico y el derecho indiano como modelos del derecho castellano", en *III Congreso del Instituto Internacional de Historia del Derecho Indiano. Actas y Estudios*, Madrid, Instituto Nacional de Estudios Jurídicos, 1973, p. 101-103.

píritu levantisco de los criollos (esos españoles nacidos en las Indias, "de poco fiar", y en general resentidos por unas recompensas nunca juzgadas suficientes, fundados en que sus mayores han conquistado América para la Corona, con fatigas y trabajos inimaginables); la existencia en Indias de autoridades soberbias, a veces poco inclinadas a la obediencia o a la templanza, a veces corruptas y venales, con "clientelas" además de hijos y entenados a quienes mantener a costa de cualquier exceso; en ocasiones despiadadas con el indígena, en otras especialmente inclinadas a su favor; la presencia de recientes sociedades hispano-indígenas en donde prima la licencia de las costumbres, y de otras en donde se reconocen los valores tradicionales o la trascendencia de la santidad de la vida.

Múltiples necesidades, producto de esas "circunstancias especiales", ni siquiera imaginadas en el mundo conocido, exigían soluciones nuevas o la modificación, a veces substancial, de las arbitradas hasta entonces por el derecho castellano, es decir por ese derecho propio del derecho común romano-canónico.

Ya dijimos en un párrafo anterior que cuando el derecho romano canónico se enfrenta a nuevas circunstancias no contempladas (*nuova negotia*) que necesitan ser reguladas y a las que se debe encontrar solución, la solución podía ser doble: o mediante un acto normativo del príncipe, o mediante la acción interpretativa del juez o del jurisconsulto. Pues bien, al tener que resolver los asuntos de América, la primera solución se buscará en la ley del príncipe, pues es necesario dirigir la empresa indiana y darle sus normas rectoras, que por ello tendrán un valor primordial.

Si hasta entonces o por lo menos hasta la crisis del derecho medieval, el monarca había resultado un tímido legislador atrapado en su condición de *intérprete* del derecho ya existente y supeditado al *consensus* de la comunidad, ahora por imperio de las necesidades del mundo nuevo debe actuar con una voluntad clara y definida. Dirigir la empresa indiana importa fijar rumbos, enderezar la marcha evangelizante y civilizadora (esa era la encomienda recibida del Santo Padre en las bulas "Inter caetera"), marcar principios rectores, y también corregir rapacerías de los gobiernos locales o de los particulares, esos "poderosos de la tierra", cuya persistencia en el exceso asombra: "... la gente de esta tierra, por su maldad o del cielo o del suelo no quiere ni ley ni rey, ni verdad ni hombre virtuoso", denuncia a mediados del siglo XVI un oidor de Lima al Consejo[73].

La labor de la Corona en busca del reinado de la justicia en el Nuevo Mundo fue denodada[74], de esa justicia que era el Norte de su conducta y de su obrar soberano, por-

73. Carta del oidor Bravo de Saravia al Consejo de Indias, Lima 29.III.1553; en Levillier, *Audiencia de Lima*, p. 76-77.

74. No ha perdido actualidad la clásica obra publicada hace más de medio siglo por el eminente historiador norteamericano Lewis Hanke, *La lucha por la justicia en la conquista de América*, cit., para iluminar la acción de la monarquía en las Indias.

que los reyes estaban "puestos sobre las gentes para mantenerlas en paz et justicia" (*Partidas*, II, i, 5), y no solamente se trataba de la justicia en la resolución de los pleitos entre particulares, "mas aún entre todas las otras cosas que aviene entre homes" (*Partidas*, III, i).

Si en el ámbito del derecho privado podían conservarse aún las reglas del derecho medieval[75] —y ello relativamente— la situación era diferente con las que se dirigían a la estructura del gobierno y a las relaciones entre la "república de los indios" y la "república de los españoles", de sus vinculaciones, o con negros, mulatos, mestizos y castas, y su propio *status* social.

Así como en toda Europa, al decir de Hespanha, el derecho común va siendo desplazado a partir del siglo XIV por los derechos propios, que traducen en el campo jurídico el fenómeno de la centralización del poder Real[76], ese fenómeno adquiere en América en el siglo siguiente, proporciones mucho más acentuadas. Se trata, y no será innecesario repetirlo una y otra vez, de una "tierra nueva" y como tal necesitada de "nuevas normas", pues las existentes no serán enteramente aplicables.

La invocación a esa "tierra nueva" fue frecuente entre los magistrados y funcionarios de Indias para demandar de la Corona normas especiales dirigidas a ella. Mariluz Urquijo, que se ocupó del tema, señala al respecto la tendencia de la literatura jurídica de los siglos XV y XVI a no cambiar una legislación que como la castellana se había sedimentado después de largo tiempo, "variar un ordenamiento trabajosamente logrado en Castilla por el concurso gradual de sucesivas generaciones importaría una imprudencia que pondría en peligro el equilibrio conseguido y sería tan desatinado como conservar esas leyes para aplicarlas a una realidad distinta —la indiana— que debe buscarse su propio orden"[77]. Por esa razón, así como el derecho debía estar adecuado a la "tierra", en la concepción del *ius commune* que hemos trazado en páginas anteriores, ya que de ella provenía, así la "tierra nueva" de América merecía un nuevo derecho, ajustado a sus propias y novedosas características.

Y, por supuesto, no se trata de que en esos tiempos, pues ello resultaría francamente anacrónico, la ley Real tuviese los caracteres que le atribuye la doctrina jurídica racionalista, abstracta, general y uniforme[78]. Por el contrario, estaba ajustada a un casuismo que alejaba toda posibilidad de caer en semejantes abstracciones[79].

---

75. Ver A. García-Gallo, "La ciencia jurídica en la formación del Derecho Indiano", cit.,p. 195-198.
76. A. M. Hespanha, *Cultura Jurídica Europea* ..., cit., p. 134 y sig.
77. J.M. Mariluz Urquijo, "El concepto de tierra nueva ...", cit., p. 389-402.
78. "È infatti insegnamento corrente che virtù comune della lege sono: la astratteza e la generalità, cioè la sua imperturbabilità di fronte a casi e a motivi particolari"; la rigidità, cioè la sua insesibilità alle posibili differenti esigenze dei destinatarii; la autoritarietà, cioè la indiscutibilità del suo contenuto"(Paolo Grossi, *Mitologie giuridiche dell modernità*, Milano, Giuiffrè Editore, 2001, p. 15-16 y 32-33). En igual sentido se expresa el autor en *El orden jurídico medieval*, cit., p. 227 y sig.
79. Victor Tau Anzoategui, *Casuismo y sistema. Indagación histórica sobre el espíritu del Derecho Indiano*, Buenos Aires, Instituto de Investigaciones de Historia del Derecho, 1992.

Por lo demás eran los propios gobernantes locales de ese desconcertante mundo nuevo quienes "tomaban la iniciativa"[80] y antes de resolver definitivamente el caso que se les sometía, acudían al monarca para lograr la nueva norma a que ajustar su conducta, i) *escrita* para dar mayor certeza a su contenido, ii) *sancionada por el rey*, para revestirla de su suprema autoridad y iii) *acomodada a las peculiares características de la tierra en que les tocaba actuar*, que era la regla fundamental que exigía la tierra nueva. Leyes particulares imprescindibles para alcanzar la justicia y el buen orden en un territorio absolutamente nuevo y diferente. Otras veces la consulta al monarca de las autoridades locales estaba dirigida a lograr una previa aprobación de lo que se proyectaba resolver, en el deseo de acertar.

A mediados del siglo XVI el Cabildo de San Juan de Puerto Rico pedía al Consejo que por tratarse de tierra muy diferente no conviene guardar el orden de la Península, sino que se le den ordenanzas especiales pues las ciudades deben regirse "según la calidad de cada tierra", ya que "lo que en una tierra es bueno en otra es malo"[81]. Es lo mismo que reclamaba el célebre Virrey Toledo desde Lima, en igual época, ante la gran variedad de la tierra que le tocaba gobernar "porque lo que a unos fuere muy provechoso a otros será dañoso". El oidor Tomás López Medel solicitará desde Bogotá en 1557, leyes específicas para ese distrito, de manera que las leyes y ordenanzas de "acá sean conformes a la grandeza y largueza de esta tierra"[82]. Uno de los oidores de Lima plantea al Consejo "algunas cosas que de nuevo se han ofrecido que son particulares e las tengo por de importancia según los negocios y calidad de la tierra", por lo que suplica se vean en el Consejo "y provean sobre ello lo que sean servidos"[83]. Se queja la Audiencia por no haber recibido respuesta a sus preguntas, ni visto cédula ni providencia de S.M. "como solíamos hacer"[84]. La Audiencia de Charcas, de reciente creación, eleva veintiséis peticiones al Consejo reclamando se le indique qué debe hacer en cada caso, lo mismo que su fiscal y varios oidores[85]. El Arzobispo de México en el mismo siglo (1574) le hace saber al Consejo de Indias la "obligación que tengo de escribir a V.Sa. lo que siento y pasa con verdad y llaneza, pues depende de V.Sa., *sólo*, el régimen deste Nuevo Mundo..."[86].

---

80. A. García Gallo, "La ciencia jurídica en la formación del Derecho Indiano", cit., p. 160.

81. Monseñor Vicente Murga, *Historia Documental de Puerto Rico*, vol.1: *El Consejo o Cabildo de la Ciudad de San Juan de Puerto Rico (1527-1550)*, tº 1, Río Piedras, 1956, p. 200, cit. por J.M. Mariluz Urquijo, "El concepto de tierra nueva...", cit., p. 390.

82. Manuel Serrano Sanz, *Algunos escritos acerca de las Indias de Tomás López Medel natural de Tendilla, Oidor de las Audiencias de Guatemala y Santa Fé de Bogotá*, en *Erudición Ibero-Ultramarina*, tº 1, nº 4, Madrid, 1930, p. 500, cit. por Idem., p. 391.

83. El Licenciado Altamirano al Consejo, Lima 12.I.1555; en Levillier, *Audiencia de Lima*, p. 134.

84. La Audiencia de Lima al Consejo, Lima 4.XII.1557; en Levillier, *Audiencia de Lima*, p. 177.

85. La Audiencia de Charcas al Consejo, La Plata, 24.XII.1563; del oidor López de Haro; de la Audiencia, 9.2.1564; del Lic. Rabanal; en Levillier, *Audiencia de Charcas*, tº 1, p. 103-120; 125-127, 129-131, 145-148.

86. Carta del Arzobispo de México al Presidente del Consejo de Indias Juan de Ovando, México, 20.XII.1574 (Hanke, BAE, p. 273). La cursiva me pertenece.

Pide la Audiencia de Lima se ordene al Pacificador del Perú, Licenciado Pedro la Gasca, que devuelva a la Audiencia las provisiones, cédulas e instrucciones y poderes que tenía de S.M. Por la necesidad que "cada día se ofrece tener de ellas para los negocios que ocurren". Ya lo habían reclamado en carta de 6 de julio de 1550. Gasca las envió desde Panamá y se hace relación de los documentos recibidos. Se pide se le haga saber que envíe los demás que dejó de enviar[87]. Da cuenta la Audiencia en 1551 de una cuestión mantenida con clérigos y el Arzobispo por haberse refugiado en la catedral unos delincuentes, y ante las dudas que le asaltan, pide le diga el Consejo qué deberá hacer en el futuro "porque en todo deseamos acertar"[88].

Y el célebre Solórzano, aún en el siglo XVII, al aludir a la necesidad de normas adecuadas a cada circunstancia de la tierra, "porque todo o lo más es nuevo en ella", donde no se admite que "las leyes de Roma o España se adapten a lo que pide la variedad de los naturales, demás de otras mudanzas y variedades", se impone recordar "la fábula de la luna", que "pidió a su madre un vestido y ella se lo negó, por decir, que como perpetuamente mudaba de talle, no sabía de qué medida se lo pudiese hacer que cuadrase con tantas formas"[89].

Hemos dado algunos ejemplos, la tierra nueva demanda instrucciones, órdenes precisas, normas de la Corona para obrar coordinadamente, para no equivocar el camino, para no errar. Es que nos encontramos en una época en que se ha producido un desplazamiento de las fuentes del derecho, para privilegiar las provenientes del poder político, sobre todo en lo que —con la precariedad del término— llamaremos derecho público[90].

Pasará mucho tiempo antes que los castellanos lleguen a "conocer" y "entender" debidamente las Indias. En carta del Padre Provincial de los franciscanos de Nueva España, al confesor del rey, fechada a mediados del siglo XVI (1564), cuando han transcurrido 15 años desde el descubrimiento de las Indias, se le dice que debe empeñarse el padre en aliviar la conciencia de S.M. de la pesada carga que tiene en el gobierno de las Indias, "por no estar presente en ellas, *ni acabarse de entender los negocios como en realidad de la verdad pasan*, por haberse de conferir de tan lejos las demandas y respuestas"[91].

Recordemos que cuando Felipe II trató de averiguar a qué se debía el desgobierno de América, de que todos se hacían eco, a pesar del celo puesto por la Corona y la multitud de normas libradas para ella, se le informó que "no entienden las Indias" los es-

87. Carta de la Audiencia al Consejo, Lima 15.febero.1551, en Levillier, *Audiencia de Lima*, p. 19-20.
88. Idem., p. 30-31.
89. *Política Indiana*, L° V, Cap. V, n° 4 y 5, fábula que toma de Eduardo Vestono, (*Weston. In theatr. Polit.* lib. 4, Cap. 12).
90. A. M. Hespanha, *Cultura Jurídica Europea* ..., cit., p. 134.
91. Carta del Provincial de los franciscanos de Nueva España al Confesor del Rey, Tlaxcala, Nueva España,20.V.1564, en *Códice Mendieta*,t° I°, p. 25 (La cursiva me pertenece).

pañoles, a pesar del largo tiempo que las ocupan, lo que provocó una serie de reformas en la administración indiana y el inicio en el Consejo del proceso recopilador de sus leyes, que concluirá con la Recopilación de 1680[92]. Pero desde el comienzo debió atender la Monarquía Católica Universal, acertando o no con la solución, a normar los nuevos territorios.

Vendrá luego, ya consolidada la dominación española en América, una cada vez más acentuada libertad del gobernante local para "arbitrar" la solución más adecuada, autorizado de antemano por la Corona o bien en la seguridad de no ser desaprobada en definitiva su decisión. También aflorará entonces una corriente que privilegiará otras fuentes del derecho, entre las que la costumbre se destacará por su fuerza[93], siempre claro está dentro del mundo jurídico del derecho común, del que naturalmente forma parte el indiano.

En épocas posteriores a la de los descubrimientos y primitivos asentamientos en Indias se sigue observando el culto a la "ley", a pesar de estar atenuada su importancia por el impulso cada vez mayor de otros medios de expresión del derecho, como he señalado. Así, a mediados del XVII el ya citado Solórzano sostiene, que es muy conveniente que los magistrados "estén atados a ellas", para que tan solo en cosas de poca monta se les permita decidir por sí mismos. Porque "las leyes son los ojos de la República y por ellas se mira, dirige y confirma el recto, igual y seguro estado suyo y más justo y conveniente es que ellas manden y predominen"[94]. De esa misma época es la opinión autorizada de otro avezado jurista y gobernante indiano, Juan de Palafox y Mendoza, a la sazón virrey y visitador de Nueva España, quien recomienda a su sucesor que para gobernar bien deberá "ajustarse a las cédulas y órdenes de S.M., sujetando a ellas el propio dictamen e inclinación; pues, es justo que sean superiores las leyes y cédulas del rey nuestro señor al más superior ministro..., cuyo principal ministerio es darle alma y fuerza a las cédulas y ordenanzas de S.M...."[95]. Y en las primeras décadas del siglo siguiente, tal vez anunciando ya una nueva forma de conducir la Monarquía, la Corona amonesta severamente a la Audiencia de México, por no dar cumplimiento a las leyes, y le ordena "quitéis todos los abusos introducidos y practicados con nombre de estilos, siendo como son realmente corruptelas", mandándole en cambio se observen con rigor las leyes y ordenanzas de estos y esos reinos[96].

---

92. Una síntesis en E. Martiré, *Guión sobre el proceso recopilador de las leyes de las Indias*, Buenos Aires, Instituto de Historia del Derecho Ricardo Levene,1978. Reeditado por Editorial Abeledo-Perrot, Buenos Aires,2000, p. 23.

93. Ver V. Tau Anzoátegui, *Nuevos Horizontes en el Estudio del Derecho Indiano*, Buenos Aires, Instituto de Investigaciones de Historia del Derecho/Instituto Internacional de Historia del Derecho Indiano, 1997, p. 92-95, y del mismo autor *El poder de la costumbre..., cit., passim.*

94. *Política Indiana*, L° V, cap. XVI, n° 6-8.

95. Relación del Virrey interino de México, Lic. don Juan de Palafox y Mendoza, Obispo de Puebla de los Angeles, al sucesor, sobre su gobierno, 1642, en Hanke, BAE, t° 276, p. 41 y p. 62-63 (La cursiva me pertenece).

96. AHN, Secc.Consejos, Leg. 21.461, Expediente s/pulques, Real Cédula de 13 de diciembre de 1721.

En la segunda mitad del siglo, ya afianzado un nuevo modo de ver el derecho y la observancia de las leyes Reales, aún cuando se hubiesen sancionado (como en el caso) siglos atrás, no se precisará de la autoridad de un visitador, ni de cédula de S.M. para corregir el abuso de las Audiencias que so pretexto de *estilos* derogaban o alteraban el contenido de las leyes reales. En carta fechada el 19 de octubre de 1768, el Fiscal Vicente de Herrera se dirige a la Real Audiencia de Santo Domingo para pedirle que "se sirva mandar publicar en esta capital y toda la Isla que en adelante se impondrá irremisiblemente pena de muerte en ejecución de la Ley de Partidas a todos los ladrones de ganado, en quienes se verifique concluyentemente la calidad de abigeato". En el caso la Audiencia había usado de un *estilo* particular que provocaba el incumplimiento riguroso de la ley. Reclamada la aplicación de la ley por el Fiscal con el argumento jurídico de que a las leyes no las deroga el tiempo y que *los respetables estilos y prácticas venerables de los tribunales solo influyen en lo ordenatorio de los juicios y no en sus decisiones y méritos de los procesos*, la Audiencia aceptó el reclamo y resolvió el 21 de octubre rectificar el *estilo* seguido hasta entonces y dispuso "que para atajar los frecuentes hurtos de ganados que se cometen en los lugares de tierra de esta isla, ejecútese en todos los ladrones abigeos la pena de muerte que les impone la ley Real de Partida y publíquese esta providencia en esta ciudad como en toda la isla para que nadie alegue ignorancia, despachándose las órdenes correspondientes y participándose al señor Presidente como lo pide el señor Fiscal"[97].

En suma que aún después de los primeros tiempos, donde se hacía imprescindible atenerse a la ley Real, su importancia no decaía totalmente, a pesar de la cada vez más creciente consideración de otros órdenes normativos.

Durante el siglo XVIII las transformaciones fueron notables y con ellas se asistió al advenimiento de una nueva concepción del derecho que plasma en su segunda mitad[98], adherido ahora de una manera indisoluble a la ley del monarca, considerada su principal o única fuente de creación. Pero hasta entonces y en su conjunto, el derecho de las Indias fue una notable creación integradora, en la que convivieron normas de todo tipo y origen, conformando un derecho de especiales características.

Ese derecho dieciochesco del despotismo regio, que acabo de mencionar, no podemos insertarlo —salvo como detonante del cambio— en el racionalismo jurídico moderno que se afirma en el siglo XIX, pero tampoco podemos incluirlo enteramente, a mi entender, en el ya vetusto *ordo iuris* de origen medieval. Pues si bien las "leyes" del monarca del XVIII no tuvieron una dirección opuesta a las que, con pretensión de eternas (*por siempre*), heredara de tiempos pasados, normas que en buena medida continua-

97. Las actuaciones constan en el expediente de la Residencia tomada al Fiscal de la Audiencia de Santo Domingo, Don Vicente de Herrera, por haber sido promovido a Alcalde del Crimen de la de México, AHN, Sección Consejos, Leg.20.765 (La cursiva en los textos me pertenece).
98. V. Tau Anzoategui, *La ley*..., cit., p. 33.

rán rigiendo, está claro que esas normas recibidas, quedarán sujetas a la "conveniencia" de mantenerlas y aplicarlas, una vez contrastadas con las que el monarca dicte en orden a "las necesidades o requerimientos del siglo"[99]. Tema por demás controvertido que merece una consideración especial, que no cabe en esta obra.

Cuando nos acercamos al estudio del Derecho Indiano nos enfrentamos con un nuevo derecho, pero entendámonos bien, este *nuevo* derecho, de características tan particulares, según hemos explicado, es parte del derecho del *ancien regime*, es decir es un *ius proprium* del *ius commune*, que integra, con su singularidad, otro *ius proprium*, el castellano. Participa por tanto de las características que hemos señalado con relación a los *iura propria*, y de las variaciones que en orden a su nacimiento sufren esos derechos a partir del siglo XIV, con la presencia cada vez más acentuada del rey legislador, *especialmente acentuadas* para el caso indiano, por las razones largamente expuestas más atrás. Solo con esa concepción global puede hablarse válidamente de un derecho indiano, que es "un derecho particular (*lex particularis*) de —a su vez— otro *ius proprium*, el derecho de Castilla..., derecho especial o de excepción, que ha regido en los territorios americanos y asiáticos de la Corona española"[100].

Surgido en el momento especial de la evolución del derecho europeo, el Derecho Indiano, alcanzó en virtud de las características que le fueron impuestas por las necesidades de la tierra nueva, unas particularidades que le dieron fisonomía propia, con principios, normas y reglas de interpretación también particulares, que habilitan su propia personalidad. En un comienzo fue soberana la ley del rey, ordenadora de la conquista y colonización y puntal insustituible del nuevo orden que habría de imperar en la tierra nueva; por ello fue principal fuente del Derecho Indiano en esos primeros momentos, para ello el monarca usaba del poder supremo de *hacer y promulgar leyes*, que —como decía el sabio Solórzano— es cosa sentada que "es concerniente a las supremas y mayores regalías de los príncipes, reyes y emperadores"[101]. Leyes que, y seguimos citando al célebre jurista indiano, "sean las que fuese pidiendo el tiempo y la utilidad y conveniencia de aquellas provincias y repúblicas [...] porque cada provincia las requiere diversas, como también son sus climas, lugares y habitadores y que aún en una misma sucede de ordinario, que lo que hoy se estableció saludablemente, conviene mudarlo mañana"[102].

Desde ya que la Monarquía Católica Universal no tuvo reparo alguno en rectificar, agregar, quitar o enmendar sus leyes, adecuándolas a lo que fuese pidiendo el tiempo y

---

99. Jesús Vallejo, "De sagrado arcano a constitución esencial. Identificación histórica del Derecho Patrio", en Pablo Fernández Albaladejo (ed.), *Los Borbones. Dinastía y memoria de Nación en la España del siglo XVIII*, Madrid, Marcial Pons Historia/Casa de Velázquez, 2001, p. 426. Como bien señala el autor citado, será labor de la Historia del Derecho determinar en qué medida habrían de combinarse unas y otras normas y cómo se articularían los cuerpos legales de *antes* y de *ahora*.

100. E. Martiré, "El Derecho Indiano, un derecho propio particular"..., cit., p. 331.

101. *Política Indiana*, L° V, Cap. XVI, n° 2.

102. Idem., L° V, Cap. XVI, n° 3.

la utilidad y conveniencia de aquellas provincias, como tampoco para admitir, llegado el caso, la vigencia de otros órdenes normativos, que no fuesen los sancionados por ella. Pero en los inicios del Derecho Indiano, ante las nuevas situaciones que se presentaron fueron necesarias nuevas soluciones, y para ello la ley del rey fue decisiva, de ahí la preocupación por encontrar en cada una de ellas el imperio de un orden justo.

No era en definitiva más que aplicar la enseñanza evangélica: *Nadie echa vino nuevo en odres viejos ... a vino nuevo, odres nuevos.* Sin embargo, para que la ley del rey lograse ese "orden justo" de que hablamos, Norte del obrar del Soberano, desde un principio ante la clara conciencia del legislador de la distancia que lo separaba del lugar de aplicación de sus normas y las contingencias de una realidad que conocía poco, se acudió a la opinión y aún a la decisión del gobernante local. Una de esas formas de atemperar la ley que arribaba desde el centro del poder fue extender a Indias desde un comienzo el expediente de "obedecer y no cumplir" los mandatos Reales, cuando el gobernante local advirtiese que el monarca al emitirlos aparecía falto de información o con información equivocada y de tal modo su ley o su mandato resultaban, no en bien de la comunidad o del rey mismo, sino dañosos y en perjuicio de su propio servicio. Este recurso, llamado en general de "suplicación", proveniente del derecho de Castilla, permitía que aún cuando era la ley del rey la guia del naciente derecho de las Indias, se pudiese fiar su cumplimiento, al menos temporariamente, en el gobernante local, para que de mediar un error en la sanción de la norma, el rey mejor informado, pudiese emitir una decisión correcta, ya que en definitiva se trataba de lograr un orden justo para los habitantes de sus nuevos dominios. Así lo dice el rey Fernando el 13 de diciembre de 1508 en Real Cédula dirigida al gobernador Diego Colón: "Porque podría ser que por yo no ser bien informado, mandé despachar algunas cartas para las dichas Indias; en caso de que viniese perjuicio a nuestro servicio, yo vos mando que veáis las tales cartas y las obedezcáis, y en cuanto al cumplimientro, nos lo hagáis luego saber, para que sobre ello os envíe mandar lo que se haga. Pero en recibimiento nuestro segundo mandato, obedecedlas y cumplidlas enteramente como os lo enviare a mandar, sin poner en ello dilación alguna"[103].

Es decir que sin abandonar su principal papel de sumo legislador indiano, admitía el soberando la posibilidad de error y para repararlo la necesaria participación del gobernante que debía cumplir el mandato real. Su condicion de hacedor del derecho para Indias se enriquecería de esta manera con el aporte del gobierno local, que con el tiempo, por el propio peso de las necesidades peculiares de las Indias y la misma jerarquía de las autoridades "municipales" o bien por recoger en ellas una consuetudo cada vez más importante, habría de convertirse en pilar fundamental del ordenamiento jurídico indiano.

103. Cit. por V. Tau Anzoategui, *La ley en América Hispana...*, cit, p. 83.

Pero ello no ocurrirá en los primeros tiempos, donde aún la amplia posibilidad de "suplicar" las leyes y mandamientos regios produjo una reacción contraria, dirigiada a atenuarla[104].

Y algo más todavía, si bien es verdad que era la ley del rey la necesaria guía para los habitantes del *Novus Orbis,* en esos primeros tiempos de la dominación española sobre Indias, no lo es menos que ya a mediados del siglo XVI la enorme distancia que existía entre el lugar de elaboración de la norma y el de su aplicación, hacía que se sintiese la necesidad de que el magistrado asentado en el lugar, resolviese en el ínterin arribaba la ley del rey. Por ello se insistía en pedir que los jueces y gobernantes indianos llegasen a sus cargos con experiencia, para poder en ese lapso adoptar las medidas oportunas hasta que llegase la norma desde la Península, "porque en esta tierra hay cosas y sucede que lo que se ordena hoy para el buen gobierno, mañana conviene mudarlo o proveerlo, y enviando por el remedio [desde] tan lejos, en el entretanto ya está todo perdido y cuando envían a pedir una cosa que parece estar bien, cuando viene ya aquella no ha menester y conviene proveer otra", según el acertado juicio del relator de la Audiencia de México comunicado a la Corte el 15 de marzo de 1554[105].

En suma que sin desconocer la enorme importancia de la ley real en los comienzos del Derecho Indiano, debemos matizar tal aseveración con el hecho cierto de que en ocasiones, aún entonces, se sintió la necesidad de atender a la decisión del gobernante local para normar en forma adecuada esos nuevos territorios.

Una vez esbozado a grandes trazos el marco jurídico en que se movería la administración de justicia en las Indias, que junto con dar leyes era una de las principales regalías de la Corona, trataremos específicamente el tema central de la obra, es decir el ejercicio de la suprema función de administrar justicia entre partes, delegada por el rey a sus jueces.

---

104. Idem, p. 82-143.

105. Carta del Relator Hernando de Herrera al rey, México 15.III.1554, en Paso y Troncoso, t° VII, p. 283-290.

Segunda parte
La administración de justicia en Indias

... tengo dado parte a S. M. de lo difícil que es a un virrey poder superar las amenazas que se hacen a los pobres, de que ellos acaban y los jueces duran...
(El Duque de Linares, a su sucesor, 1716)

1. Introducción

Debo formular una advertencia preliminar a esta altura de la obra. Limitaré mi exposición sobre la administración de justicia en Indias al estrato superior de la magistratura indiana, es decir a los altos tribunales de justicia residentes en ultramar, específicamente sus Audiencias, por enteder que es en ellos donde residía por excelencia la sacramental función de juzgar a los hombres en sus diferencias y litigios. En ellos se podrá ver como en un espejo toda la administración de justicia indiana. Dejo de lado la cuestión de si tales órganos tenían exclusivamente funciones judiciales o aunaban a ellas las de gobierno[106], tema que no interesa, o tal vez solo incidentalmente, pues de lo que aquí se trata es de mostrar el funcionamiento de los superiores tribunales de justicia, y de sus integrantes (*sacerdotis iuris)*, es decir en particular sus regentes, oidores, alcaldes del crimen y fiscales, enfrentados al sagrado deber de hacer justicia a través de sus fallos, logrados mediante una serie de pasos y etapas del proceso, de rigurosa observancia, como asimismo las características de su labor y el protagonismo asumido por ellos, y sus relaciones con otros funcionarios y magistrados, algunos de los cuales, como ocurría con los virreyes o los mismos oidores encontrándose el cuerpo reunido, representaban la sagrada figura del monarca distante.

Me he propuesto mostrar, frente al *ordo iuris* imperante en las Indias, el panorama que se advertía en la administración de justicia superior, e intentar encontrar las razones

106. Para una síntesis del problema puede verse E. Martiré, "La Audiencia de Concepción en Chile (1565-1573). Un caso de Audiencia con expresas funciones de gobierno", en *Anuario de Historia del Derecho Español,* tº LXVII (Volumen de Homenaje a Don Francisco Tomás y Valiente), Madrid, 1997, II, p. 1381-1398. Se ha ocupado del tema Ana María Barrero García, "En torno al ejercicio de la gobernación por las Audiencias de Indias. Una hipótesis de trabajo", en XIº Congreso del Instituto Internacional de Historia del Derecho Indiano, *Actas y Estudios*, Buenos Aires 1997, tº III, p. 441 y sig.

de ese panorama, utilizando para ello las transgresiones advertidas en los encargados de administrar justicia, que —y permítaseme adelantarlo—, eran eso precisamente: *transgresiones a un orden normativo*, que por tratarse de transgresiones demuestran la existencia de la regla transgredida, y no la demostración de la inexistencia de ese orden, o dicho en otras palabras, la presencia en Indias de la *transgresión como orden*[107].

La existencia en ultramar de un mundo nuevo sin justicia ni ley, desfachatado y abierto a todos los vicios y corrupciones, en donde ni se guardaban las normas, ni se reconocían valores superiores, y en el que la justicia "era la gran ausente"[108] es una imagen inexacta. Basta tener una aproximación al orden jurídico indiano, para advertir que la justicia fue siempre su Norte, denodadamente buscada por la Corona en cada uno de sus actos, lo que no quiere decir que ella destellase invariablemente en la acción de los hombres llamados a imponerla, que entonces y ahora eran y siguen siendo lo mismo, hombres, ni ángeles, ni demonios, solo hombres. Con sus miserias y sus desvergüenzas y tambien con sus virtudes y obras ejemplares.

Por otra parte, es verdad que siempre en lo que más se repara es en las desviaciones del orden, precisamente por existir. Un orden heredado de la Baja Edad Media fuertemente condicionado en la Moderna por el absolutismo regio en ascenso, del que formaba parte la administracioón de justicia, como engranaje esencial de la máquina de la Monarquía, a traves de la cual ejercía el poder el rey, unico poder sobre la tierra, derivado de Dios, con las limitaciones que Él le imponía.

* * *

En el juicio de residencia que se substanció a mediados del siglo XVIII en México a Don Domingo de Trespalacios y Escandón por el tiempo en que fue oidor de esa Real Audiencia, en razón de haber sido ascendido a Ministro del Consejo de Indias, se lo acusó de no respetar las leyes de la Monarquía ni guardar los trámites del proceso en que intervino por una cuestión de pulques. En la defensa del residenciado, su apoderado Licenciado José Rafael de Molina, argumentó "que los jueces superiores no se sujetan a juzgar siempre por lo alegado y probado, ni atados a las leyes, y por eso [...] semejantes demandas no deben admitirse contra los presidentes y oidores"[109].

---

107. La expresión, bien elocuente, es de C. Garriga, "La visita y el Gobierno de la Justicia en Indias (siglos XVI y XVII)", inédito, p. 2 (Cito por la versión mecanografiada que me ha facilitado gentilmente el autor).

108. Tamar Herzog, *La administración como un fenómeno social: la justicia penal de la ciudad de Quito (1650-1750)*, Madrid, Centro de Estudios Constitucionales, 1995, p. 302.

109. Juicio de Residencia de Don Domingo de Trespalacios y Escandón. Escrito presentado el 9.IV.1766 por el Licenciado José Rafael de Molina, procurador del residenciado, en el expediente iniciado por Pedro Domingo Rembar s/pulques (AHN, Sec. Consejos, Leg.21.461).

¿Era esa la doctrina vigente con respecto a las decisiones de quienes ejercían la alta administración de justicia en Indias? Para responder ajustadamente a este interrogante, sobre el que se sustenta todo el *ordo iudiciario* indiano (y aún peninsular, ya que el primero es reflejo del segundo), conviene recordar en primer término el marco jurídico en que se movían esos magistrados indianos, de lo que nos hemos ocupado en la primera parte de esta obra, y efectuar algunas precisiones acerca de la más alta actividad del rey en su reino, administrar justicia, que comprendía a todas las demás y que concretamente en lo que se refería a la resolución de pleitos entre partes, la delegaba a los tribunales para que la ejercieran en su nombre.

Nos adelantamos a afirmar que en la época en que el Licenciado Molina, defensor de Trespalacios, redactaba su escrito, el pensamiento jurídico que lo sustentaba se encontraba en crisis. En efecto, en el siglo XVIII y especialmente en su segunda mitad, las ideas imperantes trasladadas al derecho cuestionaban severamente las amplísimas facultades del juez, en especial en punto a su participación decisiva no ya en el mantenimiento del orden jurídico establecido, sino en cuanto a su transformación, sobre la base del ejercicio usual de la *interpretatio.* La Ilustración acusaba a los jueces, considerados *sacerdotis juris*, de ser incapaces por sí solos, sin sujetarse a ley cierta y conocida por todos, de asegurar la vigencia de un orden justo[110].

Dentro de la concepción y práctica del *ius commune-ius proprio*, tanto en Indias como en España, era corriente hallar hasta entonces afirmaciones acerca de que el juez "es una ley animada, es la lengua de la ley, la vida de la República, el Sol de la Tierra", como sostenía en Lima el Obispo Villarroel a mediados del XVII[111].

Pero en esa segunda mitad del setecientos los "philosophes" ilustrados lanzan munición gruesa sobre tales conceptos, que atentan contra la certeza de la ley aplicable y contra la figura en avance incontenible del rey-legislador, que sin dejar de ser rey-juez, aspira, ya por entonces con toda decisión, a ser el único intérprete válido del derecho, un derecho que en suma termina siendo, con vocación monopólica, la expresión de su voluntad omnímoda. Atacan la tradicional facultad del juez del *ius commune*, creativa e integradora del derecho. Alzan su voz, bien en consonancia con la "política oficial" en boga, contra un criterio que reputan arcaico e irracional, al que atribuyen el origen de todas las malas prácticas y los excesos de la administración de justicia del *ancien régime.*

110. Raffaele Ajello, *Arcana Juris. Diritto e politica nel settecento italiano*, Napoli, Jovene editore, 1976, p. 312-313.

111. Son palabras del célebre fraile agustino quiteño Fray Gaspar de Villarroel, autor de varios trabajos doctrinales sobre el gobierno del Nuevo Mundo y especialmente su *Gobierno eclesiático* ..., de donde tomo estas expresiones. Hombre de confianza del rey Felipe IV, que lo había conocido durante su estadía en la Península, a sus instancias fue hecho en 1637 Obispo de Chile, luego Arzobispo de Arequipa y más tarde de Charcas, donde falleció en 1665 (Gaspar de Villarroel, *Gobierno eclesiástico y pacífico y unión de los dos cuchillos, Pontificio y Regio*, Madrid, 1657, 2ª. Parte, Cuestión XI, Artículo II, nº 13 (p.16). Llamo la atención sobre la coincidencia de las expresiones "la lengua de la ley" de Villarroel, en pleno siglo XVII, y "boca de la ley" de Montesquieu en el siglo siguiente.

Basta recordar las duras páginas de un Montesqieu, o de un Voltaire, o incluso las de Beccaria (en especial con relación con la aplicación de las leyes penales). Los autores iluministas son implacables en su denodado ataque contra el manejo que hacen los jueces del derecho vigente[112]. Ya vendrá, más tarde, el planteo revolucionario, "liberal-racionalista", y junto con él la quiebra definitiva del orden jurídico imperante, sobre el que se edificaba la figura del juez del régimen.

Es notable advertir que por lo general, salvo en algunos casos, no muchos, no son las leyes las que merecen mayores críticas, sino su aplicación por los jueces, objeto preferido del ataque. Se podían "purgar" las leyes, pero todo sería inútil si no se terminaba con los jueces que hacían mal uso de sus atribuciones. Era de los magistrados de quienes se desconfiaba, ya desde el medioevo y basado en esa desconfianza, ahora de mayores dimensiones que entonces, se construyó el modelo procesal que con algunos altibajos alcanzó la Edad Moderna, pero como dice Paz Alonso, "la desconfianza hacia ellos seguía condicionando toda especulación"[113].

En el siglo XVIII, sostiene Mariluz Urquijo, la sacralización de la figura del rey, sumo legislador, y el endurecimiento del absolutismo que se producen en esa centuria, "no eran factores para estimular la crítica a la legislación vigente". Aunque se siga reclamando de leyes dictadas con vicios de obrepción o subrepción, o que se reclame a la Corona con más facilidad la derogación de alguna norma, o se eche mano al "remedio heroico" de obedecer y no cumplir, "la doctrina redobla sus exhortaciones para que el vasallo observe estrictamente la ley sin detenerse a interpretarla". Los ataques a la legislación, cuando los hay, se dirigen preferentemente a normas muy antiguas, provenientes de "tiempos tenebrosos", fruto de una "grande ignorancia", a fin de adecuarlas a la época ilustrada que se vive[114]. Es notable como en este siglo, de tan alto criticismo hacia todo lo anterior, se cele por que los jueces de Indias ajusten su conducta y obligaciones al contenido de las leyes de la Recopilación de Indias de 1680, que al parecer han sido indebidamente olvidadas, aún cuando recojan disposiciones de siglos anteriores a su sanción, algunas pronunciadas en los inicios de la conquista y colonización castellana[115].

---

112. Michele Taruffo, "L'obbligo dei motivazzione della sentenza civile tra diritto comune e iluminismo" en *La formazione storica del diritto moderno in Europa* (Atti del Terzo Congresso Internazionale di Storia del Diritto), Florencia, 1973, vol. 2, p. 602-604. Beccaria fulmina la labor interpretativa de las leyes penales por parte de los magistrados "por la misma razón de que no son legisladores" (Cesare Beccaria, *De los delitos y de las penas*, Edición crítica bilingüe y Estudio Preliminar por Francisco P. Laplaza, Buenos Aires, Ediciones Arayú, 1955, p. 187).

113. Paz Alonso Romero, "Escenario institucional de unas vísperas constitucionales. Dimensión procesal" (inédito), p. 62. Agradezco a la autora la copia del original que ha tenido la gentileza de facilitarme y dejo en claro que cito por esa versión.

114. José M. Mariluz Urquijo, "El derecho natural como crítica del derecho vigente en el setecientos rioplatense", en *Revista de Historia del Derecho*, nº 18, Instituto de Investigaciones de Historia del Derecho, Buenos Aires, 1990, p. 215.

115. Véase por ejemplo que en tanto en las instrucciones dictadas a fines del siglo XVII, a los virreyes Mancera, Salvatierra, Alba de Liste, Santiesteban, Lemos, Castellar, Liñan y Cisneros, Moncloa (Reunidas

Nos hemos referido en páginas atrás a la vigencia en las Indias españolas de lo que llamamos Derecho Indiano, que en suma consistía en una *lex particularis* y como tal estaba integrado en el *ius proprium* del de Castilla, formando con él, con sus particulares y notables características, un entramado inescindible, dentro del universal y abarcativo *ius commune* romano-canónico.

Aún es de recordar que incluso la estrecha relación entre los derechos castellano e indiano, pudo considerar al segundo como un derecho particular del primero, que en ese caso sería el *derecho común* de Castilla e Indias[116]. El equilibrio de fuentes se tambalea durante los siglos XIV-XV ante la evolución social y el progreso del movimiento centralizador del poder político, originando una verdadera supremacía del derecho de los reinos o ciudades sobre el *ius commune.*[117]

En definitiva, ya lo hemos dicho, el derecho indiano integraba, junto con el castellano, como *ius proprium* el "intero sistema solare del ius commune". Por ello resulta claro y evidente, seguimos citando a Bellomo, "il legame funzionale che esisteva fra el *ius commune*, portatore de principî e di problemi di base, e il *ius proprium*, costretto ad essere variegato nei suoi contenuti per essere funzionale ai tempi, ai luoghi, alle circostanze"[118].

Podemos sintetizar lo expuesto en el capítulo primero de la primera parte de esta obra, diciendo que la característica fundamental del derecho del antiguo régimen, y por tanto del derecho indiano, era su falta de certeza, y por ello en cada caso que se sometía a la decisión de un magistrado, éste en el ejercicio de la *iurisdictio* delegada por el príncipe, arbitraba la solución que juzgaba justa, llegando a alterar para lograrla, si es que era realmente preciso, el derecho vigente a través del ejercicio de su *arbitrium.*

El *arbitrium* del magistrado, según explica Meccarelli, era instrumento de *moderatio* o de *temperamentum*, aún para los casos de conflictos entre *aequitas* y *rigor iuris*. El *arbitrium*

---

por L. Hanke, en BAE tº 282, p. 100-124, tº 283, p. 9-11, 85-86, 152-153, 240-251, tº 284, p. 37, p. 180 y tº 286, p. 156), todas de fecha posterior a la publicación de la Recopilación de 1680, poco o nada se refieren a ella, en tanto en las dirigidas a los virreyes del siglo siguiente, al hacer la enumeración de las obligaciones que debían cumplir se remiten en todos los casos a las leyes recopiladas, indicandolas con precisión, como puede verse, por ejemplo, en las dadas al Marqués de las Amarillas el 17.V.1755 y en todas las posteriores, sin excepciones (*Instrucciones que los Virreyes de Nueva España dejaron a sus sucesores,* p. 408-495).

116. Ver E. Martiré, "El derecho indiano, un derecho propio particular", cit., p. 331 y sig. Acerca de las diferentes interpretaciones que recibió, a través de la historia jurídica, la noción de "derecho común", puede verse el interesante trabajo de Alejandro Guzman Brito, "Historia de las nociones de 'Derecho Común' y 'Derecho Propio'", en *Homenaje al Profesor Alfonso García-Gallo*, Universidad Complutense de Madrid, tº I, p. 226 y sig. Con respecto al concepto de "derecho común", resulta ilustrativo el célebre acuerdo del Consejo de Castilla de 1713, que enfáticamente afirmaba que solo debe ser considerado derecho común el "derecho real" y no el de los romanos. También se ha ocupado de las relaciones derecho común-derecho castellano-derecho indiano, Antonio Perez Martín, "Derecho Común, Derecho Castellano, Derecho Indiano", en *Rivista Internazionale di Diritto Comune* nº 5, Ettore Majorana Foundation and Centre for Scientific Culture, Roma-1994-Erice, p. 43 y sig.

117. A. M. Hespanha, *Cultura Jurídica Europea...*, cit., p. 134.

118. M. Bellomo, "Perché ...", cit., p. 24.

se mueve "esercitando sulla norma insufficiente un potere ermeneutico che ne precisa il senso rispetto al caso specífico"[119]. Esa facultad evitaba en el *ancien régime* tanto la necesidad de elaborar una teoría, como la de fijar reglas precisas en la materia, que en cambio en tiempos posteriores deberá empeñarse en hacerlo el "poder constituyente", después de haber abolido el arbitrio judicial[120].

La *iurisdictio* que puede ser vinculada en sentido restringido a la función ordinaria de juzgar, y por cierto que lo es, significa sin embargo algo mucho más elevado y complejo, pues tanto la ejerce el juez cuando dicta una sentencia, para dirimir un pleito entre partes, como el príncipe cuando sanciona una "ley"[121]. En la concepción medieval, y seguimos en ello a Grossi, ni el príncipe ni el juez "crean derecho", pues debe entenderse que el derecho está creado ya, de lo que sí se trata en realidad es de que lo "apliquen"[122]. Son lectores de un derecho preexistente. Por ello si bien habrá grados en la labor de interpretación del derecho, pasando de la del príncipe "generalis et necessaria" (al igual que la costumbre, una escrita y la otra no), a la interpretación del juez considerada "neccesaria", pero no "generalis", pues solo vincula a las partes del proceso sometido a su decisión. Pero no cabe duda que el magistrado también en el ejercicio de la *iurisdictio* delegada "interpreta" las normas de un derecho involuntario[123]. Es decir descubre las normas a través de sus sentencias.

Decíamos más atrás, en la primera parte de la obra, siguiendo a Jesús Vallejo, y me permito repetirlo aún arriesgandome a aparecer reiterativo, que podían ser varios los llamados a "normar" el derecho, pues "aún plurales los orfebres, la misma era la materia sobre la que trabajaban, y la misma también la obra final perseguida, ese cáliz de plata ... de ley"[124].

2. Los altos tribunales de justicia en Indias

Dentro de este mundo jurídico, romano-canónico de profundas raíces medievales, trataré de ubicar la administración de justicia indiana, reflejo sin duda, pero con sus propias y notables particularidades, de la castellana, que nace y se desarrolla en las Indias a partir del siglo XV, cuando ya ha entrado en crisis el *ius commune* y se fortalecen los *iura propria* por obra del príncipe. Es cuando, como se ha dicho, se busca conciliar los intereses de los juristas, hasta entonces colocados en la cúspide de la pirámide, con

119. Massimo Meccarelli, *Arbitrium. Un aspetto sistematico degli ordinamenti giuridici in etá di diritto comune*, Milano, Dott.A.Giuiffrè Editore, 1998, *passim*. (especialmente p. 320-321).
120. B. Durand, *Arbitraire du juge et consuetudo delinquenti: la doctrine penale en Europe du XVI au XVIII siècle*, Montpellier, 1993, p. 13 (cit. por Meccarelli, *Arbitrium* ..., cit., p. 321, nota 43).
121. Pietro Costa, *Iurisdictio...*, cit., p. 180-183 y sig.
122. P. Grossi, *El orden jurídico...*, cit., p. 140-142.
123. P. Grossi, *El orden jurídico* ..., cit., p. 171. La interpretación del jurista será *probabilis*.
124. J. Vallejo, "Il calice d'argento...", cit., p. 58.

los del príncipe que ejerce el poder, al que entonces ya se podrá reputar sin duda *conditor legum, pater legum, lex animata*[125].

Porque si es verdad que el derecho común no muere ni mucho menos en la Edad Moderna, pues ya hemos visto en páginas anteriores cómo perdura e "ilumina" las normas que dicta el príncipe, en esta época con más frecuencia que en siglos anteriores, no puede negarse que la presencia del monarca en la formulación del derecho (que hemos dicho pasa de rey-lector a rey-legislador) le imprime un nuevo estilo, tan importante que da nuevos bríos a su consideración de *lex animata.* Estilo nuevo del que participarán los magistrados y por supuesto los juristas, consejeros áulicos que en estos nuevos tiempos, de buen o mal grado, se han puesto a su servicio, se han cubierto –en expresión elocuente que ya hemos utilizado— con "los paños y los colores del príncipe"[126].

Ahora bien los magistrados integrantes de los altos tribunales de la Monarquía, como son en Indias las Audiencias, gozan de enormes facultades dentro del orden jurídico del antiguo régimen, pues ellos juzgan *in nomine regis.* Derivan su *iurisdictio* del poder absoluto del príncipe y por lo tanto esos tribunales tienden a dar el máximo resalto a sus propias decisiones, "espressioni de un'atorità giudiziaria assoluta", como absoluto es el poder de quien deriva la suya propia, es decir su *iurisdictio.* Jueces que gozan de altísima jerarquía que no solo se les reconoce dentro del ámbito tribunalicio, sino fuera de su propio círculo y se concreta en la práctica judiciaria de todos los días[127].

Esas atribuciones les permiten en doctrina juzgar no obstante defectos de la demanda o errores de procedimiento (*ineptitudine libeli, aut processus errore, remoto iuris civile*) o en caso de no haberse observado las solemnidades previstas en las leyes (*solemnitate iuris positivi*), o pronunciarse más allá de lo solicitado (*ultra petitia*).

En el siglo XVI se podía afirmar de los jueces que *inharent principi sicut stellae firmamento coeli* y en el siglo siguiente, que los magistrados de los altos tribunales del reino *iudicat tamquam Deus,* pues juzgan en nombre de un príncipe que obra como el Altísimo y que por ello no puede equivocarse[128].

Juristas franceses, como por ejemplo Maynard, a comienzos del siglo XVII, enseñan que los magistrados poseen a veces inspiraciones divinas y por ello pueden fundar sus decisiones ("saintes oracles et iugement") no en razones conocidas, sino en "quelqu'autre toute mystique, secrètte, innconnu chose latente, occulte et divine". De esa

125. P. Grossi, *El orden jurídico...*, cit., p. 141. Se remite el autor a L. Mayali "Lex animata. Rationalisation du pouvoir politique et science juridique (XIème-XIXème siècles)" en *Renaissance du pouvoir législatif et genèse de l'Etat,* Montpellier, Societé Histoire Droit, 1988, p. 155 y sig.

126. Ver M. Bellomo, "Compartiendo..., " cit., p. 14-17.

127. Gian Paolo Massetto, "Sentenza", en *Enciclopedia del diritto,* tº XLI, P. Varese, Dott.A.Giuffrè Editore, 1989, p. 1203-1204.

128. G.P. Massetto, "Sentenza"..., cit., tº XLI, p. 1204.

manera, así como el médico, frente a enfermedades particularmente graves da su diagnóstico acudiendo a su intuición, que se sirve de "quelque chose letente, occulte et divine", así el magistrado descubre el camino de la justicia, sin necesidad de seguir "la rigueur et la subtilité d'un droi trop exacte et préfix", acudiendo "plustot d'une equité, que de subtilité"[129].

La elevación de la figura de los juristas, y muy especialmente, de los jueces que integraban los altos tribunales de la Monarquía, fue rodeando a estas figuras de un halo de respetabilidad e independencia que los libró hasta de la tutela del propio príncipe al que decían servir. Los Consejos de la Monarquía portuguesa integrados por juristas –al decir de Hespanha— "condicionaban la validez de los actos legislativos del monarca". Por ello se admitía que la decisión regia sin su consulta estaba más sujeta a cuestionamientos (subrepción u obrepción), que aquella que era acompañada por el voto, o el consejo, de esos magistrados, que por serlo aprovechaba de un *ius ad rem* al que el propio monarca quedaba sujeto[130].

¿Podemos extender esta apreciación a Castilla? Pensemos en la fuerza de los Consejos y en que el monarca "absoluto" nada resolvía sin consultarlos. El comentario de un embajador extranjero, que en tiempos de Felipe III informaba a su gobierno, es por demás elocuente: "Lo que extraño en España es que teniendo un gobierno absoluto, los reyes no hacen nada sin Consejos, no firman nada sin ellos, ni siquiera la menor cuestión en los asuntos públicos la determinan solos"[131].

Y elocuente es también la solución dada al caso de aquellos dos oidores indianos que habían violado la severa regla de no poder casarse ni casar a sus hijos en los distritos en que ejercían jurisdicción sin licencia especial de S.M. El Consejo de Indias decidió intervenir, aunque no dispuso como ordenaba una Real Cédula de 1575, para el caso de matrimonios prohibidos, la privación del cargo de ambos oidores, sino que decidió consultar al monarca para mudarlos de una a otra Audiencia, sin otra sanción. El prudente y severo Felipe II anotó en la consulta: "Poca demostración parece mudarlos, de que podría ser que no se les diese mucho, pues dejando sus hijas casadas, tendrían poco que sentir la mudanza, y así se mire si convendría suspenderles de los oficios y que se les tome luego la residencia, y si, por ser las hijas de menor edad y la prohibición que hay y haberse ido contra ella, se podría ordenar acerca de ello". Sin embargo de esta razonable opinión filipina, se dio curso a la permuta,

---

129. G. Maynard, *Le seconde partie des notables questions du droict escrit décidée et jugée par arrest*, Paris, 1606, lib.VII, p. 589, cpv.85, cit. por R. Ajello, *Arcana iuris*, cit., p. 341.

130. Antonio Manuel Hespanha, *Vísperas del Leviatán. Instituciones y poder político (Portugal, siglo XVII)*, Madrid, Taurus Humanidades, 1989, p. 430-431.

131. La opinión es de José Sobieski, cit. por José Antonio Escudero, *Los orígenes del Consejo de Ministros en España. La Junta Suprema de Estado,* Madrid, Editora Nacional, 1979, tº 1, p. 29. El mismo autor da cuenta de cuánto importaba la opinión de sus Consejos a un monarca absoluto y personalista en el manejo de los asuntos de la Monarquía, como Felipe II: J.A. Escudero, *Felipe II. El rey en el despacho*, ya cit., *passim.*

como querían los juristas del Consejo de Indias, sin otra consecuencia[132]. Son dos casos, podrían citarse otros más.

Resulta interesante el silente deslizamiento, que se observa en la Edad Moderna y se concreta especialmente en el siglo XVII, de este cerrado grupo de los juristas hacia lo alto de la pirámide del poder, a punto tal que llegan, al parecer, a desprenderse en cierta manera de la tutela del poder regio al que sirven, para ubicarse por sobre el mismo. Volvemos a Hespanha, quien explica que habiendo los juristas y letrados obtenido imponer a su saber un carácter hermético (que servía para ocultar trapacerías y engaños), logran que a pesar de sostener que la justicia que arbitran la hacen en nombre del rey, "en realidad están extendiendo la suya propia pues, verdaderamente ni las leyes ni el derecho escapaban a su arbitrio". Hasta en algunos casos, sigue nuestro autor, lograron quedar al margen de las investigaciones sobre la honestidad de sus miembros, en nombre del escándalo que ello implicaría dada su alta jerarquía[133].

Un estudioso del caso napolitano, como Rovito, sostiene que en esa época (siglos XVI y XVII), la autoridad debió soportar "la silenziosa conquista del potere da parte dei legali", hasta que "nella *respublica* dei togati" el virrey español se convirtió en rehén del *establishment* local. La *scientia juris* se apoderó de la ley del rey y limitó la autoridad del soberano y por ende la de su virrey napolitano, sometiéndola a una casuística formidable que estrechó su posibilidad de aplicación[134].

Por lo demás, está claro que la implantación del sistema audiencial en Indias significó ni más ni menos que extender a estos nuevos territorios de la Corona de Castilla su propio *ordo iudiciario*. Como bien se dice en una obra clásica sobre la materia, con las Ordenazas para las Audiencias de Indias que eran en substancia el ordenamiento vigente para las Chancillerías de Valladolid y Granada, "España implantó en América las instituciones de Castilla, aprovechando los adelantos y fundamentos de la ciencia del derecho de entonces"[135]. De manera que las consideraciones expresadas sobre los altos tribunales de justicia europeos y por ende castellanos, se pueden aplicar sin esfuerzo a los de las Indias.

3. El proceso

Ahora bien, había un serio obstáculo para la marcha ascendente del poder de los magistrados-juristas hacia la consagración de su amplia libertad de juzgar y resolver,

132. Se refiere al caso Ernesto Schäfer, *El Consejo Real y Supremo de las Indias. Su historia, organización y labor administrativa hasta la terminación de la Casa de Austria*, Sevilla, 1935-1947, reimpreso Nendeln-Liechtenstein, 1975, t° 2, p. 125.

133. A.M. Hespanha, *Vísperas del Leviatán* ..., cit., p. 432-433. Ya veremos al analizar casos particulares la fuerza que tenía esta consideración también en Madrid, a la hora de aplicar sanciones a los oidores de Indias.

134. Pier Luigi Rovito, *Respublica dei togati. Giuristi e società nella Napoli del seicento*, Napoles, 1981, p. 39.

135. Enrique Ruiz Guiñazú, *La magistratura indiana*, Buenos Aires, 1916, p. 63.

aún contra legis, sobre la base de la exaltada figura del rey, que delegaba en ellos la suprema función de juzgar. Se trataba del rígido proceso romano-canónico. A la libre actuación del juez en su oficio de juzgar se oponían las rigurosas exigencias del proceso que había nacido en el *ius commune* y estaba fundado —precisamente— sobre la base de los recelos hacia el juzgador. Para el Abad Palormitano todo juicio debía tener tres cosas conformes: *petitium, probatio, sententia.* Requisitos que iban unidos al de la escritura, "ésta era, explica Paz Alonso, la principal cautela con la que se reacciona frente a la desconfianza hacia el juez sobre la que se basa todo el proceso romano canónico"[136].

En suma se trataba de que los jueces debían juzgar *secundum allegata et probata* y no *secundum conscientam*, es decir no relegar al animus del juez la única garantía ofrecida por el ordenamiento[137]. Hacia esa conclusión se marchó desde el siglo XII hasta concluir, en la Edad Moderna, con el aumento de las formalidades para la promoción de la acción, exigiendo la escritura, e introduciendo el régimen de las pruebas legales. Se apoyaba la doctrina en normas romanas y en la praxis de los tribunales eclesiásticos. "La cognitio era in tal modo fondata sulla scritura e da questa documentazioni si traeva un'-impotantissima conseguenza per le prove, tanto da costituirse la norma fondamentale: il giudice doveva decidere secundum acta et probata"[138].

A pesar de las circunstancias alegadas a favor de una mayor discrecionalidad de los jueces en busca de la abreviación de las causas, la práctica limitativa tradicional se mantuvo, solo reservando, aún en el siglo XV, al Papa o al Emperador la excepcional facultad de poder juzgar según su conciencia[139].

En Castilla los intentos de abreviar los procesos se iniciaron facultando a los más altos tribunales del reino, la Audiencia y el Consejo Real, a juzgar sin atarse excesivamente al rigorismo romano canónico, no para perjudicar a los litigantes con una decisión apresurada, sino para favorecerlos, aligerando los juicios y con ello las costas de los litigios que debían soportar las partes, pero siempre en carácter de excepciones al *ordo iudiciarium.*

Se favoreció también la celeridad procesal limitando las posibilidades del recurso de nulidad por defectos formales. El tema fue planteado en época de los Reyes Católicos en 1499, 1502 y 1503. Ya en las Cortes de Alcalá de 1348 se había acentuado la política en ese rumbo, imponiéndose a los magistrados la modificación de los trámites, en aras de una mayor simplicidad de los procesos[140].

---

136. María Paz Alonso Romero, "El solemne orden de los juicios. La lentitud como problema en la historia del proceso en Castilla", en *Anuario de la Facultad de Derecho de la Universidad Autónoma de Madrid*, vol. 5 (2001), p. 30.
137. R. Ajello, *Arcana iuris..*, cit., p. 340.
138. Adriana Campitelli, "Processo civile", en *Enciclopedia del diritto*, cit., tº XXXVI, p. 95.
139. Idem., p. 96.
140. P. Alonso Romero, "El solemne orden de los juicios..." , cit., p. 52-53.

A estas necesidades se agregó el *arbitrium* del juez, que extendido al proceso, lo autorizó a dirigirlo y a marcar su camino "ordinario" o "extraordinario" es decir "sumario" (El trámite alternativo se consideró autorizado por la célebre clementina *Saepe contingit* del Papa Clemente V de 1306). La decisión de optar por una u otra vía terminó por trasladarse de las partes a los jueces, cuando en un principio estaba confiada solo a ellas para que mediante "cláusulas" que disminuían el tiempo del proceso, lo hicieran menos oneroso y aligeraran los pesados trámites del *ordo iudiciorum.* De tal manera el magistrado concluyó teniendo un amplísimo poder dentro del proceso, que podía "planificar"[141].

Estos extremos no encontraron en general acogida dentro de Castilla, cuyo *ius proprium* se mantuvo fiel a la tradición. Sin embargo, la tramitación extraordinaria que comenzó por concederse solo a los altos tribunales, como acabamos de decir, porque la justicia del rey debía ser rápida, encontró también vigencia en el mundo mercantil y en el ámbito universitario, y en algunos otros casos especiales, donde se juzgaría "sumariamente y de plano". La vía más sumaria para la tramitación de los pleitos, aprobada por vía de excepción en las Cortes de Alcalá de 1348, perdió efecto pues al ser incorporada a las Recopilaciones castellanas se la refundió con una norma de Juan II dada en Escalona en 1423, que autorizaba a cualquiera de las partes a pedir se guardase en el proceso las formas solemnes del derecho y en caso de no hacérselo se habilitaba el pedido de nulidad del pleito. Los juristas anclados en esta última norma alejaron la posibilidad de una aceleración de los procesos, que en suma no los beneficiaba económicamente. Aún cuando las prisas no eran propias de un proceso naturalmente complicado dirigido a declarar el derecho, era evidente que había intereses corporativos que pugnaban por mantener la complejidad de los procesos. Pero, aún cuando se aceptase una tramitación sumaria, "serían las astucias forenses de los jueces letrados y abogados las responsables de la paulatina aproximación entre el modo procesal ordinario y el sumario, que acogió buena parte de las solemnidades del otro, sin más diferencia que la abreviación de sus términos"[142].

Aún así creo que no cabe duda que en el ambiente judiciario y forense de la Edad Moderna el amplio ejercicio del *arbitrium* por parte de los magistrados de los altos tribunales de la Monarquía, como eran los ministros de las Audiencias de Indias, les permitía, a su criterio, mantener las largas tramitaciones o bien abreviarlas, cuando así convenía a los intereses, ya fuesen del propio cuerpo o de las partes intervinientes, que se habían sabido hacer "oir" por los magistrados. Decía Tomás y Valiente que "de poco

---

141. M. Meccarelli, *Arbitrium* ..., cit., p. 279 y sig.; P. Alonso Romero, "El solemne orden de los juicios ...", cit., p. 40-42.

142. P. Alonso Romero, "El solemne orden de los juicios ...", cit., p. 53. La autora cita a G. Salvioli, "Storia de la procedura civile e criminale", en *Storia del Diritto italiano,* P. Del Giudice (dir.), Firenze, Gozzini Ed., 1969, p. 340 y sig.

sirve conocer cuales eran los mecanismos y las piezas singulares del proceso en su regulación legal, si olvidamos que en muchas ocasiones podían ser parcial o incluso casi totalmente alteradas por el juez, en virtud de su casi omnímodo poder arbitrario"[143].

Castillo de Bovadilla[144], un buen jurista práctico del siglo XVI, sostenía que los jueces inferiores debían juzgar según lo alegado y probado, pero admitía que en los altos tribunales del reino, por comisión que otorgaba el rey a su Consejo Supremo, y a los demás Oidores y Alcaldes de sus Audiencias Reales, "que en primer grado lo representan", se podían obviar trámites del proceso y juzgar estos magistrados según sus conciencias, "pues puede el juez proceder como Dios, el cual juzga según la verdad"[145].

Es por ello que no resulta extraño que en el caso del juicio de residencia substanciado al que fuera oidor de México Trespalacios y Escandon, su defensor, ante la acusación de no ajustarse el oidor a las leyes, no trepidara en afirmar, aún en pleno siglo XVIII, cuando el arbitrio judicial estaba en plena crísis, que los altos magistrados indianos, no tienen por qué ajustarse a juzgar siempre por lo alegado y probado, ni atados a las leyes, conforme lo señalamos al iniciar la segunda parte de esta obra.

De estos jueces "absolutos" y "arbitrarios" dependía la administración de justicia en Castilla e Indias, jueces que integraban la monarquía absoluta, que formaban parte del orden jurídico imperante, que se movían aplicando la ley del rey pero también la doctrina del derecho común, que "es un inmenso cajón de sastre de donde toda opinión cabe y en donde es muy difícil rebatir unas opiniones respecto a otras". Desobligado de fundar sus sentencias "cada juez puede, si lo quiere así, juzgar cada caso como le plazca"[146].

En materia penal, por ejemplo, la discrecionalidad con que se administraba la prisión preventiva era asombrosa. La institución había pasado de su objetivo fundamental de asegurar al reo, a convertirse en una modalidad particular de tortura, sin otras reglas que la gobernasen que la voluntad del juez, "para servirse de calabozos y apremios como medios para arrancar una confesión que el reo voluntariamente no estaba dispuesto a hacer", sin atender a las leyes muy claras que regulaban ese tipo de prisión cautelar[147].

---

143. Francisco Tomás y Valiente, *Gobierno e Instituciones en la España del Antiguo Régimen*, Madrid, Alianza Editorial, 1999, p. 227.

144. Graduado en Salamanca y Fiscal de la Audiencia de Valladolid, autor muy utilizado en España y América, su obra *Política de Corregidores* (1597) era de consulta habitual.

145. Castillo de Bovadilla, *Política de Corregidores*, L°II, c.XXI, n°134, cit. por F. Tomás y Valiente, *Gobierno e instituciones* ..., cit., p. 243. Ver la opinión de Massetto con relación al *ius commune* (en "Sentenza"..., cit. t° XLI, p. 1204).

146. Francisco Tomás y Valiente, "De la administración de justicia al poder judicial", en *El poder judicial en el bicentenario de la Revolución Francesa*, Madrid, Centro de Estudios Judiciales, 1990, p. 19.

147. Paz Alonso, "Escenario institucional ...", cit., p. 55.

4. El estilo castellano-indiano de no motivar las sentencias

Antes de adentrarnos e la exposición central sobre la realidad de la administración de justicia en Indias deberá decirse algo, aunque sea sumariamente, ya que el tema ha tenido distinguidos expositores, acerca de la no fundamentación de las sentencias, especialmente en los tribunales superiores. La práctica fue observada pacíficamente en Castilla, y se prolongó a las Indias[148], ya que era una expresión particular de su *ius proprio*. En *Las Partidas* se trata del "delicado proceso de información y reflexión que precede al momento de sentenciar" (P. III, xviii, 109), pero la norma nada dice acerca de hacer conocer los fundamentos del fallo que se elabora en la conciencia del juez "mundo cerrado al que nadie tiene acceso"[149].

En el *ius commune* la cuestión no tenía una resolución uniforme, aun cuando se observara una fuerte tendencia hacia la no fundamentación en protección de la propia sentencia. Digamos por lo demás, que esta práctica no unánime en el antiguo régimen encontraba en la propia Península Ibérica, un estilo diferente[150].

En Castilla la doctrina nunca había otorgado particular trascendencia a la práctica de no motivar las sentencias, que apenas suscitó comentarios en sus obras, ni tampoco se encontraba en las críticas más frecuentes de los profanos. Muchos ni siquiera se ocuparon de ella. "Se la aceptaba con naturalidad, e incluso se justificaba, tachando de necio (*fatuus*) al juez que expresara las causas de sus sentencias, abriendo de tal manera la puerta a su impugnación"[151].

En cambio desde antiguo los altos magistrados de la Corona de Aragón fundaban sus fallos. Este requisito no estaba originado, según los textos legales, en circunstancias políticas como se ha insinuado alguna vez[152], sino en concretos motivos procesales que hacían a la mejor y más rápida substanciación de los pleitos, a su disminución y al más pronto arribo a una sentencia justa. El razonamiento hoy nos parece que resultaba sensato, la abreviación de los procesos provendría de que, conociendo las partes y sus le-

148. Todavía en épocas posteriores a la emancipación se discutía en Buenos Aires (1829) esa práctica (Ver Victor Tau Anzoategui, "Acerca de la fundamentación de las sentencias en el Derecho Patrio", en *Revista del Instituto de Historia del Derecho Ricardo Levene*, nº 13, Buenos Aires, 1962, p. 181-198), que subsistió en algunos tribunales ya bien entrado el siglo decimonónico. Se ha afirmado que tal uso era fomentado por la opresiva dictadura de Juan Manuel de Rozas (Luis Méndez Calzada, *La función judicial en las primeras épocas de la Independencia*, Buenos Aires, Ed. Lozada, 1944, p. 455-457).

149. José M. Mariluz Urquijo, "La acción de sentenciar a través de los apuntes de Benito de la Mata Linares", en *Revista de Historia del Derecho*, nº 4, Buenos Aires, Instituto de Investigaciones de Historia del Derecho, 1976, p. 141.

150. Johannes-Michael Scholz, "Motiva sunt pars sententiae. Urteilsbegrüng in Aragón (16-18 jahrhundert)", en *Atti del Terzo Congreso Internazionale della Società Italiana de Storia del Diritto. La formazione storica del diritto moderno in Europa*, Firenze, Leo S. Olschki Editore, MCMLXXVII, p. 581-598. C. Garriga y M. Lorente se han ocupado del tema. Ver nota 161; también Joaquín Llobet Tuset, *Historia de la motivación de la sentencia canónica*, Zaragoza, 1985, p. 39 y sig.

151. P. Alonso, "Escenario institucional ...", cit., p. 36.

152. Michele Taruffo, "L'obbligo di motivazione della sentenza civile tra diritto comune e iluminismo", cit., p. 599 y sig.

trados los motivos de la sentencia, se reducirían las apelaciones y asimismo, para el futuro, se podrían tener más a la mano los antecedentes de otros casos similares al actual, facilitando la labor de jueces y abogados.

En las Cortes de Monzón de 1510 el rey Fernando dispuso que los jueces "tenguts de exprimir en las ditas sententias deffinitivas los motius quels hauran moguts per axi declalar, e deffinitivamente sentenciar". Norma que se reitera en las Cortes de 1547, gobernando el Príncipe Felipe: "Otrosí porque por pronunciar los jueces sentencias definitivas sin decir por donde se han fundado al darlas, la partes quedan suspensas y dudosas en la causa y fundamento por do los jueces se movieron, y de aquí se siguen apelaciones y otros recursos, con multiplicación de pleitos y procesos, y para esto evitar convendría se hiciese provisión oportuna. Por ende Su Alteza de la voluntad de la Corte slatuensce y ordena que todos los consejeros y asesores que han de aconsejar y los jueces que han de juzgar, sean obligados al tiempo que valoren, de decir las causas y fundamentos principales, así de Fuero, como de derecho, así en lo civil, como en los criminal, por donde se mueven a dar sus votos: los cuales se hayan de asentar en el libro del Consejo de tal juez, y lo susodicho haya de durar hasta las próximas Cortes"[153].

En la ley de cortes de 1553, se lee, "la experiencia ha demostrado que el Fuero edito en las Cortes Generales por Su Alteza celebradas en la Villa de Monzón en el año de 1547 [...] que dispone que los jueces y consejeros en las sentencias definitivas hayan de dar los motivos de sus votos y pareceres, *ha sido muy útil y conveniente a la buena administración de justicia*", razón por la cual se prorroga esa decisión hasta las próximas Cortes Generales del Reino[154]. La norma se reitera en años subsiguientes comprendiendo a toda clase de sentencias definitivas, ya fuesen civiles o criminales, "así de Fueros como de derecho"[155], hasta que a partir de la unificación jurídica resuelta en los decretos de nueva planta se extienden las normas castellanas a los demás territorios de la Monarquía y con ello la práctica de las Audiencias de Castilla. Quitando de la referida extensión normativa la nota de excepción dada por Felipe V de 11 de diciembre de 1717 al disponer que las sentencias se pronuncien en lengua castellana, *expresando los motivos*. La práctica castellana termina imponiéndose definitivamente mediante la decisión de Carlos III de 23 de junio de 1778, por la que prohibe motivar las sentencias a la Audiencia de Mallorca y a los demás tribunales del reino

153. *Fueros, observancias y actos de Corte del Reino de Aragón* (Ed. Facsimilar de la de Pascual Savall y Dronda y Santiago Penén y Debesa, Zaragoza, Establecimiento tipográfico de Francisco Castro y Bosque, 1866), Zaragoza, El Justicia de Aragón: Iber Caja, 1991 (3 vol.), Vol. I°, p. 552-553). J.M. Scholz ("Motiva sunt pars sententiae. Urteilsbegrüng in Aragón (16-18 jahrhundert)" ..., cit.) utiliza este texto que transcribe parcialmente. Lo toma, según cita, de *Observancias del Reyno de Aragón*, Zaragoza, 1624, lib. VII (fol.133v).

154. *Fori editi in Curiis generalibus apud Villam Montisoni —Principe Philippum-, Navidad, MDLII*, s/l, 1553, t° 1, p. 367 (La cursiva me pertenece). J.M. Scholz en la monografía antes citada, transcribe parte de ley de Cortes, que toma, de *Fueros de del Reyno de Aragón, del año de mil quinientos y cincuenta y tres*, Zaragoza, 1624 (nach: Fueros, N. 13, fol. 192r).

155. J.M. Scholz, "Motiva ...", cit., p. 584-585.

para no dar "lugar a las cavilaciones de los litigantes, consumiendo mucho tiempo en la extensión de las sentencias, que vienen a ser un resumen del proceso y las costas que a las partes se siguen". El rey también deroga toda disposición que se le oponga[156].

En realidad la prohibición está dentro del marco de las innovaciones que con relación al orden jurídico impone el absolutismo convertido ya en este siglo en lo que se llamó despotismo ilustrado: no fundar sus decisiones o encubrirlas por resultar innecesario explicar los motivos que tuvo en cuenta el déspota al adoptarles, prohibición de comentar o interpretar la ley para evitar desvirtuar su contenido, hostilidad hacia ordenes jurídicos foráneos y a toda fuente de derecho ajena a la voluntad del príncipe. La no fundamentación de las sentencias será otra medida coherente con las anteriores, substanciales para construir un mundo ordenado desde arriba, por las testas ilustradas del siglo, para cubrir todas las expresiones de la vida de sus súbditos, en donde no necesita decirse, el derecho juega especial papel[157].

Por otro lado el soberano se enrola en la postura doctrinaria, que no nace en su siglo, de que los motivos de las sentencias se podían encontrar en las actuaciones de las partes. "I motivi che hanno indotto al giudice a sentenziare sono ricavabili dagli atti", conforme sostenía Cino recordando a Jacques de Révigni. Por lo demás se recurría a la decretal *Sicut* de Inocencio III, para sostener, en cualquier caso, la validez de la sentencia que se pronunciase sin motivos ni fundamentos[158].

De esta manera queda consagrada en Indias, por estarlo en la Península, la no motivación de los fallos de los altos tribunales indianos. Tema de gran importancia a la hora de tratar el comportamiento de los integrantes de las Audiencias.

En consecuencia, a las amplísimas atribuciones otorgadas a los jueces del antiguo régimen en España e Indias, por el *ius commune-ius proprio*, se sumaba la prohibición de dar a conocer los fundamentos de derecho y los motivos de hecho que llevaron a los magistrados a fallar cada caso en la forma en que lo hicieron. La prohibición, aunque no lo dijera expresamente, comprendía los supuestos en que los jueces se hubiesen pronunciado *secundun alegata et probata* o *secundun conscientiam*, pues como hemos visto, llegado el caso, ambos caminos les estaban habilitados.

Los ministros de las Audiencias no olvidaban que usaban de la *iurisdictio* delegada por el rey para administrar justicia, y que por lo tanto la impartían en su nombre. El príncipe era en realidad el juez supremo en su reino y por ello su función primordial era la de hacer justicia (En las leyes de *Partidas*, que ya mencionamos, se decía: "Vicarios de Dios son los reyes cada uno en su regno puestos sobre las gentes para mantenerlas en paz et en justicia et en verdad [...] ca así como el alma yace en el corazón del home, et por ella vive el cuerpo e se mantiene, así en el rey yace la justicia, que es vida e mantenimiento del pueblo et de su

156. J.M. Scholz, "Motiva ...", cit., p. 583.
157. J.M. Mariluz Urquijo, "La acción de sentenciar...", cit., p. 142.
158. G.P. Massetto, "Sentenza"., cit., p. 1225.

señorio". "Justicia es una de las cosas por que mejor et mas endereszadamente se mantiene el mundo, et asi como fuente onde manan todos los derechos: et nom solamente ha logar la justicia en los pleytos que son entre los demandadores y los demandados en juicio, mas aun entre todas las cosas que aviene entre los homes, quier se fagan por obra o se digan por palabra" (Partida, II, i, 5 y Partida III, i). En la Introducción del Ordenamiento de Alcalá de 1348 podía leerse "Porque la justicia es la más alta virtud, e la mas complidera para el governamiento de los pueblos, porque por ella se mantienen todas las cosas en el estado que deben, e la cual sennaladamente son tenudos los Reyes de guardar e de mantener". Y en la Recopilación de Leyes de Indias sancionada en 1680, incluye el recopilador y acepta el monarca reinante al sancionarla, no como retórica afirmación, sino como base de sustento de la función Real, que "... el primero y más principal cuidado de los Señores Reyes nuestros predecesores, y nuestro, [es] dar leyes con que aquellos Reynos sean gobernados en paz y *justicia*" (*Ley que declara la autoridad de esta Recopilación*, mayo 18 de 1680)[159].

No olvidemos que la preocupación de la Corona por la "buena administración de justicia" fue una de los puntos capitales de su accionar a ambos lados del Océano, como que era la "clave" de su misma existencia y el "elemento" más sensible de los lazos de unión entre la metrópoli y sus reinos de ultramar.

Ese rey-juez/rey-juez-legislador, pervivió hasta la Ilustración, que atacó las bases más sólidas de su sustento, en su afán de transformarlo en rey-administrador, pero hasta entonces pervivió en Castilla, y por supuesto en Indias, aquella concepción tradicional. "Entre los siglos XV y XVIII es cuando el rey es fundamentalmente juez y la monarquía primordialmente justicia". Por ello serán los oidores, que administran justicia en su nombre, la conciencia del rey, es decir forman colegiadamente su conciencia personal[160]. De ahí su tremenda importancia y sus extensas atribuciones.

5. El *iudex perfectus* en Indias

Se han ocupado del tema de la administración de justicia en Castilla, en especial con respecto a la vinculación del juez al derecho, y por ende de la doctrina del *iudex perfectus*, Carlos Garriga y Marta Lorente, y lo ha hecho también el propio Garriga en varios trabajos, anteriores y posteriores al nombrado, incluyendo en los últimos a las Indias. De manera que descansaré en estos importantes aportes, que me relevan de exponer, salvo en sus líneas generales, la elaboración de la teoría del *iudex perfectus*, como las exigencias

159. Ricardo Zorraquin Becu, *Historia del Derecho Argentino,* Buenos Aires, Ed. Perrot, 1945-1946, tº I, Cap.1: "La justicia, fin supremo del Estado", p. 7 y siguientes.

160. El tema del rey-juez tiene abundante literatura, puede verse una síntesis en Bartolomé Clavero, "La monarquía, el derecho y la justicia", en E. Martínez Ruiz & M. Pazzis Pi (Coord.), *Instituciones de la España Moderna,* 1 *Las jurisdicciones*, Madrid, 1996, p. 15 y 37.

establecidas para que tal carácter de perfección no desapareciera y no desapareciera con él la bondad de la administración de la justicia, que se confiaba a los jueces elegidos bajo ese patrón de medida[161].

En tanto el *ius commune* es esencialmente un derecho jurisprudencial, construido por sabios juristas sobre la base de textos de autoridad, los jueces tienen dentro del ordenamiento una importancia capital, como que son principales arquitectos de ese derecho.

Un jurista práctico como Juan de Matienzo, por entonces relator de la Chancillería de Valladolid (luego sería oidor de la Audiencia de Charcas, en las Indias), elaboró la imagen del juez ideal del antiguo régimen dibujando un *arbor iudicum*[162], que es precisamente la representación botánica del *iudex perfectus* de la doctrina del *ius commune-ius proprium.*

El Licenciado Matienzo (como acabamos de adelantar) no permanecerá mucho en Valladolid, relacionado con distinguidos personajes indianos será promovido a oidor de la flamante Audiencia de Charcas en la ciudad de La Plata del Alto Perú, donde cumplirá una destacada actuación como jurista y hombre de gobierno.

Su obra *Dialogus* —fruto de sus conocimientos adquiridos en la Universidad de Valladolid y en su experiencia jurídica vallisoletana— publicada en 1558, está dedicada a un funcionario de Indias, el ex Gobernador del Perú Vaca de Castro. Tuvo una gran difusión, incluso con posterioridad a su muerte, producida en Charcas en 1597. Cuando el librero de Valladolid Jerónimo de Yepes pidió licencia en 1603 para la reedición de la obra, sostuvo que los ejemplares de la primera habían desaparecido y solo se hallaban "en librerías de difuntos y se pedían a precios muy excesivos". Agotada la segunda edición, se imprimió en 1623 una tercera en Francfort-sur-le-Main. En esta se altera el título: *De referendariorum, advocatorum, iudicum, officio, requisitis, dignitate, eminentia. Tractatus quadripartitus, quem in Dialogismi forma sub persona Relatoris et Advocati Senatus Vallisoletani proposuit...*

Digamos para mejor ilustrar la personalidad de Matienzo, que estaba licenciado en la Universidad de Valladolid e incorporado al plantel de su Audiencia, de ahí pasó a América a ocupar la plaza de oidor de Charcas, iniciando sus funciones en 1561 como

161. Carlos Garriga & Marta Lorente, "El juez y la ley: la motivación de las sentencias (Castilla, 1489 — Espana, 1855)", en *Anuario de la Facultad de Derecho de la Universidad Autónoma de Madrid*, vol.1 (1997), p. 97-142. Carlos Garriga, *La Audiencia y las Chancillerías castellanas (1371-1525)*, Madrid, Centro de Estudios Constitucionales, 1994; "Los límites del *reformismo Borbónico*: a propósito de la administración de justicia en Indias", en *Derecho y administración pública en las Indias Hispánicas, Actas del XII Congreso del Instituto Internacional de Historia del Derecho Indiano* (Toledo, 19 a 21 de octubre de 1998), Cuenca, 2002, vol. I, p. 781-821; "La visita y el gobierno de la Justicia en Indias" ya cit.

162. Jesús Vallejo, "Acerca del fruto del árbol de los jueces. Escenarios de la justicia en la cultura del *ius commune*", en *Anuario de la Facultad de Derecho de la Universidad Autónoma de Madrid*, vol. 2 (1998), p. 19-46. La obra de Matienzo titulada *Dialogus relatoris et advocati Pinciani cenatus ...*, está identificada en el trabajo de Vallejo y en el de Lohmann Villena, que cito más adelante.

rector del tribunal. En 1567 concluye otra de sus obras, su célebre *Gobierno del Perú* ("et se range avec éclat pármi les auteurs de traités sur le Droit Politique des Indes"[163]), en la que plasma su antigua y nueva experiencia, como relator de Valladolid primero y especialmente como oidor de Charcas después, además de su conocimiento del Perú obtenido durante el largo tiempo vivido en él.

Cuando la Corona decide efectuar una profunda reforma de la administración indiana, el virrey Francisco de Toledo enviado a Lima para hacerla efectiva, tendrá en Matienzo a su asesor más conspicuo. Prácticamente todas las reformas del "Solón del Perú" llevan la traza del oidor de Charcas.

Estos pocos datos que agrego a los indicados por Vallejos en su trabajo sobre el autor del *arbor iudicum*, tan solo tienen por objeto destacar la personalidad de Matienzo, con la relación, aunque suscinta, de su trayectoria posterior a 1558, pues sería injusto no recordarla en un trabajo como el presente, teniendo en cuenta sobre todo que ha sido considerado, junto con Solórzano, de los mejores juristas prácticos de Indias.

Volvamos al *Dialogus*: "La equiparación del juez al árbol sirve en primerísima instancia para la enumeración de las virtudes, condiciones y requisitos que han de ser apreciados en quien desempeñará el oficio por aquel a quien su nombramiento compete"[164], de ahí por tanto la importancia que tiene para nuestro tema esta elaboración de Matienzo.

El problema, en concreto, ya pasando de las palabras introductorias anteriores y de lo expuesto en la primera parte de esta obra, está estrechamente vinculado a la personalidad pública (y privada)[165] del juez y a sus amplias facultades para dirigir el proceso y dictar sentencia, sumado al "estilo", primero, y a la obligación legal después (1778), imperante en los tribunales superiores de Castilla e Indias (por reflejo del *ordo* castellano), de no fundamentar las sentencias. Y con ello ya estamos instalados en la figura del *iudex perfectus*, de que hablamos y de la que tanto se ha ocupado la literatura jurídica medioeval y moderna. Sustituto, si cabe así denominarlo, de la exposición de motivos en que pudieran fundar sus fallos los jueces, pues el *ordo iuris* imperante fiaba la justicia de las sentencias, no en el derecho aplicable, de por si "incierto" y "jurisprudencial", sino en la persona "casi sagrada" (*sacerdotis iure*) del magistrado.

Apoyados en ello y en el práctico *arbor iudicum* de Matienzo buscaremos rescatar el funcionamiento de la administración de justicia indiana.

---

163. Juan de Matienzo, *Gobierno del Perú(1567)*. Edition et Etude préliminaire par Guillermo Lohmann Villena, Paris-Lima, 1967, p. XXXV del Etude. Los datos sobre Matienzo los he tomado de este trabajo.

164. J. Vallejo, "Acerca ...", cit, , p. 25.

165. Personalidad pública y privada, por cuanto si bien la distinción es del todo válida y estaba determinada doctrinariamente, en tanto se dirigían las precauciones a la primera, que era la que exhibía el magistrado y la que apreciaban los justiciables, la privada influiría necesariamente sobre la pública, pues no podía existir un juez perfecto si no era perfecto el hombre en que se encarnaba el magistrado.

Las sentencias —que son el fruto del árbol— no las funda el juez por cuanto, más que estar ajustadas a la ley, deben ser justas, y para serlo deben ser pronunciadas por un hombre justo (*iudex perfectus*), que goza de un amplio *arbitrium* para, llegado el caso, crear normas ajustadas al problema jurídico que le plantean las partes, modificando de esta manera, si fuese necesario, el derecho vigente[166]. Todo ello para cumplir con su labor "sacerdotal" de dar a cada uno lo suyo, es decir impartir justicia, dentro de un marco —insisto— esencialmente consuetudinario y jurisprudencial. Su decisión, como dijimos más arriba, será *neccesaria* y consistirá en una sentencia-norma que regirá para las partes del pleito que han sometido a su decisión. El juez escogerá del derecho vigente la norma adecuada o, en situación de excepción, creará una nueva ajustada al caso *sub litem*.

Resulta, en esta línea argumental, la validez de la costumbre o estilo judicial de no fundar las sentencias, que si no aparece adoptada unánimemente en el ámbito del *ius commune*, sí lo es en el del *ius proprio* castellano.

En efecto, la "incerteza jurídica", considerada una de las notas características del derecho del antiguo régimen, parecía que tornaba innecesario fundar o dar los motivos precisos de la decisión adoptada[167].

La práctica de no motivar las sentencias, dentro del estilo castellano-indiano, no privaba al justiciable de la "garantía" de un juicio justo, pues a falta de derecho cierto y del conocimiento de los fundamentos y razones tenidas presentes por el magistrado ("assi de Fuero o de derecho", como se exigía en cambio a los tribunales aragoneses —Cortes de Monzón de 1547—), la "garantía" procedía de la presencia de un juez perfecto, de un magistrado que tenía (o debía tener) un comportamiento excepcional, demostrativo de ser un hombre puro, alejado de tentaciones, que había sido seleccionado cuidadosamente por los más altos organismos de la Monarquía, sus Consejos y Cámaras.

Hombres que usualmente habían recorrido un *cursus honorum* que les permitía ocupar plazas en los altos tribunales del rey, tanto en América como en España, hasta llegar, en casos bastante frecuentes, a integrar los superiores Consejos con los que la Monarquía regía los destinos de sus súbditos en el amplio espacio de sus dominios europeos, asiáticos y americanos (*Novus Orbis*). Sometidos a una extensa serie de obligaciones vinculadas con su persona privada, como su familia, relaciones y patrimonio, estaban asimismo obligados como persona pública a observar de forma rigurosa unas reglas teóricamente inflexibles en punto a su comportamiento, fuera y dentro del tribunal que integraban, muy especialmente los regentes, oidores, alcaldes del crimen o fiscales, que eran los artífices principales de la administración de justicia. La minuciosa reglamentación comprendía asimismo todos los pasos de su actuación en el seno del tribunal hasta la sentencia, la forma de llevar adelante

166. M. Meccarelli, *Arbitrium*..., cit., p. 347.
167. Garriga & Lorente, p. 104.

los pleitos y audiencias públicas y privadas, las formas de votar, el secreto de sus actos, para culminar con la "sagrada" acción de sentenciar. Entre esos recaudos se les exigía un sigilo, reserva y compostura singulares, que era vigilado celosamente. Este extenso y complejo haz de requisitos, obligaciones e impedimentos estaba contenido y reiterado en numerosos normas. Su escrupuloso cumplimiento constituía el presupuesto imprescindible para que se pudiese concluir el proceso en una sentencia, que fuera reflejo de la justicia que anidaba en el juez.

Un juez que, por lo demás, era la imagen viva del príncipe soberano, a quien representaba en el acto de dictar sentencia. "La inveterada práctica de no motivar las sentencias determinó desde la Baja Edad Media la formación de un modelo jurisdiccional peculiar, que concentraba la garantía en la persona —y no en la decisión— del juez, tal como lo consagraron los Reyes Católicos en las Ordenanzas dictadas para la Chancillería de Valladolid en 1489"[168], que como es bien sabido sirvieron de modelo, junto con las ordenanzas para la de Granada, de las dadas a las Audiencias de Indias[169].

La ausencia de fundamentos en las sentencias importa especialmente el deseo de "proteger" ese acto último y fundamental del proceso romano-canónico[170].

Partiendo de la base de que el juez está asistido de una *praesuntio iuris* y goza, indirectamente, de la *autoritas iudiciaria* ¿por qué habría de correr el riesgo de develar algún punto débil de su razonamiento que pudiese afectar la validez de la sentencia? Los motivos (es decir la *causa*) no tenían porque ser expuestos, ya que se podían encontrar en las actuaciones de las partes. Hemos recordado más atrás que "I motivi che hanno indotto al giudice a sentenziare sono ricavabili dagli atti", conforme sostenía Cino recordando a Jacques de Révigni. Corriente doctrinaria de buena fortuna que subsistió sin obstáculos amparada en la decretal *Sicut* de Inocencio III[171].

De manera que la prolongación de la organización judicial castellana a las Indias, abarcaba, como no podía ser de otra manera, la concepción de la "justicia de hombres", y no "de leyes", pues "a falta de la ley, el juez era la imagen viva de la justicia"[172]. Esta concepción de justicia "de hombres" soportó variantes a lo largo de su vigencia[173], entre las cuales, la venta de cargos con jurisdicción fue una de importancia (tal vez sin alcanzar a perjudicarla grandemente), o la poca observancia y en ocasiones el incumplimiento flagrante, por parte de los jueces, de las pautas fundamentales en que

168. Ibídem

169. R. Zorraquin Becú, *La organización judicial argentina durante el período hispánico,* Buenos Aires, 1981, p. 120 y sig. Ya en las ordenanzas dadas a los jueces de La Española en 1511 se remitía la Corona a esas leyes castellanas.

170. Garriga & Lorente, p. 104-105.

171. G.P. Massetto, "Sentenza"..., cit., p. 1225.

172. Resulta elocuente la expresión "justicia de hombres" utilizada en el trabajo de Garriga & Lorente(p.106) y repetida en los demás de Garriga que hemos citado.

173. C. Garriga, "Los límites ...", cit., p. 794.

descansaba el modelo de juez del antiguo régimen, cuando no la tolerancia de la Corona de esas inconductas, y asimismo la poca efectividad que fueron teniendo con el curso de los tiempos los sistemas de control y vigilancia.

Toda la estructura de la administración de justicia reposaba exclusivamente en la persona y conducta del magistrado, un hombre sobre el que se volcaba la pesada carga de recaudos y prohibiciones, para poder aislarlo del mundo, quitarle apetencias y ambiciones, amores y odios, en fin transformarlo en un *iudex perfectus*, que es lo mismo que pretender que fuese un hombre perfecto. Como elocuentemente lo expresaba un alcalde de la Chancillería de Granada en 1522, "los jueces no hemos de tener conversación con nadie, sino ir y juzgar y en acabando subirnos al cielo"[174]. En Indias, la distancia del centro del poder y las múltiples funciones agregadas a las propias del oidor peninsular, excitaba al legislador a acentuar las prohibiciones y resguardos, como también a enaltecer la persona de los magistrados. Las leyes de Indias prescribían una vida semimonástica para los oidores de cada Audiencia, en aras a la imparcialidad[175].

El proyecto aparece desde ya como excesivamente pretencioso. Adelantamos que terminará desvirtuado y objeto predilecto de la despiadada crítica de los "filósofos" del XVIII[176].

En realidad, esas precauciones referidas al *iudex perfectus* se aplicaban, o se debían aplicar, al menos en general, a todos los miembros de la administración de las Indias, así resulta de las exigencias que pesaban sobre sus agentes, conforme lo ha explicado Mariluz Urquijo[177]. Se pretendía que un puñado idealizado de "guardianes platónicos" sirviese a la Monarquía en América[178]. Era fundamental mantenerlos aislados del medio en que actuaban, desprendidos de los intereses de su entorno, cuando en verdad ese entorno los devoraba. Se trataba, al decir de Lohmann Villena, de un objetivo francamente "inasequible"[179].

En la Edad Moderna estos magistrados recibirán, reflejadas en sus personas, las rutilantes nuevas luces que rodean al príncipe absoluto: (... "sunt pars corporis [...] et inharent principi sicut stellae firmamento coeli [...] est velus splendor fulgens

174. Cit. por Carlos Garriga, *La Audiencia y las Chancillerías castellanas (1371-1525). Historia política, régimen jurídico y práctica institucional*, Madrid, 1994, p. 287.

175. J. H. Parry, *La Audiencia de Nueva Galicia en el siglo XVI. Estudio sobre el gobierno colonial español*, Estudio Introductorio de Rafael Diego Fernández (Versión española de Rafael Diego Fernández y Eduardo Williams), Michoacán, El Colegio de Michoacán-Fideicomiso Teixidor, 1993, p. 84 y sig.

176. Véanse las interesantes páginas que dedica Tau Anzoátegui al "buen juez", en V. Tau Anzoátegui, *Casuismo y sistema,* cit., p. 481 y sig.

177. José M. Mariluz Urquijo, *El agente de la administración pública en Indias*, Buenos Aires, Instituto Internacional de Historia del Derecho Indiano-Instituto de Investigaciones de Historia del Derecho, 1998, *passim*.

178. La elocuente expresión es de John Leddy Phelan, *The Kingdom od Quito in the Seventeenth Century*, Madison, 1967, p. 153.

179. Guillermo Lohmann Villena, *Los ministros de la Audiencia de Lima. Esquema de un estudio sobre un núcleo dirigente, 1700-1821,* Sevilla, Escuela de Estudios Hispanos Americano, 1974, p. XXI.

firmamenti")[180]. Lo sostenía también en su *Política de Corregidores* Castillo de Bovadilla: "...pues puede el juez proceder como Dios, el cual juzga según la verdad"[181].

De la "levedad del poder político" en la formulación del derecho, propia de la Edad Media, usando una expresión cara al profesor Grossi[182], pasa el monarca a lograr la presencia cada vez mayor de su voluntad en la formulación de las normas. Por ende los jueces, es decir *sus* jueces, aquellos en quienes el príncipe ha delegado su *iurisdictio* para que, en su nombre administren justicia, participarán de las nuevas y acentuadas aristas de su propio poder político[183]. Ellos, de acuerdo con la doctrina del *ius commune*, usarán en plenitud del *arbitrium*, que admite extensiones del poder del juez muy importantes, ante la insuficiencia, oscuridad o ausencia de normas aplicables. La "creazione del diritto emerge como carattere principale ed espresso dell'*arbitrium*", es uno de los mecanismos para la reforma del orden jurídico[184].

¿Puede decirse que el juez integrante de los altos tribunales de América, en la Edad Moderna, amparado en el nuevo y renovado papel del rey en su reino, también incrementa su poder en esa dirección? Y en ese caso, el magistrado indiano, alejado del centro del poder político, remoto y distante, a veces hasta indiferente, ¿obrará más atado al mantenimiento de su propio *status* profesional o a otras consideraciones espureas, que al derecho vigente? ¿Dejará de tener por modelo la elaborada figura doctrinal, gestada en la Edad Media, del *iudex perfectus* para mirarse ahora, en esta época nacida en el siglo XV, en la nueva silueta de lo que podría llamarse el *iudex solutus,* tan *solutus* como lo es su príncipe, a quien representa y en cuyo nombre imparte justicia?

De la respuesta a estos interrogantes han partido quienes se refieren al "absolutismo judicial", que terminó en el campo penal con la "absolutización del principio inquisitivo y la eliminación de todas o de casi todas las defensas del procesado", al menos en las causas substanciadas en los altos tribunales del reino, donde según palabras de Castillo de Bobadilla, "lo que se hace y ordena por los del Consejo del Rey, es visto hacer por el mismo Rey"[185].

Digamos, para completar el panorama hasta ahora trazado, que en la segunda mitad del siglo XVIII se emprende la llamada "reforma judicial indiana" por decisión del Mi-

---

180. Boerius, *Decisionis Burdegalenses,* Lugduni, 1566, *Tractatus de authoritate magni Cinsilij, et Parlamentorum Galliae,* nº 129[...] secundum Bald. In l. Multa C. de bonis quae [C.6, 61, 7, según cita Massetto, "Sentenza"..., cit., p. 1204].

181. Castillo de Bovadilla, *Política de Corregidores*, Lº II, c. XXI, nº 134.

182. P. Grossi, El orden jurídico medieval..., cit., p. 61.

183. Véase a B. Gonzalez Alonso, "La Justicia", en Miguel Artola, *Enciclopedia de Historia de España,* II Instituciones Políticas, Imperio, Madrid, Alianza Ed., 1988, p. 381-383.

184. M. Meccarelli, *Arbitrium* .., cit., p. 349.

185. F. Tomás y Valiente, *Gobierno e instituciones ...,* cit., p. 243. Sobre las características de los procesos (acusatorio, inquisitivo) véase María Paz Alonso, *El proceso penal en Castilla (siglos XIII-XVIII),* Ediciones Universidad de Salamanca, 1982, Cap. II, p. 13 y sig.

nistro José de Gálvez[186]. Ella es la respuesta ilustrada a las repetidas quejas llegadas a los pies del Trono por distintos conductos acerca de los abusos y corrupciones advertidos en la administración de justicia del Nuevo Mundo, que se imparte con olvido de la laboriosa legislación dictada por la Corona desde el mismo descubrimiento de América. La crítica al pasado, característica saliente del período, se ensaña con la actuación de esos jueces de viejo cuño, formados en el *ius commune*, más que con el *ordo iuris* de que forma parte la administración de justicia. Los magistrados de Indias son mejor blanco principalmente los criollos o acriollados y por ello estrechamente vinculados al medio en que imparten justicia. De la "criollofobia" era Gálvez un especial abanderado[187].

Estaba empeñada la reforma judicial, emprendida con toda energía por el poderoso ministro, en lograr que los súbditos de S.M. gozasen de una justicia rápida y eficaz que sirviese de garantía para sus derechos y les asegurase disfrutar del bienestar material en plena paz, felices del suave yugo de su ilustrado monarca.

Las nuevas normas correctoras de la situación se aprobaron por R.O. de Carlos III dada en El Pardo el 11 de marzo de 1776. Aparecía como esencial la creación de la figura del Regente en las Audiencias Indianas, que hasta entonces no lo habían tenido. Sin internarnos en las medidas reformistas, digamos que la aparición de este funcionario, en realidad un oidor jerarquizado, instalado en el vientre de la Audiencia, con amplias facultades y en directa correspondencia con el Ministro de Indias, recortaba las atribuciones del presidente y sometía a una vigilancia directa y celosa la labor de sus colegas y demás miembros de las Audiencias. Su presencia y sus informes sobre el estado en que se encontraba la administración de justicia indiana, sacaron a la luz muchos problemas y deficiencias que venían arrastrándose desde antiguo, algunos ocultos por quienes se beneficiaban con su mantenimiento, otros a la vista pero "disimulados" por la antigüedad de su utilización o los poderosos intereses anudados en su torno, que muchas veces la propia Corona preservaba en aras al ejercicio de un gobierno "tolerante" que estaba basado en la indecisión y el equilibrio.

La reforma de 1776 tenía por objetivo hacer realidad el empeño en que estuvo comprometida la Monarquía desde los Reyes Católicos, de lograr para Indias, y así se lo expresaba en la Real Orden "la mejor y más pronta administración de justicia"[188]. Pero en si mismas las medidas adoptadas no intentaban "reformar" el "modelo" del *iudex perfectus*, que

---

186. Me he ocupado de ella en E. Martiré, *Los Regentes de Buenos Aires. La reforma judicial indiana de 1776*, Buenos Aires, Universidad de Buenos Aires, 1981.

187. Resulta interesante comprobar que José de Gálvez, visitador de Nueva España, al informar al virrey Bucareli en 1771 sobre la Audiencia de México, le dice que si bien "los más de sus ministros togados son naturales del país, con parentescos y alianzas en las principales familias de México y su Reino; sin embargo en casos profesionales se abstraen voluntariamente de conocer y votar en los negocios que interesan a sus deudos" (AGI, México, 1509, cit. por Adolfo Rubio Gil, "Alonso Nuñez de Haro -1787", en José Antonio Calderón Quijano (Director y Estudio Preliminar), *Los virreyes de Nueva España en el reinado de Carlos III*, Sevilla, Escuela de Estudio Hispano Americano, 1968, tº 2, p. 386, nota 13.

188. AGI, Indiferente General, 801 y Cuzco, 4.

no se abandonaba de ninguna manera, ni se ofrecía nada nuevo, es decir ninguna "alternativa reformadora", todo lo contrario. Lo que se procuraba era la plena vigencia y la rendida observancia de las normas que lo hacían posible, con mayor energía y sometiendo a sus magistrados a renovadas exigencias, que sin abandonar las pautas surgidas desde *Las Partidas*, alteradas o complementadas con los nuevos postulados del siglo, insistía en las condiciones y conducta del juez como única garantía de sentencia justa. La "reforma" limitada de ese modo, es decir dirigida a "fortalecer" los tribunales indianos, sin alterar las bases de su fundamental estructura tradicional, consistía en suma en otorgar a los magistrados una mayor independencia de la tutela de sus presidentes, pero sujetándolos ahora a una nueva supervisión, mucho más estrecha e inmediata, que ejercía el Ministro de Indias a traves de sus agentes directos, los Regentes. Podemos decir que fuera de esta nueva "dependencia", mas estrecha, del ministerio metropolitano, la reforma se limitó a dotar a las Audiencias indianas de más jueces, mejorar sus sueldos, y establecer algunas reglamentaciones que ajustaran la vetusta máquina de la administración de justicia tradicional. No tuvo más duración que la propia vida de su gestor el Marqués de Sonora. A su muerte (ocurrida el 7 de junio de 1787) se volvió a la situación anterior, salvo alguna modificación como el mantenimiento de la figura del Regente, aunque con sus funciones disminuidas. En suma que la mentada "reforma", dispuesta por R.O de 11 de marzo de 1776, fue prácticamente suprimida por R.C. de 19 de abril de 1788; había durado apenas doce años[189] y no se habían alterado los basamentos de la justicia en Indias, que se mantenía tan lozana en sus defectos, como antes de ella, a estar a los testimonios recogidos después de su implantación. No era ese tipo de medidas las que necesitaba la justicia indiana para transformarse, ya que tan solo atacando las bases de su sustento podría lograrse una verdadera reforma. Ello vendrá con la caída del *ancien régime*, en que estaba incardinada, que comenzaba a dar señales de agotamiento, no antes.

Por ello, la verdadera reforma a ese orden judicial no se producirá hasta la llegada de las revoluciones de fines del siglo XVIII y comienzos del XIX, que demolieron el régimen antiguo y abrieron las puertas a uno nuevo. Ni los políticos ni los juristas del *ancienne régime* formularon alguna alternativa, "para ellos el modelo vigente era bueno si se aplicaba correctamente"; la sociedad en general se limitaba a denunciar deseos y rechazar excesos "pero sin que nadie supiera articular el necesario cauce jurídico que diera vida a los primeros y evitara los segundos"[190].

Durante tan prolongado período (desde el siglo XV al XIX) hubo altibajos, sin duda, pero el modelo no se abandonó, convencida la Monarquía y sus servidores que era el mejor. Este empeño se traducía en la sanción de más numero de normas, contenidas en ordenanzas generales o particulares, cédulas reales, reales provisiones e ins-

189. Ver E. Martiré, *Los Regentes...*, cit. p. 24-25.
190. Paz Alonso, "Escenario institucional..., cit.", p. 46.

trucciones expedidas a los virreyes, a las Audiencias, y a los propios jueces, inspiradas muchas veces en el derecho castellano y otras en la realidad indiana omnipresente. Sus contenidos se repetían en ocasiones machacosamente (prueba de su relativa obediencia). Respondían a la necesidad, advertida desde un comienzo, de que un modelo jurisdiccional tan frágil[191], como que hacía depender la buena administración de justicia enteramente de la conducta del juez, que elaboraba su decisión en el mayor secreto, solo podía funcionar con abundantes controles para salvaguarda de los intereses de los particulares, siempre amenazados por la acción de los poderosos de la tierra, que ejercían su poder con mucha mayor fuerza en esas lejanías. La costumbre y la doctrina de los juristas, otras importantes fuentes de derecho en Indias, se colaban entre esas normas para atenuar su vigencia y aportar su cuota "interpretativa".

Y por descontado que los especiales intereses de la Monarquía, casi siempre necesitada de fondos, constituía un elemento que se imponía a la hora de conceder excepciones al orden establecido o "componer", mediante "donativos" situaciones de hecho que atentaban contra él.

Residencias y visitas fueron entre otros medios menos corrientes, los instrumentos usuales de vigilancia, con dispares resultados prácticos y variopinta apreciación por los visitados y la propia Corona. Pero siempre se los consideró la mano del rey sobre aquellos a quienes había confiado el ejercicio de su función cardinal[192]. Decía Matienzo que los jueces debían ser visitados y residenciados a menudo "porque hay muchos que fingen ser buenos para ser proveídos, y después dan muestras de lo que son" en realidad[193]. Volveremos sobre ello más adelante.

Agreguemos que otra de las garantías mayores para los justiciables era sin duda la recusación, que importaba apartar al juez sospechado de parcialidad del proceso o hacerlo acompañar de otro que inspirase mayor confianza a la parte agraviada. Régimen que se utilizó largamente y que la Corona administró con generosa amplitud[194]. Recurrimos una vez más a Matienzo, quien desde su cargo de oidor en Charcas sostiene que se abusa de las recusaciones en los pleitos indianos. "Esto de las recusaciones en esta tierra debe haber remedio, porque se desvergüenzan contra los jueces y no les tienen en nada", siendo de opinión que sin causa legítima, debidamente probada, no se las admitiese[195].

191. Garriga & Lorente, p. 109.

192. J.M. Mariluz Urquijo, *El agente ...*, cit., p. 417 y sig. brinda un panorama general de estas formas de control, muy de aplicación a los oidores, por supuesto. Ver el caso particular de Lima en José de la Puente Brunke, "Sociedad y administración de justicia: Los ministros de la Audiencia de Lima (siglo XVIII)", en *XI° Congreso del Instituto Internacional de Historia del Derecho Indiano, Actas y Estudios*, Buenos Aires, 1997, t° III, p. 335 y sig.

193. Matienzo, *El Gobierno del Perú...*, cit., p. 334

194. El tema, con sus derivaciones en la época independiente, ha sido tratado por Carlos Garriga, "La recusación judicial: Del Derecho Indiano al Derecho Mexicano", en M. del Refugio González (Ed.), *La supervivencia del Derecho Español en Hispanoamérica durante la época independiente*, Universidad Autónoma de México, 1998, p. 203-239.

195. *El Gobierno del Perú*, cit., p. 336.

Los extremos en que se basaba el modelo judicial estaban concentrados en un haz de obligaciones, exigencias y prohibiciones, bien concretas, cuya necesidad de observancia si bien era fundamental para el juez, también cubría, a fin de lograr una buena administración de justicia, a todos los vinculados a ella en Indias, virreyes, gobernadores, presidentes, asesores, escribanos, abogados, y aún y especialmente, a los mismos litigantes. Estaban reunidas la mayoría de las normas referidas a Indias en el título XVI del Libro II° de la Recopilación de leyes de Indias sancionada en 1680, y por ello, aún cuando en ocasiones se tratase de disposiciones para casos particulares o lugares precisos, al insertarlas en la recopilación fue generalizada su aplicación a todo el territorio ultramarino (Ver la ley que va puesta al principio de la Recopilación, de 18 de mayo de 1680 y la norma incluida en el Libro II°, tomo 1°, Ley 1ª). Por otra parte las Ordenanzas de las Audiencias indianas contenían preceptos expresos sobre el tema. También aparecían en otros cuerpos legales, como por ejemplo las importantes Leyes Nuevas de 1542/1543[196].

Aún cuando puedan encontrarse ya en *Las Partidas* reglas específicas sobre los jueces, el modelo judicial español y el hispano indiano, como consecuencia de la posterior anexión del Nuevo Mundo a la Corona de Castilla, según ya he dicho, fue articulado fundamentalmente por los Reyes Católicos, debiendo considerarse a las Ordenanzas para la *reformación* de la Chancillería de Valladolid, dadas en Medina del Campo el 24.III.1489, el punto de partida del mismo[197].

Dice Barrientos Grandón[198] que sobre la base del derecho romano, el *ius commune,* los autores castellanos y las disposiciones de la legislación real, tanto castellana como municipal, la literatura jurídica indiana elaboró un verdadero catálogo de los requisitos que debían exigirse para cubrir las plazas de oidores indianos (sexo, edad, ausencia de enfermedades, falta de servidumbre, aptitud moral —origen, fama, buenas costumbres, fe católica, méritos—, literatura, letras y experiencia).

Veamos para comenzar las disposiciones alfonsinas, que iluminan a todas las posteriores. Al tratar el tema en la Partida IIª, título ix, ley 18 (*Quales deven ser los juezes del Rey, et qué deben facer)*, se destaca que ante la importancia de las funciones que ejercerán, quienes fuesen a ocupar esos cargos debían tener muchas "bondades": Primeramente "ser de buen linaje" para tener vergüenza de errar; "buen entendimiento" para comprender lo que razonaren las partes ante ellos, "apuestos" (¿dignos?) y "sesudos" (¿prudentes?)

---

196. Las ordenanzas han sido publicadas con una introducción preliminar (p. 5-64) por Jose Sánchez-Arcilla Bernal, *Las ordenanzas de las Audiencias de Indias (1511-1821),* Madrid, Dykinson, 1992 (Allí también pueden verse las Leyes Nuevas).

197. R. Zorraquin Becu, *La organización judicial ...,* cit.; C. Garriga, "La visita y el gobierno de la justicia ..", cit., p. 8 y nota 39.

198. Javier Barrientos Grandon, "La selección de ministros togados para Indias", en *XI Congreso del Instituto Internacional de Historia del Derecho Indiano, Actas y Estudios,* Buenos Aires, Instituto de Investigaciones de Historia del Derecho, 1997, p. 293-334.

"para saberlo departir y juzgar derechamente", si supiesen leer y escribir mejor, porque así podrían valerse por sí mismos para leer las cartas y las escrituras y los resultados de las pesquisas, sin necesidad de fiarse de otros, que podrían confundirlos. "Bien razonados conviene que sean para saber mostrar las razones cumplidamente a las partes que vinieren ante ellos" con sus juicios. Deberán ser "sufridores" (¿con paciencia, conformidad y tolerancia?), "para no se quejar, ni se ensañar con las voces de los querellosos, de manera que no hayan de decir de palabra, ni han hacer de hecho cosa contra ellos que les esté mal". Deben ser "justicieros para hacer a cada uno de los que vinieren a su juicio, justicia y derecho", y "sin codicia conviene mucho que sean, porque no hagan cosa por ella en los juicios que tornen a daño del Rey ni del pueblo, ni que ellos cayesen en mala fama, ni peligro de sus cuerpos." "Otrosí deben ser firmes de manera que no se desvíen del derecho ni de la verdad, ni hagan contra ellos ninguna cosa, que les pudiese venir de bien ni de mal".

En la Partida IIIª, título iv, se contienen varias leyes complementarias. Se define a los jueces como "homes bonos que son puestos para mandar y hacer derecho" (ley 1). Si no se pudiesen reunir las condiciones indicadas en la Partida IIª, de que ya hablamos, por lo menos debía exigirse que fuesen leales y de buena fama, y sin mala codicia, que hayan sabiduría para juzgar los pleitos derechamente "por su saber o por uso de luengo tiempo, y que sean mansos y de buena palabra" y sobre todo teman a Dios y al que los nombra, "que si a Dios temieren guardarse han de hacer pecado, y habrán en sí piedad y justicia", y si tuviesen miedo del que los ha nombrado se cuidarán de hacerle mal, pues de él les viene el poder de juzgar derecho (Ley 3). Los faltos de entendimiento, los mudos, sordos, ciegos, enfermos crónicos, los embargados, los de mala fama o quienes hubiesen cometido alguna mala acción, los religiosos, las mujeres (salvo las dueñas de señorío), los siervos, salvo que estén liberados, no podían ser jueces (Ley 4). Se exigía una edad mayor de 25 años (Ley 5).

Especial atención merecía el juramento que debían prestar los jueces, de respetar el orden jurídico y obrar bien, ya que con él comprometían su alma inmortal (Ley 6). El valor del juramento era sumamente importante puesto que las faltas a las normas que juraban obedecer, añadía a la pena establecida el perjurio en que se incurría.

A esas normas generales y a las que seguían en títulos sucesivos, propias del carácter doctrinario que siempre se atribuyó a este cuerpo de leyes[199], se le agregaron otras más precisas y detalladas dirigidas a marcar el comportamiento de los oidores y demás ministros de las Indias, que como hemos dicho se encuentran reunidas en las propias ordenanzas de Audiencias y en la Recopilación de 1680. Se esperaba del juez que se mirara en ese espejo en todo momento y sin excusas, especialmente por estar tan lejos del centro del poder de donde emanaba su autoridad para juzgar.

199. P. Grossi, *El orden jurídico medieval*..., cit., p. 108, 140; A. Garcia Gallo, *Manual*... cit., tº 1 , p. 90-91.

Las virtudes del *iudex perfectus* las encontraremos, a manera de guía a seguir por aquellos a quienes correspondía seleccionar la persona que ocuparía el cargo de juez, en el *arbor iudicum* de Matienzo, de que hemos hablado más atras, que parece importante recordar cuando entramos a considerar la realidad de la administración de justicia indiana, pues en él se exponen los requisitos que, para un jurista de mediados del siglo XVI, debía tener quien aspirase a ser juez.

Los elementos reunidos por el futuro oidor de Charcas y entonces relator de Valladolid, estaban representados en todos los casos por las características físicas de un árbol. Eran nueve:

1) *Suelo fértil* para que arraigue el árbol. Representado por la nobleza de linaje o por ser adquirida por propia virtud, porque no es que todos los nobles fuesen necesariamente buenos, pero al seleccionar a un juez no podía prescindirse de sus antecedentes familiares, ya que aunque la virtud no se herede, se trasmite por la costumbre y el ejemplo.

2) *Fuertes raíces que lo sustentan:* i) Temor a Dios, pues el pecador no puede ser juez ¿Como va a ejercer coerción quien no puede dominar sus propias apetencias? Esta raíz es la fundamental y puede suplir a las demás; ii) Otra raíz es la ciencia, es decir el juez debe conocer el derecho para fallar *secundum leges*, pero no solo eso, debe ser sabio, es decir debe comprender el contenido de las leyes con el necesario concurso de la prudencia; iii) La tercer raíz es la experiencia, es decir el conocimiento de la práctica procesal, el *estilo* de los tribunales. Matienzo deriva la experiencia a la *fama y buen nombre*, que deben adornar al juez, pues es preferible perder la vida antes que aquellos; quien no los tenga no puede ser juez.

3) El *tronco*, su altura y grosor simbolizan la autoridad y fortaleza del juez, respectivamente. Imprescindibles para evitar que el árbol se quiebre por acción de los vientos que soplan desde los cuatro puntos cardinales. La autoridad está referida a su capacidad para intervenir en la elaboración de las normas, es decir en el ejercicio de la *iuridictio*, que es capacidad para reformar el derecho. La anchura del tronco implica fortaleza, ausencia de corrupción, inocencia, desapego de bienes materiales, imparcialidad y también suspicacia, que es lo contrario a credulidad, vicio femenino (que impedía a las mujeres ser jueces) y madre de la decepción.

4) La *corteza*, hecha de paciencia y humildad. Paciencia para atender "pacientemente" las alegaciones de las partes y tenerla también en las respuestas. El juez debe hablar con dulzura, sin palabras duras que suscitan furor y odio. La humildad aumenta la autoridad del juez, que debe ser respetado pero no temido.

5) La *médula*, representa la verdad, la fidelidad y el secreto. En cuanto a la verdad, *mater iustitiae*, es la que resulta del juicio, a la que se llega *secundum allegata et probata*. La fidelidad se debe al príncipe a quien representa en el ejercicio de su magistratura y tam-

bién a las leyes, pues según ellas y no a su arbitrio deben resolverse las causas. El secreto es condición de fidelidad, apelando en ese caso Matienzo no sólo al juez sino a los consejeros del monarca. Los integrantes del *consilium principis* están obligados a callar lo que allí se trata, pues ese secreto es la base del sustento de las repúblicas.

6) Las *ramas*, son los brazos del juez y a ellas se equiparan los oficiales que hacen posible las decisiones de los jueces. En estas ramas se sitúan también el resto de los componentes del árbol como *las flores* de la elocuencia, la afabilidad, la cortesía, porque el buen hablar es condición de todo magistrado, ya que *iuris dictio*, dice el derecho, a cuyo través se encuentra el camino recto, la vía que el derecho muestra.

7) Las *hojas* de la prudencia, conservan el fruto hasta su madurez, impidiendo que las inclemencias del tiempo lo malogren, lo protegen del calor de la ira, del agua de la corrupción, del favor o del dinero, de la tempestad del poder de otro, del hielo de la ignorancia. La prudencia en realidad es más que la conservación del fruto, es el equilibrio, la proporción y la armonía y *el fruto* mismo, la justicia y la equidad.

8) El fruto del árbol es la justicia particular, para caracterizarla utiliza Matienzo la conocida definición de Ulpiano: *Iustitia est constans & perpetua voluntas ius suum vnicuique tribuens.*

9) En la descripción del árbol corresponde también hacer alusión a elementos extraños a él, como son *los vientos*, que aunque no forman parte del árbol, afectan sensiblemente al tronco que por ello debe ser de gran fortaleza. Matienzo se ocupa de los vientos de los cuatro puntos cardinales. El del Este simboliza el afecto, el parentesco y la amistad, si el juez se inclina por efectos de este viento se malogra el fruto de la justicia por cuanto es inclinarse hacia uno mismo y dejar de ser imparcial. Si falla a favor del amigo mediante una decisión injusta el juez pierde su alma, si lo hace con una decisión justa, pierde la fama. El viento del Oeste lo ataca mediante las recompensas o prerrogativas que pueda lograr. "La avaricia corrompe, esclaviza y afemina", se comprende en esta explicación de Matienzo el sueldo apropiado, la prohibición de negociar y de practicar el comercio en el lugar donde ejerce jurisdicción el juez. También esos tratos y contratos o su matrimonio con persona del lugar afecta el aislamiento que debe rodear al juez. Los vientos del Sur y del Norte pueden atacar la fortaleza del árbol. Son el miedo, que esclaviza ya que del magistrado servil no se ha de esperar sentencia justa. La ira y la enemistad amenazan la integridad del magistrado, pues la sentencia que se dicte con ira, aún justa, no se pronuncia *amore justitia*, sino *livore odii* y por tanto no puede ser asimilada a la justicia divina, que es el ejemplo ineludible. La ira está asimismo ligada a la estulticia y debe ser objeto de celosa vigilancia por el jardinero. Menos iracundo es el hombre que la mujer, el sano que el enfermo, el joven que el viejo, el feliz que el infeliz. El mejor candidato para resistir estos vientos será pues un varón contento y saludable, paciente y humilde. Estas virtudes implican asimismo la no precipitación en el senten-

ciar, pues el tiempo es el padre de la verdad, que es la médula del árbol. En la médula también anidan la fidelidad y el secreto, la primera debida al príncipe y a las leyes y el secreto es garantía de la conservación de la república[200].

Se trata, por lo que acabamos de ver, de una interesante y práctica síntesis de las virtudes y condiciones que debían reconocerse en el juez. Por lo demás se habrá advertido el estrecho parentesco que tienen con las que podemos extraer de *Las Partidas*.

Sin el original recurso al "arbol" como ha hecho Matienzo, en el siglo siguiente el erudito y práctico Juan de Solórzano y Pereira reunía en el capítulo cuarto del quinto libro de su célebre *Política Indiana*, un grupo de normas-consejos que también "dibujan" al juez perfecto en las Indias, para lo cual exhibía el autor suficiente solvencia. Su acrisolada versación jurídica salmanquina, en cuya Universidad se doctoró cuando frisaba los 25 años de edad, oidor en Lima a partir de 1609, Fiscal del Consejo de Hacienda desde febrero de 1627 y desde el 7 de junio del mismo año Fiscal del de Indias. Ascendido en 1629 a consejero de Indias, en ese cargo se desempeñará quince años, hasta su jubilación, aunque no dejó por ello de asesorar al Consejo y a S.M. Muere diez años más tarde en 1655[201]. De su actuación como oidor de Lima tenemos un testimonio elocuente, del virrey Montesclaros, que a pesar de ser usualmente parco en ponderaciones, lo consideraba "sujeto de muchas letras, de extraordinario caudal y capacidad de entendimiento, ajustado en su proceder y deseoso de acertar". Cerraba su opinión con una afirmación de por si elogiosísima dirigiada al rey, "me corre obligación de poner por mi cuenta reconocimiento la merced que V.M. hoy ha hecho a todos en darnos tal compañía"[202].

El modelo de juez indiano, decía Solórzano, habría de tener más exigencias que el peninsular, ya que debían llevarse a Indias los mejores. "Porque donde más se peligra, se ha de proceder con más tiento, bien se deja entender, cuales deben ser los que se han de enviar a provincias en que de ordinario se tratan y ofrecen materias tan graves y que tienen tan lejos el reparo y remedio de lo que se pecare o errare en ellas por malicia o por ignorancia..., conviene escogerlos no a prueba, sino aprobados"[203]. Se requiere para juez de Indias "edad, ciencia, grados de letras, virtud conocida y experiencia continuada en la abogacía y ejercitaciones prácticas y forenses", de ahí que como las vidas, honras y haciendas de los pueblos de Indias se ponen en sus manos, nada de esto se tendrá asegurado si el juez "es malo, injusto, liviano o tirano". Que esos cargos en In-

200. Huelga decir que he reproducido, a veces a la letra, las páginas con que Jesús Vallejo nos muestra las características del árbol de Matienzo, rogándo al distinguido colega disculpe tal latrocinio, pero considero de gran utilidad para este trabajo tener el árbol a la vista, con la salvedad de que no nos impedirá ver el bosque. Vide J. Vallejo, "Acerca del fruto...", cit., p. 26-37.

201. José María Ots Capdequí, "Prologo" , en el tº 1º, p. II-V de la reimpresión de la *Política Indiana* (Madrid-Buenos Aires, s-f).

202. Carta de Montesclaros al rey, 21.III.1610, en Pilar Latasa Vassallo, *Administración virreinal en el Perú: Gobierno del Marqués de Montesclaros*, Madrid, Ed.Centro de Estudios Ramón Areces S.A., 1997, p. 60.

203. *Política Indiana,* V, iv, 1-2.

dias "no los pretendan ni consigan por dinero, dádivas, ni otros medios ilícitos, porque esto fue, no solo dañoso, sino mortal a las Repúblicas a donde se envían". Los "magistrados y potestades sólo se han de comprar con el precio de la virtud que se goza de que sus honores no sean contaminados o manchados", porque nunca se verá que quien compró el cargo no lo venda y "que en llegando a donde lo ha de ejercer no procure sacar de él con usuras mas que centésimas lo que adelantó para conseguirle". La entrada venal a esos oficios "les está siempre forzando a pensar de donde sacarán lo que desembolsaron, y contra la estrecha prohibición de todo derecho divino y humano, que tanto pide, requiere y desea la limpieza y pureza de manos en todos los jueces y magistrados, les están dando alientos para que la corrompan, y violen el juramento que hacen de abstenerse de todo género de mala codicia, dádivas y presentes, aunque sean de cosas de poco valor y digan que las reciben de quienes voluntariamente se las ofrecen", comprendiendo a las cosas llamadas "esculentas y poculentas" y a que tampoco puedan pedir dineros prestados.

Recuerda Solórzano al respecto el capítulo 29 de las Ordenanzas de Audiencias de 1563 que lo prohiben expresamente, mandando que no reciban cosa alguna aunque sea de comer, de universidad, ni de particular alguno, ni de otras personas que hayan traído pleito el año antes o lo esperen traer, lo mismo que sus mujeres e hijos so pena de perjuros y de perder su oficio y quedar inhabilitado para tener otro y devolver el doble de lo recibido. Las dádivas "ciegan los ojos de los que juzgan ... y no puede haber rastro de justicia en el corazón en que la avaricia se hizo morada".

En Indias, apunta, hubo necesidad de estrechar más la prohibición "por ser en ellas mayores las ocasiones de incurrir en este pecado y poderse tener por milagro o por grande y singular alabanza ... que los jueces no reciban donde hay porfía por darles mucho"[204].

Para que dichos señores conserven mejor este honor y dignidad de jueces y sean más observantes de la entereza y limpieza y demás obligaciones de su oficio, deberá dárseles un salario apropiado.

No es conveniente que sean clérigos, aún cuando algunas veces ha ocurrido. Pueden ser designados los naturales de los lugares donde ejercerán sus oficios, pero aclara que existen opiniones contrarias[205].

Se trata de un grupo de exigencias que habilitan la bondad del magistrado que habrá de ser designado en el *Novus Orbis,* elaboradas por un práctico del derecho, él mismo juez en Indias y en España, que escribió su obra por mandato de Felipe III mientras se desempeñaba como oidor en Lima y la imprimió al retornar a la Península para ejercer nuevos y más altos cargos judiciales.

---

204. *Política Indiana,* V, iv, 4, 7, 10-11.
205. *Política Indiana,* V, iv, 27-28, 28-33.

El conjunto de normas referidas a la conducta del juez indiano tuvieron gran difusión, no solo por encontrarse en su mayoría recopiladas en el código de 1680, sino por figurar en ordenanzas de Audiencias e instrucciones a virreyes y presidentes desde fechas bien tempranas. A los virreyes se les encomendaba especialmente, desde las primeras instrucciones dadas al virrey Mendoza de México en 1536, la vigilancia del cumplimiento de esas leyes modélicas del juez perfecto en las Audiencias de sus distritos, celando por la pureza de sus costumbres y la vigencia de prohibiciones y preceptos.

6. El "modelo" durante la Ilustración

De fines del siglo XVIII y comienzos del siguiente, son los "Discursos Exhortatorios" que pronunciaba el director-presidente del Consejo de Indias, don Antonio Porlier, Marqués de Bajamar, al comenzar las reuniones de cada año[206].

Esas exhortaciones constituyen a mi parecer una interesante fuente para conocer el perfil que se esperaba tuviesen durante el reinado de Carlos IV los jueces integrantes de los altos tribunales indianos, como eran el propio Consejo y las Audiencias. Si bien en casi todos los casos el Marqués de Bajamar se refiere a los jueces integrantes del Consejo, debe tenerse muy en cuenta que, como el mismo lo señala, el Consejo de Indias era el "espejo y dechado de los que el Rey tiene establecidos en todo su distrito para la administración de justicia en los ramos que por las leyes les están confiados" y por lo tanto sus jueces serán el "modelo" a tener en cuenta para seleccionar a los que se debían designar en las Audiencias de Indias, que, por lo demás, según recordaba el presidente, eran los primeros peldaños de una escala que concluía, en muchas ocasiones, en una de las "sillas" del propio Consejo, como al mismo Marqués le había ocurrido.

Los "Discursos Exhortatorios" se pronunciaban en cumplimiento de la obligación que le fue impuesta al Director o Presidente del Consejo por Carlos IV según R.O. dada en San Lorenzo el 19 de noviembre de 1790. Tenían por objeto recordar —usando palabras de Porlier— "el más exacto cumplimiento de las obligaciones respectivas a todos los que tenemos la honra de servir al Rey y al Público en el noble empleo de administrar Justicia y atender al bien del Estado en las dilatadas, ricas e importantes Provincias de Ambas Américas e Islas Filipinas". Es decir, mostrar "las virtudes que pide nuestro estado, sobrellevando las incomodidades, mortificaciones y contratiempos de que está rodeado, y le son imprescindibles"[207]. Asomémonos pues a esas piezas de barroca oratoria oficial y encontraremos los extremos, viejos y nuevos, que se exigían entonces

206. Han sido reunidos y editados recientemente: Marqués de Bajamar, *Discursos al Consejo de Indias.* Edición y estudio preliminar de María Soledad Campos Diez, Madrid, Centro de Estudios Políticos y Constitucionales, 2002.

207. *Discursos,* p. 5 (Es el primero, de fecha 2 de enero de 1793) y p. 25 (de 2 de enero de 1794).

a fin de obtener un *iudex perfectus* para Indias, que hiciese realidad el logro de una sentencia justa en cada pleito y en cada cuestión que le fuera sometida.

Resulta lógico que Porlier se refiera con insistencia a las virtudes morales del juez, como se lo había hecho hasta entonces en todos los "inventarios" de las condiciones que debía reunir un *iudex perfectus*. El modelo gestado en el medioevo y expuesto en la Edad Moderna, se mantiene en sus líneas generales, ya que no puede existir dentro del *ordo iuris* imperante una alternativa distinta.

Pero en verdad, bien entrado el siglo de las luces y despuntando el de la razón, no bastarán las virtudes conocidas para conformar la figura del juez ideal. Todavía se mencionan muchas de aquellas, nacidas en la Baja Edad Media, sino todas, pero será necesario en estos nuevos tiempos ecentuar algunas más que otras, o incorporar nuevas, que aunque no desconocidas hasta entonces, encontrarán ahora especial relevancia. Puede que a veces hallemos claramente esas similitudes, en otras ocasiones las podremos descubrir ocultas en medio de una espesa hojarasca de nuevas exigencias, más en consonancia con las "luces" y el utilitarismo de un siglo en el que predomina la búsqueda de la felicidad material de los súbditos y donde es más útil el invento de la la aguja de coser que la lógica de Aristóteles[208]. A veces el modelo está expresado con distinto lenguaje, o las cualidades tienen un distinto orden de preferencia en la nueva escala de valores, que los de siglos atrás. En otros casos nos encontramos con las novedades impuestas por la filosofía de su tiempo.

El juez ideal de Porlier está sujeto ahora por nuevas ataduras, correspondientes a mundos culturales diferentes. En ese siglo XVIII cuyas "novedades" se extienden al siguiente, caben nuevas reglas de "interpretación" de la ley, el exacto conocimiento de las leyes Reales y su rendido acatamiento, saber de las costumbres de los naturales, de la historia de España y de las Indias, su descubrimiento y conquista, la geografía del Nuevo Mundo, sus climas, ríos, riquezas naturales, personalidad natural de los pueblos, idiomas, etc. El objeto tenido siempre presente por el juez al juzgar será hacer justicia, por supuesto, pero asimismo deberá procurar la felicidad pública de todos los súbditos del rey, en una típica expresión del humanitarismo dieciochesco.

Se mantiene en pie la remisión a la persona del juez la justicia de sus sentencias, a sus condiciones personales y no a otras circunstancias ajenas a su propia personalidad, aunque ahora se batalle por el exacto cumplimiento de leyes y ordenanzas, con un sentido bastante distinto a la recomendación que desde antiguo se venía haciendo a jueces y fiscales. Pero siguen los magistrados usando el tradicional estilo de no motivar sus fa-

---

208. Así opinaba uno de los más conspícuos representantes de la Ilustración Española, como fue Campomanes, quien consideraba "más útil al género humano la invención de las agujas de coser que la Lógica de Aristóteles y un gran número de sus comentadores" (*Discurso sobre la educación popular de los artesanos*, Madrid, 1775, p. 85), cit. por Luis Sánchez Agesta, *El pensamiento político del despotismo ilustrado*, Madrid, 1953, p. 20.

llos y decisiones y mantener en el arcano de su conciencia las razones que los fundamentaron, lo que dificultará siempre saber a ciencia cierta si han obserado las leyes y ordenanzas al sentenciar, por más recomendaciones con las que se los anime o amenace.

El primer discurso es de fecha 2 de enero de 1793 y los otros están pronunciados en igual día de los años sucesivos hasta 1804, salvo el de 1803 que lleva fecha 3 de enero (son 14 en total).

A fin de mejor valorar el perfil de este "aggiornado" *iudex perfectus*, trazado por el ilustrado Marqués de Bajamar, digamos que quien lo expone es un ministro de raras cualidades y de larga experiencia en el mundo indiano. Graduado en cánones en Toledo, bachiller en leyes en Salamanca y doctor en Avila. Había iniciado su carrera de la judicatura indiana como Fiscal Protector de Naturales de la Audiencia de Charcas (1759).Luego oidor del mismo tribunal (1766), Fiscal del Crimen de Lima (1770), de allí fue ascendido a Fiscal del Consejo de Indias (1775), cuando ya había pasado 20 años en América. Más tarde fue designado miembro de la selecta Cámara del Consejo de Indias (1780), para culminar su carrera, primero como Secretario de Gracia y Justicia de Indias (1787) al dividirse en dos la que servía José de Gálvez y por fin, al reestructurarse las Secretarías en 1790, suprimiendo la de Indias y repartiendo sus asuntos en las demás de España, Porlier sumó a la suya los asuntos de España del mismo ramo (Gracia y Justicia). Había formado parte de la Junta Suprema de Estado creada a instancias de Floridablanca y del Consejo de Estado, restablecido por Carlos IV. Fue condecorado con el título de Marqués de Bajamar y la Gran Cruz de Carlos III, hasta que el 10 de julio de 1792 pasó a un destino de más reposo, según le dijeron los reyes Carlos y María Luisa, el de Presidente del Consejo de Indias, a los setenta años de edad. Si a ello agregamos su condición de académico de la Historia y de la Española, podremos apreciar mejor la autoridad de los juicios que sobre los jueces indianos estampa en sus "Discursos". Estas exhortaciones estaban comprendidas en las reformas que se introducían con la Instrucción para la Junta Suprema de Estado de 1787, y se ordenaron por R.C. de 1790, comenzando a hacerse efectivas en 1791[209].

La primera condición que exige Porlier a los jueces, como no podía ser menos en tiempos de fuerte endurecimiento del absolutismo real y de exaltación de la ley como expresión de la voluntad regia, es el "cumplimiento y exacta observancia de las leyes,

---

209. Además de M.S. Campos Diez en su "Estudio Preliminar" a los *Discursos*, ya cit., se ha ocupado especialmente del personaje y sus discursos, Daisy Rípodas Ardanaz, "Los "Discursos exhortatorios" del Marqués de Bajamar (Una imagen del Consejo de Indias bajo Carlos IV)", en *Anuario Histórico Jurídico Ecuatoriano*, Vol.VI, Quito, 1980, y en *Un ilustrado cristiano en la magistratura indiana. Antonio Porlier, Marqués de Bajamar. Viaje de Cádiz a Potosí (1758-1759)*, Buenos Aires, Prhisco-Conicet, 1992. He tomado las referencias anteriores de estos trabajos. Rípodas Ardanaz sostiene que para el Marqués de Bajamar los requisitos de los magistrados que integran el Consejo pueden sintetizarse en la trilogía de *ciencia*, *experiencia* y *virtud* ("Los "Discursos exhortatorios" ... cit., p. 247). Me ha sido de gran utilidad el breve inventario que hace la autora de esta trilogía para componer el presente apartado.

bajo las cuales deben regirse todos los negocios que ocurren frecuentemente en este Regio Tribunal"[210]. "...La más puntual observancia de las reglas canónicas, la ciega obediencia de las leyes, Cédulas y Reales Ordenes, tanto por los tribunales subalternos de justicia, como por los virreyes, gobernadores y otros magistrados inferiores que allí ejercen jurisdicción"[211]. Pero para ello no bastará el conocimiento del derecho público y patrio, sino también saber las disposiciones dictadas por el monarca "para el acertado gobierno de sus dominios" de ultramar, especialmente las leyes recopiladas en 1680, "monumento que prueba la inalterable eficacia" del Consejo y de los autores de esa obra[212]. Deberán los jueces "observar escrupulosamente las leyes que nos prescribe la Iglesia y el Soberano"[213].

Esta condición puesta como primera para definir un juez perfecto, el "cumplimiento y exacta observancia de las leyes, bajo las cuales deben regirse todos los negocios que ocurren frecuentemente en este Regio Tribunal", es una expresión emblemática y da color a todas las exhortaciones siguientes.

De la subordinación del juez a la ley, como obligación principal, deriva otra que nace por obra de la Corona, en los umbrales mismos de la colonización americana, el cumplimiento de las normas tuitivas del indígena, es decir velar por los indios, ya que —dice el Marqués— la "Religión, la propagación de la Fe, el destierro de la idolatría son los primeros objetos a que se encaminan nuestras Leyes; la paz, la concordia, la administración de la justicia, siguen en el orden gradual de este sabio sistema la protección y el amparo de los indios es uno de los puntos más recomendados y encargados, tanto al cuerpo eclesiástico y a todos sus ministros, como al secular y todos sus magistrados..."[214].

El juez indiano necesita de mayores cautelas y preparación que el llamado a juzgar casos en la Península. "La diversidad de costumbres entre las muchas provincias que se compone el Imperio Americano, la de todas las naciones de sus antiguos pobladores que lo habitan y la de los que lo han conquistado y reducido, llaman la atención de los magistrados a mantener el justo equilibrio que piden entre sí estas encontradas circunstancias. La rudeza de aquellos naturales y el inmenso número de los que hasta ahora no se han podido civilizar, obliga a tratar este punto como uno de los más importantes y que más encarga nuestra legislación". Es por ello que a las virtudes que deben morar en todos los jueces, hay otras más para los indianos[215]

El exacto conocimiento y respeto "de la extensa jurisdicción con que está autorizado y revestido [el Consejo], cuyo depósito de la Real Confianza estamos obligados a

210. *Discursos*, p. 5.
211. *Discursos*, p.11-12.
212. *Discursos*, p. 120.
213. *Discursos*, p.22.
214. *Discursos*, p. 31.
215. *Discursos*, p. 113.

usar con el miramiento, circunspección y prudencia que conviene a la administración de justicia, el bien de los vasallos en particular, a la conservación de la paz interior y exterior, a la propagación de la Fé y luz del Evangelio"[216].

Si bien este requisito parece estar dedicado tan solo a los jueces del Consejo, creo que Porlier entiende que debe aplicarse a todos, especialmente a los de las Audiencias, pues se refiere a la "jurisdicción", que cabe a cualquier magistrado para administrar justicia en nombre de S.M. que es quien ha depositado en ellos su Real Confianza.

Son las "luces que en lo absoluto y universal deben guiarnos al acierto y desempeño de nuestros cargos", a las que se deben agregar obligaciones personales "que si no concurren simultáneamente con aquellas, mal podemos tener la interior satisfacción que cumplimos con nuestros deberes"[217].

Estas obligaciones son "el amor a nuestro estado, el arreglo de vida conforme al de la magistratura, el exterior porte sin fausto, el continuado estudio y meditación de los negocios que ocurren, la rectitud de intención, la imparcialidad y desprendimiento de respetos, ... la compasión hacia los desvalidos, el celo de la justicia, el odio a las patrañas, subterfugio y cavilosidad de litigantes y sus directores, la celeridad juiciosa en el despacho de los negocios, la ocupación útil de todo el tiempo de asistencia diaria que nos prescribe la ley, la oportuna corrección de los subalternos que faltasen al cumplimiento de sus oficios"[218]. Condiciones sobre las que vuelve repetidas veces para acentuar su importancia: "... para cumplir con estas graves y escrupulosas obligaciones [se refiere a la aplicación de las leyes a los casos sometidos a los jueces] no ha de haber para nosotros parientes, amigos, ni paisanos, no hemos de tener patria, ni carne, ni sangre, hemos de ser del público, y se ha de romper todo comercio entre las acciones de la judicatura y los afectos de la Humanidad"[219].

Como el juez debe serlo y parecerlo, está obligado asimismo a "la austeridad en su porte exterior exclusivo del lujo, de la vanidad y del fausto, defectos que suelen andar unidos con la autoridad de los altos empleos"[220], además de "la integridad y pureza de costumbres"[221].

"La asiduidad en la asistencia al tribunal de todos sus ministros, en medio de sus achaques, edad e incomodidades que en estas circunstancias acarrean los rígidos inviernos y demás rigurosas estaciones del año"[222], es otra exigencia importante.

A estas muestras externas de una conducta ejemplar, como cuadra a un "juez perfecto", se suma la laboriosidad que no se exhibe, pero que debe formar parte de su per-

216. *Discursos,* p. 12.
217. Ibidem.
218. Ibidem.
219. *Discursos*, p. 87.
220. *Discursos,* p.24.
221. *Discursos*, p. 12.
222. *Discursos*, p. 23.

sonalidad. Deberá estar dispuesto, al tratar un caso, al "examen prolijo y menudo de los hechos, y en la aplicación de las leyes y doctrinas a los casos y sus circunstancias, que rara vez dejan de ser nuevos y desemejantes de otros ya decididos..., dejando atrás y olvidando enteramente sus propios y familiares negocios, para entregarse de lleno a los del público, que adquieren siempre sobre ellos la preferencia"[223]. Tema predilecto de Porlier, que lo veremos asomar a cada paso, porque se refiere a las condiciones de honorabilidad de los magistrados indianos.

El juez debe ser de trato amable, pues es ese "el carácter propio de estos magistrados, la dulzura de su trato familiar, la afabilidad para con todos, la compasión hacia los desvalidos, la aversión a la injusticia, a la trampa, al fraude, a la intención torcida; la acogida al pobre perseguido sin razón, al que batalla por adquirir lo que le es debido y se le intenta usurpar"[224].

Su vida será "cristiana y arreglada, patrimonio feliz y fruto de las tareas de los literatos, que por lo común resplandece en estos magistrados, de la cual es hija la inteligencia, la imparcialidad, la sujeción a las leyes, la obediencia al Soberano, el amor a los vasallos, el respeto a la religión, la protección a la Iglesia.."[225]. Este respeto y devoción por la Iglesia es otro de los repetidos ribetes que para el de Bajamar, debe mostrar el perfil del juez indiano.

No olvida que uno de los requisitos que mejor conviene al juez es su linaje, que denomina nobleza. La nobleza es "aquella parte más estimable del Estado por su fidelidad y amor al Soberano, por su instrucción, por el honor con que se nace y se cría, por su abundancia y riqueza y por la noble emulación que le inspira el ejemplo de las virtudes y recomendables servicios de sus mayores"[226].

En cuanto a las virtudes, una de las que debe adornar al juez, "es entre otras, *la integridad*, basa y fundamento sobre la que descansa la justicia". Esta es "indispensable virtud moral, sin la que ninguno de nosotros cumplirá debidamente con la confianza del Soberano y con lo que exige el bien del público y el particular de los vasallos". Tiene tres cualidades, o virtudes concomitantes: *la sabiduría*, *la recta intención* y *el sacrificio del propio interés.*

a) La *sabiduría* consiste para los jueces, no solo en ser juristas o canonistas, ni frecuentar la lectura de nuestras constituciones y leyes patrias, sino que comprende el estudio de nuestra lengua, de la latina, y aún de varios idiomas cultos de Europa. "El estudio de la retórica y conocimiento de sus reglas, acompañado de una buena lógica, importa mucho al magistrado para descubrir el artificio de la primera, empleado muchas veces en perjuicio de la verdad y detrimento de la justicia, y el segundo para facili-

223. *Discursos*, p. 24.
224. Ibidem.
225. Ibidem.
226. *Discursos*, p. 27-29.

tar el desenredo de los sofismas con que una falsa retórica, por otra parte alagüeña, tira a confundir el entendimiento de los jueces a abrazar con engaño el mal partido de una causa que controvierten entre sí los litigantes o recurrentes"[227].

A la posesión de estos principios se agregan "los vastos y dilatados de la jurisprudencia". Tan vastos que, dice Porlier, "causa temor lo mucho que hay que saber para completar la entera instrucción en la ciencia legal". Ella debe comprender la Filosofía Moral, el Derecho Natural, cuyos inalterables principios pueden reputarse como el cimiento de todo el derecho en su generalidad, el de Gentes, que sigue a este o es una emanación suya. El conocimiento de las leyes profanas de la sabia Grecia, en cuyos antiguos monumentos debe encontrarse el origen de la ciencia legal, llamado hoy jurisprudencia, la extensión que le dieron los romanos "antes discípulos y después émulos y conquistadores de sus sabios maestros". Debe buscarse en "el patrio sistema de estos el inmenso campo que abraza el cuerpo de sus leyes, constituciones, edictos y determinaciones con que fueron sucesivamente enriqueciendo el estudio de esta ciencia, necesaria aún en el día por la solidez de las razones que comprende y por el recurso a ellas cuando nos falten decisiones en nuestro Derecho Español para la determinación de las dudas que a veces ofrece la administración de justicia de nuestros tribunales"[228].

Advierte Porlier de las dificultades que en su tiempo provocaban la multitud de leyes y comentarios, ese "inmenso cúmulo de tratadistas, comentadores, expositores y autores de alegaciones, ya fiscales, ya de partes litigantes, cuyo prolijo y embarazoso estudio, si hubiera de hacerse, necesitaría un doble período de vida en los hombres para evacuarlo, pero por fortuna se halla hoy desengañado el que ejerce la judicatura de que este estudio, lejos de ilustrar el entendimiento, lo suele confundir con la multitud de especies y opiniones encontradas, poco conducentes a descubrir la luz de la verdad que se busca, y que más bien debe hallarse en el fondo y espíritu de la ley bien entendida y meditada, sin sujetarla al imperio de la opinión ni a la inteligencia y sentido que hayan querido darle los glosadores y comentaristas"[229].

Es esta expresión de Porlier la manifestación clara de la "nueva" concepción del derecho, el triunfo de la ley, de la ley del rey, sin comentarios ni intérpretes que la obscurezcan, entorpeciendo su entendimiento.

El buen juez debe desembarazarse de ese fárrago de sombras que obstaculizan la luz de la ley, para que con solo el estudio del fondo y espíritu de la ley misma, que

227. Discursos, p. 38.
228. Discursos, p. 38.
229. *Discursos*, p. 39-40. Puede verse una exposición acerca del cúmulo de leyes, comentarios y citas durante el siglo XVIII, en J.M. Mariluz Urquijo, "El conocimiento del Derecho" en Juan José Matraya y Ricci, *Catálogo cronológico de las Pragmáticas, Cédulas, Decretos, Órdenes y Resoluciones Reales Generales emanadas después de la Recopilación de las Leyes de Indias*. Edición y Advertencia Preliminar de ..., Buenos Aires, Instituto de Investigaciones de Historia del Derecho, 1978.

no es otra cosa que la voluntad del Soberano, pudiese resolver el caso sometido a su decisión.

Otras disciplinas debía conocer el juez ideal, a lo que ya algo se había referido en discursos anteriores, la Historia profana, antigua y moderna, la de la Monarquía Europea y la del Imperio de las Indias, su descubrimiento y conquista, establecimientos eclesiásticos y políticos, costumbres de las naciones conquistadas, territorios, frutos, producciones, geografía, topografía, climas, montes, ríos, minerales y demás noticias "sin cuyo auxilio pueden cometerse errores de mucha trascendencia"[230].

Pero ni aún con estos conocimientos reunirá el magistrado la sabiduría necesaria para administrar justicia, pues le faltará saber de "las leyes de los eclesiásticos", sus cuerpos de legislación, su origen. "Es necesario recurrir a las fuentes de este derecho para nivelar las resoluciones y enlazarlas con el sistema de nuestro gobierno, regalías de nuestro Soberano y prerrogativas de que goza en todos sus dominios". En suma, conocer las leyes de la Iglesia, sin olvidar las "regalías" de la Corona.

Pero el dominio de tan ingente material no habilitará al magistrado en su honrosa tarea si le faltan las otras virtudes enunciadas al comienzo de su discurso. No le bastarán al juez indiano los vastos campos de la jurisprudencia. Será necesario que esa sabiduría esté acompañada de la "rectitud de intención", que era la segunda de las virtudes que dimanaban de la *integridad.*

b) La *recta intención* es decir el deseo de acertar y el *desinterés* o sea la *integridad* del magistrado son las que le hacen rechazar los bienes materiales. Resultan virtudes imprescindibles, pues le impedirán el mal uso de la sabiduría.

"Si la intención es torcida y no se acompaña con el desprendimiento de todo lo humano, caminando al solo logro del importante objeto de hacer felices a los súbditos, de dar al bueno lo que le es debido", de premiarlo proporcionalmente y "de castigar con piedad al malo, esas mismas luces adquiridas en el estudio y en la meditación, serán las armas más dañosas, más destructores del bien de los pueblos y sus individuos, de la felicidad de la Monarquía, de los derechos incontestables de la Corona y del bien universal de la Nación." Las sentencias que se dicten, disfrazadas con el traje respetable de la nación solo serán "partos de iniquidad, más dañosos que lo fuesen de ignorancia e impericia".

"¿De qué pues, valdrá la sabiduría, si no se maneja con acierto? Será lo mismo que una espada desnuda en mano de un furioso, esgrimida contra todo el que se le presente, o un arma ofensiva y destructora al arbitrio de la diestra que la empuña"[231]. Para acertar nada mejor que "el sacrificio de su propio interés, despojándose de la afección a su carne y sangre, haciendo al mismo tiempo con el juramento de su ingreso, formal renuncia

230. *Discursos*, p. 40.
231. *Discursos*, p. 41-43.

a todo interés personal, tanto suyo como de su familia, de su parentela, de sus amigos y relacionados, de sus enemigos, de los poderosos y de todo bien temporal, riqueza, honor y comodidad."

Por si quedara alguna duda a sus interlocutores de qué debe entenderse por "recta intención", aquí va aclarada: "Si el respeto humano, si la esperanza del logro de lo que se desea, si la ambición de honor y exaltación, si el anhelo de enriquecer y aumentar los bienes de fortuna, si la pasión y amor de los allegados y conocidos, si las falsas lágrimas de un hipócrita, si la amistad, si el favor del poderoso, del que se espera el beneficio, el puesto, la colocación ventajosa, si esto y mucho más de cuanto puede esconderse en el corazón humano, tuerce la vara de la justicia, inclina la balanza al lado del favor que le quita el equilibrio y la perfecta igualdad ¿de qué pues servirán las luces, los conocimientos, la práctica y el ejercicio continuo de la judicatura adquiridos por el magistrado? Clamaría al cielo la justicia divina y humana por este desorden cuyos inconvenientes y males serían incalculables.

"Todas estas reflexiones hacen ver la importancia de la integridad de los magistrados, cuyas prendas, entre otras, parece que pide la preferencia y la mayor atención en conservarla, aumentarla y fortificarla en el ánimo de quien tanto la necesita".

Porlier asemeja al juez con una roca (¿el fuerte tronco del árbol de Matienzo?) que es "combatida por los artificios del mundo, pero inmóvil al impulso de las contradicciones y siempre firme y estable en el bien, en la solidez y el profundo cimiento de la integridad de su oficio". Contra ella no podrán las perversas máximas del hombre, destructoras de la integridad y rectitud de los que moran en el Santuario de la Justicia, que son los tribunales[232].

La presencia en el juez de esos principios, con los que podrá defenderse de las tentaciones del mundo, por ser una roca, encierran en sí, "como objeto principal", lograr *la felicidad pública*[233], que deberá triunfar y reinar en los vastos territorios de nuestras Américas, mediante la fiel observancia de las reglas que el monarca ha puesto en manos del juez para el acierto y para llenar las miras del sabio gobierno de las Indias. A pesar de las dificultades que deben sortear los mas bien meditados sistemas de legislación, preparados por "la malicia, el disfraz con que a vuelta de la distancia llegan los negocios al tribunal", no prevalecerán si moran en el juez las virtudes que ha señalado[234].

c) Ahora bien para la consecución de su objetivo, que como hemos visto no solo es dar a cada uno lo suyo, sino lograr la felicidad pública y la de todos los vasallos de S.M. (pues no en vano nos encontramos frente a un ilustrado fiel a la "filosofía" de su tiempo), los jueces deben munirse de un arma formidable, que es *el amor a Dios, al Rey y*

232. *Discursos*, p. 43-44.
233. La cursiva es de Porlier.
234. *Discursos*, p. 52.

a la Patria. Del primero se derivan los otros dos y los tres preservarán al juez de todo mal.

"¡O amor digno de alabanza!", exclama en su Discurso de 1797, y agrega ... "Sin amor a Dios ni puede haber vida eterna, ni puede haber felicidad en esta vida caduca. Quien ama a Dios y llena los deberes del primer precepto, ama la gloria de Dios, ama su culto y adoración, ama sus santas leyes, ama a su Rey, ama a su prójimo, y cuanto Dios nos ha mandado, y en este solo precepto, común a todos, es en donde se halla comprendida toda la felicidad de este mundo, todo el orden y todo el concierto de un perfecto gobierno".

No será ya el temor de Dios el que apartará al juez de los vicios y corruptelas que lo acechan en el mundo, ni el temor al príncipe el que asegurará que le sea fiel y no le haga daño[235], sino su amor sin límites a Dios, al rey, a la patria, a sus súbditos. Ese amor asegurará un juez perfecto, libre de las asechanzas del pecado y de la concupiscencia terrenal, sujeto —por amor— al príncipe de quien dimana su poder de juzgar. Del amor a Dios, derivarán el amor al rey y el amor a la patria y de este modo no cabrá desvío de la persona del magistrado en la consecución de su objetivo primordial, la *felicidad publica*, comprensiva de todas las específicas obligaciones de un juez del siglo de las luces[236].

Ese juez debe ejercer en plenitud sus facultades para premiar a los buenos y castigar a los malos, sin aludirlo Porlier repite las palabras alfonsinas (contenidas en P. III, i, 2).

d) ¿A quien debía proteger y premiar el magistrado ilustrado indiano? La respuesta es obvia. "Todo miembro de los que componen una sociedad vive sujeto y ligado a la exacta y puntual observancia de las leyes que el Soberano ha dictado para la común felicidad y así [es] como adquiere por la calidad de miembro del Estado un derecho a ser protegido y premiado cuando cumple con las obligaciones que le imponen las leyes y cuando hace servicios importantes al Estado y en beneficio de los demás hombres". A pesar de que las leyes y los tribunales procuren con el mayor esmero estos apreciables bienes a los hombres, "se ven muchos indiferentes al atractivo del premio, sino tan feroces, que rompiendo los sagrados vínculos de la sociedad, cometen los más enormes atentados por el deseo de satisfacer sus violentas pasiones".

Para estos corresponde la represión, ya sea para su propio castigo, ya para el común escarmiento de los demás. Pero quede en claro que "los jueces y magistrados públicos son unos meros ejecutores de las leyes" que prescriben las penas "y no tienen facultades para separarse de su letra y espíritu en sus sentencias y decisiones, debiéndose arreglar a su recto y natural sentido sin torcer la vara de la justicia hacia la compasión ni el

235. Part. IIIa., tit. iv, ley 3: "que si a Dios temieren guardarse han de hacer pecado, y habrán en sí piedad y justicia, y si tuviesen miedo del que los ha nombrado se cuidarían de hacerle mal, pues de él les viene el poder de juzgar derecho".

236. *Discursos*, p. 52 y 69-77.

ruego, cuando la determinación de la ley es decisiva y está probado legalmente el delito a que debe aplicarse, siendo tan estrecha esta obligación que de violarla, se hace más delincuente el magistrado, que el reo a quien debe aplicarse el castigo".

Solo S.M., y no los jueces, "puede perdonar o templar la pena", Pero "si los excesos no son considerables, ni se cometieron por inadvertencia o flaqueza, si hicieron poco perjuicio a un tercero y si no influyeron en el desorden público, no hay duda que tiene mucha entrada la piedad", pero como las leyes en su letra o en su espíritu han contemplado esas circunstancias al fijar las penas, "no les queda arbitrio a los jueces para suspenderlas, ni variarlas cuando son claras, así como en los casos de duda, según los hechos y circunstancias, debe recurrirse a la epiqueya y al arbitrio prudente y regulado de los jueces, cuya sabiduría une el derecho con la prudencia y la justicia con la misericordia, para que el sumo derecho no sea suma injuria y para que la misericordia sin la justicia no sea iniquidad"[237].

Esta clara en este discurso, aunque se temple con la alusión a la "epiqueya" y al "arbitrio prudente y regulado", la arrolladora influencia de las nuevas ideas en el campo del derecho, en especial, para el caso de las leyes penales, de las que el Marqués de Beccaria será abanderado. Esa influencia se advierte más notoriamente en los Discursos de unos años más tarde (1801 y 1802). Sin embargo no rechaza Porlier, en éste de 1798, como sí en cambio lo hacía vívamente Beccaria, la apelación "al espíritu" de la ley, que era a juicio del italiano apelar a la "interpretación" del juez, que no era legislador y por ello no podía alterar el derecho sancionado.

Recordemos que el impulsor de la reforma más formidable del Derecho Penal, se pronunciaba en términos inequívocos contra la invocación para aplicar la norma penal al "espíritu de la ley", al que en cambio recurre en ocasiones Porlier ¿tal vez con un sentido diferente?

Hacia 1764, es decir más de treinta años antes del discurso de Porlier (ya en el año de este discurso, 1798, Beccaria había muerto, cuatro años atrás), decía en su famosa obra sobre los delitos y las penas, con lenguaje realmente revolucionario para el derecho del antiguo régimen: "En todo delito el juez debe hacer un silogismo perfecto: la [premisa] mayor debe ser la ley general; la menor, la acción conforme o no con la ley; la consecuencia, la libertad o la pena... Nada hay más peligroso que el axioma común de que es necesario consultar el *espíritu de la ley*. Es este es un dique roto por el torrente de las opiniones ... El espíritu de la ley sería, pues, el resultado de la buena o mala lógica de un juez, o de su digestión fácil o malsana; dependería de la violencia de sus pasiones, de la debilidad que sufre, de las relaciones del juez con el ofendido y de todas aquellas fuerzas mínimas que modifican las apariencias de los objetos en el ánimo vacilante del hombre. Vemos así que la suerte de un ciudadano cambia hartas veces al pasar de un

---

237. *Discursos*, p. 86.

tribunal a otro, y que las vidas de los miserables son víctimas de los falsos raciocionios o de la fermentación activa de los humores de un juez que tiene por interpretación legítima el vago resultado de toda la confusa serie de nociones que brotan de su mente. Y así vemos los mismos delitos penados de manera distinta por el mismo tribunal, en momentos diversos, por no haber consultado *la voz fija y constante de la ley, sino la errante inestabilidad de las interpretaciones*"[238].

El Marqués de Bajamar fiaba también la justicia de los fallos al cumplimiento y exacta observancia de la ley, por la que debían regirse todos los negocios que ocurrieran en ese Regio Tribunal. Pero matizaba sus afirmaciones exigendo del juez la posesión del "arte de interpretar el verdadero y genuino espíritu de las leyes y Reales determinaciones del Soberano, materia verdaderamente ardua y difícil, pero indispensable y que pide mucha detención para lograr el acierto". Se internaba de este modo el Presidente del Consejo de Indias en terreno escabroso, hacer conciliar la subordinación del juez a la ley y el *arbitrium* con que se manejaban los altos magistrados de la administración de justicia. Saldrá airoso sin embargo de él.

La voluntad del rey manifestada a través de las diversas formas de expresar el derecho, decía, "han de ejecutarse necesariamente del mismo modo, con las mismas ideas, con los propios fines que se propuso y tuvo presente para promulgarlas y expedirlas", para ello deberá usar el juez de los auxilios y reglas que el entendimiento y la experiencia han proporcionado para comprehender el espíritu de lo mandado, "removiendo por este medio toda interpretación arbitraria a que muchas veces se inclinan y entremeten los que sin más autoridad que la suya privada y sin atención a los principios que gobiernan en tan difícil materia, se introducen en la clase de intérpretes y comentaristas y autores del legislador"[239].

Debía huir el juez del riesgo de que por interpretar la ley entendiese mal y contra su recto sentido la disposición emanada del Trono, "cuyo desvío quita a los vasallos el bien que reportan con las sabias providencias del gobierno, faltando al mismo tiempo a la debida subordinación al Soberano en el cumplimiento exacto y puntual de su Real voluntad"[240].

Es que hacia el imperio absoluto de la ley, que oscurece otras tradicionales fuentes del Derecho, marcha el absolutismo despotismo ilustrado de la segunda mitad del siglo XVIII. Para lograrlo se tratará de monopolizar la creación del Derecho por el poder (llamémoslos si se quiere Estado) y erigirlo como único e infalible intérprete de los textos legales[241].

---

238. Cesare Beccaria, *De los delitos y de las penas...*, cit., p. 187-188 (La cursiva es mía).
239. *Discursos*, p. 132.
240. *Discursos*, p. 131-132.
241. Ver E. Martiré, *1808* ..., cit., p. 199 y sig. Ver en V. Tau Anzoategui, *Casuismo y sistema...*, cit. (p. 551-553) el análisis de este discurso.

La corriente anti interpretacionista se abre paso definitivamente en España e Indias. En las Ordenanzas Militares de Carlos III de 1768 se manda que de ninguna manera se las interprete, sino que se observen literalmente, y cuando en el Consejo de Indias se trata la autorización pedida por Manuel Joseph de Ayala para publicar sus adiciones y glosas a la Recopilación de 1680, Carlos III reacciona enérgicamente ante este intento de "interpretar" su voluntad de rey-legislador y no solo deniega la solicitud, sino que mediante Real Decreto de 9 de marzo de 1776, ordena "que nunca se permita la glosa o comento" de las leyes de Indias, en tanto dispone preparar un nuevo código que las abarque.

Cuando Porlier escribía sus Discursos (1801 y 1802) se encontraba en plena tarea la redacción de ese "nuevo código", que por entonces, luego de varias vicisitudes, había quedado en manos de Antonio Porcel, el secretario de la Junta que originariamente debió encargarse de su elaboración[242].

El Marqués de Bajamar se expresa en uno de sus discursos acerca de esta nueva redacción de leyes de Indias, aludiendo sin duda a las dificultades que atravesaba la elaboración del nuevo código: "¡Ojalá que este [trabajo recopilador] se continuase y concluyese en nuestros tiempos como S.M. lo tiene mandado para descartar y separar del cuerpo de esta legislación lo que ya hoy no se considera útil por la variedad de tiempos y circunstancias, incorporando en su lugar las modernas Reales consideraciones que han pedido los mayores conocimientos adquiridos en aquellos territorios y los particulares motivos que han mediado para el establecimiento de nuestras leyes"[243].

La fórmula para no errar era usar de la recta razón y el debido conocimiento del lenguaje del legislador, es decir su estilo, ya fuese forense, gubernativo, político, militar y de los demás ramos, pues cada departamento se vale de las expresiones y voces más adecuadas para darse a entender y de ellas deberá estar instruido el "ejecutor", ya que cada "estilo" es el "alma de la ley y el verdadero intérprete de la Real voluntad".

Luego de un largo párrafo contra los comentaristas, advierte Porlier al juez que en caso de que a pesar de aplicar la recta razón y sus universales conocimientos, aún dudase del verdadero espíritu o intención del soberano, "debe consultarlo con el legislador, en quien solo y únicamente reside la facultad de interpretar y manifestar su Real voluntad en las deliberaciones que emana de su poder". Esta es, proclama, "la regla infalible e inalterable" para interpretar la intención del Supremo Legislador al sancionar la ley[244]. Como se ve, ya en el último extremo habrá que ocurrir al legislador, pero antes el magistrado estaba habilitado para usar de otros resortes para aplicar las normas.

---

242. Ver E. Martiré, *Guión* ..., cit.
243. *Discursos*, p. 120-121.
244. *Discursos*, p. 132-134.

El juez de Porlier, que en un "juez ilustrado", debe tener muy en claro que su función es la de administrar justicia para el bien universal del Estado y de los particulares que lo componen, que es virtud de justicia. La general y común esencia de la justicia "consiste en ser una voluntad constante y perpetua de dar a cada uno lo que es suyo, de lo que se deriva ser trascendente a todos los estados y negocios, así particulares como universales, siendo el alma y la compañera inseparable tanto del bien universal del Estado, como del particular de los vasallos que lo componen". Por tanto debe tener presente "lo que importa al bien universal del Estado que los ministros encargados de su administración se apliquen de lleno al importante manejo y justo equilibrio que pide el ejercicio diario de esta virtud de la justicia"[245].

e) En un discurso, al que sin duda otorgó especial atención el Presidente como que es el único al que puso título: "Amor de la Patria", se refiere precisamente a las ataduras perennes que crea la tierra en donde se ha nacido. Pero solo "los efectos del amor al país nativo son laudables siempre que se los rectifique la razón y la justicia, pero dañosos y perjudiciales sin ellas al resto de la nación y del público que la compone en su totalidad". Ese amor en un escollo si no se precave con la brújula de la rectitud e imparcialidad que debe siempre acompañar a la razón y ser una de las virtudes del buen juez. Porque el amor a la tierra en que se ha nacido debe ceder al gran amor a la patria "universal y trascendente a toda la nación".

Es el Soberano en quien se ha depositado el supremo poder de gobernar la patria, "principio y fuente de donde descienden los raudales del poder que se confía a los magistrados, a quienes reviste de alguna parte de su regia autoridad, estos la ejercen en su nombre en varios ramos de la vasta extensión del Estado, y concurren con la debida fidelidad al desempeño de tan noble y distinguida confianza, conforme a la recta intención del rey, manifestada en las leyes que ha dictado en beneficio y utilidad de sus vasallos".

En suma que el juez debe saber que obedeciendo la ley, que es la voluntad regia dictada para beneficio, felicidad y utilidad pública, cumple con su obligación de administrar la justicia, que el mismo rey ha puesto en sus manos para descargar su propia obligación de hacerlo. En la mira de esta justicia está, según se ve, la felicidad, la utilidad y el bienestar de los súbditos. Máximas de todo gobierno ilustrado.

No debe hacer el magistrado acepción de personas, ya sean peninsulares, criollos o naturales de las Indias. No habrá criollos ni europeos, "todos son españoles", "a todos cubre el manto de la Real munificencia a que se acogen"[246].

En el penúltimo Discurso, correspondiente al año 1805, Porlier resume en pocas palabras las virtudes que debe tener el juez. Las transcribimos, pues son un resumen

245. *Discursos*, p. 141-144.
246. *Discursos*, p. 147-155.

elocuente de lo que nuestro ilustrado magistrado entiende que deberá ser el *iudex perfectus* que deba administrar justicia en nombre de S.M. en las Indias.

f) "El amor a su estado, que debe acompañar siempre al magistrado, el continuo desvelo de este en el arreglo de su conducta para evitar el riesgo de la censura pública, la grandeza de alma que le debe siempre acompañar, la conservación de su dignidad y su adelantamiento, el amor de la sencillez y destierro del lujo y vanidad, la pureza de costumbres que pide el elevado oficio de administrar justicia, la sabiduría, instrucción y meditado estudio de los deberes y obligaciones de su oficio, la sumisión a la autoridad de la Ley y a la voluntad del Soberano, el empleo del tiempo regulado para las ocupaciones que le sobrevengan y a que ha de dar curso, el continuo e indispensable ejercicio de las virtudes cardinales Prudencia, Justicia, Fortaleza y Templanza, que deben entrar siempre en todas sus deliberaciones y finalmente la exacta observancia de la Ley Divina, cuyo sagrado depósito es la llave maestra que encierra las particulares obligaciones de todo ciudadano y principalmente de todo hombre público, encargado por instituto de la dirección y cuidado de los demás que le están subordinados"[247].

Cierra las exigencias para enfrentar a sus colegas con el buen juez, el juez perfecto, que desea Porlier, con esta suerte de exhordio (bien adecuado por cierto a la naturaleza de unos "Discursos exhortatorios"), contenido en el último, correspondiente a 1806: "Todo hombre de carrera destinado por el Soberano al noble objeto de administrar justicia a sus vasallos y procurarles por este medio los incalculables beneficios de la paz y tranquilidad de sus personas, la quieta posesión de sus bienes y el orden y concierto de sus familias, recibe al mismo tiempo que la gracia y merced de su Príncipe, las estrechas obligaciones y calidades que les prescriben las leyes dictadas para el gobierno y desempeño del distinguido encargo que acaba de recibir de su liberal mano; este conjunto de deberes que se le imponen es un enorme peso que le agobia y que solo puede aliviarle el continuado afán del estudio, la suma vigilancia del cumplimiento, y el ardiente celo de corresponder a la Real confianza y a la conservación de su honor y opinión"[248].

Hemos prestado especial atención a los "Discursos" de Porlier por entender que en ellos, mejor que en ningún texto de su tiempo, se encuentra la esencia del buen juez ilustrado, que seguirá concentrando en su persona, como lo hacía en la Edad Media, las garantías de una buena administración de justicia para los súbditos de S.M.

Podemos hallar los ribetes de un juez perfecto en Indias, a través de otros testimonios de la misma época, que sin la hondura del que expuso en sus "Discursos" el Marqués de Bajamar, demuestran que su perfil es, en general, el mismo.

---

247. *Discursos*, p. 184
248. *Discursos*, p. 190.

Veamos por ejemplo como se define el juez perfecto en la obra de un criollo de Santa Fé de Bogotá, don Juan Bautista de Toro, doctorado en Teología en la Universidad local, presbítero desde 1696 que termina sus días alrededor de 1734, como examinador sinodial y calificador del Santo Oficio y capellán y Director de la Escuela de Cristo de su ciudad natal. Autor de varias obras, el *Secular Religioso*, es tal vez la más destacada. Concluida en 1715, se editó en Madrid en 1721. Las *Escuelas de Cristo*, de las que Toro fue director, se habían constituido para elevar la perfección cristiana e introducirla en todos los actos de la vida de sus miembros, para que cada uno fuese mejor en su estado. Seglares y sacerdotes buscaban en ellas que "en las calles, en las casas, en la iglesia, en las ocupaciones del oficio" se advierta que son miembros de la Escuela de Cristo.

Participando Toro enteramente de esta corriente se decide a escribir una obra para demostrar que todos los seculares pueden, en sus estados, "vivir como religiosos en el siglo"[249].

Al emprender la tarea debió enfrentarse el autor con el modelo de juez, que era en la literatura jurídica y no jurídica de su tiempo motivo de especial atención, como que se lo consideraba, con acierto, la base de sustentación de la buena o mala administración de justicia en Indias. Sus opiniones sobre el modelo de juez, son las de un autor "cuya erudición sagrada y profana no es nada desdeñable, cuida de autorizar sus recomendaciones con citas bíblicas, de los Santos Padres y de diversos autores eclesiásticos, así como de encarnar los procederes virtuosos en ejemplos extraídos de un amplio haz de lecturas y experiencias, que van de las letras sagradas a la historia profana, pasando por la hagiografía, y de la veracidad lábil de lecturas piadosas y relatos populares a la firme certeza de casos personalmente presenciados", según nos explica Rípodas Ardanaz[250]. De manera que sus opiniones vienen a enriquecer la arquitectura del modelo de juez indiano con una nueva fuente de interesante origen, perteneciente a los primeros lustros del siglo XVIII.

El autor dedica la segunda parte de su obra a varios estados, entre los que se encuentran los jueces. Ya ha adelantado en su Prólogo una poco alagüeña opinión sobre jueces y abogados: "Una de las profesiones que pudiera parecer algo incompatibles con la santidad es la de los ministros de justicia, así de los que sentencian como los que defienden", aunque la matiza afirmando la bondad de ambos oficios cuando se los sirve correctamente. Dos capítulos están dedicados a los jueces: el III "De cómo debe proceder un juez secular para ser religioso en el siglo" y el IV "Que contiene las reglas para

249. Tomo estas referencias del artículo de Daisy Ripodas Ardanaz "El juez y el abogado paradigmáticos en la obra del santafereño Juan Bautista de Toro (1715)", en *Homenaje al Profesor Alfonso García-Gallo*, Universidad Complutense, Madrid, 1996, tº III, vol. 1, p. 141-150. Desde ya que todas las citas que siguen pertenecen a la misma obra, de manera que omitiré las referencias, salvo las imprescindibles.

250. D. Ripodas Ardanaz, "El juez y el abogado...", cit., p. 146.

el juez secular que pretende para salvar su alma vivir como religiosos en el siglo". Ambos contienen material sumamente interesante a nuestro objeto, según lo anuncian sin engañarnos sus títulos.

Recuerda en primer término el aserto genérico de San Juan Crisóstomo, que se admira de que algún juez pueda salvarse, y con ese introito, opina sobre los de las Indias con palabras que no pueden ser más duras: "Yo tengo para mí, por lo que estoy viendo en las Indias, donde esto escribo, que la mayor parte vienen solo a condenarse los que con cargos y oficios de judicatura vienen a ellas. Lágrimas quisiera tener de sangre para llorar la perdición de tantos presidentes, gobernadores, oidores y corregidores de indios, como se pierden por la ambición, por la codicia, por la crueldad, etcétera". Pero ello tiene su remedio, se debe "Ser, no como quiera, virtuoso, sino un ejemplar y dechado de todas las virtudes".

Es interesante asomarse a las fuentes de que se vale para acompañar sus afirmaciones, que Rípodas Ardanaz ha puntualizado. Así vemos que un texto bíblico le sirve a Toro para hacer ver al juez que no debe condenar sin oír al acusado. Dios mismo, a pesar de conocer las faltas de Adán y Eva, los interroga antes de sentenciarlos. Extrae de Plutarco la escena de la vieja macedónica que dice a Filipo de Macedonia que si no tiene tiempo para oírla deje de ser juez, siendo ejemplo que exhibe para que los jueces estén prontos a oír a todos los que lleguen hasta ellos, aún a costa de su descanso. Una leyenda piadosa, aquella de la Sagrada Forma que milagrosamente pasa de la píxide del obispo a la boca de un juez, a quien el prelado había negado la comunión por no haberse acusado en la confesión de haber mandado dar muerte a un sobrino criminal, que el obispo reputaba medida cruel y sin embargo era justa, estaba mostrando al magistrado que debía juzgar sin hacer acepción de persona. La referencia a una india a quien le habían hurtado cosas, pero que ante el consejo de denunciar a la persona que le había hecho el hurto, dijo que no, que solo diría al juez que se lo llevó "sin mi licencia". Esta relación le sirve para hacer notar que hasta a los más rudos "les dicta términos la razón para no ofender con demasiada claridad en los términos".

Para mejor caracterizar la obra digamos que en Santa Fé, en la década posterior a su muerte, la obra del Padre Toro anda en manos de todos y que ha llegado su fama a España, donde es citado por Guardiola y Sanz en su *El corregidor sagaz*. Y como hecho contundente de su aprecio, vuelve a ser editada en Madrid en 1778, a casi medio siglo de su primera edición.

De lo expuesto se desprende que con la sencillez y el sentido de la obra, podemos obtener de ella las pautas generales del siglo sobre el juez modélico y que plasmarán, unos años más tarde, tal vez sin tanto apego a lo religioso, en los "Discursos" del Marques de Bajamar.

En sus páginas encontramos que a una imprescindible y demostrada posesión de ciencia del juez, deben sumarse las virtudes cardinales, de entre las que se destaca la prudencia. Ha de ser asimismo humilde, benigno, diligente, liberal. Trabajará sin descanso y dará su sentencia no mirando "al quien sino al porqué", sin admitir cohechos ni ser sensible a respetos humanos. Llevará una vida privada irreprensible, no aceptará amistades de gentes viciosas, vigilará la conducta de sus criados, será enemigo del fausto excesivo y no aceptará lisonjas. Como hombre y como juez será temeroso de Dios, hará habitualmente oración mental, examinará su conciencia, frecuentará los sacramentos y tendrá un sacerdote docto con quien consultar sus dudas.

El modelo de juez perfecto también ha podido encontralo Daisy Rípodas Ardanaz en otra fuente, cinco de los sermones que se conservan de las aproximadamente doscientas homilías pronunciadas en tiempos de cuaresma en la Audiencia de Buenos Aires[251]. Los textos, ahora de fines del siglo XVIII, recurren a principios conocidos y tradicionales. Sin tener el vuelo de los "Discursos" del Marqués de Bajamar, guardan un estilo más sencillo pero rotundo. Estos sacerdotes de Buenos Aires procuran en sus sermones exhortar a los miembros de la Audiencia porteña, a quienes van dirigidos, tal como lo hiciera Porlier con los miembros del Consejo, a observar fidelidad a un modelo secular de juez, que enlaza los principios antiguos con variaciones subordinadas a la época. Se trata a mi entender de una fuente valiosa para conocer en la remota Buenos Aires de fines del siglo XVIII, la visión del juez perfecto que se ambiciona.

El poder de juzgar les llega a los oidores del monarca soberano y a este de Dios mismo, de ahí que los jueces que integran las Audiencias, sean considerados "Dioses de la tierra", y deban ser elegidos entre "los sujetos más distinguidos en literatura y virtud", tener un "caudal de ciencia suficiente para discernir lo justo de lo injusto y para sacar limpia la verdad de entre los lazos y cadenas de artificiosos sofismas, violentas y falsas interpretaciones" con que los malos abogados tratan de confundirlos.

Deben llevar una vida intachable y muy moderada, vestidos honestos, mesa frugal, alejamiento de los placeres del mundo, pleno dominio de las pasiones, oración constante y frecuencia de sacramentos. Además de estos requisitos, que como bien dice Rípodas Ardanáz, no se diferencian de los que pudieran exigirse a cualquier particular, los oidores por serlo deben distinguirse por su prudencia, afabilidad, integridad y celo y ser capaces de huir de las tentaciones que los acechan: soberbia, amor propio, avaricia y sensualidad. La prudencia es imprescindible para dictar sentencia, pues templa el genio fogoso y aviva el lánguido, aleja la indolencia y la irreflexión, y conduce al magistrado a la equidad a través del laberinto de los negocios mundanos. De la prudencia depende "el acierto para resolver en los casos en que no hay ley expresa o es dudosa o peligrosa su aplicación". Deberá el magistrado prudente informarse de la jurisprudencia, cotejar

251. Daisy Ripodas Ardanaz, "Los sermones cuaresmales a la Audiencia de Buenos Aires y su propuesta de oidor ideal", en *Revista Chilena de Historia del Derecho*, n° 12, Santiago de Chile, 1986.

las leyes entre sí, sopesar las razones de las dos partes y aplicar las leyes de Indias o de Castilla "según los tiempos, circunstancias y personas". La afabilidad, "virtud rara en los ministros de justicia", infunde a los miserables confianza para acercarse a ellos y exponer sus necesidades y a todos para "presentar sin empacho sus derechos legítimos".

La integridad que se espera de ellos hará que apliquen las leyes sin importar las personas sujetas al juicio sino las causas, para "administrar justicia y gracia con igualdad". No anidará en los jueces "ni el odio, ni el interés, ni el temor, ni la sangre, ni la amistad, ni el respeto humano, ni ninguna de las demás pasiones". Con especial celo deberán defender "los derechos del Príncipe, la gloria de Dios, y los intereses del pueblo", a fin de responder a la confianza puesta en ellos por quien los ha nombrado en tan alto cargo y procurar la salvación de sus almas.

Si por voluntad divina están "en el candelero superior", deberán desde ahí despedir "rayos de justicia y de caridad", dando esplendor a la Patria y aumento a su linaje. Son estatuas de la soberanía de Dios, cuyas veces hacen al juzgar a los hombres, e "imágenes vivas" de la potestad Real.

Explica Rípodas Ardanaz (a quien hemos seguido en la exposición del texto de los sermones, a veces a la letra), que la legislación regia, la canónica y la doctrina coincidían en que los predicadores no debían criticar a los magistrados en sus oraciones y así se había recogido en el II Concilio Limense (1567) y el II Platense (1744/1778) por el peligro de excitar a la murmuración y aún a la sedición. Escollo que los sacerdotes salvaban y así ocurre en Buenos Aires, con ciertos giros retóricos, al sostener por ejemplo que las reglas que decían debían seguirse las conocían bien los sujetos de la Audiencia a quienes iba dirigida la alocución, o que no se quería ofender al tribunal en sus propias barbas[252].

En este caso como en los de Toro y Bajamar, todos de una misma época, se trata de exhibir un "modelo" ideal, no las características reales que rodean en esos años al magistrado[253]. En suma, el juez modélico que habría de asegurar la buena administración de justicia en Indias.

Es el mismo a que se aspira en general en la sociedad indiana del XVIII. Aún cuando las opiniones a que vamos a referirnos enseguida no estén ceñidas a los miembros de la Audiencia, sino que abarcan al juez en general, son útiles a nuestro intento. Provienen de otra investigación llevada a cabo por la misma Rípodas Ardanaz, hurgando con pericia en fuentes literarias, dicho ello en sentido amplio, no solo obras literarias *stricto sensu*, es decir piezas teatrales, diálogos, epigramas y composiciones de circunstancias, sino también ciertos libros piadosos, artículos periodísticos y refranes[254].

---

252. D. Rípodas Ardanaz, "Los sermones cuaresmales...", cit., p. 272.

253. Ibídem.

254. D. Ripodas Ardanaz, "La administración de justicia en el último siglo colonial. Una imagen a traves de la literatura dieciochesca de América Meridional", en *Revista de Historia del Derecho...*, cit, .nº 20 (Buenos Aires, 1992), p. 377-396.

El buen juez debe tener ciencia bastante para desempañar su oficio, fundada en leyes, "quintaesencia de lo justo y razonable", según las cuales deberá sentenciar siempre[255]. Ha de ser desinteresado para no atropellar la justicia ni por toda "la plata de Potosí" ni el oro "del reino de Nueva Granada" y contar con moderado caudal que lo ayude a no sucumbir a la venalidad, ajustándose a la primera de las recomendaciones del proverbio "ni hagas cohecho ni pierdas derecho"[256]. Tendrá que superar los respetos humanos gobernándose por el entendimiento y no por la voluntad de las pasiones[257]. Ha de escuchar a los testigos sin fiarse de su juramento y poner lo que diga el reo "en la debida balanza de lo clemente y lo recto"[258]. Deberá obrar con gran prudencia, pues todas las cosas gobierna la justicia pero a ésta la ha de gobernar la prudencia[259]. Solo con estas cualidades y un buen Fiscal de dictamen recto, fundado, útil y desinteresado, es posible, mediante la gracia de Dios, cuyo auxilio debe pedirse con ahínco, sentenciar con justicia[260].

Las desviaciones del modelo eran denunciadas en esas fuentes a veces con tonos picarescos, como aquella copla:

> ....
> "no ha mujer de buen talle
> o buen aspecto
> que pierda en toda su vida
> aún el más injusto pleito"[261].

Cerramos esta selección de fuentes con un pasquín tupamarista:

> "El Regente es botarate;
> el virrey un elemento;
> cada Oidor, un jumento,
> y el Acuerdo, un disparate"[262]

255. La afirmación surge de las siguientes obras: Juan Bautista de Toro, *El secular religioso para consuelo y aliento de los que viviendo en el siglo pretenden lograr el cielo*, Madrid, 1778 (1ª.ed.1722); José Serra y Valls, *Colección de máximas y sentencias sacadas de diferentes autores en Buenos Aires, por Don ..., en los años de 1807 y 1808*, copla 225; y del mismo autor *Colección de versos diferentes formados en Buenos Aires de pensamientos de varios autores por Don ... en los años 1807, 8, 9 y 10*.

256. Extraído de los mismos textos indicados en la nota anterior.

257. J.B. Toro, cit., J. Serra Vals, *Colección de máximas...*, cit. y *Colección de versos* (copla 480) y Condesa de Argelejo, carta a Abascal, Plata, 25.IV.1810 (AGI, Diversos, leg. 1, año 1810, ramo 1, nº 8).

258. J.B. Toro, cit., y J. Serra y Vals, *Colección de versos..*, cit.(copla 323).

259. Cristóbal de Aguilar [Cualidades del buen juez] en *A borricos tontos, arrieros locos*, satirilla burlesca (ca. 1803) en Idem, *Obras*, con Estudio Preliminar de Antonio E. Serrano Redonnet, D. Rípodas Ardanaz y otros, vol. 1º, Madrid, Atlas, 1989, p. 3-16.

260. *Llantos de Chile* [Lima, ¿1762?], en José Toribio Medina, *Biblioteca hispano-chilena*, 1899, p. 343-344.

261. Simón Ayanque (pseudónimo de Estéban de Terralla y Landa, *Lima por dentro y por fuera*, París, Impr. A.Rueff, 1924 (1ª. Ed. 1792).

262. Pasquines puestos en Lima en el Palacio del señor Virrey y esquinas (¿1780-1781?), Archivo General de la Nación (Buenos Aires) , IX, 212, 2, 8.

La coincidencia de las exigencias para hallar un *iudex perfectus* en Indias, fijadas en textos de distinto origen, que abarcan todo el período de dominio español, no estan muy distantes de las que se señalaban en la Península, salvando las pecularidades que imponía la inédita realidad indiana. Ello habla de una concepción de la administración de justicia estrechamente apegada a la tradición del *ius commune*, que se mantenía invariable en su esencia, aún cuando el antiguo régimen al que estaba adherida, entrara al siglo de las luces en estado de agotamiento, próximo al colapso producido poco más adelante.

Veamos ahora la distancia que existía en esas lejanas posesiones de la Monarquía, entre el modelo y la realidad.

7. La importancia de erigir Audiencias en el Nuevo Mundo

Enviar jueces a América siempre fue considerado como gran virtud de los reyes. Era un hecho auspicioso establecer Audiencias en Indias y una demostración del interés de la Corona por lograr una buena administración de justicia, clave esencial para mantener y gobernar "en paz y justicia" los nuevos dominios remotos, incorporados a la Corona Real de Castilla. Por lo tanto mucho esperaban la Monarquía y los mismos antiguos y nuevos súbditos que habitaban aquella tierra nueva(*Novus Orbis*) de su instalación.

Son elocuentes las palabras con que se justificaba la creación de la Audiencia de México, puestas en la Real Cédula dada en Madrid el 20 de abril de 1528. Era la manera adecuada para que los súbditos alcanzasen justicia y poder cumplir los reyes de esa forma con el deber que le impusiera el Altísimo al constituirlos tales, para servirlo y servir a sus gobernados (... *según somos obligados a Dios y a ellos a cumplir con el oficio que de Dios tenemos en la tierra...*)"[263].

Juan de Matienzo, nuestro oidor de Charcas tantas veces citado, asienta en su obra sobre el *Gobierno del Perú*, que el monarca debía establecer Audiencias en Indias no solo para que "no fueran sus súbditos vejados (aunque esta no fuera menor causa), cuanto por asegurar la tierra", "porque viendo que en todas partes hay Audiencia, nadie se atreviese a levantarse, como lo han hecho hasta aquí". Es decir se trataba de esa manera de instalar la alta representación Real, que llevaban consigo las Audiencias, a fin de asegurar la defensa de la misma autoridad del monarca en esas tierras salvajes y lejanas[264]. Porque las Audiencias tenían depositada tan alta autoridad por S.M. que "podían requerir de paz y de guerra" como si el propio monarca lo hiciese. Así lo había dispuesto Carlos V y la Emperatriz Gobernadora en Madrid el 13 de julio de 1530, según norma recogida en una de las leyes recopiladas (RI: II, xv, 16).

---

263. *Cedulario de Puga*, fº 27 vto./33 vto. (La cursiva me pertenece); Torre Villar, tº I, p. 37. En J. Sanchéz-Arcilla Bernal, *Las ordenanzas de las Audiencias de Indias...*", cit., p. 77.

264. Matienzo, *El Gobierno del Perú ..*, cit., p. 215.

Decía en el siglo siguiente (1647) el ilustre Solórzano, que debía agradecerse mucho a los reyes el haber puesto Audiencias en las Indias, pues no podrá negarse que son "los castillos roqueros de ellas, donde se guarda justicia, a cada uno se le da lo que es suyo con derecho y verdad. La cual [justicia] siempre se halla mejor y más perfectamente cuando es mirada y buscada con más ojos"[265]. No dejaba de destacar que aunque estos tribunales y sus ministros tenían la misma autoridad y potestad que las de España, "se les han concedido y conceden muchas cosas que no se permiten a las de España, y vienen a tener casi en todo las veces del mismo Consejo y pueden conocer las causas que a él de otra suerte eran y son reservadas"[266].

Los oidores de Charcas, Licenciados Cepeda y Lopidana en carta al rey, fechada en La Plata, el 24 de febrero de 1589, reiteran lo que la misma Audiencia le había hecho presente a S.M. en 1585. Se expresan de manera exaltada sobre la importancia de tener Audiencias en esos dominios, ante las rudas características de la sociedad indiana: "las Reales Audiencias *que son los muros y antemuros que V.M. tiene en estos reinos para el asiento y estabilidad de ellos y que si se les pierde el respeto, iría todo de manera que fuese más behetría que república bien gobernada*, según es la descomposición de la gente por la mayor parte, y que conociendo blandura y buen respeto en los jueces es causa de mayores atrevimientos"[267].

Aún en tiempos tan lejanos de esos, como es el reinado de Carlos IV, también podemos encontrar la exaltación de la presencia de Audiencias en Indias. En uno de sus "Discursos Exhortatorios", que hemos utilizado más atrás, el Presidente del Consejo de Indias, don Antonio Porlier, Marqués de Bajamar, destaca la importancia de las Audiencias de Indias, a las que considera "poderoso antemural con que se defiende la Soberanía, el alto poder del monarca, la justicia del vasallo, se propaga por su medio la conservación de la paz pública y concierto de los pueblos, hallando estos y los que los rigen y gobiernan a nombre del rey los auxilios que necesitan para salir al encuentro a la iniquidad y el desorden, que a veces perturba la tranquilidad, ya por exceso de los vasallos, ya por desvío de los que los juzgan y gobiernan"[268].

La Corona comprendió bien tempranamente la necesidad de instalar Audiencias en sus nuevos dominios. El 5 de octubre de 1511, Fernando el Católico en nombre de su hija la reina Juana, designa tres jueces de apelación para la isla La Española (Villalobos, Ortiz de Matienzo y Vázquez de Ayllón) para conocer las apelaciones de las justicias or-

265. *Política Indiana*, V, *iii*, 7.
266. Idem, V, *iii*, 9 y 10 y sig.
267. En Levillier, *Audiencia de Charcas*, tº 2, p. 419, 420-421 (La cursiva me pertenece). La carta comienza diciendo "La gente de estas provincias es libre desenfrenada y sin respeto y que para reducirla a razón se padece trabajo porque siempre la justicia es odiada y aborrecida, y los censores y émulos que los jueces tienen son muchos y se querellan sin razón, y pretenden enmendar lo que los jueces y gobernadores ordenan y mandan, especialmente en lo que toca a sus intereses particulares cuando no se provee en ellos a su gusto...".
268. *Discursos*, p. 29 (Corresponde al Discurso pronunciado el 2 de enero de 1794).

dinarias y asistir al virrey en los asuntos graves de gobierno y les da algunas normas (en 15 capítulos) por las que debían regirse. Podían dictar Reales Provisiones en nombre del rey y disponer del Sello Real para hacerlo. De sus sentencias, la mayoría inapelables, se podía recurrir ante el Consejo Real, eludiendo de esta manera en materia judicial al recientemente nombrado gobernador Diego Colón y colocando a los jueces por encima del gobierno de La Española. Es la primer Audiencia Indiana[269].

Al elaborarse la Recopilación de 1680 se incorporan a su texto las normas mediante las cuales se erigieron doce Audiencias "para que nuestros vasallos tengan quien los rija y gobierne en paz y justicia" (RI: II, xv, 1).

El 14 de septiembre de 1526 el Emperador dispuso la permanencia de la Audiencia en la ciudad de Santo Domingo de la Isla La Española "como está fundada" (RI:II, xv, 2). A fines de 1527 se creó Audiencia en México (RI:II, xv, 3; *Cedulario de Puga*, fº 12v/13; *Cedulario de Encinas*, tºIVº, fº37), el 30 de febrero de 1535 en Panamá (RI:II, xv, 4), el 20 de noviembre de 1542 en Lima (RI:II, xv, 5), el 13 de septiembre de 1543 en Guatemala (RI:II, xv, 6), el 13 de febrero de 1548 en Guadalajara (RI:II, xv, 7), el 17 de julio de 1549 en Santa Fé de Bogotá del Nuevo Reino de Granada (RI:II, xv, 8), en la ciudad de La Plata en la Provincia de Charcas, el 4 de septiembre de 1559 (RI:II, xv, 9), el 29 de noviembre de 1563 en Quito (RI:II, xv, 10), en Manila de Las Filipinas el 5 de mayo de 1583(RI:II, xv, 11), en Santiago de Chile el 17 de febrero de 1609 (RI:II, xv, 12), en Buenos Aires el 2 de noviembre de 1661 (RI:II, xv, 13). No fueron las únicas existentes al concluir el régimen español, pero es notable el número de Audiencias creadas hasta 1680, ya que fuera de las de Chile (1609) y Buenos Aires (1661), que son del siglo XVII, la mayoría (diez) se erigieron en el siglo XVI, y de ellas ocho en la primera mitad, una a mediados y otra en la década del 80. La de Buenos Aires, suprimida a los pocos años de instalarse, vuelve a fundarse en 1784, como Audiencia Virreinal, ya creado el virreinato del Río de la Plata, con sede en su capital, Buenos Aires. En los años siguientes se agregan las Audiencias de Caracas, creada por Real Decreto de 6 de julio de 1786 y la de Cuzco, por Real Orden de 26 de febrero de 1787[270]. En 13 de abril de 1798 se dispuso la creación de una Audiencia en Puerto Príncipe, que se instaló el 17 de julio de 1800[271]. En Puerto Rico se creó otra el 19 de junio de 1831, en La Habana en 26 de septiembre de 1835 y en ese mismo año en Santiago de Cuba (26.IX.1835)[272]. La es-

269. Puede verse Antonio Dougnac Rodríguez, "Las Audiencias Indianas y su transplante desde la Metrópoli", en Feliciano Barrios (coordinador) *El gobierno de un Mundo. Virreinatos y Audiencias en la América Hispánica*, Cuenca, Fundación Rafael del Pino, Ediciones de la Universidad de Castilla-La Mancha, 2004, p. 539-586.

270. AGI, Cuzco, 4. Dougnac fecha su creación el 3 de mayo de ese año, que es la data de la designación del Regente de la Audiencia.

271. A. Dougnac Rodríguez, op.cit. (nº4, 2).

272. Charles Henry Cunningham, *The Audiencia in the Spanish Colonies as illustrated by the Audiencia of Manila*, New York, 1971, p. 17 (Este autor sostiene el traslado de la Audiencia de Santo Domingo a Puerto Príncipe en 1797 y su reorganización en fecha 26.IX.1835).

tructura audiencial que acabamos de indicar no se mantuvo tal cual a lo largo de los siglos de dominación hispánica, hubo más de una variación, sólo hemos efectuado esta relación para advertir la importancia que se otorgaba en el centro del poder a la presencia de esos altos tribunales indianos.

Sin embargo de estas espectativas, la primera Audiencia de Nueva España (1527), que asumía también el gobierno de ese distrito, fracasó por la falta de condiciones de sus miembros y los desórdenes causados por su conducta imprudente. Ante este resultado el soberano decidió cesarla y nombrar nuevos ministros en 1530. En 1535 se designó a don Antonio de Mendoza primer Virrey de Nueva España, cargo al que se agregó el de Presidente de su Real Audiencia, ya reformada.

Sin duda que la presencia de estos tribunales era, o debía ser, garantía del imperio de la justicia en el Nuevo Mundo[273]. Así lo consideró el Consejo de Indias, por ejemplo, cuando propició ante el monarca la creación de la Audiencia de Charcas. La instalación de Audiencias importaba para el Consejo cumplir con la principal obligación de la Corona para la gobernación de aquellas tierras nuevas de las Indias que Dios había puesto en sus manos, que no era otra que "proveer en ellas abundancia de justicia porque con ésta se funda la religión cristiana y nuestra Santa Fe se acrecienta y los naturales son bien tratados e instruidos en ella y así se ha visto por experiencia"[274].

De la misma manera lo entendían los frailes franciscanos, al instalarse la segunda Audiencia de México. Se manifestaron alborozados por la buena nueva, y lo informaron a S.M.: "Toda nuestra tristeza [por los excesos pasados durante el gobierno de la primera Audiencia, 1528-1530] se nos cambió en gozo con la venida santa y recta de la Audiencia que de presente nos gobierna: Dure para siempre y V.M. reciba galardón perpetuo por tanto bien como a esta tierra hizo con su bendita venida: Porque tantas ánimas se salvan y porque tantas muertes se excusan con el buen regimiento..."[275].

A su vez la Audiencia de Lima al dar cuenta de que con la llegada del oidor Bravo de Saravia queda instalado el alto tribunal, informa al rey de la satisfacción general que ha tenido el funcionamiento del tribunal: "... gran contentamiento ha dado de este reino y aún los naturales porque van entendiendo lo que es, y para todos hay justicia y así este reino bendito [por] Nuestro Señor está tan pacífico y asentado a lo que se ha visto y entendido hasta que Valladolid no puede estar más"[276].

---

273. A. Dougnac Rodríguez (op.cit.) elabora un útil encolumnado de las disposiciones de las Audiencias peninsulares y americanas, mostrando las similitudes y diferencias, como así también el origen de sus normas (nº 5).

274. Consulta del Consejo al rey (Valladolid, 20.IV.1552), en Levillier, *Audiencia de Charcas*, p. 503, 526-529.

275. Firmaban: Fr. Martín de Valencia, Fr. Alonso de Herrera, Fr.Luis de Fuensalida, Fr.Francisco de Soto, Fr.Antonio de Ortíz, Fr. Francisco de Angeles (Carta colectiva de los religiosos franciscanos de México al Emperador, México, 1º.III.1532, en Cuevas, p. 10-11; también en Paso y Troncoso, tº II, p. 124, que la fecha el 1º de mayo de 1532.

276. Carta al Rey, Lima, 22.VII.1549 en Levillier, *Audiencia de Lima*, p. 3-4.

No olvidemos que en tanto en la Península los oidores en general solo se ocupan y entienden en oír y votar sus pleitos, en las Indias en cambio, fuera de este cuidado, tienen otras muchas ocupaciones que tocan a cada oidor en particular, como al oidor que le corresponda visitar la tierra, u ocuparse de asesorías y juzgados, ya como asesor del Comisario de la Santa Cruzada, o titular del juzgado de bienes de difuntos, o del juzgado de pulques, o del juzgado de las ejecutorias que llegan del Consejo de Indias para cobrar y remitir al Receptor las condenaciones de visitas y residencias, o bien el que deba realizar la vista a las armadas que vuelven al Callao desde España, o la comisión de mesada, o la de medias anatas y papel sellado, o desempeñarse como auditor del virrey o su asesor en varias materias, o bien integrar el tribunal de apelaciones del Consulado de Comercio, o del de apelaciones del Protomedicato, o del juzgado de arribadas y contrabando, además de muchas más extraordinarias que les confieren los virreyes o directamente el Consejo[277]. Estas tareas, a la vez que agregan responsabilidades especiales, suman jerarquía a los oidores indianos, que están estrechamente vinculados al gobierno mediante el recurso de apelación ante la Audiencia de las medidas que dicte el virrey[278]. Además de tener indirecta pero efectivamente la supervisión de las decisiones de los poderosos tribunales eclesiásticos indianos, que encabezan obispos y arzobispos, mediante los recursos de fuerza, que les permiten revisar sus decisiones contrarias a la ley. Supervisión que también ejercen sobre lo resuelto por las mismas autoridades eclesiásticas, cuando éstas deban recurrir a la justicia Real para ejecutar las sentencias dictadas en sede canónica[279].

El Regente de Guatemala y después de México, Vicente de Herrera y Rivero, fue autor de un importante documento que tituló *Nuevo plan para la mejor administración de justicia en América,* elaborado en Guatemala y enviado a la Corte el 8 de julio de 1782[280]. Traza allí una dura relación del descalabrado estado en que se encontraba la administración de justicia en las Indias de su tiempo. Venalidad, desidia, desorden, desgobierno. Pero estos defectos no le hacen dudar de la suma importancia que tienen las Audiencias, como baluartes de la justicia "que es tan necesaria a la subsistencia de la República

277. Solórzano, que encontraba en esos motivos un elemento más para considerar más importantes las Audiencias americanas que las peninsulares, hace relación de las tareas especiales que se dan en Indias a los oidores (*Política Indiana,* V, iii, nº 49 y sig.)

278. Ver E. Martiré, "El recurso de apelación contra las decisiones del virrey o presidente de las Audiencias de Indias a fines de la época hispánica (1806)", en *Estructuras, gobierno y agentes de la Administración en la América Española (siglos XVI, XVII y XVIII* (Trabajos del VI Congreso del Instituto Internacional de Historia del Derecho Indiano en homenaje al Dr. Alfonso García-Gallo), Seminario Americanista de la Universidad de Valadolid, 1984, p. 341-359.

279. Ver Ricardo Zorraquin Becú, *La organización judicial argentina durante el período hispánico,* cit., E. Martiré, "El recurso ... ", cit. y "La idea de justicia y la organización judicial indiana" en *Lecciones y Ensayos,* nº 37, Facultad de Derecho y Ciencias Sociales, Universidad de Buenos Aires, 1968.

280. Lo dio a conocer D. A. Brading, "Nuevo plan para la mejor administración de Justicia en América", *Boletín del Archivo General de la Nación,* tº IX, nº 3-4, México, 1968, p. 371 y sig.

como el corazón a la del hombre, y el sol al día para la luz". Sugiere multiplicar estos tribunales en Indias, restituyéndoles su antigua autoridad, disminuida por la creación en su época de nuevos tribunales particulares (Real Hacienda, Correos, Alcabales, Tabacos, Naipes, Pólvora, Oficinas, Secretaria, Tribunal de Cuentas, milicias).

Manuel Guirior en su informe de 1776 a su sucesor Manuel Antonio Flórez, al dejar el cargo de virrey de Nueva Granada, nos da una nota de la importancia de las Audiencias y del descuido que a su juicio se encontraban las de su jurisdicción, añorando la atención que en cambio merecían las de la Península, que atienden pequeños distritos, comparables a los que en Indias corresponden a un solo corregimiento de los muchos que existen en el territorio americano. Descontaba que de saberlo el monarca no dudaría en restablecer la jerarquía que corresponde a esos tribunales. Concretamente se lamenta de no haberse agregado a la Audiencia dos Salas con dos Fiscales y que no se hubiesen jubilado a los oidores en estado de serlo, reponiéndolos con gente moza para "que reinara diaria la justicia"[281].

Por último recordemos que una de las demandas del gran levantamiento de los Andes, que mantuvo en vilo a la autoridad española durante largos años, iniciado por el caudillo mestizo Túpac Amaru en 1780, era que se instalara una Audiencia en el Cuzco, por merecerlo esa ilustre ciudad capital de los Incas y a fin de evitar las largas distancias que debían recorrerse para alcanzar el tribunal de Lima o Charcas. La Corona la creó por R.C. dada en Aranjuez el 3 de mayo de 1787 sin aludir a las exigencias rebeldes, pero fundada en la necesidad de un tribunal de alzada más cercano que facilitara la más pronta administración de justicia a la población de ese distrito.

En la relación que hace de la fundación de dicha Audiencia Don Ignacio de Castro, Rector del Colegio de San Bernardo del Cuzco, Párroco de San Jerónimo y Examinador Sinodial, por especial encargo de su Regente y Gobernador Intendente, José Portilla, aprovecha la ocasión para exaltar las virtudes que tienen las Audiencias en Indias, creadas por S.M. como "cuerpo augusto de sabios, y de sabios en aquel mismo derecho que piden los pueblos de sus decisiones. Sus miembros —agrega— se llaman con particularidad Magistrados, porque son como Maestros de este mismo derecho que dicen. Su senado es como un templo de rectitud, de magestad, de prudencia". Recuerda que los reyes han dicho repetidamente que las Audiencias son el depósito de su autoridad, la representación inmediata de su Real Persona, y por ello faltarle el respeto es incurrir en las penas en que incurren y caen los que no acuden a sus reyes y señores naturales". Las Audiencia, concluye Castro, redondeando su discurso, son utilísimas a los soberanos y muy importantes a los pueblos. "A los soberanos porque descargan en ellas parte

281. Gabriel Giraldo Jaramillo, *Relaciones de mando de los virreyes de Nueva Granada. Memorias económicas.* Edición preparada por [...], Bogotá, Publicaciones del Banco de la República, 1954, p. 80-81.

de ese inmenso peso que trae consigo el cuidado de reinar, y cuando las monarquías son de interminables límites como la española, no hay mejor arbitrio para asegurar el concierto y armonía de su vasto Estado, que el de la erección de una Audiencia, cuyos miembros están en especial obligación al monarca, que condecorándolos con tanta autoridad y esplendor, los empeña precisamente a ver por quien así los dignifica. A los pueblos porque conocen se fía su gobierno a la dirección de unas mentes que añaden a sus luces naturales, las que se adquieren por una incubación contínua en esas mismas reglas de justicia que se han formado en beneficio de los súbditos"[282].

Basten estos pocos pero calificados testimonios de distintas épocas para señalar la trascendencia que se daba a la instalación de los altos tribunales de las Audiencias en Indias.

8. La elación de los oidores indianos

Ahora bien, la primer sombra que se advirtió en el firmamento indiano con la llegada de las Audiencias fue producto de la elevada jerarquía que ordinariamente se dió a los oidores en esas lejanías y que ellos mismos se otorgaban. La importancia que surgía de la alta función que tenían los miembros de las Audiencias (impartir justicia en nombre del rey), del arbitrario *(arbitrium)* ejercicio de esa sagrada función *(sacerdotis iuris)* y —especialmente— de la obligación de guardar en el arcano de su conciencia los motivos tenidos en cuenta para resolver los casos que se le sometían, influía exageradamente en el propio aprecio que jueces y fiscales tenían de sí mismos. Además gozaban de atribuciones como no las tenían los miembros de los tribunales de España, según acabamos de ver, y como si ello fuera poco, los henchía de soberbia los deletéreos efectos producidos por la enorme distancia del centro del poder, su mayor independencia del Trono lejano y la ausencia de un control inmediato de sus actos, como no fuera el del virrey, con quien las relaciones variaron según las personalidades en juego, pero que, en suma, pocas veces logró abatir el inmenso poder de las Audiencias.

Por lo demás, era el propio monarca, a quien representaban, quien se esmeraba en resguardar la especial consideración que se debía a los oidores y ministros de sus lejanas Audiencias indianas. Solórzano, que había sido oidor en Lima, lo señala especialmente. De él tomamos una Carta Real admonitoria de 27 de febrero de 1575, remitida por Felipe II al virrey del Perú, en la que le recuerda que cuando tenga que dirigirse a la Audiencia de Lima, "lo habéis de hacer por carta como a Oidores nuestros y vuestros colegas y no por patentes en nuestro nombre por vía de mandato, pues estáis más obli-

282. Ignacio de Castro, *Relación de la fundación de la Real Audiencia del Cuzco en 1788,* Madrid, MDCCXCV, p. 94.

gado que otros, por el lugar nuestro que tenéis, a honrar y autorizar a la Audiencia, y *porque el mandar a la Audiencia esta reservado a Nos*"[283].

El mismo Solórzano considera que atento la gran distancia que existe entre las Indias y la Real Persona, "cuya suprema autoridad en aquellas partes se suple y representa por estos ministros... es convenientísimo que sean favorecidos y honrados por S.M. y su Real Consejo de ellas, *no solo tanto sino aún más que los oidores de España* y reverenciados y respetados también en el mismo grado por los vecinos y moradores de las ciudades y provincias donde residen y administran justicia". De no ser así, a su juicio, "iría todo muy de caída". Quienes se topasen con ellos en la calle debían apearse de los caballos y hacer muestras de acompañarlos, habían de ser honrados como los príncipes y aún en su ausencia debían ser llamados señores[284]. La jerarquía de estos jueces hacía que —seguía explicando Solórzano— se les llame "Príncipes de las Provincias donde ejercen" sus mandatos. Y aún en las Sagradas Escrituras a esta alta categoría de jueces se les da algunas veces el nombre de Dioses. Lo que no debe ensoberbecerlos, se apresura consignar nuestro autor, sino que habrán de "proceder con modestia, templanza y costumbres" para dar ejemplo, aunque debe reconocer a su pesar que en las Indias "proceden con gran elación y desvanecimiento muchos de ellos"[285].

Recuerda, por lo demás, el conocimiento exclusivo que corresponde a estos tribunales en las causas que tocan al Real Patronato, en tanto en la Península solo se tratan y despachan esos asuntos en los Consejos del Reino, ello implica una gran jerarquía para las Audiencias indianas, mayor que las españolas, pues "representan al Rey y a su Supremo Consejo en esta parte", donde el monarca ejerce el Real Patronato Indiano, y por ello según se manda en una R.C. dada en Madrid el 29.V.1594, cuando la Audiencia fuese en cuerpo a una Iglesia Catedral para asistir a los Divinos Oficios, debían salir seis o al menos cuatro de sus prebendados a recibirla y despedirla, como también se hace en España en Valladolid y Granada. Lo mismo ocurre cuando el que asiste a la Catedral es el virrey, lo que habla a las claras de la semejanza de trato y honores de unos y otro. En efecto se lee en la citada cédula, "*Y hay mayor obligación que lo hagan los Prebendados de las Indias con mis Virreyes y Audiencias*, así por representar mi persona, como por ser Yo Patrón de las Iglesias de las Indias y haberos dados las presentaciones de mi mano"[286].

283. *Política Indiana*, V, iii, n°34 (La cursiva es mía). Se ha recogido la carta real en el *Cedulario de Encinas*, t° I°, f° 240 vto.

284. *Política Indiana,* V, iv, n°12 y 16 (La cursiva es mía). "Muy poderosos señores" era el trato que se les daba en el Perú (G. Lohmann Villena, *Los ministros de la Audiencia de Lima (1700-1821)...*, cit., p. XV).

285. *Política Indiana*, V, vii, n°2, 3 y 7.

286. *Política Indiana* V, iii, 21 (La cursiva es mía). La norma está recogida en el *Cedulario de Encinas*, t° II, f° 29.

Creía el ilustre jurista que tales muestras de consideración y respeto hacia los oidores, como apuntábamos más atrás, no eran para que "se hinchen, ensoberbezcan o desvanezcan mucho, antes los debe hacer más modestos y observantes de las leyes que han granjeado esa autoridad y procurar mostrar que su templanza y prudencia excede a su potestad y que resplandece aún en tan distantes provincias". Sostenía que el hecho de que les aconseje el jurisconsulto Calistrato "que procuren aumentar la dignidad con su ingenio, eso no se ha de entender en la gravedad de la voz ni en lo airado del rostro ni en lo áspero de la condición ni en desprecio o despego de los súbditos, sino en el debido recato de que (como lo dice el mismo jurisconsulto) no les causa menosprecio su mucha familiaridad, o como San Agustín, [que] la demasiada humildad relaje o quebrante la autoridad que se requiere al gobernar"[287]. Es decir que seriedad sí pero ni gesto adusto, ni engolamiento de voz, ni desprecio hacia los demás.

Un estudioso de estos temas, señala la tremenda importancia de aquellos tribunales en Indias al menos durante los siglos XVI y XVII, y no creemos que hubiesen decaído mucho en el siguiente. "Las Audiencias indianas en realidad tenían una existencia casi completamente autónoma, con excepción de los Virreyes de Méjico y Lima, nadie era superior a ellas, los habitantes de las provincias en su mayoría les tenían un respeto extraordinario, mezclado de miedo, y muy raras veces se atrevían a protestar aún contra arbitrariedades e injusticias. La justicia estaba únicamente en sus manos, y esta, como también la conducta personal de los jueces, estaba *limitada solo por su propia conciencia*, límite ni siquiera muy fuerte por la legislación muy clausulada y casuística, y a causa de la situación económica de los oidores, poco espléndida no obstante los salarios aparentemente altos [...], tanto más que según antigua costumbre española los pleiteantes intentaban lo imposible para ganarse el favor de los jueces"[288].

Los jueces se sentían estrellas del mismo firmamento en que reinaba el príncipe de quien recibían la sagrada función de juzgar a sus semejantes. Rodeados de un ambiente de adulación y halagos, tentados por litigantes que se ofrecían para complacerlos, su altivez, presunción y soberbia debían ser formidables. A ello agreguemos que formaban un cuerpo cerrado y casi místico donde reinaba, o debía reinar, el secreto y la reserva. Eran parte de un grupo que se estrechaba con lazos de familia, amistad, compañerismo e intereses, no siempre impolutos, y que procuraba su defensa a cualquier trance. En la escala superior eran también jueces los miembros del Consejo llamados a juzgarlos y muchos de ellos habían sido, hasta hacía poco, miembros de esos mismos tribunales puestos bajo su supervisión. Sus conductas y procedimientos gozaban de la presunción del obrar correcto.

---

287. *Política Indiana*, V, iv, nº17 y viii, nº7
288. E. Schäfer, *El Supremo Consejo...*, cit., tº II, p. 138-139 (La cursiva es mía).

Sin duda sonaría como música celestial en sus oídos aquello de *partes corporis principi — ipsum representant — inharent principi sicut stellae firmamento coeli — princeps videtur procedere tamquam Deus in terris — iudicant tamquam Deus*[289], que habían leído y releído en los textos del derecho común en que abrevaron sus conocimientos jurídicos. Y no olvidarían que el Rey Prudente había dejado en claro que *el mandar a la Audiencia está reservado a Nos*. ¡Sólo al rey!

Esta condición atribuida a los jueces, contenida en la doctrina del *ius commune-ius proprio*, que se afirmaba, a partir del siglo XV, con el aumento de la importancia y atribuciones que asumía el príncipe, de quien recibían su *iurisdictio*, tenía que convencer a los oidores que gozaban por serlo de los destellos de de la "divinidad", que los ensoberbecía y alejaba de la moderación y circunspección que se esperaba de tales magistrados[290]. Sin duda que semejante "endiosamiento", del que al parecer participaban de buena o mala gana los litigantes y sus letrados, atentaba contra la sana administración de justicia.

Así, por ejemplo, el carácter soberbio de los magistrados indianos y el comportamiento descomedido que de ello se derivaba, hacía que fuese voz corriente en el México de mediados del siglo XVI, durante el virreinato de Velasco (1550-1564), que debía S.M. poner plazo fijo de permanencia en sus cargos a los oidores, ya que su designación por tiempo indefinido hacía que se sintiesen y comportasen "como dioses"[291].

Por esa misma época, el Relator Hernando de Herrera —es decir uno de los importantes engranajes de la Audiencia — denunciaba al Emperador que "porque lo tienen todo estos [oidores de México], no solo se hacen reyes, pero se quieren hacer adorar como dioses, de que ningún servicio recibe V.M., [...] porque como está lejos el remedio hacen todo lo que quieren"[292].

El Licenciado Vena —por esos años— pedía justicia ante la Corte "porque las personas que en nombre de V.M. están en estas partes son como el agua de verano y no nos tratan como si fuesen ellos hombres mortales, sino inmortales", para preguntarse, con muestras de estupor e indignación, "¿si en sus corazones estos señores piensan que no han de morir porque sus obras son tales"?[293]. Vena había sido sancionado por la Audiencia de México por decir al oidor Tejada que vendría visita.

A su vez el Licenciado Diego Tellez, que según sostenía, era a la edad de 60 años, el abogado más antiguo de la Audiencia de México, denuncia al monarca que "lo que es peor es que [los Oidores de México] se hacen adorar de las gentes, porque [si] en vues-

---

289. Tomo las expresiones de Massetto, op.cit., p. 1204.
290. *Política Indiana*, V, iv, nº 17.
291. Ver María Justina Sarabia Viejo, *Don Luis de Velasco, Virrey de Nueva España (1550-1564)*, Sevilla, Escuela de Estudios Hispano-Americanos, 1978, p. 42-43.
292. Carta al Emperador, México, 15.III.1554, en Paso y Troncoso, tº VII, p. 283-290.
293. Carta del Licenciado Vena al Emperador, México, 23, IV.1551, en Idem., tº VI, p. 42.

tras chancillerías de vuestros reinos de Castilla [los] tratamos como hombres mortales, acá [los] tratamos como dioses"[294].

El fraile franciscano Juan Gerónimo de Mendieta escribe en 1562 desde su convento de Toluca, a su superior en México, para señalarle la suficiencia con que se comportan los oidores, amparados en que los recursos al Consejo demoran excesivamente. A pesar de que a su juicio no son esos oidores de gran categoría, pues "ya se sabe que ordinariamente suelen venir oidores a esta tierra los desechados de las Audiencias y cargos de España"; pues bien, estos jueces, "tan bajos en España, tan altos acá, [...] en su [propia] definición son reyes absolutos y más que está tan lejos la recurrida". De ahí dimana que "juntándose la mayor parte a una, pueden hacer y hacen lo que quieren, mal que le pese [al virrey]". Tanto es el aprecio que tienen de sí mismos y tanta su autoridad, que es "la fama del vulgo, y no solo de la gente vulgar, sino de todo el pueblo seglar y eclesiástico, que plática ha sido en estos tiempos tan trillada *quae est versa in proverbium:* "¿Queréis negociar? Pues tratad con la Audiencia no con el virrey, que no puede nada: decís que esto está mandado o proveído por el visorey; pues hágoos saber que no tenéis nada, porque habiendo quien lo pida, luego *ipso facto* lo demandará la Audiencia". Y esto no solo es adagio entre españoles, más aviso infernal de nahuatlatos [intérpretes] y procuradores, cada día y cada hora referido a los indios"[295].

Un virrey de Nueva España, recuerda en su memoria al sucesor el "endiosamiento" de los oidores de la ciudad de México, personajes "*extravagantes ..., embelesados de su ministerio*"[296].

El Regente de México Vicente de Herrera cuestiona la demasiada consideración que se da en Indias a los oidores, provocando el excesivo concepto que se forman de sí mismos desde su nombramiento en los primeros destinos. "Con esta idea disponen costosos equipajes, nada omiten para el brillo de su persona en viajes y navegación y, en llegando a América, toman casa de las de más alto valor y han de tener tren, vajilla y servicio como el Presidente, Regente y el *de más renta,* [lo que provoca que a] *los puros les hace vivir siempre esclavos de sus acreedores*"[297].

Ya vimos que en uno de los "Discursos exhortatorios" con que se inauguraban anualmente las sesiones del Consejo de Indias, se recomendaba a los jueces "...La austeridad en su porte exterior exclusivo del lujo, de la vanidad y del fausto, *defectos que suelen andar unidos con la autoridad de los altos empleos*"[298].

Además, la altísima jerarquía que ostentaban y que la sociedad colonial les confería, la podían experimentar cada día o en ocasiones particulares, como ocurrió con los oi-

294. Carta del Licenciado Diego Téllez al Príncipe Felipe, México s-f, en Idem., tº XIV, p. 155-158.
295. Carta del Padre Fray Gerónimo de Mendieta al Padre Fray Francisco de Bustamante, Comisario General de las Indias en San Francisco de México. Monasterio de Toluca, 1º.I.1562. En *Colección de Documentos para la Historia de México,* tº II, p. 530-531.
296. Torre Villar, tº II, p. 813-814. Memoria del Virrey Conde de Revillagigedo a su sucesor.
297. D.A. Brading, "Nuevo plan...", cit., p. 375-400.
298. Bajamar, *Discursos ...*, cit., p. 12 (Corresponde al discurso del 2.I.1793; La cursiva es mía).

dores de Buenos Aires en alguno de los sermones cuaresmales, pronunciados entre 1793 y 1806 (a los que hemos apelado en páginas anteriores para mostrar el "modelo" de juez dieciochesco). Se los trataba de "Dioses" cuya potestad provenía del rey y en última instancia de Dios. Se deleitarían escuchando al sacerdote sostener que el Altísimo manda bajo terribles anatemas que a estos "Dioses de la tierra" se presten respeto y veneración, pues debían ser considerados "estatuas de la soberanía de Dios, cuyas veces hacen al juzgar a los hombres", "imágenes vivas de la Potestad Real"[299].

Tal era la veneración que recibían, que en Charcas, según un ingenioso apólogo de Concolocorvo, una señora piadosa puso una garnacha al Santísimo, para que cuando fuese llevado a los enfermos marchara tan acompañado como los ministros de la Audiencia cuando salían de paseo, escoltados por los comerciantes que cerraban sus tiendas para hacerles pleitesía[300].

Dice Lohmann Villena que esos "muy poderosos señores", trato que se daba regularmente a los oidores, se hallaban imbuidos de tan alto grado de su propia estimación, que no debía de ser cómoda para nadie su presencia corporativa[301].

Efectivamente, ensoberbecidos y pretenciosos, formaban parte de la más alta jerarquía de la administración indiana, estaban vinculados con la mejor sociedad a través de relaciones de familia, compadrazgos y negocios. Sin duda debía ser difícil tratarlos y soportarlos.

Cuando a raíz de la llamada "reforma judicial" emprendida por el Ministro Gálvez, según R.O. de 11.III.1776 (a la que nos hemos referido ya), se nombró en cada Audiencia indiana un nuevo funcionario, el Regente, de la más estrecha confianza del ministro, se advirtieron claramente, a raiz de los informes que los nuevos magistrados hicieron llegar a Gálvez, las características de ese muro infranqueable, construido en torno a los oidores indianos, del que participaba en muchas ocasiones el propio virrey-presidente, a quien al cabo de años de experiencia transmitida de unos a otros, le resultaba más conveniente entrar en connivencia con ellos que enfrentarlos. Otro hombre de Gálvez, el Visitador Areche, informaba en 1778 a su señor que la distancia de la metrópoli los ponía al reparo de recursos ante la Corte, a tal punto "que muchas veces no queda al ofendido otro consuelo que el de llorar en secreto sus agravios y adorar en público la mano que se los causa para que no sean mayores"[302].

Veamos por ejemplo el informe del Regente de Lima, Melchor Jacot Ortiz Rojano, sobre el estado del gobierno y la justicia. La Audiencia estaba integrada por jueces holgazanes y fáciles al soborno o al cohecho, con multitud de pleitos pendientes que se eternizaban, prácticas viciosas, olvido de las leyes, desorden e ineficacia. Al tratar el

299. D. Ripodas Ardanaz, "Los sermones cuaresmales ..., cit., 1986, p. 263-273 (la cita en p. 267 y 269).
300. D. Rípodas Ardanaz, "La administración de justicia colonial ..", cit., p. 381.
301. G. Lohamnn Villena, *Los ministros de la Audiencia de Lima* ..., cit., p. XV.
302. El Visitador José Antonio de Areche al Rey, Lima 20.II.1778 (AGI, Lima, 1082).

tema de la buena armonía entre virrey y oidores, expone Jacot sus vicisitudes al enfrentarse con esa "gavilla" formada por los jueces y el propio virrey (En 1778 la situación no había variado según el informe del Visitador Areche)[303].

Digamos, por fin, con Parry, que "Un grado en leyes y la suficiente antigüedad eran las mejores calificaciones para avanzar en el servicio de las Indias. Si un juez u otro funcionario [de justicia] poseía ambos y evitaba pelearse con sus colegas, podía confiar en el *esprit de corps* de su profesión para que sus faltas fueran disimuladas"[304] y que gozara *per vitam* o por un largo período, de los privilegios del garnacha indiano.

9. La selección de los jueces para las plazas de Indias

El primer paso para lograr un juez que asegurase la buena administración de justicia, era ajustar los criterios de selección. Los extremos del *arbor iudicum* de Matienzo estaban trazados para ello, no para mostrar un *iudex perfectus* real y presente en todos los casos, sino precisamente para mostrar los recaudos que debían tomar aquellos llamados a designar al magistrado. Es decir los requerimientos básicos que debían buscarse en la persona que quisiese acceder a la dignidad de juez, dado que en función del cumplimiento de tales requisitos sería un buen magistrado y sus frutos (es decir sus sentencias) serían justas[305]. Igual objeto que el *arbor iudicum* de Matienzo, tenían los "Discursos Exhortatorios" de Porlier, las páginas dedicadas a ello por otros autores y los "sermones cuaresmales" de la Audiencia de Buenos Aires. En ningún caso se deseaba mostrar una realidad sino un ideal, una aspiración a alcanzar mediante jueces perfectos y con ellos obtener, sin duda, una sentencia justa. Por tanto debía seleccionarse cuidadosamente a los individuos que habrían de ejercer, en nombre del Rey y cerca de Dios, tan sublime función.

Existían además unas cuantas condiciones prácticas que en general venían a traducir las exigencias modélicas conocidas. Así resultaba primordial que quienes habrían de ejercer la judicatura indiana fuesen magistrados "no a prueba, sino aprobados", en la conocida sentencia de Solórzano, quien por lo demás adhiere a la opinión del Padre Josef de Acosta, que rechaza la de quienes creen que para Indias "bastan cualesquier ministros". No solo deberían tener las virtudes que comunmente se requieren en los demás magistrados, "sino que sean los más aventajados en ellas que ser pudiere y por el consiguiente se entresaquen de los mejores, [los] más aprobados y experimentados sujetos", a quienes se les animará a servir en Indias con la promesa de llevarlos luego a España a ocupar las vacantes de sus tribunales. Pedía Solórzano especial cuidado, ya hemos recordado sus

303. Carta del Visitador J. A. de Areche al Rey. 20.II.1778 (AGI, Lima, 1082).
304. J. Parry, op.cit., p. 262.
305. J. Vallejo, "Acerca del fruto ...", cit., p. 35.

consejos al señalar las condiciones que debía tener el juez indiano modélico. Para que no pudiese decirse, agregaba citando al Obispo Simancas, "que tengan nuestros santos y piadosos reyes erigidos y dotados tantos tribunales en todas partes para la administración de justicia y que se cuide tan poco de administrarla"[306]. Por que "en ninguna parte se experimenta más que en las Indias ... que los jueces desdigan de lo que son obligados, ... no puede acontecer ni sobrevenir mayor mal y daño a las Provincias"[307].

De la importancia de designar buenos jueces pendía la suerte del reino, según era corriente afirmarlo. Así lo decía en el siglo anterior otro jurista de amplia experiencia indiana, como Matienzo, al que hemos recurrido varias veces en busca de testimonios de valor: "Cosa muy sabida es que por los malos jueces se pierden las repúblicas, y por los buenos se conservan mucho tiempo y en paz, porque cual es el juez, tales serán sus súbditos"[308].

Era corriente exigir, según los memoriales elevados a la Corona que he revisado, que fuesen de buen saber, edad conveniente, con especiales virtudes y reconocida experiencia, temerosos de Dios, sin codicia ni intereses materiales, alejados del pecado y de la rapacería, pues así lo pedía especialmente esa tierra nueva de las Indias tan distante del centro del poder, a donde la mano del rey y su consejo no era "larga" como en España, sino "corta" para atravesar el Mar Océano y hacer llegar con oportunidad el correctivo que exigía velar por la buena administración de justicia.

En 1550 el primer virrey de Nueva España, desencantado del comportamiento de los oidores designados para México, se dirigía al rey para pedirle con ruda franqueza mayor cuidado en su selección. Después de recordarle el levantamiento del Perú con motivo de las Leyes Nuevas, le dice "S.M. aprieta mucho las cosas de esta tierra y muy de golpe", siendo tan fácil de remediar los problemas indianos "con solo proveer personas calificadas que tengan en razón y justicia la tierra". En cambio ha observado que se "envía oidores que allá no se proveerán por alcaldes mayores, y fíales un mundo nuevo sin ninguna orden ni razón ni cosa que parezca a lo de allá ¿qué espera S.M. que ha de suceder a dos mil leguas de donde está, sino dar con todo en el suelo y que se acabe haciendo experiencias antes que lo entienda? "[...] "Con esa negra ambición de mandar, cada uno de los oidores [designados para la primer Audiencia de México] deseó ser la más parte que pudo y diéronse en ganar amigos más que a hacer justicia". Por ello pide al rey que al seleccionarlos para Indias trate "que no tengan codicia de bienes temporales porque las leyes que S.M. ha hecho para remedio de los daños que se siguen de que los oidores no tengan granjerías no son bastantes, antes cosas de mayores daños"[309].

---

306. *Política Indiana*, V, iv, 1-5.
307. *Política Indiana*, V, iv, 5.
308. Gobierno del Perú ..., cit., p. 334.
309. Informe del virrey Antonio de Mendoza sobre la situación de México, año 1550, en Hanke, BAE, tº 273, p. 58.

Fray Juan de San Francisco se dirige a Felipe II desde México para recomendarle el mayor celo en la selección de oidores: "... los que acá viniesen habrán de ser personas experimentadas en cargos de justicia y no médicos que a costa de la salud de sus enfermos vayan tomando experiencia. Conviene que sean libres de pasión, de afición, y de intereses, muy celosos de la honra y gloria de Dios y del aumento de su Santa Fe Católica que les pudiesen con verdad decir lo que San Ambrosio: *age non ut judex sed ut episcopus*"[310].

El mismo Licenciado Tellez, que se quejara del endiosamiento de los oidores, recomienda a la Corona que "...conviene que los oidores de estas partes sean de edad perfecta, honestos y temerosos de Dios y de sus conciencias". Agrega que tenga siempre V.A. delante de los ojos, para designar en Indias, a gente de experiencia y "no mozos por casar salidos de los estudios, que para oír en España causas en vuestras Reales Audiencia y Chancillerías aún tendrían que aprender"[311].

Cuando se debió integrar la recientemente creada Audiencia de Charcas, se recomienda al monarca que "los oidores conviene que sean personas de letras y conciencia y que sepan el estado de las otras Audiencias, por fundarse esta de nuevo, y es de creer que son tales pues el Consejo los nombra. Y así podrá V.M. proveer los que fuere servido, aunque fuera bien que para cada oficio se nombraran 3 ó 4 personas, para que de ellas V.M. eligiera los que le pareciera que más convenía a su servicio"[312].

En la R.O. de 1776 que imponía la "reforma judicial" indiana, entre cuyas normas incorporaba la figura del Regente a las Audiencias de América y Asia, se recomendaba a la Cámara de Indias que propusiese para cubrir esas plazas recientemente creadas, "sujetos de reconocida literatura, prudencia y acreditada conducta" para lograr la ansiada "mejor y más pronta administración de justicia" en que estaba empeñada la Corona y su Secretario de Indias José de Gálvez[313]. Apuntemos que Gálvez debía tener poco aprecio de la competencia del Consejo para formular propuestas como esas, en que se centraba "su" reforma, pues los seleccionados fueron en general factura del ministro y no figuraron en las ternas o propuestas del Consejo.

En uno de los "Discursos exhortatorios" de Porlier, de los que ya hemos hablado, advertía que debía cuidarse especialmente la dotación de las Audiencias, ya que "los ministros propuestos para la formación, dotación y despacho de estos tribunales, [son personas] que en lo más florido de su edad empiezan en ellos su carrera con la noble emulación de hacerse merecedores de los ascensos propios de ella, hasta llegar a ocupar

310. Carta fechada en México, 31.VIII.1554; en Cuevas, p. 234.

311. Carta del Licenciado Diego Téllez al Príncipe Felipe, México s-f, en Paso y Troncoso, tº XIV, p. 155-158.

312. Anotación del Lic. Menchaca, dirigida a Felipe II, puesta al margen de la consulta hecha por el Consejo de Indias en fecha 2.VII.1557 al rey, sobre designación de oidores de la recién creada Audiencia de Charcas (Schäfer, tº 2, p. 80, nota 51).

313. AGI, Indiferente General, 801.

alguna de las Sillas de este Consejo"[314]. Era la vía natural para llegar al más alto tribunal del reino, de ahí el cuidado en seleccionar a los oidores, posibles ministros del Consejo. Por lo demás, participaba su presidente de la conveniencia de mantener y fomentar una "carrera judicial" que comprenda a los que "desde su tierna edad se dedican a ilustrar su espíritu y formar su corazón con el estudio y práctica de las facultades que pide la escrupulosa y delicada carrera de la magistratura y que han dado pruebas calificadas de su ciencia y rectitud"[315].

Referido específicamente a los jueces destinados a servir en las Indias, tan distantes de la Corte, Porlier, insistía en el cuidado con que debían ser seleccionados. Recomendaba el mayor "desvelo y atención con que deben examinarse las calidades, propiedades, genio, conducta e inteligencia de los que han de ser destinados para ocupar los puestos y dignidades, así eclesiásticas como seculares". Materia que juzgaba verdaderamente penosa, difícil y expuesta a errar, "siempre que no se aplique a ella todo el examen, todo el escrutinio y toda la indagación que requiere por su gravedad y por la trascendencia perjudicial que acarreará a aquellos pueblos y a los vasallos que los componen una errada elección"[316].

Creía el Marqués de Bajamar que era sumamente difícil encontrar buenos sujetos para enviar a las Indias. "Los primeros puestos del gobierno político y civil de nuestras Indias piden tales calidades y prendas en los que han de ocuparlos, que es muy difícil hallarlas reunidas todas en un mismo sujeto y muy peligroso si no se hallan." De ahí que habrá que proceder con "todo el rigor de la justicia y el verdadero mérito y la sólida virtud para la recompensa", pero "si por fortuna se descubre alguno, al punto debemos aprovecharnos de tan feliz hallazgo y sin atender a su desistimiento, a su moderación y repugnancia, consultarlo para la dignidad y empleo a que le haga acreedor de justicia su relevante mérito". Es que el acierto de esas designaciones, dice Porlier, asegura el bien público y la felicidad de los vasallos indianos, que "vinculan en un buen Gobierno Superior la tranquilidad de sus familias, la quieta y segura posesión de sus derechos y el libre ejercicio de sus honestas y ocupaciones en el domicilio donde se hallan avecindados, coadyuvando a todo el auxilio de los Tribunales de Justicia y de Gobierno"[317].

En otro escenario distinto al castellano-indiano, como era el Brasil portugués, se reconocía parecida preocupación en elegir buenos jueces cuando se trataba de magistrados que debían administrar justicia en sus lejanas colonias. En el siglo XVII, el sacerdote Antônio Vieira, en uno de sus sermones de cuaresma, afirma categóricamnente que "Nos Brasil, nas Angolas, nas Goas, nas Malacas, nos Macaus, donde o rei se conhece só por fama e se obedece só por nome; aí sào necessários os criados de maior

314. *Discursos*, p. 29.
315. *Discursos*, p. 84.
316. *Discursos*, p. 53.
317. *Discursos*, p. 84.

fé e os talentos de maiores virtudes. Se em Portugal, se em Lisboa, onde os olhos do rei se vêem e os brados do rey se ouvem, faltam a sua obrigaçòes, que será *in regionem longinquam*? Que será daquelas regiòes remotíssimas onde o rei, onde las leis, onde a justiça, onde a verdade, onde a razào e onde atéa mesmo Deus parece estar longe?". En suma, "o rei em um mundo e os representam em outro"[318].

10. Posesión de bienes materiales, tratos y contratos

Este fue uno más de los mas graves problemas que pesó sobre la conciencia de S.M., que debía no solo seleccionar a los mejores juristas para jueces en Indias, sino asimismo vigilar después la conducta de esos magistrados. Para ello se valía la Corona de una multitud de resortes, que iban desde los medios institucionalmente creados, como residencias, visitas y pesquisas, hasta la abundante y espontánea información que llegaba a raudales, proveniente de los mismos jueces, de los litigantes, de sus abogados, de religiosos y otros funcionarios residentes en las Indias, como virreyes, oficiales reales, obispos, etc. y especialmente de simples particulares. Fue tema al que la Monarquía Universal dedicó una atención especial, y me atrevo a afirmar que sin hallarle solución apropiada.

En las últimas décadas del gobierno de España en Indias se había relajado la disciplina y las prohibiciones en muchos casos terminaron por ser letra muerta. Sin embargo no fue solo entonces cuando se comenzó a conocer la indisciplina de los oidores indianos. Por el contrario bien pronto de instaladas las Audiencias llegaron a la Corte protestas y denuncias, ya que la distancia del centro del poder (la "corta mano del rey" de que hablamos) fue una tentación a veces irresistible para dejar de lado la conducta debida y buscar en cambio el propio provecho a pesar de órdenes y resguardos.

Como decía elocuentemente el virrey Toledo, algunos de esos señores que fueron a América "dejaron su honor en Sanlúcar"[319].

A fines del siglo XVI Castillo de Bovadilla afirma que la prohibición de tratar y contratar que afecta a los ministros de Indias "aprovecha poco porque, desde los virreyes hasta los alguaciles, ninguno lo guarda y aunque a muchos castigan, ninguno se enmienda", circunstancia que corrobora el oidor de Chile Juan del Corral Calvo de la Torre en pleno siglo XVIII y que ratifica y confirma Ayala en uno de sus "comentarios" a las leyes de Indias, según veremos más adelante.

Los esfuerzos de la Corona fueron constantes, pero constantes también las violaciones de quienes debían cumplir sus mandatos y el disimulo de las autoridades locales

318. Citado por Arno Wehling & María José Wehling, *Direito e Justiça no Brasil Colonial. O Tribunal sa Relaçào do Rio de Janeiro (1751-1808)*, Río de Janeiro. Sào Paulo. Recife, 2004, p. 102. En páginas siguientes se insiste en la necesidad de elegir buenos magistrados cuanto más lejano fuese el lugar del centro del poder.

319. Cit. por Hanke, que lo toma de Schäfer, cit, t° II, p. 57.

y tambien metropolitanas ante esos abusos, que terminaron formando parte de los atractivos económicos que se prometían a los españoles europeos para lanzarse a la "aventura" americana, a despecho de prohibiciones y cautelas legales.

Se ha señalado por lo demás que la desconfianza del Soberano hacia la posesión ilegal de bienes, tratos y contratos de sus funcionarios y en especial de sus jueces, era una antigua tradición castellana que afectaba a adelantados u otros jueces, que puede encontrarse ya en *Las Partidas*: "Adelantado u otro juez cualquiera que fuera puesto para juzgar o para hacer justicia en alguna tierra, o en alguna ciudad o villa, no puede comprar heredamiento, ni casas, él ni otro por él, nin otrosí otro ninguno de su compaña en aquella tierra, ni en aquel lugar sobre que ha poder, fueras ende las cosas que no pudiere excusar, así como lo que hubiese menester para comer, o para beber o para vestir" (P.Vª,v,5)[320].

"En ningunas leyes del mundo se halla este vicio más prohibido, prevenido y castigado, que en las de España y particularmente en las que llamamos municipales para las Indias", sostenía Solórzano al elaborar su perfil del juez indiano, recordando uno de los capítulos de las Ordenanzas de Audiencias de 1563[321] que prohibía a sus ministros recibir cosa alguna de las partes o de quienes podrían serlo o lo hubiesen sido, sus mujeres e hijos. Ya señalamos el rotundo rechazo que merecía al ilustre jurista la mala codicia: "porque las dádivas ciegan los ojos de los que juzgan... y porque no puede haber rastro de justicia en el corazón en que la avaricia se hizo morada...". Tambien conocemos, por habernos referido a ella en esta misma obra, su especial recomendación de que en las Indias se estrechen las exigencias, por ser en esos territorios mayores las ocasiones de incurrir en falta, "y poderse tener como milagro o por grande o singular alabanza, que los jueces no reciban donde hay quien porfía por darles mucho"[322].

En su *Gobierno del Perú,* ya Juan de Matienzo había despreciado al codicioso, por sabio que fuese, sosteniendo que "para ningún género de oficio o cargo en la república debe el avariento ser proveído, aunque sea más sabio que Platón"[323].

Para Indias se recogen la mayoría de las normas relativas a las prohibiciones que pesaban sobre los ministros de las Audiencias (dictadas por supuesto hasta la sanción de la Recopilación de 1680), en el Libro II, del título 16 de la misma. Específicamente relacionadas directa o indirectamente con la compra de bienes, tratos y contratos y otras formas de obtener dinero y efectos de terceros, son las leyes 54 a 60 y 64 a 70.

De ellas resulta que los presidentes, oidores y fiscales, no podían tratar y contratar, ni servirse de indios, ni tener granjerías de ganados mayores o menores, ni estancias, ni

320. Ver J.M. Mariluz Urquijo, *El agente* ...,cit., p. 350-351.
321. Ver A. García-Gallo, *Cedulario de Encinas*. Estudio e índices de [...] , Madrid, Ed. de Cultura Hispánica, 1990, p. 197 y nota.
322. *Política Indiana,* V, iv, 10 y 11.
323. *Gobierno del Perú,* cit., p. 320.

labranzas, ni compra o venta de mercaderías, ni otras negociaciones y labores, por sí o por terceros, estando comprendidos en la prohibición la familia del ministro y sus criados (ley 64, 66 y 67, el recopilador data en 1549 la primer norma recopilada (*Cedulario de Encinas*, tº I, fº 345), ni se podían servir de aguas, yerbas, leñas, ni otros aprovechamientos de indios, ni servicios, ni directa ni indirectamente. La infracción importaba para el ministro y quien con él contratase la perdida de los bienes, además de otras sanciones (ley 54, también aquí se señala como primer ley recopilada una norma de 1549; *Cedulario de Encinas*, tº Iº, fº 345). No podían tener casa propia para su vivienda, ni para alquilar, ni chacras, ni estancias, ni tierras, ni huertas, ni labranzas, ni tiendas, en todo el distrito de la Audiencia, ni directa ni indirectamente (leyes 55 y 56. Primer norma datada en 1550; *Cedulario de Encinas*, tº I, fº 345, nº 2). No podían sembrar trigo o maíz (ley 57, de 1565; *Cedulario de Encinas*, tº Iº, fº 345/348, nº 3, que incorpora otras dos de 1550). Les estaba prohibido dar dinero a censo (ley 58, desde 1550; *Cedulario de Encinas*; tº Iº, fº 345/346). No podían tener intereses en la pesca de perlas (ley 59, se citan disposiciones de 1610 y 1629). Tampoco podían intervenir en armadas de descubrimientos de nuevas tierras, ni minas (ley 60, la primer ley es de 1542. Se trata de normas tomadas de las célebres "Leyes Nuevas" de 1512, pueden verse publicadas en facsimil por el profesor Muro Orejón)[324]. Se limitaba a cuatro el número de esclavos que podían comprar o tener a su servicio (ley 65 de 1582; *Cedulario de Encinas*, tº Iº, fº 364). No debían recibir dinero prestado, dádivas, ni presentes de poca o mucha entidad, ni tener familiaridades con terceros, debiendo sustentarse tan solo de sus haciendas y salarios (ley 69 y 70, se reúnen en ellas normas, tomadas la primera del cap. 48 de las Instrucciones dadas por Felipe II en Badajoz el 3 de junio de 1580 y otra de su hijo de 1620).

La vigilancia sobre la acumulación de bienes y la observancia de las leyes que prohibían que tanto los oidores, como otros funcionarios de Indias, los tuviesen en su distrito, fuera de los indispensables para comer, beber o vestir (usando palabras de *Las Partidas*), fue tema corriente de las instrucciones a virreyes y presidentes, como también de denuncias, pesquisas, visitas y cuestionarios de residencias, además de ocupar buena parte de los cargos puestos en juicios de residencias de oidores. Las mismas ordenanzas de Audiencias contenían esas prohibiciones, conforme podrá comprobarse de la lectura de sus textos[325].

El 16 de abril de 1550 se instruye al virrey Velasco de Nueva España, al nombrarlo, que cumpla la Real Cédula dada "días pasados" por la que se mandó que nuestros oidores de todas las Indias "por que puedan más libremente entender en la administración de nuestra justicia que les está encargada y cometida y por otros justos respectos,

324. Antonio Muro Orejón, "Las Leyes Nuevas (1512-1543)", en *Anuario de Estudios Americanos*, Vol. II, Sevilla, 1945, p. 811-835. Ver A. García-Gallo, *Cedulario de Encinas*. Estudio e índices de ..., cit., p. 130.

325. J. Sánchez-Arcilla Bernal, *Las ordenanzas de las Audiencias de Indias ...*, cit.

no puedan tener ni tengan ganados ni minas ni entiendan en otras granjerías y mercaderías [...] la cual fue para ante nos suplicado, y porque a nuestro servicio conviene que dicha cédula se cumpla y ejecute, mandamos dar y dimos nuestra sobrecarta de dicha cédula, por lo cual se manda que sin embargo de dicha suplicación guarden y cumplan lo en dicha cédula contenido". En consecuencia se le encarece lo haga cumplir e informe sobre ello (Cap.36). En el capítulo siguiente, se prohibe también al Virrey tales aprovechamientos, "porque por experiencia ha parecido los daños e inconvenientes que se han seguido y siguen de que los que gobiernan en las Indias entiendan en granjerías y descubrimientos y en otros aprovechamientos"[326].

En iguales o parecidos términos se ordena a los demás virreyes. Pueden verse, por ejemplo, las instrucciones dadas a Martín Enríquez, al Conde de la Coruña, al Marqués de Villamanrique[327], al Virrey Conde de Monterrey[328], al Marqués de Cerralbo, al virrey Duque de Alburquerque[329]. En las instrucciones al conde de Moctezuma, el último de los virreyes de México de los Austrias (1697/1701), se repiten las razones expuestas a Velasco en 1550 sobre dicha prohibición y aún se vuelve a mencionar una sobrecarta dada para su cumplimiento. No se trata de la Real Cédula sancionada a medidados del XVI, sino de otra de 19 de octubre de 1619, pero el contenido es el mismo: "porque los oidores de las Audiencias de todas las Indias, Islas y Tierra Firme del Mar Océano puedan libremente entender en la administración de la justicia que les está encargada, y por otros justos respectos", se decidió que no pudiesen tener granjerías ni otras mercaderías, cédula que fue sobrecartada ante el recurso de súplica interpuesto por algunos oidores de México. Debía el virrey celar su cumplimiento "sin embargo de la suplicación ni de otra apelación alguna que de ella se interpusiere, porque mi voluntad es que se guarde por convenir así a mi servicio". Idéntica prevención se incluyó en las instrucciones a los virreyes del Perú. En general a todos los de Indias.

En las Instrucciones de 1568 al célebre virrey de Lima Francisco de Toledo se le previene: "Porque está muy prohibido por cédulas y provisiones nuestras que los virreyes, presidentes y oidores y otras personas que tienen algún cargo de gobernación o justicia, no traten ni contraten de alguna manera en dichas Indias nuestras, so graves penas, estaréis advertido que esto se guarde y cumplan porque así toca a nuestro servicio"... Tampoco debían "....recibir dádivas y presentes de cualquier calidad que sean y la guarda de esto cumple al servicio de Dios Nuestro Señor y nuestro, tendréis cuidado que así se guarde"... "Y la misma advertencia y aviso habéis de tener en no dar a vuestros parientes, ni allegados, ni criados, cosa alguna de los aprovechamientos y oficios, ni

326. Instrucción al Virrey de México Luis de Velasco, 16.IV.1550, en Hanke, BAE 273, p. 141 (En el *Cedulario de Encinas* se incorporan varias normas tomadas de estas instrucciones, ver A. García-Gallo, *Cedulario de Encinas* ... , cit., p. 145-146.

327. Instrucciones de fechas 7.VI.1568, 3.6.1580 y 1.II.1585, en Hanke, BAE, tº 273, p. 144, 198 y 262.

328. Hanke, BAE, tº 274, p. 137-138.

329. Instrucciones de 18.VI.1624 y 1653, en Hanke, BAE tº 275, p. 260-261 y tº 276, p. 166.

salarios, ni entretenimientos de la tierra, porque por experiencia se ha visto los inconvenientes que de lo contrario ha resultado, además de ser contra lo que por nosotros está proveído"[330].

Se instruye el 15 de marzo de 1628 a otro virrey de Lima, Conde de Chinchón, para que vele que se cumplan las prohibiciones decretadas sobre tratos y contratos de oidores y fiscales y otras personas que tienen cargos de gobernación o justicia.. "y procurareis saber cómo viven los oidores..., y que den buen ejemplo sin que se consienta ni permita que en su casa haya juegos", para premiarlos o castigarlos[331].

El tema de las granjerías y negocios, tenencia de propiedades y otros beneficios pecuniarios, estaba vinculado con el sueldo de los oidores, como lo había señalado Juan de Matienzo en su "árbol" y aparecía en algunos de los demás "elencos" sobre las exigencias y beneficios que debían tener los buenos jueces, que hemos utilizado.

Era el buen salario, es decir el salario suficiente, garantía de virtud y fuerte puntal que obstaculizaba la caída del juez en la avaricia mala, entendida como "desordenado amor de bienes temporales" y rechazada siempre por la doctrina y la ley, considerada en los jueces "el vicio más pestilente y nocivo"[332].

En la Cédula que vedaba la posesión de bienes de los oidores dirigida al virrey Mendoza, de fecha 29 de abril de 1549, se le decía expresamente que por ello "se vos mandaron señalar competentes salarios" (*Cedulario de Encinas*, tº Iº, fº 345, nº 1; *Cedulario de Puga*, fº 177).

Cuando los oidores suplicaron la disposición prohibitiva de bienes, la Corona, con rapidez poco habitual, insistió en la prohibición. La Real Cédula extendida en ese sentido lleva fecha de 2 de mayo de 1550 (*Encinas* y *Puga*, Ibídem), en tanto la elevación de las súplicas de los oidores a la Corte se produjo el 1º de noviembre de 1549, es decir que a poco más de cinco meses se denegó la súplica, lo que implica un verdadero "record" y habla a las claras de lo decidida que estaba la Corona de evitar el enriquecimiento ilícito de sus oidores indianos.

En cuanto al tema de los salarios, que había sido invocado por uno de los oidores suplicantes, Licenciado Gómez de Santillán, se decía: "en lo que toca a lo que pedía del crecimiento de vuestros salarios, Nos lo mandaremos ver y proveer cerca de ello lo que hubiere lugar". Por R.C. de 19 de noviembre de 1550, es decir a los pocos meses, la Corona autoriza el incremento de 150.000 maravedíes sobre el monto ya asignado de los salarios de los oidores de Nueva España. Apuntamos que García Santillán tenía cuantiosos bienes en México, adquiridos por él y por su casamiento con una rica heredera de la tierra[333].

---

330. Instrucciones al Virrey Toledo, 19.XII.1568, cap. 33, en Hanke, BAE, tº 280.
331. Hanke, BAE, tº 282, p. 23.
332. C. Garriga, "La visita y el gobierno ...", cit., p. 13.
333. Tomamos las referencias de Luis Navarro García, "Honra, pobreza y aislamiento de los oidores indianos", en *Temas Americanistas*, nº 1, Sevilla, 1982, p. 11-15.

Ya vimos la repulsa que merecía a Matienzo la avaricia de los oidores peruanos. En su *Gobierno de Perú*, le dedica un capítulo entero (el XXIIº), y la define siguiendo a Aristóteles, como "un vicio del alma, del cual se apetece ganancia de do quiera y como quiera que se pueda haber". Por ello recomienda que al elegir jueces o gobernadores "han de mirar que no tengan por costumbre de comer y destruir el ganado que les dan en guarda, con su grave avaricia y hambre que tienen de riquezas", y se les den buenos salarios[334].

A su vez, Solórzano, en el siglo siguiente, condenaba la avaricia de los magistrados, y la vinculaba con sus salarios. Tenía por justo y conveniente que estuviesen los oidores de Indias "como en todas las Audiencias lo están", bien acomodados y pagados en sus salarios "para que los dichos oidores conserven mejor este honor y dignidad de que voy tratando y sean más observantes de la entereza y limpieza y demás obligaciones de que tanto se les encarga"[335].

Es que la falta de un salario apropiado podía arrastrar al magistrado a buscar recursos en otras partes, es decir abrir la puerta a negociaciones prohibidas. Negociaciones que en el caso de salarios magros hasta pudieran justificarse, sobre la base de la doctrina de que *lex injusta conscientia non obligat*, que relativizaba la prohibición y que era esgrimida por los jueces en beneficio de su apartamiento de la ley, encontrando en ocasiones la comprensión de la Corona. Se trataba de la *codicia buena*, ajena a la archicondenada *avaricia mala*.

En el siglo XVIII durante los reinados de Carlos III y Carlos IV aún se insistía en la prohibición de poseer bienes y en la retribución correcta que se daba a los oidores como compensación por ello.

Cuando el Ministro de Indias José de Gálvez emprende en 1776 la tantas veces aludida "reforma judicial", además de aumentar el número de jueces de las Audiencias, eleva sus sueldos, para que "*sin la necesidad de otros recursos*, puedan vivir con la decencia correspondiente a su carácter y la comodidad que merece su elevado y escrupuloso ejercicio". A pesar de ello el 20 de febrero de 1778 el Visitador Areche denunciaba al rey que todos los miembros de la Audiencia de Lima tenían multitud de bienes y grangerías[336].

El Marqués de Bajamar apuntaba en el último de sus "Discursos" al Consejo, de 2 de enero de 1806, que las distinciones de los jueces "las sostiene el Soberano con el decoro con que los ha instituido y para ello les consigna los salarios que sean bastantes a mantenerlos decente y frugalmente, con que al paso que están alimentados y provistos de todo lo necesario, los liberta de la ocasión de degenerar y de exponerse a prostituir la integridad y desinterés con que deben administrar justicia, que frecuentemente inten-

334. Matienzo, *Gobierno del Perú*..., cit., p. 315, 319 y 320.
335. *Política Indiana*, V, iv, 18.
336. Comunicación a los ministros de las Audiencias de Indias de la R.O. de 11 de marzo de 1776, reproducida en la R.O. dirigida a la Audiencia de Buenos Aires de 28.VI.1789 (Ricardo Levene (ed.),*Cedulario de Buenos Aires*, vol. I, La Plata, 1929, p. 454-455). La cursiva me pertenece. Carta de J.A. Areche al rey (AGI, Lima. 1082).

tan evadir los irreligiosos y avaros litigantes, valiéndose de medios ocultos y reprobados para corromper a los jueces íntegros". Protesta Bajamar de una legislación que no castiga con la misma fuerza al juez corrupto que a quien lo corrompe, ya que en tanto al magistrado le caben severas sanciones, los corruptores "quedan impunes"[337].

Desde ya que en todos los casos la apreciación de la posesión de bienes materiales, su cuantía y los tratos y contratos y su importancia económica, estaba sujeta a una casuística y "disimulación", característica del Derecho Indiano, aunque no nacida en él, ya que venía del *ius commune-ius proprio*, pero sí acentuada en atención a las distancias y demás particularidades del caso americano, con el fin de no alterar las bases de un gobierno esencialmente "tolerante"[338].

A mediados del siglo XVI el oidor doctor Melchor Bravo de Saravia se queja al Rey, al llegar a Lima desde la Península, en carta del 3 de mayo de 1549, que reitera el 25 de octubre del mismo año, por los altos precios y el poco salario. También pide se le den indios de servicio "porque en Dios y en mi conciencia [digo a V.M.] que en Valladolid estando la Corte en ella tuviese mejor casa y más acompañada mi persona y mujer con 60.000 maravedíes de rentas al año, que aquí la puedo tener con los dos mil pesos que se me dan de salario, *verdad es que podría pasar con ellos si abriese la puerta a algunas cosas que me parece no convienen al cargo que tengo, como otros, pero yo no lo tengo de hacer aunque viva pobre y sin esperanza de volver a España*"[339]. Bravo de Saravia fue muy apreciado por el Consejo, que lo recomendó especialmente para Presidente de la Audiencia de Chile, por crearse. En consulta a Felipe II, de 8 de agosto de 1565, le decía que "ha 16 años que es oidor de la Audiencia Real de los Reyes, tiene mucha aprobación de vida y letras, y faltando el virrey algunas veces, como más antiguo, en paz y guerra ha gobernado y en todo servido muy bien", nombramiento que aceptó el monarca[340]. Las opiniones sobre este magistrado no fueron coincidentes en todos los casos, según veremos.

La Corona hizo lugar al pedido de aumento de sueldos (que contó por supuesto con el apoyo de la propia Audiencia), teniendo presente el criterio utilizado para México en 1550, ya mencionado, tal vez impresionada por la franqueza del oidor, pero sin duda siguiendo el principio de que los jueces debían estar bien pagos para evitar que se

---

337. *Discursos,* p. 192-193.

338. C. Garriga, "La visita y el gobierno...", cit., p. 18. Ver Victor Tau Anzoátegui "La disimulación en el Derecho Indiano", en Derecho y Administración Pública en las Indias Hispánicas. Actas del XII Congreso Internacional de Historia del Derecho Indiano (Toledo, 19 a 21 de octubre de 1998), Cuenca, Ediciones de la Universidad de Castilla-La Mancha, 2002, p. 1733-1752; E. Martiré, "La tolerancia como regla de gobierno en Indias", en prensa (Presentado al Congreso sobre la Intolerancia, organizado por el Instituto de la Intolerancia, de la Universidad de Enseñanza a Distancia (UNED), Madrid-Segovia, 2004).

339. Bravo de Saravia al Rey, Lima, 3 de mayo de 1549 y 25 de octubre de 1549, en Levillier, *Audiencia de Lima,* p. 1-4 (La cursiva me pertenece).

340. Schäfer, tº 2, p. 83, nota 63.

volcaran a negociaciones impropias. Por R.C. recibida en Lima el 25 de septiembre de 1551, se aumenta en mil pesos por año el salario de los oidores. Estos agradecen "aunque con esta ayuda no se suplan los grandes gastos de esta tierra". Como ya se le ha explicado al Rey y a su Consejo, agregan, "ha sido esta merced alguna ayuda para mejor poder pasar que hasta aquí". Piden asimismo que los dos mil pesos de la Real Hacienda que les asignó el Licenciado Gasca antes de salir de Lima, "visto la necesidad que teníamos", dando fianzas de que si S.M. no lo aprobaba tendrían que devolverlos, se les haga merced de ellos y se libre Cédula para que los Oficiales Reales no se los reclamen "porque con el poco salario que hasta aquí habemos tenido lo hemos gastado" y no tendrían como devolverlo[341], lo que habla a las claras de los apuros por los que pasaban los ministros[342].

La situación debió ser grave, pues los oidores enviaron carta al Pacificador Pedro de la Gasca agradeciendo el aumento de salario logrado por su intervención y rogándole se interesase también por el pedido que habían elevado, de que no se les haga devolver los dos mil pesos que el Licenciado les había otorgado, porque de requerírselos el Consejo "nos podríamos ir a la cárcel"[343].

No parecía al virrey Conde de Nieva tan apreciable el oidor Bravo de Saravia, más bien lo consideraba un estorbo para la administración de justicia, pero al parecer el rey no atendió las opiniones del conde-virrey, ya bastante desacreditado por cierto[344], a punto tal que promovió al oidor, como hemos indicado más atrás.

Solicitaban aumento de sueldo también los oidores de Charcas. Pero el virrey Conde de Nieva se opuso a que el rey accediese, por su mal comportamiento durante la rebelión pasada. Que no se les aumente el sueldo, decía al monarca, que tengan bastante con que durante la rebelión de Francisco Hernández, cuando gobernaron, no se les castigó, "pues por las pasiones que entre ellos había y diferencias pusieron el Reino en condición de perderse"[345].

También desde la Audiencia de México formularon sus oidores parecido pedido de aumento de sus sueldos, que el Consejo llevó con opinión favorable al rey, considerando reducidos sus estipendios ante la carestía de la vida en esa ciudad. El Licenciado Menchaca a quien Felipe II consulta, anota "... me parece debe V.M. mandar hacer conforme al parecer del Consejo porque no teniendo con qué se sustentar sin necesidad, es

341. La Audiencia al Consejo, Lima, 7.oct.1551, en Levillier, *Audiencia de Lima*, p. 34-35.

342. El Pacificador les había duplicado el sueldo en 1549, según, informaba el virrey Salvatierra a S.M., 8.IX,1654; AGI, Lima, 59 (Cit. por José de la Puente Brunke, "Notas sobre el funcionamiento de la Audiencia de Lima a mediados del siglo XVII", en *Actas del XIV Congreso del Istituto Internacional de Historia del Derecho Indiano*, Lima, octubre de 2003, en prensa).

343. Carta a La Gasca de 19.X.1551, en Levillier, *Audiencia de Lima*, p. 36-37. Volvieron a pedirlo al Consejo en carta de 7 de abril de 1552 (Idem., p. 40).

344 Ver E. Martiré, "Las ordenanzas de minas del Conde de Nieva y los Comisarios (1561)", en *Revista del Instituto de Historia del Derecho Ricardo Levene*, nº 23, Buenos Aires, 1972 y Schäfer, tº 2, p. 41-47.

345. Levillier, *Audiencia de Charcas*, p. 601.

ocasión de grandes inconvenientes en deservicio de V.M. y de la buena administración de justicia"[346].

Una prueba más de las penurias de los oidores por sus escasos sueldos, y de recurrir por ello a tratos y contratos prohibidos, la encontramos en la Audiencia de Santo Domingo. El Consejo se dirige al nuevo monarca Felipe III, insistiendo en el pedido hecho a su padre de aumentar los salarios de los ministros de la Audiencia de Santo Domingo. Argumentan que son los menores de todas las de Indias, a pesar de ser la Audiencia "más antigua y la que tiene más distrito y menos comodidad para todo lo que es menester en la vida humana, y los que más trabajan, por estar siempre con las armas en las manos, demás de que por la mala moneda de cuartos que corre en aquella isla, vienen a perder mucho de los dichos salarios, y que el no poder sustentar con ellos ha sido causa para que algunos de sus antecesores hayan tratado y contratado ... y privado de sus oficios ..."[347].

En 1652 el oidor Pedro Vázquez de Velasco pedía al rey desde Lima licencia para casar a una de sus hijas en la jurisdicción y una ayuda de costas para su sustento atento a los servicios prestados. Manifestaba en la petición que tenía once hijos "... sin poderlos sustentar por no alcanzar el salario respecto de la carestía de la tierra en estos tiempos"[348].

La Audiencia de Lima reclama en 1665 se aumenten sus sueldos, señalando que los que perciben son menores que los de Charcas. Y en 1677 el oidor Pedro García de Ovalle reclama se le pagasen los salarios pendientes de su tarea de Fiscal, conformandose con la mitad, atento las penurias por que pasa[349].

Las viudas de oidores padecían verdaderos apuros económicos. Al dar cuenta del fallecimiento del oidor de Lima, Pedro Trejo, la Audiencia advierte al rey la mala situación en que queda la viuda Catalina Navarro, que ha obligado al virrey conde de la Monclova a ordenar a su mayordomo que la socorra con dos pesos diarios para alimentarse, hasta "que S.M. atienda el consuelo de su viuda"[350]. La viuda del oidor de Lima Bernardino de Figueroa solicitó a la Corona que además del medio sueldo habitual que se les daba a las viudas de oidores, se aumentase con dos mil pesos de rentas en indios vacos u otros efectos por encontrarse en situación de "miseria"[351].

---

346. Consulta de 2.VII.1557;en Schäfer, op. cit., t°2, p. 119-120, nota 176.

347. Consulta a Felipe III de 19.I.1599, pues durante el reinado del "tacaño de Felipe II", según palabras de Schäfer, el rey no había querido aumentarles nada. El monarca lo concede "con tal ... que no contraten... (R.C. de 22.I.1599), en Schäfer, t° 2, p. 118-119, nota 171.

348. Pedro Vázquez de Velazco al rey, 25.VIII.1652, AGI, Lima, 101, cit. por J. de la Puente Brunke, "Notas ...", cit.

349. Informe de Pedro García de Ovalle (1677) AGI, Lima,103. ¿Se trataba de una compensación por haber servido de Fiscal, además de ser oidor de Lima? (Archivo General de la Nación, Lima Perú; Superior Gobierno, Contencioso,leg.6,cuad.88) Ambos casos cit. por J. de la Puente Burke, "Notas..", cit.

350. La Audiencia de Lima al rey, 30.VIII.1692, AGI, Lima, 104-A, cit. por J.de la Puente Burke, "Notas...", cit.

351. Josefa Merlo de la Fuente al rey, 18.XI.1665, AGI, Lima,171, cit. por J. de la Puente Burke, "Notas...", cit.

Sin embargo en muchas ocasiones no era la escasez de los sueldos o el mayor costo de la vida, sino la "mala codicia", uno de los vientos que soplaban y sacudían el *arbor iudicum*, precipitando a los magistrados a obtener beneficios espurios.

El virrey de Nueva España, Antonio de Mendoza, acumuló gran fortuna durante su mandato (1535-1550), en parte mediante licencias obtenidas de la Corona, en parte de sus acuerdos al margen de la ley con otros magistrados y funcionarios, como los oidores de México. Así resultaba, según Ethelia Ruiz Medrano, de los permisos solicitados a la Corona y de la visita de sus estancias, que se encomendó, a su propuesta, al oidor Tejada, amigo y socio del virrey. El virrey pagó sus adquisiciones con dinero y con beneficios a terceros a quienes otorgó, en compensación, cargos de corregimientos[352]. Los oidores de México siempre estuvieron vinculados a su fortuna[353]. El visitador de Nueva España Francisco Tello de Sandoval fue muy riguroso con el virrey, ambos estuvieron complicados en acusaciones mutuas, que el Consejo de Indias dirimió a favor de Mendoza por sentencia de fecha 14.IX.1548[354].

Resulta singular la conducta del Licenciado Alonso de Tejada, verdadero empresario de la Nueva España, tarea que alternaba con la de oidor de la Audiencia de México(1537-1550). Nombrado en remplazo de Vasco de Quiroga el 4.IV.1537, llegó al cargo en situación económica que no era holgada, pues traía deudas desde Sevilla tomadas para emprender el viaje a México. Llevaba sueldo de 500.000 maravedíes anuales, que se elevó a 650.000 hacia 1550. Ha sido considerado el primer inversionista en tierras del Nuevo Mundo.

Era dueño de grandes extensiones, tenía una empresa agrícola y una importante actividad comercial en la ciudad de México. Se apropiaba de tierras de indios en contra de la legislación vigente, que el oidor trató de encubrir mediante argucias legales. Gozó del amparo del Virrey Mendoza y de otros funcionarios coloniales, quienes le facilitaron mercedes de tierras, sobre todo el virrey a través de la adquisición o el despojo de las tierras de los indios. Alcanzó a reunir alrededor de tres mil hectáreas adquiridas por distintos medios, compra, trueque, traspaso o merced.

Se sirvió generosamente del trabajo de miles de indios. Se contaron 350.000 para la construcción de una acequia en beneficio de sus tierras, que trabajaron para la obra doscientos indios y a veces hasta mil, diariamente durante dos años. Obtenía la mano de obra indígena de distintas maneras: a través de presiones, como ser encarcelamiento de sus principales y gobernadores, maltratos durante la prisión y fuera de ella, también

352. El visitador Tello de Sandoval le puso 44 cargos el 21.VI.1546, que el virrey refutó (Cargos que resultaron de la visita secreta contra Antonio de Mendoza presentados por Francisco Tello de Sandoval, en Hanke, BAE, tº 273 p. 110-119; Interrogatorio preparado por Antonio de Mendoza para la visita que se le hizo, 8.I.1547, en Idem., p. 59-110).

353. Ver Ethelia Ruiz Medrano, *Gobierno y sociedad en Nueva España: la segunda Audiencia y Antonio de Mendoza*, Zamora, El Colegio de Michoacán-Gobierno del Estado de Michoacán, 1991, p. 115 y sig.

354. Hanke, BAE, tº cit., p. 123.

con castigos a las familias de los indígenas, o bien con ofrecimiento de pagos que, sencillamente, "no se cumplirían". Producía en sus establecimientos agrarios, según el mismo declaró, 10.000 fanegas de trigo de riego.

Las constantes denuncias sobre la desarreglada situación de Nueva España, el mal trato de los indios y los excesos de los funcionarios Reales, motivó la designación del visitador Francisco Tello de Sandoval, pero el dominio de la situación en la Audiencia de México por Alonso de Tejada siguió hasta su traslado a España.

Para que pudiesen los indios de Azcapotzalco reclamar ante el visitador Tello de Sandoval, recurrieron a Antonio Ortiz, un "naguatlato" de la Audiencia. El intérprete para conseguir que los naturales pudiesen llegar a efectuar su demanda ante el visitador, eludiendo el cerco tendido a su alrededor por el oidor-empresario y sus amigos, llevó a su casa a alguno de ellos y los disfrazó "de hábito español"; así pudieron eludir el cerco y fueron recibidos por Tello de Sandoval, ante quien presentaron sus quejas. Claro que Ortiz, a instancias de Tejada, fue inmediatamente cesado de su cargo de intérprete de la Audiencia.

Apremiado por el virrey Velasco y las denuncias en su contra recibidas por el visitador, prefirió volver a España, por supuesto que con una considerable fortuna, pues vendió sus tierras, antes de zarpar, a un minero pariente suyo, Pedro de Sandoval[355].

En carta al consejo manifestaba su inocencia en la residencia que le llevaba el juez visitador, sus argumentos mezclaban sus obligaciones de oidor con los méritos que se atribuía como empresario. Sostenía que merced a su empeño e iniciativa se desarrollaron las riquezas de una tierra hasta entonces yerma y sin industria: "... se verá por la visita, que no tiene S.M. jueces [que] con más limpieza y recato hayan usado sus oficios que los oidores de esta Real Audiencia, ni que más ni aún tanto trabajo tengan, lo cual se debe tener en mucho por vivir en Indias y estar tratados y aún gratificados de lo que son..., [tienen por cabeza] "al ilustre visorrey, porque su prudencia, bondad y cristiandad basta para que los viciosos se tornen virtuosos sin que intervenga premio o otros castigo".

Después de este introito laudatorio para él mismo, sus compañeros de la Audiencia y el virrey, es decir sus socios, se ocupa de defender el hecho de haber tenido tierras y granjerías, que no podía negar ante la pública notoriedad de su gran fortuna.

"Los cargos que se me hicieron son todos de haber hecho heredamientos y granjerías honestas con facultad y licencia de S.M. [a]demás de la que el derecho me permite con que si no me engaño no solo no he ofendido a nadie, antes servido a Dios y a S.M. tanto y aún más que con el oficio, que porque a mi ejemplo se ha[n] hecho muchos y ricos heredamientos con que la tierra se ha poblado y perpetuado y esa ciudad se ha

355. E. Ruiz Medrano, op. cit., p. 238, 263-264, 303, 306; M.J. Sarabia Viejo, *Don Luis de Velasco, Virrey de Nueva España (1550-1564)*, cit., p. 53.

mucho ennoblecido y abastado de todos mantenimientos y de las otras cosas necesarias de que antes que yo comenzase tenía gran falta; por manera que lo que pensaba poner por servicios y que merecí ser gratificados, me ha puesto el visitador por cargos, visitándome como alcalde de él, por los capítulos de corregidores, sin considerar que el juez que puesto a voluntad del príncipe y sin prefinición de tiempo, el derecho le tiene por perpetuo y goza de lo que un vecino, y puede tener haciendas y granjerías como las tienen los oidores de las otras Audiencias y Consejos, y como dio en este error o lo que tengo por más cierto siguiendo la traza del Marqués del Valle por sustentarla y llevarla adelante, creo que ha de procurar de dar a entender que acá no conviene que los oidores ni el que gobierna tengan granjerías y que vivamos en necesidad y pobreza con los salarios solos, y que nuestros hijos queden en el aire o vayan a buscar de nuevo donde habiten y que ellos y sus padres sean de peor condición con haber servido a S.M., y que allá se viva por una ley y acá por otra más estrecha, [en] especial no habiendo habido como no hay en nuestra visita cargo de haber hecho a nadie, con nuestras granjerías, daño ni agravio, salvo los que el visitador, por sustentar su opinión o por mejor decir la traza dicha, quiere formar en su pecho, o porque los de acá servimos nos debe de tener por desorejados o gente de galera: esté V.S. de una cosa muy cierto que si con nuestras haciendas y granjerías daño hubiéramos hecho o por respecto de ellas alguna falta o remisión en nuestros oficios, que en la visita fuera presentado, pues en el visitador no faltó voluntad de hallarnos culpas, ni diligencias de inquirir nuestras vidas ni en los testigos de hacernos culpados, salvo si no lo quiere desaguar con decir que faltó tiempo para hacer la visita: no he dicho esto por lo que me toca, salvo porque V.S. y estos señores estén advertidos no los engañe el visitador y den en nuevos inconvenientes por parecer de hombres apasionados que nos tienen mala voluntad y que desean que cada día nuevos oidores y nuevo gobernador que ni los entienda ni conozca sus cosas y tiranías".

Insiste en que ha adquirido legítimamente de españoles las tierras y de las que eran de Moctezuma y "estaban eriazadas y baldías" y señaladas por los indios para repartir entre españoles, también hizo trueques a los indios, todo con anuencia del virrey[356].

He transcripto extensamente los descargos de Tejada por que los considero un ejemplo de las aspiraciones de un oidor inescrupuloso que busca compensar de cualquier manera (lícita o no) los gastos e incomodidades producidos por el traslado de su casa peninsular a los rigores de esa casi desconocida "tierra nueva", yerma de toda industria y cultivos. La tentación de lucrar en ella de espaldas a la ley debía ser entonces muy grande, en verdad solo frenada por la propia conciencia del juez, pues las distan-

356. Carta del Licenciado Tejada, oidor de la Audiencia de México, al presidente del Consejo de Indias, Marqués de Mondejar, México,24.IV.1547; en Paso y Troncoso, tº V, p. 27-36. Ver asimismo Pilar Arregui Zamorano, *La Audiencia de México según los visitadores, siglos XVI y XVII*, Universidad Autónoma de México, 1985, p. 211-213.

cias hacían "corta" la mano de S.M., como ya he sostenido más atrás.También el oidor Gómez de Santillán, con quien hacía negocios Tejada, apremiado por el Virrey Velasco, debió vender sus tierras malhabidas[357].

La partida de Tejada hacia la Península no significó que cesasen los latrocinios, ahora a través de uno de sus compañeros de la Audiencia, el oidor Quesada. Para amedrentar a los vecinos y litigantes, según una denuncia anónima llegada a la Corte, proclamaba Quesada que los amigos del oidor Tejada, que se trasladaba a España, destruirían a sus enemigos en México. Sostenía tener gran valimento en la Corte y que perseguiría en México a todos los que no fuesen sus amigos. Tráelos tan amedrentados, dicen los denunciantes del oidor, que les roba sus haciendas, a los unos por vía de empréstitos, a los otros por vía de fianzas, a los otros por vía de compañías en sus haciendas y de esta manera "tiene cogidos en la tierra más de cincuenta mil ducados". Piden justicia y no firman para no ser perseguidos[358].

Al de este Tejada, adalid del despojo de los naturales y del enriquecimiento ilícito, se le sumaron otros casos. Debo advertir que algunos oidores, como le hemos visto hacer a Tejada, introducen como defensa de su actitud, el hecho de que por haber sido designados sin término pueden como cualquier vecino tener bienes y hacer negocios. Trataremos el tema un poco más adelante.

Otro oidor enriquecido en México fue uno de los que habían suplicado la Real Cédula prohibitiva de granjerías de 1549, el Licenciado Gómez de Santillán, compañero de andanzas de López de Tejada, quien no solo había adquirido sus bienes personalmente sino que los había recibido de su mujer, rica propietaria de Nueva España, doña María de Barrios. De todo lo cual resultaba según su propia declaración, estampada en la aludida súplica, que "tiene en Nueva España y en el Nuevo Reino de Galicia ganados y estancias, minas y otras haciendas", de los que no puede desprenderse "sin la voluntad de la dicha su mujer" pues en su mayor parte provienen de la dote recibida al casarse. También Santillán formula parecidos argumentos que los de su colega Tejada para justificar sus bienes y poder mantenerlos, es decir que se aferra a su condición de magistrado perpetuo para zafar la prohibición[359].

La frecuencia con que los ministros de la Audiencia de México se hacían de propiedades, tierras y haciendas en Nueva España dio motivo a que varios visitadores designados por la Corona, les hicieran repetidos cargos por ello. El visitador Tello de Sandoval con respecto a los oidores Tejada, Alonso Maldonado y Francisco Ceynos y al fiscal Cristóbal de Benavente, los acusó por posesión de bienes prohibidos.

El visitador Jerónimo de Valderrama le hizo igual cargo al oidor Vasco de Puga; descubrió que el "recopilador" enviaba a España cantidades de dinero, en 1561 fueron

357. M.J. Sarabia Viejo, *Don Luis de Velasco*, cit., p. 53.
358. Anónimo s/f., en Paso y Troncoso, t° 15, p. 99-100.
359. Ver L. Navarro García, "Honra, pobreza y aislamiento ...", cit., p. 13.

10.000 pesos oro, 525.000 maravedíes y 3.000 pesos. Otro oidor acusado era Villanueva Zapata, también había enviado a España 10.000 pesos.

El visitador Moya de Contreras imputa a varios ministros por los bienes inmuebles recibidos a través de mercedes prohibidas, que los virreyes Enríquez de Almansa y el Conde de la Coruña les han dado en cabeza de terceros[360]. En casos semejantes están comprendidos el alcalde del crimen y luego oidor García de Palacio, que ponía a nombre de su hijo, de parientes y amigos las tierras que por mercedes recibió del virrey Conde de la Coruña. Tuvo reclamos de los indios pero los arregló con su amigo y subordinado el alcalde mayor del lugar, debiendo los naturales vender forzadamente. Con el auxilio de funcionarios Reales obtuvo trabajo sin paga de los indígenas y cometió con ellos toda clase de abusos. El Consejo lo condenó a suspensión por 6 años del oficio y pago de 4.000 ducados, la mitad a la Cámara y la otra a los indios, debiendo devolver las tierras al común o a los indios según correspondiere[361].

Otro acusado fue el oidor Hernando de Robles, el Consejo lo condenó a dos años de suspensión y pago de 500 ducados. Una de las mercedes las había recibido del virrey Martín Enríquez en cabeza de su mujer y otras del Conde de la Coruña en cabeza de su hijo, que debió devolver. Tierras y granjerías le fueron corrientes, y luego de muerto el virrey Conde de la Coruña, las recibió de la propia Audiencia Gobernadora, de que formaba parte, siempre a nombre de terceros. Remitía dinero a la China por negocios[362].

Un acusado más de poseer tierras y bienes en forma ilegítima fue el oidor Pedro Farfán, de conducta semejante a la de los anteriores. Dineros enviados a Filipinas, Perú y otros sitios para comprar mercaderías que luego vendía en México. El oidor Pedro Sánchez de Paredes, siendo miembro de la Audiencia Gobernadora, dio a su sobrina, a quien había criado, seis caballerías de tierras y otras tantas a un cuñado. La sentencia del Consejo era clara: "Ponemos por culpa y mandamos dar Cédula para que mientras que no hay Virrey, la Audiencia que gobierne no pueda dar ni hacer gracias de tierras, estancias, sitios de molino, a nadie. Que los Virreyes no puedan darles a ningún criado o deudor suyo dentro del cuarto grado, ni de oidores, alcaldes del crimen, fiscales, escribanos de cámara y gobernación, relatores u otros oficiales de la Audiencia"[363].

Los Alcaldes del Crimen Tomás de la Cámara, Santiago de Vera y Diego Santiago del Riego, estuvieron acusados y en definitiva condenados por recibir ilegalmente tierras, por lo general de indios, y fueron forzados a venderlas[364].

---

360. Arregui Zamorano, p. 213-214.
361. Arregui Zamorano, p. 213-214y 215.
362. Arregui Zamorano, p. 216-218.
363. Arregui Zamorano, p. 218-219.
364. Arregui Zamorano, p. 219-220.

Sigue la lista el oidor Melchor de Torreblanca, el fiscal Francisco Manrique de Lara, y el oidor Andrés Gómez de Mora. Todos con tratos y contratos ilegítimos y posesión de bienes[365].

También el visitador Licenciado Téllez se ocupaba de los bienes de los virreyes y oidores en carta al rey que ya hemos citado. "Que cosa es muy poderoso señor que don Antonio de Mendoza lleva cien mil ducados de deuda y don Luis de Velasco en dos y tres años debe más de veinte mil pesos, y que un oidor con 500.000 maravedíes lleve de 50.000 maravedíes arriba de dineros en cinco o seis años, que es cosa brava las contrataciones de mar y tierra que tienen, el acompañamiento de sus personas y con los vecinos de esta ciudad, con los cuales tienen tanta cuenta como si fuesen asalariados, no menos sus mujeres, cosa de gran inconveniente y prohibido por las leyes de vuestros reinos... Está mandado no tener indios de servicio, los tienen más que antes y mejor"[366].

El Licenciado Lorenzo Lebrón de Quiñones, oidor de la Audiencia de Nueva Galicia, de resultas de la visita a la tierra que efectuara en Nueva España en 1554, denunció a la Corona varios abusos. "Manda V.A. que los oidores no tengamos granjerías y tratos pero no faltan modos y cautelas para defraudar la provisión de V.A. y a trueque de la pena, porque tienen por cierto [los oidores de México que] no se les ejecutará, no quieren dejar de ganar cada año quince o veinte mil pesos pues es en su mano con tales granjerías, porque en seis o siete años tiene [el oidor] 100.000 pesos de hacienda y los que no la tienen deben más que [lo que] V.A. nos da y en esta ciudad de México y la de Nueva Galicia no son tres los oidores que no las tengan, unos pública y otros por vías exquisitas". El tema según Lebrón era alarmante por cuanto esos hechos los inhabilitan para ser jueces "por que las más de las veces se ofrecen causas que la misma sentencia les ha de comprender". Además de ocuparles esos negociados particulares mucho tiempo, que restan al tribunal[367]. En la misma Nueva Galicia había oidor que se beneficiaba con el sencillo expediente de nombrar a sus sirvientes como "tenientes de corregidores" en lugar de pagarles salario[368].

Como resultado de la visita general a Nueva España, incluyendo la Audiencia de México, encomendada al Arzobispo Pedro Moya de Contreras, se puso cargo a varios oidores y hubo sentencia del Consejo de Indias el 22 de febrero de 1589. Al oidor doctor Farfán se le condena a devolver las tierras que le dio el virrey, a 10 años de suspensión de oficio y 4.000 ducados de multa; el Alcalde del Crimen Santiago Vera deberá pagar el valor de las tierras que sustrajo a los indios.

---

365. Arregui Zamorano, p. 227-228.
366. Carta del Licenciado Diego Téllez, antiguo abogado de la Audiencia de México, al Príncipe Felipe, México s-f; en Paso y Troncoso, tº XIV, p. 155-158.
367. Carta de Lebrón de Quiñones al Príncipe Felipe desde el Pueblo de Taximaroa, provincia de Mechoacan de Nueva España, 10.IX. 1554. Se anota "Duplicado de la enviada en marzo del año pasado desde México que se perdió en la flota", en Paso y Troncoso, tº VII, p. 223-250.
368. Parry, p. 132, nota 87.

Una averiguación posterior a la visita, en 1599, sobre el Alcalde del Crimen Diego de Santiago del Riego, realizada secretamente por estar propuesto para ser designado Visitador de la Audiencia de Charcas, dio por resultado que el candidato, ahora oidor, observaba una conducta asombrosamente incorrecta. Tenía parte en las minas de Guantala, contrataciones en la China, grandes extensiones de tierras, caballos, estancias de yeguas y garañones en perjuicio de los indios. A pesar de que el Consejo le ordenó vender todo, se las arreglo para no hacerlo[369].

El Licenciado Cabezas de Meneses, oidor de Quito, fue acusado y privado de su oficio por acudir a medios ilícitos para su sustento. Durante la visita que se le mandó, para disimular una deuda de 90 pesos, le pagó a su acreedor 50 y le obligó a darle carta de pago por toda la cuantía[370].

En 1610 el Alcalde del Crimen de México, Luis López de Azcona, es acusado por los visitadores Diego Landeras y Juan de Villela, de dedicarse a la bebida y tener tierras compradas a los indios, lo que estaba prohibido "por estar tan sujetos a la opresión y al engaño, que si no se guarda y ejecuta esta provisión no poseerán tierras ni propiedad alguna dentro de pocos años"[371].

Una Real Cédula de 2 de mayo de 1550, para hacer ejemplar el castigo de adquisición de tierras y heredades, extendía la pena que recibieran los oidores a los meraderes y particulares que hubiesen contratado con ellos. El visitador Landeras reclama por ello al rey el 4 de noviembre de 1606 pues la considera contraproducente ya que por no caer en la pena, los particulares no confesarán el delito, "y ha de ser dificultoso probar[lo] de esta manera", propone que en cambio se los exceptúe de pena si confesasen. La Corona no aceptó la sugerencia y la disposición está incorporada a las recopiladas[372].

En la relación de su gobierno, informa el Virrey Marqués de Cerralbo (en fecha 17.III.1636) que sospechando de la conducta del Fiscal del Crimen Francisco de la Barreda, de quien se decía haber recibido la suma de nueve mil pesos de un negocio, se le substanció causa de la que resultó ser suspendido por el Consejo por 4 años, lo que no impidió que continuara su carrera en la administración de justicia indiana[373].

El visitador Juan de Villela que continuó la visita de Landeras pronunció numerosos cargos. Estaban implicados los Alcaldes del Crimen Luis López de Zoca, con un largo historial de abusos, Marcos Guerrero (también después al ser designado oidor),

369. Arregui Zamorano, p. 85.

370. Schäfer, tº 2, p. 121, nota 183.

371. Carta del visitador Juan de Villela, presidente de la Audiencia de Guatemala, al rey,29.marzo.1610. Por haber muerto en el ínterin el Consejo solo manda devolver las tierras a los indios (Arregui Zamorano, p. 94-95).

372. Arregui Zamorano, p. 223.

373. Hanke BAE, tº275-278. Había sido relator del Consejo de Indias. Fue nombrado oidor de Guatemala (13.V.1641 a 1645) y de Guadalajara (26.XI.1645 a 1665, jubilado), se le había otorgado licencia para pasar a España por 2 años en 1660 (Schäfer, 2º, p. 464, 476, 495).

Nuñez de Morquecho (también después siendo oidor) y Antonio de Morga y el oidor Pedro Suarez de Longoria. Todos con numerosos tratos comerciales, generalmente a través de sus esposas, con Filipinas, China y otros reinos. La lista es nutrida comprende a los oidores Marcos Guerrero, Juan Quesada de Figueroa, Aller de Villagómez y el Fiscal Espinosa. El oidor Francisco de Rojas y Oñate, aún siendo visitador de las Audiencias de Guadalajara y Filipinas, negociaba con gran escándalo y murmuración. Dice el visitador Juan de Palafox de este señor: "Debiendo vivir con la decencia del puesto, sin más ostentación, tiene una casa,[de] las de más aparato que hay, además de vivienda. Hace gran lucimiento de carrozas, criados y esclavos. Todo con el sueldo de su plaza no se puede mantener y sabiendo que no trajo hacienda de España, ha dado lugar a murmuraciones y a que se hable mal de su proceder"[374].

Un tema concomitante a la prohibición, esgrimido por algunos jueces de las Audiencias indianas para cohonestar la posesión ilegal de bienes materiales, tratar y contratar y tener otras granjerías se fincaba, según ya hemos dicho, en el hecho de que por estar designados sin tiempo fijo de permanencia, es decir por considerar que eran jueces "perpetuos", quedaban asimilados a cualquier vecino y podían ejercer esas actividades, como cualquiera de ellos lo hacía, para su sustento. Era una doctrina extraída del derecho común que había sido corregida por el derecho propio de Castilla y especialmente por el de Indias, mediante normas expresas que se inician con la dirigida a la Audiencia de México de 1549 y se repiten en varias ocasiones posteriores, hasta cubrir casuísticamente todos los resquicios, todas las posibilidades. Para que no se pudiese escapar a la prohibición se sancionaron las Reales Cédulas de 1619 y 1621 que facilitaban la probanza de los hechos y obligaban a los ministros a presentar inventarios de sus bienes[375].

Lo vimos alegar en ese sentido a Tejada: "... sin considerar que *el juez que puesto a voluntad del príncipe y sin prefinición de tiempo, el derecho le tiene por perpetuo y goza de lo que un vecino, y puede tener haciendas y granjerías* como las tienen los oidores de las otras Audiencias y Consejos"..., para concluir impugnando *"que allá se viva por una ley y acá por otra más estrecha.."*[376].

En parecidos términos defendía la posesión de bienes su colega el oidor Gómez de Santillán. Dice en su recurso al Trono que la prohibición dispuesta por la R.C. de 1549 es contra todo derecho "y por ella se corrigen y derogan todos los derechos que disponen que los jueces perpetuos y por voluntad que son habidos por perpetuos, en sus distritos y jurisdicciones pueden contratar y tener haciendas y granjerías". Además juzga correcto que los oidores sean ricos y tengan haciendas con que cómodamente se puedan sustentar sobre todo en Indias, "para que puedan tener la autoridad que conviene

374. Carta de Juan de Palafox al rey, 16.2.1645, Arregui Zamorano, p. 226-227.

375. C. Garriga, "La visita y el gobierno ..", cit., p. 14-15. En este lugar y las páginas siguientes indica el autor algunos casos de concretas violaciones del precepto.

376. La cursiva me pertenecen.

y mejor y más libremente usar sus oficios" y no que pueda ocurrir "que por necesidad, como de muchos se ha visto, no vengan a sujetarse y hacer cosas feas". Un argumento más era que a los oidores de Castilla no se les prohibía tener bienes, ni tratos ni contratos, ni casarse en sus distritos, de manera que la prohibición a los de Indias era no solo contra derecho sino contra lo que se usaba en las Audiencias de Valladolid y Granada. No hay razón para que los oidores de Indias sean de peor condición "antes de mejor, pues se ponen a mayores trabajos y peligros y dejan sus tierras y naturalezas para servir a Su Magestad". Por último aparece una argucia curialesca, referida al fundamento mismo de la prohibición: que si lo que se buscaba con ella era que sin la posesión de esos bienes y contratos "tengan más libertad para gobernar, y esta razón cesa con los oidores de la Nueva España, porque no está a su cargo el gobierno" que es del virrey y ellos solo se ocupan de asuntos de justicia[377].

El antiguo abogado de la Audiencia de México, Licenciado Diego Trelles, rechaza el argumento del "juez perpetuo" y pide al Príncipe Felipe que así como en España se visitan cada tres años las Audiencias, también allí se lo haga "porque lo menos no se arraigarán los oidores como perpetuos en la tierra fuera de su naturaleza; y si lo procuran es por el mando y por el interés excesivo que ganan con sus oficios diciendo que son perpetuos, porque V.A. los hace jueces por su Real voluntad y siendo así son habidos por perpetuos según derecho y como vecinos dicen poder contratar y esto V.A. lo tiene excluido por vuestras leyes reales por las cuales se prohibe al juez toda contratación y granjería, dicen a esto que no se entiende en juez perpetuo sino en temporal y dado a tiempo limitado, olvidados que la razón de la prohibición, tiene más justa causa en el perpetuo que en el temporal, porque como haya de dejar la tierra cumplido su tiempo, excusará la granjería porque la ha de dejar, y el perpetuo con no dejarla la procurará, y como sepan que han de hacer residencia de tres en tres años no la tendrán, ni la procurarán porque la han de dejar cumplido el tiempo y esto es los que V.A. ha de insistir en mandarlo"[378].

El resultado fue la Real Cédula de 2 de mayo de 1550 que ratifica la de 9 de abril del año anterior, que prohibe, una vez más, con especial firmeza tales actividades. Se la recogió, junto con normas similares posteriores, en la Recopilación de 1680 (II, xvi, 54).

Un año antes de haberse sancionado esa norma, el virrey Mendoza informaba a S.M. de las desavenencias de los oidores de México por razones de los bienes que cada uno poseía, lo que perjudicaba el funcionamiento de la Audiencia[379].

Con el transcurso del tiempo y la insistencia en la prohibición sin importar los recursos que se plantearan, el argumento dejó de tener validez. Lo que lamentablemente

377. L. Navarro García, "Honra,pobreza ...", cit., p. 12-13.
378. Carta del Licenciado Diego Téllez al Príncipe Felipe, México s-f, en Paso y Troncoso, p. 155-158 (La cursiva me pertenece).
379. Informe de Antonio de Mendoza al rey , BAE, tº 273, p. 58 (La cursiva me pertenece).

no evitó que subsistiera el apoderamiento por parte de oidores y fiscales de bienes materiales, tratos y contratos, que a despecho de las prohibiciones legales subsistieron durante todo el tiempo de la dominación española de las Indias.

No se produjo esa persistencia en la violación de la ley por desinterés de la Corona, que siguió insistiendo en el cumplimiento de la prohibición y recomendando a sus virreyes que la hiciesen cumplir. Así lo podemos leer en las instrucciones dirigidas a fines del siglo XVII al Conde de Moctuzuma (10 de mayo de 1696), a quien se le manda vigile que se guarde cumpla y ejecute, como en ella se contiene, sin embargo de suplicación o apelación que interpusiesen los afectados[380]. Y lo seguiremos advirtiendo en las instrucciones dadas a los virreres del reinado de los Borbones.

La sanción prevista para la violación de lo preceptuado en la ley, ya desde la primera cédula de 1549, era severa: "... so pena de la nuestra merced e de perdimiento de los vuestros oficios, e de los que vosotros tuvieredes ganados u otras granjerías os deshagais de ellas dentro de medio año primero siguiente, que os damos de término para ello, lo cual cumplid so la dicha pena, e más de mil castellanos para la nuestra cámara"[381].

En ocasiones, ya hemos visto algún caso, los virreyes se quejaban del comportamiento de los oidores que por atender sus propios negocios e intereses descuidaban los de la administración de justicia, a la que debían aplicar todos sus esfuerzos. Usualmente la queja la hacían al dejar el cargo, específicamente en la memoria de su actuación entregada a su sucesor, pero en general no consta que se hubiesen sancionado normas radicales correctivas, lo que prueba la existencia de un ambiente laxo en el cumplimiento de esas obligaciones. Así por ejemplo el virrey Castelfuerte, de Lima, sostiene que no es buena la administración de justicia en el Perú porque los jueces son presa de varias tentaciones. "En este reino los que administran los cargos de gobierno y justicia por la mayor parte son flexibles y se doblan con facilidad al respeto, a la relación, al empeño, al interés y a los fines particulares, que suelen dar regla y ley a los negocios, aunque gima la razón y la causa pública, sucediendo no pocas veces que no sostengan lo mismo que conocen convenir, según justicia, a la causa de Dios, del Rey y del Reino", si bien el virrey solicitó jubilaciones y traslado, no obtuvo las reparaciones necesarias para enderazar la vara de la justicia[382]. Es un caso, veremos muchos mas adelante.

380. Torre Villar, tº II, p. 760.

381. Tomo el texto original de L. Navarro García, "Honra, pobreza y aislamiento..", cit., p. 11.

382. De la relación que hizo el Virrey Castelfuerte del estado en que dejaba el Virreinato del Perú a su sucesor Marqués de Villagarcía, Lima, enero 14 de 1736, en *Memorias..*, cit., tº 3º, Lima, 1859, p. 386. Ver la síntesis de los problemas que debió mantener con las Audiencias de su distrito, en Alfredo Moreno Cebrián, *El virreinato del Marqués de Castelfuerte, 1724-1736. El primer intento borbónico por reformar el Perú*, Madrid, Editorial Catriel, 2000, p. 255-266

11. Matrimonios de oidores celebrados sin licencia

Era este junto al de los bienes y granjerías uno de los más intensos problemas que afectaba a la administración de justicia indiana y uno de los extremos que debía cuidarse especialmente para lograr que el magistrado se ajustase al modelo de *iudex perfectus* elaborado por la doctrina. La violación más directa a la exigencia de prescindir de toda vinculación con el medio en que le tocaba actuar, era que el juez se casase con una mujer radicada en el distrito en que ejercía su ministerio o casar a sus hijos o hijas con personas de ese lugar. Siempre cabía por supuesto recibir licencia especial para hacerlo, eran excepciones a la regla que la Corona administró con criterio diverso, en general estrecho y bastante arbitrario, a lo largo de los tres siglos de dominio de las Indias. La prohibición, acentuada en el caso de los jueces indianos de designación Real, como eran los oidores, colisionaba con la sagrada libertad de contraer matrimonio, lo que la convertía a primera vista como vulnerable y sujeta a cuestionamientos, que por cierto los hubo en gran medida[383].

Era tema que la Monarquía había considerado capital para desembarazar a los jueces de los lazos que pudieran atarlos con fuerza singular, especialmente en las Indias, a los intereses del lugar en que ejercían su ministerio (*sacerdotis iuris*). Para que "libres de parientes y deudos en aquellas partes", administraran justicia en debida forma", según se decía en la ley recopilada a que aludiremos más adelante.

La generalizaión de la prohibición de casarse sin licencia con mujeres del distrito en que actuaban los magistrados se inicia con disposiciones aisladas y se generaliza con la norma de Felipe II de 10 de febrero de 1575, que está recogida en la Recopilación de 1680 (II, xvi, 82; *Cedulario de Encinas*, tº I, fº 351). En esa ley el legislador era bien elocuente: "Por los inconvenientes que se han reconocido y siguen de casarse los ministros que nos sirven en las Indias, y sus hijos en ellas, y porque conviene a la buena administración de nuestra justicia, y lo demás tocante a sus oficios, que estén libres de parientes y deudos en aquellas partes, para que sin afición hagan y ejerzan lo que es su cargo, y despachen y determinen con toda entereza los negocios de que conocieren, y no haya ocasión, ni usar las partes de recusaciones, ni otros medios. . . ". Estaba prevista la pérdida del oficio de aquél que se casare en contravención a la norma antedicha, o que lo intentara. El ministro o cualquiera de las personas indicadas en la ley que "tratare o concertare de casarse de palabra, o promesa, o escrito, o con esperanza de que les habemos de dar licencia para que se puedan casar en sus distritos donde tuvieren sus oficios, o enviaren por ella, incurran asimismo en privación de sus oficios, como si verdadera-

383. Véase J.M. Mariluz Urquijo, *El agente de la Administración Pública en Indias*,..., cit., p. 344 y sig., en donde se ocupa de la prohibición con relación a la generalidad de los funcionarios indianos y Daisy Rípodas Ardanaz, *El matrimonio en Indias. Relación social y regulación jurídica,* Buenos Aires, 1977 , especialmente dedicado al caso matrimonial.

mente efectuaran sus casamientos, y que no puedan tener ni otros algunos, de ninguna calidad que sean, en las Indias" (RI:II, xvi, 84; *Cedulario de Encinas*, tº Iº, fº 353/354). En este registro Encinas mencionana dos Cédulas anteriores, la ya citada de 1575 y otra de 26 de febrero de 1582, que se transcribe). La prohibición se extendía al mismo hecho de presentar las propias solicitudes de licencias en un intento de parar el torrente de instancias dirigidas al Trono en demanda de autorización (RI:II, xvi, 85), y aún se establecía que los ministros perderían su sueldo desde el mismo día en que los Oficiales Reales constataren la infracción (RI:II, xvi, 87). Como es de imaginar la aplicación rigurosa de estas dos últimas normas, que son del siglo XVII, era por demás problemática, pero demuestra el empeño de la Corona por que se cumpliese la prohibición.

Serían los presidentes de las Audiencias los que entenderían en esta materia y si fuesen Audiencias subordinadas, cabría al Virrey la decisión, previo informe del tribunal (RI:II, xvi, 87).

Como ya hemos adelantado, también aquí la prohibición estuvo sujeta a criterios disímiles y a la casuística que implicaba el trato "tolerante" propio del ejercicio del gobierno y la aplicación de la ley en el régimen de *ius commune-ius proprio*, del que no se desprendía el derecho indiano, o mejor aún, lo acentuaba en honor a las distancias y otras consideraciones particulares, como acertadamente se ha comentado[384].

Opina Konetzke[385] que el Consejo en general recomendaba al rey se concediese el permiso solicitado desde Indias, pero que el monarca a veces, no siempre, a pesar de la recomendación del Consejo, lo negaba. Claro que en otras oportunidades con recomendación o sin ella concedía el permiso.

Las infracciones a la prohibición fueron múltiples pues para el juez la vinculación por sí mismo o por sus hijos y parientes al ambiente social y económico en donde ejercía sus funciones, le resultaba altamente provechoso, en todos los sentidos, y especialmente en lo material. Por otro lado, para las damas criollas, y aún peninsulares residentes en Indias, significaba elevar su propio *status* social y el de su familia, al incorporar a ella, con los lazos indelebles del matrimonio, a una de las figuras más altas del engranaje del poder, a quien no solo la sociedad endiosaba y reverenciaba, sino que participaba de las altas funciones de juzgar, propias del príncipe, cuyo modelo era Dios mismo. Digamos que los criollos se aprovecharon de esta situación para incorporar a sus filas a los funcionarios llegados de la Península y aún lograr por esa vía o de cualquier manera ocupar esos cargos directa o indirectamente en "su" tierra. Una de las formas mas corrientes fue la compra de los oficios[386].

384. C. Garriga, "La vista y el gobierno . . . ", cit., p. 24-25. ; V. Tau Anzoategui, "La disimulación en el Derecho Indiano", cit. ; E. Martiré, "La tolerancia . . . ", cit.

385. Richard Konetzke, "La prohibición de casarse los oidores o sus hijos e hijas con naturales del distrito de la Audiencia", en *Homenaje a Don José María de la Peña Cámara*, Madrid, Ediciones José Porrua Turanzas, 1969, p. 107.

386. Me ocupé del tema: E. Martiré, *1808*. ., cit., p. 105-109.

Los intentos de soslayar la veda y de esa manera facilitar la consolidación una alta posición social y económica en Indias fue constante. Para no arriesgarse a solicitar una licencia Real que de ser denegada cerraba las posibilidades o las dificultaba enormemente, los magistrados optaban por presentar a la Corona el hecho consumado y atenerse a las consecuencias, siempre menores que el celibato o un casamiento sin beneficios. Por lo demás, era muy posible que todo se arreglase con un traslado del infractor y su cónyuge, una multa o incluso con una simple admonición.

Como ocurría con las demás prohibiciones, fue reiterada por el gobierno central en varias oportunidades, lo que habla de su infracción bastante corriente. Desde un principio se trató de no observar la Real Cédula de 1575, aún cuando en ella se precisaba su publicidad y cumplimiento. Debía darse lectura de la cédula en sesión plena de la Audiencia y dar cuenta al rey de su lectura.

Pero no lo hicieron así las Audiencias, según informaba el Consejo al rey en 1586, considerando hasta conveniente no haberse cumplido con ese requisito para poder aplicar S.M. la prohibición con sordina y a su regio arbitrio. Oigamos al Consejo: "... aunque esta cédula se envió por vías duplicadas a todas las Audiencias, no se pregonó en ellas, y así quedó en los archivos, teniendo apercibidos y recelosos a los ministros para no incurrir en la pena ni contravenir lo ordenado *que fue la intención que se tuvo, mas que a ejecutarla con todo rigor, pues podría ofrecerse algún casamiento que no tuviese inconveniente...*"[387].

Con ese argumento se disculpó el casamiento concertado por el Presidente de Santo Domingo, Lic. Francisco de Vera. Poco después de trasladado a Charcas, fue acusado de haber casado una hija y una nieta con dos corredores de azogue, tratantes en Potosí, aunque no eran vecinos del distrito[388]. Apuntemos que las apelaciones de las sentencias del Alcalde Mayor de Minas de Potosí eran resueltas por la Audiencia de Charcas, que integraba Vera, lo que agravaba las vinculaciones oidor-azogueros[389].

El tema del casamiento de los oidores en su distrito sin licencia Real, podía estar enlazado con beneficios también ilegítimos. El Fiscal Licenciado Ravanal denuncia al monarca que un oidor quiere casarse con la viuda del Gobernador Gómez de Solís porque sus indios pagan el tributo viejo, que es mejor que el de la retasa. Pide se diga qué debe

---

387. Schäfer, t° 2, p. 122-123. La cursiva es mía.
388. Idem. p. 123, nota 187.
389. La Audiencia de Charcas no quiso ser menos que la de Lima en suplicar la no aplicación de la prohibición. Se dirigió al Rey, desde La Plata el 18. XII. 1578, anunciándole haber "recibido una Cédula en que V.M. manda a los Presidentes, oidores y fiscales no se casen en su distrito ellos ni sus hijos, de esta se podrían seguir grandes inconvenientes que habrá representado a V.M. la Audiencia de los Reyes en la suplicación que de ella interpuso a que nos referimos, y por los que nos toca suplicamos a V.M. sea servido de lo remediar pues no es justo que los que servimos a V.M. no podamos remediar más hijos ni tomar estado por evitar otros mayores daños, pues a los que hicieren en esto agravio los puede V.M. mandar castigar conforme al exceso que hicieren" (Levillier, *Audiencia de Charcas*, t° 1, p. 475-476). En otra carta de 15. VII. 1579 lo reitera(Idem., p. 493-494).

hacerse y quién debe intervenir en el asunto. Sostiene que en la Real Cédula que dice que no tengan indios los gobernadores no habla ni se entiende con los oidores, por ello "no trato de este negocio hasta que V.M. me mande lo que debo hacer"[390].

Desde Lima, el 10 de septiembre de 1563, el Virrey del Perú Conde de Nieva, sin los reparos que invocaba el Fiscal Ravanal, se dirige a S.M. a fin de pedir derechamente otorgue la licencia que demanda el oidor de Charcas Lic. Recalde para casarse con Luisa de Vivar, viuda de Gómez de Solís, vecina de Arequipa, donde tiene un repartimiento de indios, por estar fuera del distrito donde es oidor Recalde, pero agrega que por ello no deje de mantenerse la prohibición de casarse los oidores o sus hijos con gente del distrito. "Muy bien entendido tiene, dice el virrey, cuánto conviene que los jueces y oficiales reales de su Real Hacienda y todos los otros ministros estén libres para que libremente hagan justicia y para esto conviene mucho que ninguno de los oidores y alcaldes mayores de estos Reinos ni ningún otro ministro ni oficiales de su Real Hacienda puedan casarse en estas partes, ni casar en ellas hijo o hija, porque del casarse por acá los ministros de justicia y sus hijos y los oficiales de Real Hacienda trae muy grandes inconvenientes, porque luego procuran de aprovechar a sus parientes y amigos y de esta manera no se hace justicia libremente ni se pone en la Hacienda Real el recaudo que es menester". Propone al monarca una solución distinta a la prevista en la ley para los que han violado la prohibición, sugiere que "los que están acá casados y emparentados se podrían ir a España y venir otros en su lugar y esto conviene de aquí en adelante ... porque los lugares de estas provincias son pocos y muy pequeños y en tomando parentesco algún oidor u otro ministro con algún principal del pueblo, desde allí en adelante todo lo que allí sucede ha de tocar por amistad o por enemistad al pariente del juez, que mire V.M. como se hará justicia libremente"[391].

El caso del Lic. Recalde dio motivo a que se pusiese en evidencia la "tolerante" posición de los funcionarios llamados a aplicar las sanciones que imponía la ley. No parecía al Presidente de Charcas Lic. Ramírez de Quiñones que se pudiese ser muy severo con el tema de casamientos y relaciones prematrimoniales de algún colega de la Audiencia. Dice en carta al Consejo y por su intermedio al rey, que el 6 de septiembre de 1566 recibió orden de S.M. para que informase si el Lic. Recalde, oidor de esa Audiencia, era casado o desposado con Luisa de Vivar titular de un repartimiento de indios en términos de esa ciudad y si así fuera le quitase dicho oficio y lo residenciase. Informa el Presidente que por diligencias hechas "no parecen estar casados ni desposados, más de haberse tratado entre ellos, que trayendo licencia de V.M. para tener los indios que doña Luisa de Vivar tiene en su cabeza, juntamente con la plaza de oidor, se casarían y para

390. Levillier, *Audiencia de Charcas*, tº 1, p. 100.
391. Levillier, *Audiencia de Charcas*, tº 1, p. 100.

este efecto hicieron [llegar] mensajero propio a España y creyendo que V.M. fuera servido darla, la dicha licencia, parece haber habido entre ellos más comunicación de lo que convenía, de donde ha resultado pública voz y fama que están casados. " Pide instrucciones por cuanto le ha parecido que no puede quitarle el oficio hasta que V.M. vea la información remitida a España[392]. Como se puede apreciar se trata de una clara desobediencia de la norma de 1575 que el presidente disimulaba para no causar mas escándalo o por entender que, después de todo, casarse con una encomendera no era tan grave y en cambio muy conveniente para su colega y amigo del tribunal.

Decía el virrey Conde de Nieva en carta de fecha 10 de septiembre de 1563 que el oidor Bravo de Saravia tiene medianas letras, "es tan inquieto y tan ambicioso que todo lo que no pasa por su mano y parecer no tiene sufrimiento para ello y todo lo condena y le parece mal", lo que ha provocado que se enfrentara con los virreyes Gasca, Mendoza y Cañete, que estuvieron a punto de enviarlo preso a España. "Tan emparentado como el doctor Saravia está en el Perú con casamientos de sus hijos, que pocos negocios de justicia y de gobierno se pueden tratar que no toquen a amigos o parientes suyos y en estas provincias no conviene que los ministros de justicia tengan tantos parientes ni estén tantos años en ellas". Dice que arrastra los votos de los otros dos oidores Saavedra y Alvaro Ponce en la Audiencia, "pues mire V.M. de qué manera va la justicia pues no hay más de un voto en ella, especialmente si el negocio sobre que se trata (como muchas veces acontece) toca al doctor Saravia o a sus parientes o amigos"[393].

Como hemos dicho, a pesar de las graves penas establecidas en la ley, en general la infracción se castigaba con un traslado. Así resulta de los siguientes casos del siglo XVI —reseñados por Schäfer— en que se había violado la ley de matrimonios: Consulta de 11. IV. 1578: Lic. de la Torre, Fiscal de Santa Fé (pasó como oidor a Santo Domingo.); Lic. Salcedo Nieto, oidor de Panamá (pasó a Fiscal de Santa Fé), Consulta 13. VI. 1578:Lic. Arteaga de Mendiola, Fiscal de México (a oidor de Lima), Dr. Mesa, oidor de Santa Fé (a oidor a de Guadalajara), Lic. Cetina, oidor de Santa Fé (a Guatemala), con la severa amenaza de destitución en caso de reincidencia, lo que para Schäfer no era más que una amenaza.

En la consulta del Presidente Vega de 22. VI. 1585, sobre el Lic. Francisco de Cárdenas y el Alcalde del Crimen y Lic. Carvajal, Fiscal de Lima, sugiere el Consejo al rey se los mude a México porque tienen en Lima a hijos e hijas casados "y así son habidos como naturales de la tierra, que en aquellas partes es de mucho inconveniente y lo que se debe mucho remediar". El rey anota: "Está muy bien, y lo es, tener en cuenta (como hacéis) con que personas tan arraigadas y con tantas prendas se muden, y así creo está

392. Carta del Presidente de Charcas al Rey, La Plata 10. nov. 1566), en Levillier, *Audiencia de Charcas*, tº 1, p. 204-205.
393. Levillier, *Audiencia de Charcas*, tº 1, p. 599-600.

ordenado, y muy justamente"[394]. Aún en las postrimerías del siglo XVIII se seguía usando la práctica de mudar al oidor que se casaba sin licencia en su distrito, como ocurrió con el de la Audiencia de Buenos Aires, Tomás Ignacio Palomeque, trasladado a Charcas por ese motivo en enero de 1789[395].

El ya conocido abogado de México, Licenciado Diego Telles, se ocupó en carta a la Corona del problema de los casamientos de oidores con mujeres del lugar: "De casarse en esta tierra [se producen] gran[des] daños de ella, porque demás de los deudos que cobran, que es la causa principal por donde los derechos lo prohiben, procuran dotes crecidos que todos no pueden cumplir y los demás hijos perdidos y sin legítima para vivir, como fue el casamiento del Lic. Santillán que obló más de 20. 000 pesos de oro en casamiento con harto trabajo de los otros que quedaron; el Lic. Herrera otros 16. 000 ducados de Castilla, y que por ser oidor, los hermanos de su mujer no osan pedir sus legítimas a lo menos al cumplimiento de los que les cupiera si la dote no fuera más de la legítima de su mujer. Hay de estos casamientos de jueces muy grandes inconvenientes contra la república"[396].

El oidor de Nueva Galicia Lebrón de Quiñones, informa de esos casamientos en Nueva España. "No menos impedimentos redundan de casarse vuestros oidores en estas partes porque demás de luego arraigarse con la dote en las dichas granjerías y haciendas y con color que son la dote tienen otras muchas. La copia que adquieren de parientes, amigos, deudos de deudos y afines y amigos, es notorio impedimento en estas partes, más que en esos reinos, para el ejercicio del oficio porque por la mayor parte, los tales deudos tienen pueblos y en ellos mil defectos así de título como de excesos de tributos y con esto ni en lo que ante ellos pendiere ni en lo que los visitadores hiciesen será conforme a justicia y si algún visitador la hiciese se lo revocarán y formarán odio y enemistad contra él y cuanto hiciere"[397].

El oidor Matienzo, cuyas opiniones hemos utilizado más de una vez, se dirige al rey desde la ciudad de La Plata, el 14 de octubre de 1576, para solicitar se le dé plaza de consejero de Indias, pero advertido que pudiera ser obstáculo tener dos hijas casadas en los reinos del Perú y Chile con encomenderos, argumenta que "es más provechoso que tengamos raíces en esta tierra para que la amemos más y amándola volvamos por ella mejor que otros que no la aman, ni piensan permanecer ellos ni sus deudos en ella"[398]. Argumento que vuelca en su célebre *Gobierno del Perú*.

---

394. Schäfer, tº 2, p. 123, nota 187.
395. Ricardo Levene, *Historia del Derecho Argentino,* Buenos Aires, Kraft, 1946, tº III, p. 403.
396. Carta del Licenciado Diego Téllez al Príncipe Felipe, México s-f, ; en Paso y Troncoso, tº XIV, p. 155-158.
397. Carta del Lic. Lorenzo Lebrón de Quiñones, oidor de la R. Aud. de Nueva Galicia y visitador de la tierra de N. España, al Príncipe Felipe; Pueblo de Taximaroa, provincia de Michoacan de esta Nueva España, 10. IX. 1554. Duplicado de la enviada en marzo del año pasado desde México que se perdió en la flota), Paso y Troncoso, tº VII, p. 223-250.
398. En Levillier, *Audiencia de Charcas,* tº 1, p. 404.

Un asunto escandaloso fue en el siglo XVI el del Licenciado Peralta, nombrado oidor de Santo Domingo en 1568. Se casó sin licencia del rey ni del tutor de la novia por ser una niña cubana de ocho años (a quien quitó los bienes de la desposada). Estaba también acusado de adúltero. Ya antes había cometido estupro con la mujer de Pedro Rodríguez Espadero, de Santo Domingo. El Consejo de Indias ordenó a la Audiencia el 5 de septiembre de 1569 hiciese una investigación, prendiese al oidor y lo remitiese a España para que se lo castigase severamente[399].

Ya hablamos del caso de los oidores Sánchez de Paredes y Valdés de Cárcamo, al referirnos al poder de los Consejos. Recordemoslo nuevamente en este lugar en que tratamos la prohibición de matrimonios de oidores. El oidor de Lima Lic. Pedro Sánchez de Paredes, al estar en Trujillo, casó a su hijo de tres años con la hija de nueve de un rico encomendero. Casi al mismo tiempo el oidor de México Lic. Valdés de Cárcamo casó a su hijo con la hija muy joven de una encomendera viuda, casi contra la voluntad de ésta. Como el tema resultó escandaloso el Consejo, en vez de proponer al rey, según la R.C. de 1575, la privación del cargo de ambos oidores, atenuó la sanción sugiriendo su permuta y lo logró, aún contra el parecer de Felipe II que había anotado en la consulta: "Poca demostración parece mudarlos, de que podría ser que no se les diese mucho, pues dejando sus hijas casadas, tendrían poco que sentir la mudanza, y así se mire, si convendría suspenderles de los oficios y que se les tome luego la residencia, y si, por ser las hijas de menor edad y la prohibición que hay y haberse ido contra ella, se podría ordenar cerca de ello"[400].

Un caso singular fue el casamiento sin autorización del oidor de Charcas Torres de Vera y Aragón con la hija mestiza del Adelantado Juan Ortiz de Zárate, por la que vino a heredar el cargo de Adelantado y Gobernador del Río de la Plata, que confirmó el Consejo. Si bien el 4 de noviembre de 1578 se lo destituyó como oidor, mantuvo su gobernación. En 1599 aún vivía en Charcas, gobernaba Buenos Aires por tenientes y era persona muy principal[401].

En la década de 1630 el oidor de México Doctor Alonso de Uría y Tovar, y el de Panamá Lic. Antonio Quijano, fueron suspendidos por casarse con hijas del lugar, en tanto otros dos se casaron con dispensa que compraron a la Corona[402].

En ocasiones el casamiento era motivo de especial recompensa. El Doctor Andrés Sánchez de Ocampo fue nombrado en 1653 oidor supernumerario de México por haberse casado con María de Vera, camarera de la reina Mariana, como su propio título lo expresa "... por casarse con Doña María de Vera, de la cámara de la Reina Doña Ma-

399. Schäfer, tº 2, p. 123.
400. Schäfer, tº 2, p. 125.
401. Ver Schäfer, tº 2, p. 125-126.
402. Schäfer, tº 2, p. 124-127, nota 201 y 202.

riana" y en 1660 se nombró Alcalde del Crimen de Lima al Lic. Alonso de Zárate y Verdugo siendo natural de esa ciudad, como dote de su matrimonio con la hija de Pedro de Sotomayor y Lugo y de Luisa de Córdoba y Figueroa. El título lo dice expresamente "... sin embargo de que seáis natural de dicha ciudad..."[403].

El virrey Marqués de Villamanrique, se dirige desde México el 4 de febrero de 1587 al Consejo planteando dudas sobre la Real Cédula que prohibe los casamientos, ante las solicitudes que le han presentado, no bien llegar (y al parecer sin novias concretas), los dos oidores recientemente designados. El hecho se vincula a la casuística con que se manejaban en esta como en otras materias oidores y Consejo. Advertimos en el presente caso la alarma del virrey por el resultado que pudiese arbitrar el Consejo y S.M.: "Los licenciados Galdierna y Valderrama que V.M. envió por oidores en esta flota para esta Real Audiencia, van procediendo en sus oficios cuerdamente y la experiencia les irá mostrando cada día lo que han de hacer para servir mejor a V.M. como estoy cierto que lo desean. Querrían casarse en este reino y hanme pedido licencia para ello. Y aunque he hallado aquí una Cédula que V.M. mandó escribir al Virrey Conde de Coruña, cuya copia va con esta, en que V.M. prohibe que so pena de suspensión de sus oficios *no se pueda casar ningún juez proveído por V.M. en el distrito de ese gobierno, porque no dice oidores, interpretan ellos que no se incluyen en la cédula ni se debe entender con ellos.* Y así les he respondido que no tengo orden de V.M. para dalles licencia ni quitársela, y que ocurran a V.M. Suplico a V.M. mande declarar la intención de esta cédula y si debe entenderse también con los oidores, porque certifico a V M. que ninguna cosa hay en esta tierra más dañosa para la ejecución de la justicia y el gobierno, que tener deudos y prendas en ella los que la administren y rigen, y esta causa milita más en los oidores que en otros ningunos jueces. V.M. mandará lo que fuere servido". La duda que suscitaba a los señores licenciados Galdierna y Valderrama, el que al nombrarse a jueces proveídos por S.M. en la cédula prohibitiva de matrimonios enviada al Virrey, no se mencionaba concretamente a los oidores, es realmente asombrosa y prueba una vez más la mala utilización de la casuística, puesta al servicio de la violación de los deberes del magistrado. El caso era similar al que planteaba el Licenciado Rabanal en la Audiencia de Charcas en 1563, se trataba de la "interpretación" de la ley prohibitiva que si no decía literalmente "oidores" no les comprendía por más general que fuese la prohibición.

Al margen de la carta del virrey se anota: "Renuévese. Envíese la cédula que habla con los oidores. Y S.M. ha sido consultado sobre la licencia de los oidores nuevos que han ido a México y ha respondido que no ha lugar dársela"[404].

---

403. Schäfer, Idem.
404. Carta del virrey de México Marqués de Villa Manrique al Rey, 4. II. 1587, en Cuevas, p. 414.

Una situación parecida se planteó dos siglos más tarde, con similar resolución, ante la solicitud formulada por el Alcalde del Crimen de esa Audiencia, Francisco Leandro de Viana, que pedía licencia al Consejo "si acaso en lo venidero se le proporciona ocasión de casarse" en ese distrito o en cualquier otro de América o de la Península, es decir una "carta blanca para tomar estado" aunque no tuviese por entonces novia alguna. A pesar de la conformidad del Consejo otorgada en la consulta de 7 de agosto de 1769, S.M. proveyó que no concedía la licencia y que hiciese su instancia con expresión de las circunstancias de la mujer "cuando lo determine"[405].

A veces el ejercicio de la prohibición podía acarrear consecuencias impensadas, como fue la "asonada" que se produjo con motivo de un casamiento sin licencia en 1588. El oidor Nuño Nuñez de Villavicencio se casó sin licencia con la hija de Juan Bautista de Lomas y Colmenares, hacendado y propietario de minas y vecino de Nieves en Nueva Galicia. Como estaba vacante el cargo de presidente, el Virrey de México Villamanrique, consideró que debía actuar directamente, dispuso el arresto del oidor y su envío a México. La orden no se obedeció en Nueva Galicia, lo que decidió al virrey a enviar un pequeño ejército de 300 hombres para que se cumpliera, al mando de un encomendero llamado Gil Verdugo, que encontró a la ciudad fortificada y a los oidores dirigiendo las operaciones para resistir. Los de Nueva Galicia reunieron 200 hombres que pusieron a las órdenes del alférez y encomendero Rodrigo del Río.

A fin de evitar la guerra, salió en procesión el Obispo con la Sagrada Forma, acompañado por los canónigos de la catedral, los oidores y funcionarios judiciales y municipales. El Obispo "con sermones y lluvia de lágrimas" exhortó a Verdugo para que se volviese a México. El encomendero acató la exhortación del vicario de Cristo. Así terminó la llamada "pequeña guerra de Guadalajara". El virrey fue cesado y puesto bajo arresto por el escándalo con peligro de sublevación que había provocado con su excesivo celo en el cumplimiento de la ley. El oidor conservó cargo y mujer, y permaneció en Guadalajara hasta 1596, en que pasó a España al haber sido designado juez de la Casa de la Contratación. Volvió a Indias como presidente de la Audiencia de Charcas en 1610[406].

En un caso semejante, en 1591, provocado por la hija del Fiscal de Nueva Galicia casada sin licencia, el nuevo virrey alertado de las consecuencias anteriores, pidió instrucciones a Espana y recibió una respuesta evasiva.

Unos años más tarde (1601) el virrey Monterrey envió un comisionado a Guadalajara para suspender a un oidor cuyo hijo se había casado sin licencia en el distrito, la Audiencia resolvió que el virrey debía tener autorización escrita de la Corona para obrar

405. R. Konetzque, "La prohibición de casarse . . . ", cit., p. 108 y 111-112.
406. Parry, p. 246-247.

en el caso, rechazando al comisionado. Se recurrió al Consejo y por su intermedio al rey, que no definió el tema dando una admonición a la Audiencia, acerca de que lo que "debíades hacer es guardar las cédulas y pudiérades haber excusado pedir al virrey que exhibiera la comisión antes de ejecutarla". No se tomó resolución y no quedó claro si el virrey podía actuar contra los oidores de Nueva Galicia, en caso de que no existiese presidente o que este no lo hiciese[407].

Por lo visto la "pequeña guerra de Guadalajara" había amedrentado a las autoridades peninsulares, pues la sublevación era tema que a todos aterraba.

A fines del siglo XVII el Consejo recibió habitualmente graves denuncias de un vecino de México, Alvaro de Chillas, a las que se dio crédito unas veces y otras no. Terminó el celoso Chillas advertido que no las hiciese y ocurriese a la autoridad local. Entre ellas había varias sobre casamientos ilícitos de oidores. Acusaba al oidor Diego de Santiago del Riego de muchas irregularidades. Otro particular Diego Romano también se dirigió al rey para acusar al mismo oidor. Se decía de él que tiene "multitud de parientes y cuantiosos bienes en México". Se casó con una mexicana, siendo oidor en la Audiencia de Nueva Galicia, "tiene su mujer por parientes mucha de la gente principal de Nueva España, a los cuales el doctor Riego favorece muy al descubierto con perjuicio de terceros, como se averiguará bien fácilmente queriéndolo V.M."[408] Chillas por su parte ocupa dos folios y medio en explicar la red familiar que tiene en Nueva España. A otro oidor, Antonio Maldonado, lo acusa de tener una hija casada con Juan de Zaldívar, cuñado de Riego, al ser hermano de su mujer, lo que establece una relación de parentesco que perjudica la administración de justicia al favorecer a sus parientes[409]. Otro acusado por iguales motivos es el mismo oidor Maldonado. El oidor Hernando de Saavedra Valderrama recibe parecidas acusaciones[410].

Estaba claro que, como decía el virrey Martín Enriquez al rey, en México para que se obtenga una buena administración de justicia debían transferirse los oidores a otros lugares del Imperio para separarlos de los lazos familiares que se la impedían[411].

La licencia que el virrey del Perú otorgó al oidor de Charcas Ignacio del Castillo para casarse con Francisca Gutiérrez de Escalante, puesto como cargo en su residencia, se justificaba, según la defensa del residenciado, en la resolución tomada por Felipe V, comunicada por Real Cédula de 30 de octubre de 1732, de autorizar el matrimonio del

407. Parry, p. 247-248.
408. Carta de Diego Romano al Rey, 11. mayo. 1594, en Arregui Zamorano, p. 170, nota 45.
409. Arregui Zamorano, p. 172-173.
410. Arregui Zamorano, p. 85, 170-174.
411. Cit. por Philip Walter Powell, "Portrait of an American Viceroy: Martín Enríquez, 1568-1583", en *The Americas, Academy of American Franciscan History,* Washington D. C., Vol. XIV, july, 1957, N° 1, p. 181 (Documentos existentes en Biblioteca Nacional (Madrid), Cartas del Virrey Enríquez al Presidente del Consejo de Indias Juan de Ovando, Manuscrito 19692).

oidor de Lima José Cevallos Guerra y la Condesa de las Torres, que residía en esa ciudad, por no ser la Condesa natural del distrito sino del de la Audiencia de Charcas. Ante esa situación y consultado el monarca por el Consejo sobre si debía haber alguna variación en la prohibición de los casamientos de oidores, declaró que "la mencionada cédula no fue general, sino para aquel caso preciso y ordenar que la mencionada ley [de la Recopilación de Indias sobre casamientos de oidores] se observe en todo su vigor"[412].

El Regente de la Audiencia de México, Vicente de Herrera, en su ya citado "Nuevo plan para la mejor administración de justicia en América" (1782), participa de la crítica a la prohibición, dice que "el servicio del Soberano no pide voto de continencia y los empleos tampoco lo inducen"; cree —como Matienzo dos siglos atrás— que esos matrimonios serían de utilidad para la mayor unión de estas provincias con la metrópoli. Y por fin considera que ya en la segunda mitad del sigo XVIII las cosas son distintas a lo que ocurría anteriormente. Antes era tanta la autoridad de los ministros que se creía "que se les rendían las mujeres y que sus padres se las daban, como que también con estas alianzas de familias a quienes se unían adquirían un poder que cedía en perjuicio de sus convecinos; [hoy] los ministros son las personas que menos se buscan y estiman"[413]. Al parecer en esos tiempos según el Regente estaba bastante depreciada la figura del oidor indiano. Así lo afirmaba también doña Mariana Baquíjano y Carrillo, hermana del por entonces Fiscal interino de Lima, José Baquíjano y Carrillo (que alcanzaría a ser alcalde del crimen en 1800, oidor de esa Audiencia en 1806 y Consejero de Estado y de Indias en 1814), y esposa del Regente de Charcas Jerónimo Manuel de Ruedas, para quien en Lima poco se estimaba la toga y allí "vale más un comerciante con cincuenta mil pesos que un oidor"[414]. A juicio de doña Mariana eran mejor pesos constantes y sonantes que honores.

El Consejo, que había aprobado este tipo de casamientos de oidores, aceptados por el rey, en 1788, 1789 y 1790, volvió a aconsejarlo en consulta de 31 de enero de 1791, con el parecer conforme de su Fiscal. Se trataba de la instancia presentada por el Alcalde del Crimen de México Luis Chávez y Mendoza, para contraer matrimonio con doña Jacinta Josefa de Fagoaga. El Consejo en mérito a los antecedentes mencionados y a que la novia era peninsular, con tan solo residencia en México con sus padres, opinaba que no podría tener tantos parientes como en cambio ocurriría si fuese natural de esos reinos. Sin embargo el rey Carlos IV puso al pié, sin dar más razones: "No vengo en conceder este permiso"[415].

---

412. R. Konetzke, " La prohibición . . . ", cit., p. 110.
413. D.A. Brading, "Nuevo plan para la mejor administración de justicia ...", cit., p. 375-400.
414. Carta del Fiscal José de Castilla al Visitador Areche, 11. XII. 1779, cit. por G. Lohmann Villena, *Los ministros. . .* , cit., p. LXXXIV.
415. R. Konetzke, "La prohibición ...", cit., p. 113-114. Carecemos de elementos para justificar la negativa, luego de las concesiones anteriores.

Lo cierto es que la Corona, a pesar de casos aislados en general siguió insistiendo en el cumplimiento de la prohibición de casarse, que siempre recibió la repulsa de los afectados, quienes sostenían diversos argumentos, más o menos efectistas, para eludirla o bien encerrar su "interpretacion" de manera que solo se pudiese aplicar a unos pocos casos. Recuerda Mariluz Urquijo que los argumentos iban desde un Matienzo que consideraba bueno tener raíces en la tierra para amarla más y mejor defenderla que quienes estaban solo de paso (de la que ya hemos dado noticia), o Figueroa de la Cerda que argumentaba que ello inclinaba al concubinato, ocasionando conexiones más peligrosas que las del matrimonio, o aquel Fiscal del Consejo que sostenía que prohijarlas sería una forma más de unión entre la Metrópoli y sus dominios (como opinaba el Regente Herrera, según vimos más atrás).

En realidad la Corona a lo largo de la dominación alteró en ocasiones su criterio manifestándose proclive a conceder las licencias, e incluso aceptando aportes en dinero para hacerlo, y lo mantuvo en otras[416]. Aplicaba las soluciones, como siempre, según cada caso, de difícil explicación general.

Pero siguió recomendando a sus virreyes vigilar el cumplimiento de la prohibición, como resulta de las instrucciones que les impartía. Podemos verlo, por ejemplo, en estas tres instrucciones muy semejantes, dictadas en tres centurias diferentes (siglos XVI, XVII y XVIII). Comencemos con la instrucción de fecha 20. III. 1596 al virrey Monterrey de México, donde se trata de la prohibición en general y del caso particular de los "casamientos secretos", bastante frecuentes. Recuerda el rey que la prohibición de casarse sin licencia está ordenada por R.C. de 10. II. 1575, pero "habiendo entendido que algunos ministros con esperanza de que yo les daría licencia para casarse en dichos distritos han tratado en secreto de casar y entretenido los conciertos de sus casamientos", se ha dictado la R.C. de 15. XI. 1592 en la que se resolvió que "sucediendo los sobredicho de concertar de casarse en sus distritos por palabra, promesa o por escrito, con esperanza de que yo les tenga de dar licencia, incurran en privación de sus oficios, como si verdaderamente efectuaran sus casamientos". Insiste en que se guarde y cumpla irremisiblemente "por lo mucho que importa para el buen gobierno de esas partes y libre administración de justicia" (Se trata de normas recopiladas a las nos hemos referido mas atrás). En el siglo XVII podemos verla en la instrucción al Virrey de México Conde de Cerralbo (fechada el 18. VI. 1624): "Estaréis advertido de no casar hijas, parientes, ni criados en aquella tierra sin expresa licencia mía"[417]. Y en el XVIII, la volvemos a encontrar, en la instrucción al Virrey de México, Marqués de las Amarillas (del 17. V. 1755). Allí se le formula igual advertencia, esta vez citando las Leyes de Indias, que no

416. J.M. Mariluz Urquijo, *El agente* ..., cit., p. 346-347.
417. Hanke, BAE, 275, p. 138 y 261.

parecían debidamente obedecidas. Reitera la Corona en esa oportunidad la prohibición de los matrimonios sin licencia, la sanción de pérdida del oficio en caso de violar la norma, y las prohibiciones de padrinazgos, visitas y demás familiaridades de los oidores con su medio, recomendando al virrey especial cuidado en su observancia[418].

Francisco de Seijas y Lobera[419], un español al servicio del rey francés durante el reinado del último de los Austrias, fue un severo crítico de la situación indiana y lo expresó en sus numerosos informes al ministro de Luis XIV, M. de Torcy. Uno de los temas abordados es el de los casamientos de oidores "contra lo dicho y ordenado por la ley". Informa que lo hacen dispensados por el Consejo. "De los dichos casamientos se siguen muchos agravios, porque no hacen justicia a los vasallos, igualmente a causa de las persuasiones y sobornos de los parientes de sus mujeres, y por otras muchas causas indecentes que en las Indias se experimentan y no se dicen por no agraviar al sexo femenil, debiera S.M. (el rey Borbón) no permitir tales licencias que por el Consejo de Indias se expiden para que se casen los dichos ministros en aquellas provincias". Propone que se muden "cada cinco años en cada Audiencia y tomándoles sus residencias y dándoles ascenso de la dicha Audiencia de México, pasando poco a poco cada uno a las Audiencias de España, porque no emparienten ni compadreen en las Indias, habrá en ellas buen gobierno, mayormente formándose el Consejo de Indias de jueces togados que hayan sido oidores en las dichas Indias y de lo que más justificadamente hubieren obrado en ellas, porque siempre habrá prácticos en el dicho Consejo, que hagan bien la justicia"[420].

---

418. Torre Villar, p. 882-883.

419. Francisco de Seijas y Lobera, *Gobierno militar y político del Reino Imperial de la Nueva España (1702).* Estudio, transcripción y notas de Pablo Emilio Pérez-Mallaína Bueno, Universidad Nacional Autónoma de México, México, 1986. Seijas era natural de Galicia, primo del Arzobispo de México (1680-1698) Francisco de Aguiar y Seijas. Había nacido en 1650. Luego de una agitada vida en Europa, pasó a América. Adquirió el cargo de Alcalde Mayor de Tacuba en Nueva España, cerca de México , según R.C. de 1°. IV. 1692, encargado (según él decía) de informar sobre el estado de esas tierras por indicación expresa del rey. Tomó posesión del cargo el 18 de noviembre de 1693 luego de serios conflictos con el Virrey, estuvo varias veces en la cárcel por los problemas que suscitaba el ejercicio de su jurisdicción, discutida por los virreyes, que no miraban bien al nombrado por la Corona, pues no querían dejarse quitar las facultades de designar a corregidores y alcaldes mayores. Una multitud de cuestiones suscitadas por su genio pronto y sus enfrentamientos con las autoridades, terminaron por decidirlo a refugiarse en Francia. Instalado en Versalles en 1702 fue encargado por M. de Torcy, ministro de Luis XIV, de presentar informes sobre la América Española, con motivo de la sucesión de la Corona de España. Había permanecido en Indias, en Nueva España y el Perú, desde su llegada a Veracruz en octubre de 1692 hasta junio de 1701 en que pasó a Francia. Al servicio del Ministro de Asuntos Exteriores de Luis XIV Marqués de Torcy fue escribiendo los catorce libros de su monumental *Memoria sobre el gobierno de las Indias españolas*, que dada la sucesión de la Corona de España al Duque de Anjou, mucho interesaban a su abuelo-rey. Cuando se conocieron en España los informes de Seijas, altamente críticos de la actuación de los magistrados españoles en América y del propio Consejo de Indias, el Consejo dispuso su captura, sin éxito. Murió alrededor de 1705. Sus informes estan influenciados por su mala fortuna en América y sus enfrentamientos con la autoridad hasta obligarlo a exilarse en país extranjero, pero no dejan de ser un reservorio interesante de noticias. Las utilizamos con esa advertencia.

420. Seijas, op. cit., p. 281-287.

12. Armonía entre virrey y oidores y de estos entre sí

Era fundamental para que hubiese paz y justicia en el Nuevo Mundo que los oidores y el virrey guardasen buena armonía, tal vez la más difícil de las obligaciones para ambos. El virrey era *alter ego* del rey, en tanto la Audiencia gozaba también de la Real representación, a lo que debe agregarse que en el caso de residir en el mismo lugar, el virrey presidía la Audiencia y como tal supervisaba la administración de justicia del tribunal, como también que en las ausencias del virrey aquella se transformaba en "Audiencia Gobernadora" y lo suplía en sus funciones. Además, las decisiones de importancia debían adoptarse por el virrey en el "Real Acuerdo", es decir en consulta con la Audiencia. Las resoluciones del virrey en numerosos casos eran apelables ante la Audiencia[421]. Con solo estos elementos, es decir sin agregar las situaciones que la propia personalidad de uno y otros provocaban, resultaba claro que las relaciones de ambos órganos de gobierno indiano debían ser necesariamente armónicas para ser efectivas, en una sociedad en donde las reglas generales eran escasas y cada distrito y aún cada ciudad capital o secundaria, disponían de su propio orden normativo, sin duda enmarcado en el general de Indias y aún en el de Castilla, pero con sus propias particularidades. "La vida religiosa, política, militar, financiera y económica de cada provincia se desarrollaba con una gran autonomía interna", ha dicho Zorraquín Becú[422]. Las autoridades superiores residentes en la ciudad capital de la provincia o del virreinato, abarcaban el gobierno de la ciudad y de un amplio territorio bajo su influencia, pero de algún modo cada uno de esos centros se encontraba aislado de otros centros similares, vinculados en cambio todos directamente al monarca que distante y complaciente (al menos hasta la segunda mitad del siglo XVIII) ejercía el poder central en el inmenso escenario indiano.

En esos núcleos separados unos de otros por extensas distancias, la autoridad de virreyes y Audiencias, cuando convivían en la misma ciudad, era compleja. También lo era cuando no tenían común residencia, pero en el primer caso su enfrentamiento resultaba especialmente grave. Ambos eran como acabo de decir la representación del Soberano, y participaban de numerosas tareas conjuntas, de ahí que sus malas relaciones podían acarrear situaciones peligrosas para mantener en paz a la tierra.

En una vista fiscal del Consejo de Indias, motivada por un problema de ceremonial suscitado en Buenos Aires a fines del siglo XVIII, se insistía sobre esa doble representación de la persona del rey tanto en cabeza de los virreyes como de las Audiencias, aún cuando no tuviesen la misma extensión. Decía así el Fiscal: "El Virrey representa

---

421. Me ocupé del tema en E. Martiré, "El recurso ante la Real Audiencia de las decisiones del Virrey", en *Seminario de Historia de América,* Universidad de Valladolid, 1984.

422. Ricardo Zorraquin Becú, *La organización política argentina en el período hispánico,* Buenos Aires, Instituto de Historia del Derecho Ricardo Levene, 1969, p. 57.

la Real persona, a quien se rinden los respetos y homenajes por los tribunales, por el pueblo y por los cuerpos particulares y subalternos, . . . la Real Audiencia que ejerce parte de la soberanía, como que es principalmente a quien está encargada la administración de justicia, es la cabeza y centro de todos los tribunales"[423].

No es necesario decir que la buena armonía tenía que reinar asimismo entre los propios oidores, por razones obvias, pues de lo contrario obstaculizarían la buena administración de justicia impartida por un órgano colegiado que debía actuar con el mayor secreto, sus votos no habrían de conocerse y no fundaba sus sentencias. Debía haber entre ellos unos lazos de confianza y colaboración especiales, además de una gran lealtad. Para que todo ello marchara por los carriles deseados los magistrados debían observar en todo momento una conducta ejemplar, recomendada invariablemente desde el centro del poder.

La obligación para los oidores de mantener buena conducta y armonía entre sí, surgía sin necesidad de mayor explicación del haz de virtudes que conformaban el *iudex perfectus*, elaboradas por la doctrina y traducida en innumerables normas concretas.

Desde el siglo XVI está presente la recomendación de buena armonía, que podemos decir que se inicia con la misma presencia de virreyes y Audiencias en América. Ya en las instrucciones al primer virrey de México don Antonio de Mendoza, se le había exigido concordia y buenas relaciones con los oidores y Mendoza informaba de su experiencia a su sucesor Velázquez. "Solamente tengo que decir que en las visitas y ordenanzas que S.M. y los Reyes Católicos han mandado hacer en las chancillerías, ninguna cosa encargan tanto como la conformidad entre el presidente y oidores, y los oidores entre sí. Esto he yo hecho cuanto a mi ha sido posible; de esto aviso a V. S. tenga especial cuidado porque es necesario"[424].

La Corona insistió machacosamente en la armonía entre oidores y virreyes, ya que sin dejar de colocar al virrey en la cúspide de la estructura administrativa indiana, le recomendaba "amor" con los oidores, "pues siendo vos su Presidente, os toca procurar la quietud y conformidad de todos, tratándolos con tanta suavidad y decencia que os respeten y obedezcan por amor y no por demasiada severidad", según se decía en una Real Cédula de 17. IV. 1623. En otra, le ordenaba que en los actos públicos en que se hallare el virrey con la Audiencia, "llame y lleve a su lado al oidor más antiguo de manera que entre todos se conserve la mayor armonía"[425].

Fue recomendación que se reiteró sin descanso. En las instrucciones al virrey de México Conde de Moctezumade 10 de mayo de 1696 , en los últimos años del gobierno

423. AGI, Buenos Aires, 14.
424. Relación del Virrey Antonio de Mendoza a su sucesor Luis de Velazco al término de su gobierno, s-f., circa 1550-1551, en Hanke, BAE, t° 273, p. 38.
425. Las cita en Solorzano, *Política Indiana*, V, iii, n° 35 y 36.

de los Austrias, se le decía "... os encargo mucho la paz y conformidad que habréis de tener con dichos oidores y el cuidado de que ellos administren justicia recta y libremente ... no dando lugar ni consentimiento que entre dichos oidores haya rencores y pasiones". En igual sentido se dirigía la Corona en manos de los Borbones, al Virrey del Perú Marqués de Castelfuerte, encargándole asimismo la vigilancia sobre el tribunal[427].

En consonacia con ese deseo regio, decía Juan de Palafox en la relación que dejaba a su sucesor en México (1642), que el cargo de presidente de la Audiencia que ostenta el virrey hace que fuese "uno mismo con ella, pues viene a ser la cabeza de los tribunales". En consecuencia "conviene tratar con amor y estimación a los oidores y ministros y aunque se haya de conservar siempre la autoridad y superioridad de la cabeza, es necesidad que no sea tanta que parezca que se divide del grupo". Es por ello, sigue diciendo el obispo-virrey, que S.M. ordena "que les tenga por amigos y compañeros y como coadjutores de las fatigas y trabajos del gobierno". Aconseja en consecuencia al nuevo virrey que ha de sucederle, obrar con los oidores con gran cuidado y respeto y salvo casos verdaderamente excepcionales dejar que sus faltas se juzguen en las residencias al dejar sus oficios, "*por lo que conviene tener siempre autorizados a los ministros para que se halle en vigor la justicia y los súbditos les conserven el respeto y reverencia que deben a aquéllos a quienes ha fiado S.M. los puntos mayores de su monarquía*"[428].

Pero fue difícil lograr esa armonía y buenas relaciones entre los altos magistrados indianos. Las manifestaciones del Virrey Mendoza a que aludimos anteriormente, sobre haber cuidado celosamente la armonía entre las altas autoridades virreinales, quedaron desmentidas por su propio proceder con la llegada en 1559 de nuevos oidores a México, que se pronunciaron contra el virrey, pidiéndole no ingresase al Acuerdo para poder administrar justicia con imparcialidad[429].

La necesidad de armonía la compartía, según su propia opinión, el virrey Martín Enríquez de Almanza, que lo informaba a la Corona explicando que había logrado una buena relación con los oidores, pues era la forma de lograr que hubiese en su distrito una buena administración de justicia[430].

No opinaban así los alcaldes del crimen Francisco de Sande y Lope de Miranda, que consideraban que el virrey no tenía igual aprecio por las Audiencias americanas que por las peninsulares y por ello no los trataba como lo haría con oidores de Valladolid o Granada[431]. Es que el virrey Enríquez tenía una opinión muy alta de su autoridad, ya que

426. Torre Villar, p. 758-759.
427. Instrucciones al Virrey Castelfuerte, San Ildefonso, 4 de oct. 1723; cit. por A. Moreno Cebrián, *El virreinato del marqués de Castelfuerte*..., cit. p. 255-256.
428. En Hanke, BAE, tº 276, p. 62-63 (La cursiva es mía).
429. Sarabia Viejo, op. cit., p. 64-65.
430. Enríquez al rey, México, set. 23. 1572, AGI, México, 19, cit. en Powell, op. cit., nº1, p. 6.
431. Francisco Sande y Lope de Miranda al rey, cit. en Powell, op. cit., p. 12.

por ser la superior en el virreinato consideraba que era de su responsabilidad la buena administración de justicia y controlar a los ministros que la impartían. Su autoridad era tanta a su juicio que la consideraba superior incluso a la del propio presidente del Consejo de Indias, a quien le había hecho saber que si no lo trataba con esa consideración "me obligará V. S. a que no le conteste sus cartas"[432].

Los roces entre el virrey Enríquez y los oidores de México se solucionaron cuando se convirtieron en socios en el desacato a la ley. Así lo denunciaba el Arzobispo de México al Presidente del Consejo de Indias Juan de Ovando, en carta de 20 de diciembre de 1574: "... que de pocos meses a esta parte siguen los oidores siendo antes muy al contrario, habiéndolos él [se refiere al virrey Martín Enríquez] atraídos a su querer con estudio y cuidado, aplaudiéndoles a su modo por sus secretos intentos y motivos que no se dejan de entender por los efectos, y si ellos tuvieran el vaso(sic) y capacidad que el lugar que ocupan requería, no se había de aprovechar de ellos para cosas que por ventura están mal a todos, pero no hace mucho en esto, por la facilidad de sus condiciones bien notada de toda suerte y gentes, como las discordias que cada día salen de los acuerdos por pequeñas negociaciones que de lejos se dejan entender... "[433].

En un escrito anónimo de 1572, que se dejó al guardián del Convento de San Francisco Fray Antonio Guzmán para que se viera en la residencia del virrey, se contienen varios cargos en su contra, que no hablan de las buenas relaciones a que se refiere Martín Enríquez. Allí se dice que el virrey "... tiene los oficios de todos usurpados e impide la libertad de la justicia así a los oidores y a los alcaldes del crimen de manera que algunas veces al que vota le llama aparte y le riñe y persuade para que vote [según el criterio del virrey]. En la residencia el virrey negó el cargo y exigió que se pidiese al que lo había presentado no hablase con generalidad sino que precisara en qué caso ocurrió lo que denunciaba. Pidió asimismo que se solicitase al Guardián diga quien le dio esos cargos anónimos, aunque él lo sabe "como si los viera escribir", como lo sabrán "los demás de los oidores" por el "lenguaje"[434]. Se lo acusaba en el mismo papel de tener "amenazados y dicho palabras malas a algunos oidores y alcaldes porque son libres de hacer justicia sin esperar lo que él manda". Exhibido al virrey el papel anónimo, contestó sin dilaciones ni titubeos. Sostuvo que "no dice verdad ninguna [el autor del anónimo] y [exigió] no hable generalmente sino diga fulano o a fulano dijo tal cosa y de esto hago testigo a todos los oidores". Es por ello, sigue leyéndose en el papel, que "ni oidores ni alcaldes no osan escribir contra él porque ve y toma cartas y amenaza y publica que dejó allá en España las espaldas seguras y ellos como tienen poco salario no se quieren meter

432. Enríquez al rey, oct. 23 de 1574 y Enríquez a Juan de Ovando, oct. 8. 1573; en Powell, cit., p. 5.
433. Paso y Troncoso, tº XI, 1505-1575.
434. ¿Tal vez un miembro de la Audiencia resentido? ya que el contenido de los cargos demuestran un exacto conocimiento de los procedimientos del tribunal. El virrey creía que podía ser un jesuita.

en pendencias". Contesta el virrey: "Cuanto a lo de las cartas no dice verdad ninguna ni se hallará tal cosa, cuanto a lo demás no hay que responder"[435]. Se dice en el libelo que "... es muy apasionado contra algunos y otras veces a favor de otros y tratándose pleitos contra alguno con quien el está mal dice a los oidores y alcaldes que si no lo castigan rigurosamente que lo ha de escribir al rey". El Virrey asienta al pie: "Este capítulo tan desbaratado no merece satisfacción".

En el anónimo se lo acusa asimismo de que "las cédulas que vienen que las encubre y no las publica luego, sino cuando a el le parece y otras luego las ejecuta según tiene la pasión". Contesta el virrey: "Las cédulas que particularmente vienen a mi dirigidas no tengo yo obligación de mostrallas en llegando"[436].

Al explicar las causas por las que no llegaba dinero a la Hacienda Real, el visitador de Nueva España Jerónimo de Valderrama (designado en 1562) aprovecha la ocasión para acusar a los oidores, en base a lo que el mismo ha visto: votan lo que el virrey desea con el fin de complacerle, cosa que, a veces, como es lógico va contra la justicia de las partes. En 1564 vuelve a insistir en su denuncia, y pide que se nombre un oidor como presidente de la Audiencia y no lo sea el virrey, por "la poca libertad que los oidores tienen en los acuerdos por estar presente, a quien tienen respeto por la necesidad que tienen de él para sus deudos, amigos y criados"[437].

La Audiencia de Charcas denuncia el mal comportamiento, autoritario, nada conciliador, del virrey del Perú Francisco de Toledo, en carta de 10 de febrero de 1562. Sostienen los ministros que estando preso en la cárcel un delincuente condenado a muerte y en la mitad de sus bienes para la Cámara, no por delito cometido en las alteraciones pasadas, sino por su manera ruin de vivir, estando resuelto el caso en vista y revista, "envía el virrey una provisión de perdón y manda que nos apartemos del conocimiento de la causa, cosa escandalosa y de gran impedimento de la ejecución de la justicia"[438].

No marcharon bien las cosas de justicia en Charcas mientras Toledo estuvo visitando el distrito. Según informan los oidores, el virrey les mandó a los jueces condenar a Gonzalo Giménez a darle garrote en la cárcel y no en público para que no se desdijera, pues había sido sirviente e intérprete del virrey. La condena era por pecado nefando. Por obra de Toledo "... los jueces no tuvieron libertad en esto estando aquí el virrey y que lo hicieron por su persuasión o mandato y porque no osaron dejar de complacerle en ello como en todo lo demás". Agregan que "pues en aquellos años que residió el virrey en esta provincia usó de tal supremo mando y tan absoluto que no pudieron contradecirle ni ponerle impedimento los jueces de esta Audiencia". Dejaron y permitieron

435. Powell, cit., p. 25, 27 y 31.
436. Powell, cit., p. 26. 31-32.
437. Carta de Valderrama al Consejo, febr. /marzo de 1564, en Arregui Zamorano, p. 165, 188-189.
438. Levillier, *Audiencia de Charcas*, tº 1, p. 76.

ante su presión e insistencia que se llevase los autos originarios de la Audiencia. Recuerdan que se los acusó de haber recibido dinero del virrey por cohecho "para granjearlos de todas maneras para que hiciesen en todo lo que el quería", lo que no era así, sino que recibieron ese dinero por los gastos de la guerra que habían tenido o por haber hecho visitas; nada pudo averiguarse pues los papeles se los llevó a Lima un criado del virrey[439].

Los problemas entre los oidores de Charcas y el virrey del Perú eran considerables, a estar a las denuncias de la Audiencia. No se trataba en verdad de la armonía que reclamaba la Corona como base para obtener una buena administración de justicia en Indias.

El presidente Lope de Armendariz informa al rey que el Licenciado Recalde fue presionado de tal modo por el virrey Toledo para que se desdijera de lo que había escrito contra él en carta a S.M., que ingresó a un convento, es decir se hizo fraile, temiendo por su vida e integridad. "Muchos años ha que por esta Audiencia no se ha escrito a V.M. de lo que toca a la administración de justicia y gobierno de esta tierra y la causa de esto ha sido porque de seis años a esta parte el virrey don Francisco de Toledo lo más del tiempo residió en esta ciudad y en este distrito y no solamente usurpó la jurisdicción de esta Audiencia en lo de la justicia, pero en todo lo demás que incumbía a presidente y oidores tomó la mano para hacer el solo lo que ellos suelen en conformidad...".

En esta Audiencia –siguen quejándose los de Charcas— "hay tanto en el despacho de los negocios que apenas se puede atinar a lo que conviene hacerse ni se puede hallar salida de las perplejidades que ocurren y el origen de donde ha procedido todo este daño ha sido por las dudas que ha resultado de las cédulas que tiene el Virrey, especialmente de dos de ellas". En una se ordena que de ninguna cosa que proveyere el virrey pueda conocer la Audiencia, sino la de Lima, la otra que si el virrey proveyese algunas cosas que no sean de su cargo ni le pertenezcan, las Audiencias no puedan entremeterse en repararlo ni le estorben y que libremente le dejen hacer lo que quisiere y que solo le hagan requerimientos y protestaciones. "De lo que ha resultado notable quiebra de la autoridad de las Audiencias y de esta más que de otras. El virrey ha pretendido que todos los asuntos fuesen de gobierno, metiéndose en los de la Audiencia, que por ser la tierra nueva parece que a todas se le puede poner este nombre". Pero también se ha metido en cosas claramente de justicia y para ser obedecido "ha dado provisiones despachadas con el nombre y sello de V.M. y sola su firma", llegando a dar ordenanzas a la Audiencia de esa forma. Lo que Toledo provee no puede recurrirse, ni en Lima. Y si se quiere hacerlo es tan costoso y complicado llegar hasta allí que nadie lo hace, menos los indios.

---

439. Levillier, *Audiencia de Charcas*, tº 1, p. 237-239.

El 30 de septiembre de 1576 son los oidores quienes acompañan por escrito las quejas que ha elevado el presidente, piden al Rey una respuesta urgente a sus demandas. "Sea servido mandar se nos envíe respuesta a esta carta con declaración de lo que en ella decimos y de los que el presidente don Lope más largamente dice en las suyas y que sea en los primeros navíos, porque no son cosas que sufren dilación y forzosa que ha de haber nos tendrá muy suspensos y penados por lo que toca al remedio y al servicio de V.M. y a nuestro particular por los daños y peligros de que nos vemos cercados y apretados para ahora y para el tiempo que se nos tomare residencia o visita, aunque nuestra principal pretensión es acertar en servir en lo que nos está encargado y para esto deseamos saber la voluntad deV.M.[440]".

El presidente en nueva carta insiste en la falta de libertad de los oidores por manejos del Virrey Toledo, y llega a considerar que no vale el alto costo de tener una Audiencia en Charcas en esas condiciones. El mal trato que da el virrey a los oidores hace que se diga "que los trata como sus criados". Agrega que "los tuvo sujetos y oprimidos y les quitó la libertad con los temores que les puso encareciendo la facultad de los poderes que tiene de V.M., con promesas de favores y otros modos, y por esto no es tanto de maravillar que así le obedeciesen y sirviesen y a los que no lo hicieron les mostró la enemistad que por ello les cobró". Así hizo con el Licenciado Haro y ahora lo intenta con el doctor Barros. Los indios han salido muy perjudicados por sus procederes, pero no ha querido volverse atrás "ni las Audiencias han podido atajarlo". Los oidores han pedido que diga a S.M. "que no había porque hacer costa V. M. en tener aquí Audiencia habiéndola de mandar el virrey de esa manera".

Es que no hay más "inconvenientes en el gobierno y en todo lo demás ... que la polilla de la justicia, y la destrucción universal de estas tierras tan remotas, son las cartas procuradas de abono y las informaciones afectadas que se fabrican para vestir a la falsedad de los atavíos de la verdad, porque ni la una ni la otra puedan ser conocidas en el Consejo de V.M."

Denuncia al oidor Juan Matienzo, amigo del virrey, que tiene una hija casada con un encomendero de esta ciudad y otra con otro encomendero de fuera del distrito. Pretende Matienzo, a través de Toledo, que el rey le apruebe y haga merced de ello y además que el virrey le case otras hijas. Tiene tal adhesión al virrey que en los acuerdos no se pueden tratar cosas que atañan al señor Toledo. El Fiscal Licenciado Rabanal es buena persona, salvo cuando tocan cosas de tasas de indios y las del Virrey. Tiene una hija casada con un encomendero del distrito[441].

440. En Levillier, *Audiencia de Charcas*, tº 1, p. 388.

441. El Lic. Lope Diez de Armendariz al Rey, La Plata, 4. oct. 1567, en Levillier, *Audiencia de Charcas*, tº 1, pp. 335-336, 398-399.

Sabiendo Matienzo la denuncia que se hacía a la Corte sobre los matrimonios de sus hijas, no solo argumentó a favor de esos enlaces, fundándose en el amor a la tierra, según vimos más atrás, sino que se ocupó de destacar la mala conducta de sus colegas, "... la codicia insaciable que algunos [oidores] tienen y el temor a perder su hacienda si hacen justicia contra los poderosos", por lo que solo la hacen contra negros e indios "que poco pueden". Tales actitudes "son llagas encubiertas y más dificultosas de curar que el tener yernos, que es descubierta"[442].

Debemos recordar que el virrey Toledo fue uno de los ejecutores, con las más amplias facultades, para llevar adelante el ajuste de tuercas que se había decidido efectuar en las Indias como resultado de las consultas y pareceres producidos ante los repetidos informes del mal estado del gobierno y justicia de esos territorios, llegados en 1566 a manos de Felipe II a traves del Cardenal Diego de Espinoza, Obispo de Zigüenza. De esas juntas surgió la visita al Consejo de Indias encomendada a Juan de Ovando, designado presidente del mismo y el encargo a este jurista y probado hombre de gobierno de iniciar las tareas de recopilar las leyes indianas, que aparecían como desconocidas en el propio Consejo[443].

Pero volvamos a las relaciones entre los mismos miembros de las Audiencias de Indias. Las de los ministros de Charcas no eran precisamente lo ambicionado. Dice el Fiscal Rabanal al Consejo, que cuando pidió a la Audiencia se castigase a unos reos por amenazar huir e irse al Inca, el Presidente Ramírez de Quiñones le dijo que eran burlas y que lo pidiese en audiencia pública. Agregó en son de mofa "que su zapato hacía más diligencias que todos los fiscales del mundo"[444].

La Audiencia de Charcas y el Gobernador de Buenos Aires se llevan en armonía, pero edificada en tratos indebidos y en perjuicio de la Real Hacienda. Así lo denuncia el Contador Hernando Vargas al Rey, en carta fechada en Buenos Aires, el 8 de julio de 1596. Dice que junto con el Tesorero Hernando de Montalvo decidieron llevar el caso de mal gobierno en Buenos Aires a la Audiencia de Charcas, y desde allí avisar al Virrey del Perú. Pero el viaje a Charcas, a donde llegó Montalvo luego de muchas penurias y de recorrer 800 leguas que hay de ida y venida y un año de navegación a su costa y empeño, fue en vano. "Hallé a vuestros oidores y fiscal tan fuera de razón cuanto tenían obligación a ella, solo por no disgustar a vuestro gobernador Fernando de Zárate y cumplirle su deseo y voluntad, que al presente estaba en aquella ciudad donde vuestra Real Audiencia reside, en su casa y regalo, y la gobernación y gobierno de ella perdida y en poder de mozos locos y sin juicio ni entendimiento, haciendo mil agravios y mal-

442. Matienzo al Rey, en Levillier, *Audiencia de Charcas*, tº 1, p. 404.
443. Ver E., Martiré, *Guión,* cit.
444. Carta de Rabanal al Consejo, La Pata, 18. jun. 1566, en Levillier, *Audiencia de Charcas*, tº 1, p. 180-181).

dades". De las Reales Provisiones de S.M. que presentó Montalvo a la Audiencia y de las quejas por el perjuicio que se seguía en Buenos Aires a la Real Hacienda, le dieron traslado al Gobernador, desconociendo la jurisdicción en materia de Real Hacienda que compete privadamente a los Oficiales Reales. Solo al cabo de 4 meses se dio sentencia a favor de la Real Hacienda, por amenazar el Oficial Real ir a España a dar aviso al rey de la actitud de la Audiencia[445].

Un caso realmente insólito se produjo en Manila, donde la buena armonía se rompió ante la falta de trabajo del tribunal y la consiguiente holganza de oidores y demás ministros, que como madre de todos los vicios, fue incentivo de otros males. La situación fue denunciada por el propio presidente, el doctor Santiago de Vera, hombre de poco carácter, pero de recto proceder. Alarmado por el estado de la Audiencia "escribió una carta desconsolada" al virrey interino de México Arzobispo Moya, sosteniendo que ante la pobreza del país, habitado por pocos españoles, en general soldados pobres, la Audiencia recién creada (en fecha 5 de mayo de 1583), no tiene nada qué hacer "y con esto se ofrecen muchos ministros, relator, secretario, etc., que es necesario que coman y gasten, y aún se hacen ricos a costa y con la hacienda de los pobres, demás de los criados del presidente y oidores, que suelen hacer lo mismo". Pide la supresión de la Audiencia. La ciudad de Manila que sufría por los enfrentamientos de los oidores y sus negocios particulares, mandó procurador a la Corte pidiendo lo mismo el 15 de julio de 1585. El virrey aprobó la gestión de presidente y municipio, porque los oidores no tenían trabajo y por ello siempre peleaban por sus propios intereses materiales con perjuicio de la provincia (Según carta de 24 de enero de 1587). El jesuita Alonso Sánchez llevó varias peticiones como procurador de las Islas Filipinas, entre las cuales estaba el pedido de Manila, lo que decidió al rey a suprimirla y nombrar un gobernador el 20 de junio de 1590[446].

En México las "buenas relaciones" entre virrey y oidores tenían mal origen. La Corona enterada de esas componendas trató de cegarlas de cuajo. Por Real Cédula de 5 de septiembre de 1555 se ordenó: "Por cuanto Nos somos informados, que de proveerse por los nuestros virreyes y Audiencia de las nuestras Indias y Tierra Firme del Mar Océano corregimientos y otros oficios de justicia a suegros, hermanos, hijos, yernos, y cuñados de los presidentes, oidores y fiscales de las dichas Audiencias, se sigue inconvenientes. Porque habiendo de dar cuenta de lo que hacen en los dichos oficios, teniendo el deudo susodicho con los dichos presidentes y oidores a donde han de ir las apelaciones de las causas, y también los oficiales, habiendo de seguir las partes ..., podrían tener ocasión de quedarse y temer no alcanzar justicia,

445. Levillier, *Oficiales Reales de Hacienda del Río de la Plata*, t° 1, p. 422-443.
446. Schäfer, t° 2, p. 90-91.

prohibimosyexpresamente defendemos, que ahora, ni de aquí en adelante, en ninguna parte de las dichas nuestras Indias, no sean proveídos en corregimientos ni otros oficios de justicia, ningunos hijos, ni hermanos, ni suegros, ni yernos, ni cuñados de ningún presidente, oidores ni fiscales", so pena de quitárseles el cargo y a los que los hubiesen nombrado aplicarles una multa de mil pesos oro[447].

En ciertos casos la mala conducta del virrey, tanto como la de los oidores, era causa de "la buena armonía" de uno y otros. El visitador General de Nueva España Jerónimo de Valderrama sostiene en carta al rey: "Lo de justicia no está como yo quisiera. Hay mucha falta de ella. El Virrey (presidente de la Audiencia) por parte suya y de sus hijos y hermanos está muy emparentado ... y algunos de los oidores también lo están, y así pocos negocios dejan de tocar a los unos o a los otros, y todos tienen padrinos, porque cada día se han menester los unos de los otros". Se lamenta el visitador en términos elocuentes de ese "acuerdo" en la cúpula de la estructura virreinal. "Todo lo que aquí trabajo y trabajaré hasta que me vaya será de poco, momento [que] vuelta la cabeza, si el virrey y oidores no están muy puntuales en hacer lo que deben, que harto mejor ordenado está todo por Cédulas y Provisiones de V.M. que yo lo sabré hacer, pero no las guardan ¿Qué esperanza se puede tener de que guardarán lo que yo hiciere y ordenare?[448].

Volviendo a Charcas las buenas relaciones de los oidores entre si se lograban compartiendo malas prácticas, lo denuncia el Fiscal de la Audiencia Lic. Rabanal el 11 de mayo de 1563, refiriéndose a la norma de mandar a los españoles casados a vivir con sus mujeres a España o traerlas a América, y así evitar problemas y escándalos. Dice que esa cédula no se cumple, que hay casados que reciben plazos de 10 años para traer a sus mujeres y otros algo menos, sin que vencidos los plazos las hayan traído "ni traerán jamás y esto les cuesta su dinero". Aún "contra su voluntad" [la de los casados sin mujer en Indias], los oidores les dan términos de prórroga mediante pagos que llaman "derechos de pases". De manera que, "no sirve la provisión del efecto para que fue proveída sino para que los casados queden pobres y las mujeres sin esperanza de ver a sus maridos en España". Ello ha generado, según el Fiscal, una suerte de asociación de favores recíprocos por parte de los oidores de Charcas, entre quienes priva el dicho "hazme la barba y arete el copete". Solo se van a España los que no arreglan con ellos. Propone los echen sin dilación a los infractores españoles "y cesaría el inconveniente dicho o que del todo no los echen, pues que no los echan aunque V.M. lo manda"[449].

---

447. Arregui Zamorano, p. 187. La Cédula está recogida en *Cedulario de Puga*, fº151 vto.
448. Carta al rey, 24 y 29 . febr. 1564, Arregui Zamorano, 164.
449. Levillier, *Audiencia de Charcas*, tº 1, p. 101.

El oidor de Nueva Galicia, Lebrón de Quiñones le hace saber al Príncipe que teme por la seguridad de la tierra frente a la posible causa de alborotos ante la mala conducta de los oidores de México, tal vez exageraba las tintas para llamar la atención de Felipe. Pero las denuncias de Lebrón eran graves: "Algunos hombres hay poderosos y escandalosos en esta tierra que convendría V. A. los mandase salir de ella porque habiéndose vistos tan prósperos. . . viendo que han de quedar pobres y con deudas en cantidad, a causa de los excesivos gastos y faustos soberbios que usan, procurarán alguna alteración en la tierra y no dan pequeña ocasión a ella algunos oidores de esta Real Audiencia, especialmente los que tienen trabado deudo con los semejantes y están arraigados de haciendas y granjerías aunque por vías indirectas y exquisitas y la disensión [que] entre ellos hay". Recuerda al príncipe Felipe lo ocurrido en Perú y teme por la suerte de los oidores y de él mismo, visitador de la tierra y oidor de Nueva Galicia[450].

La intromisión de la Audiencia en asuntos de gobierno, que le estaba vedado, tanto como al virrey hacerlo en los de justicia, era motivo de quebrar la buena armonía que prevenían las leyes. La Audiencia fiada en su alta jerarquía lo hacia frecuentemente, a estar al informe que el Conde de Villar eleva a S.M. Especialmente la de Charcas "no solo en las cosas de Potosí . . ., pero en todas las que se ofrecen. Entendiendo en estas cosas dichas Audiencias, además de contravenir lo que S.M. acerca de ello tiene proveído y mandado, dejan de hacerlo [en cambio] en las de justicia que son de su cargo y obligación... "[451]. Unos años más tarde toca al Virrey Conde de Villardompardo formular parecida queja al rey. Le dice que la Audiencia de Quito pretende intervenir en asuntos de gobierno, sin hacer caso a las cédulas de S.M. que lo prohiben, pues "no saben desarraigar de sí los negocios, ni se halla para ello remedio, porque parece que está aquella tierra por conquistar y todo redunda en deservicio de S.M. y vejación y agravios de sus súbditos porque la Audiencia y particularmente su presidente Dr. Barros (cuya condición y manera de proceder es bien trabajosa, si no me engaño), atiende a aprovechar a los ministros de ella y a acomodar a sus allegados. Y aunque no tan generalmente ni tan al descubierto, hace lo mismo la Audiencia de La Plata. Y lo uno y lo otro conviene remediar"[452].

Denuncia el Relator Hernando de Herrera, de la Audiencia de México, "revueltas y pasiones y cuestiones públicas y secretas entre el virrey y los oidores ... y los unos con los otros ... queriéndose prender los unos a los otros en los acuerdos, y habiendo tantos requerimientos de unos a otros y tantos descomedimientos, desmandando el virrey lo

450. Carta al Príncipe Felipe fechada en el Pueblo de Taximaroa, Provincia de Michoacan de Nueva España, 10. IX. 1554 (Paso y Troncoso, tº VII, p. 223-250).

451. Informe del virrey Conde de Villar a S.M. sobre cómo encontró el Perú al hacerse cargo, 25. V. 1586; Hanke, BAE, tº , p. 195.

452. Memoria gubernativa del virrey Fernando de Torres y Portugal, Conde de Villardompardo, s/f, circa 1592-1593), Hanke, BAE, tº , p. 222-223 (párrafo 33).

que mandaba la Audiencia y habiendo tantas parcialidades los unos con los otros que los predicadores no tenían otra cosa que decir, y por causa de esto está la tierra tan perdida y la república tan vejada e aprelada, que es más de llorar e haber lástima que de otra cosa"[453].

La situación es tan crítica que los propios vecinos se quejan anónimamente al Rey de los oidores de México, culpando en especial al oidor Quesada del estado en que se encuentra el tribunal, pues desde que llegó a esa tierra "persigue a los allegados y amigos de los otros [oidores] y los otros a los suyos y así venimos a pagar nosotros sus pasiones...[454].

Este Quesada, de quien volveremos a hablar, gozaba de muy mal concepto para el Arcediano de la Iglesia de México, Juan Negrete, que informaba al rey no haber "conocido hombre de su natural inclinación a lo malo" como el oidor en cuestión[455].

Los pareceres sobre el estado de la Audiencia se repiten: Dice el visitador y oidor de Nueva Galicia, Lebrón de Quiñones, en la misma carta al Príncipe Felipe que ya hemos citado, que en esa Audiencia hay "gran discordia . . . es tanta y tan grande, tan extendida y arraigada que de ella dependen grandes y notables daños e inconvenientes en deservicio de Dios N. S. y de Vuestra Alteza y detrimento y perdición de vuestros naturales de estas partes en gran disminución de la justicia, porque aciertan unas veces estar en votos dos a dos o cada cual por su parte y así o se disimula o se remiten las causas a terceros... "[456]. Puede que Lebrón estuviese mal dispuesto con los odiores de México, a quienes no les gustaba que visitara la tierra de Nueva España un ministro de la Audiencia "subordinada" de Nueva Galicia, pero lo anotamos por ser coincidente su opinión con la de otros informantes.

Las connivencias entre virrey y oidores no terminarían en ese siglo, pues en los siguientes encontramos parecidos testimonios. El visitador Diego de Landeras informa al rey el 2 de marzo de 1608 (dos años después de ser nombrado), sobre el estado de la administración de justicia en México: "Una de las principales causas que en este tema hay donde nacen innumerables desórdenes y agravios, es [que] no se guardan las Reales Cédulas que disponen no pueden tener los deudos de los oidores y alcaldes, oficios en estas tierras, antes se ve dar cada día los virreyes a los deudos, criados y allegados de los susodichos y sus mujeres, no solo oficios, sino tierras y otras muchas cosas, que verdaderamente se entiende son para los mismos jueces aunque están en cabeza ajena"[457]. En este tema, dice el visitador, la provisión de oficios es ventajosa para ambos, los oi-

453. Carta al Emperador, México, 15. III. 1554 (Paso y Troncoso, tº VII, p. 283-290).
454. Carta de los vecinos de México al rey, s/f (Paso y Troncoso, tº XV, p. 99-100).
455. Carta al monarca de 16. XI. 1552, (Paso y Troncoso, tº VI, 207-208).
456. Del Lic. Lorenzo Lebrón de Quiñones, 1º. IX. 1554 (Paso y Troncoso, tº VII, p. 223-250).
457. Arregui Zamorano, p. 190.

dores que reciben los beneficios tratan de ser agradables al virrey y este al darlos, tener a su favor a los oidores para entregar a sus propios amigos y parientes cargos y oficios. Pide se reitere la provisión. "Así viendo los dichos jueces que por mano de los virreyes no podían tener ni alcanzar cosa alguna, se hallarán más libres de respetos particulares para hacer justicia en las causas que a los virreyes y sus cosas tocan, y asimismo los virreyes harían lo mismo en las causas de los jueces sin hallarse obligados a condescender y disimular con ellos en muchas cosas que ahora lo hacen"[458].

Otras veces las buenas relaciones partían de estar sujeta la Audiencia a la autoridad del virrey. El Conde de Monterrey le informaba en 1604 a su sucesor en el virreinato de México, Marqués de Montesclaros acerca de la "concordia" que había logrado con la Audiencia, con medios muy particulares por cierto. Se trataba de mantenerlos mansos y bien dispuestos a su autoridad, sin necesidad de otro recurso para lograrlo que el de hacerles ver su semblante. Así es como "yo he conservado a Dios gracias una gran concordia entre el virrey y la Audiencia; teniendo gratos y dóciles para lo que conviniese a los ministros de ella, sin detrimento de [los] respectos y veneración que deban al gobierno superior y en que importa tenerlos siempre muy puntuales". Con lo cual los regía muchas veces con mirarlos tan solo, sin rigor ni palabras ofensivas[459].

Desde la misma Corte, un año antes, le habían aconsejado a Montesclaros estilo parecido para su relación con la Audiencia. El Presidente del Consejo de Indias, Pablo de Laguna, en las instrucciones que le entregó al tiempo en que se lo designó virrey de Nueva España, le decía muy concretamente: "Que los oidores y alcaldes de corte le teman de manera que con solo mirarlos los corrija y tiemblen de él, porque es gente muy libertada y tras esto los honre y trate de manera que le amen y teman"[460].

El visitador Landeras se dirige al rey en enero de 1609 desde México, para pedirle no se castigue la actitud de un grupo de descendientes de los conquistadores de esas tierras que al verse preteridos por los amigos y parientes de virrey y oidores, se reunió y solicitó en juicio público ante el virrey y Audiencia que se observaran las cédulas dadas en su favor. Dice el visitador que "no hay cosa más odiosa a los virreyes y Audiencia que el pedir los descendientes de conquistadores ser preferidos en los oficios, pareciéndoles que, por este camino, se les acorta la mano para ocupar a sus deudos, criados y allegados"[461].

El 6 de junio de 1621 la Audiencia de México pidió al rey dispensar de la prohibición de nombrar a hijos de miembros de la Audiencia, para designar a los del Fiscal Pedro Ortega por la gran necesidad que padece. El rey, después de escuchar a su Consejo,

---

458. Arregui Zamorano, p. 190-191.

459. Informe del Virrey Conde de Monterrey a su sucesor Marqués de Montesclaros, 28. III. 1604, Hanke, BAE 274, p. 193.

460. Instrucciones del Presidente del Consejo al Marqués de Montesclaros, virrey de México, 14. I. 1603, Hanke, BAE, tº 274, p. 268.

461. Arregui Zamorano, p. 191.

dispuso por R.C. de 12 de febrero de 1622 que se colocara a las hijas del Fiscal, que desearan ser monjas, en el Convento de Jesús María. "En cuanto a la dispensación para proveer en oficios a sus hijos, no ha lugar, y os encargo, que pues estáis ahí puestos para guardar las leyes, no escandalicéis incitando a su rompimiento, porque está muy cerca de quebrantarlas quien las ruega y propone". Una verdadera admonición[462].

El oidor Diego García de Palacios es acusado por el visitador Moya de Contreras de haber hecho nombrar por el virrey a un criado suyo, en pago de los servicios que el oidor había prestado al virrey. El oidor Hernando de Robles también es acusado de hacer nombrar a un amigo. Sostiene el visitador que en un pleito en que intervenía sobre una estancia de ganado mayor, hizo que el juez nombrara depositario a un criado suyo, con los beneficios imaginables para el oidor. El Consejo los da por culpados.

No tenía buena opinión el Conde de Lemos de la Audiencia de Lima al hacerse cargo del virreinato del Perú, que aquella venía gobernando durante un año y ocho meses desde la muerte del virrey anterior Conde de Santisteban: "Las justicias y ministros de [la] Audiencia, sin autoridad ni respeto, unos por su proceder y otros por estar la gente sin disciplina ni sujeción"[463].

Resulta asimismo interesante recordar las explicaciones dadas en 1667 por el Conde de Peñaranda, Presidente del Consejo de Indias, a Lemos acerca de la importancia de la buena armonía entre virrey y oidores y la advertencia sobre la inclinación al absolutismo de esos señores en tierras tan lejanas como las de Indias. "Los encuentros con el acuerdo y los oidores se deben excusar con particular estudio, porque siempre padece malos efectos la república de esta manera de discordia y acá inquieta mucho escribiendo todos unos contra otros. La prudencia será darles el virrey buen ejemplo en todo y advertirles con autoridad y benignidad lo que juzgare por digno de remedio, excusando en todo caso mortificarles de palabra porque esto no enmienda sino irrita y el que puede castigar justamente sirviéndose de la autoridad que le da su ministerio, no ha menester castigar con malas palabras, y en esto he visto y oído pecar a algunos"[464].

El Virrey Marqués de Castelfuerte, estuvo munido de disposiciones superiores que le otorgaban una destacada preferencia sobre la Audiencia de Lima que el virrey extendía a las demás de su amplio distrito. Por R.C. dada en San Ildefonso de 4 de octubre de 1723, se mandaba al tribunal obedecer cuanto resolviese el virrey en temas de justicia, quedando eso sí autorizados los magistrados en dar cuenta circunstanciada de todo ello a S.M. De tal manera los oidores tenían una doble obligación, la de informar al rey

462. Arregui Zamorano, Ibídem.

463. El Conde de Lemos da cuenta a S.M. del estado en que halló el Perú cuando entró a gobernarlo y el remedio que ha comenzado a poner en las materias más principales de su gobierno, Lima, 4. III. 1668 (Hanke, BAE t°, p. 272).

464. Instrucciones secretas del Conde de Peñaranda, Presidente del Consejo de Indias, al virrey Conde de Lemos, s-f, circa 1667; Hanke, BAE t° 283, p. 242-243.

acerca de lo que encontrasen contrario a su criterio en las resoluciones del virrey, y la de guardar el respeto y reverencia debida al *alter ego* del monarca, como "a la cabeza y ministro principal mío, se le debe y yo quiero que se le tenga". A su vez en las instrucciones dadas al tiempo de su nombramiento se le recomendaba buena armonía con los oidores y escucharlos en asuntos arduos "para mejor acierto", aunque despues de verificadas las consultas adoptase el virrey la resolución que le pareciese mas conveniente[465].

Explicaba el virrey Manso de Velasco a su sucesor en el Perú, Manuel Amat, que "... en partes tan remotas y distantes del Soberano se ha tenido por conveniente revestirlos [se refiere a los virreyes] de una autoridad que sea bastante a poner en orden la administración de justicia y a librar a los vasallos de las opresiones y agravios que pudieran experimentar por la falta de una superior potestad a quien presten los jueces inferiores subordinación y obediencia". Esa comisión de vigilancia sobre la administración de justicia se reiteró, incluyendo a las Audiencias, por Real Cédula expedida por la vía reservada el 19 de noviembre de 1749[466]: "manda al virrey ponga la mayor diligencia en celar que los ministros de las Audiencias asistan precisamente los días y horas establecidos, y que todos los meses le entreguen los relatores de ésta una noticia sucinta de los pleitos que se hubiesen determinado, y de los que quedasen pendientes; que los de las Audiencias de afuera lo ejecuten cada cuatro meses, y que siempre que se verificare haber procedido los ministros fiscales o subalternos con lentitud, malicia o abandono en el despacho de los negocios, les imponga el virrey la pena que estimare correspondiente, pasando, si la gravedad del asunto lo requiriese, a suspenderlos de sus empleos o separarlos absolutamente, multándolos y enviándolos a España en partida de registro, cuya providencia manda extender respectivamente a todos los tribunales, gobernadores, corregidores y demás justicias".

El Duque de Linares informaba a su sucesor Marqués de Valero de la triste situación en que dejaba los asuntos de justicia en Nueva España, especialmente por la desunión de los oidores y sus pretenciosos procederes, lo que se traducía en la desobediencia a las cédulas y mandatos de S.M. "El más grave daño que he experimentado es la desunión en los individuos (de la Audiencia); esta nace de los genios, pues no hay cuerpo o tribunal que no vea entre sí una discordia". Agrega que se comportan bien cuando deben hacer diligencias individualmente, pero no "cuando juntos lo han de de-

465. Cit. por A. Moreno Cebrián, *El virreinato del marqués de Castelfuerte..*, cit., p. 255-256.

466. Relación que escribe don José Antonio Manso de Velasco, Conde de Superunda, a su sucesor en el cargo de Virrey del Perú, Manuel Amat y Yunient, según se dispone por Real Orden de 9 de julio de 1751. Lima, 12 de oct. 1761, en *Memorias*, tº IVº, p. 76-77. La norma de 19. XI. 1749 está registrada en *Matraya y Ricci*, fº 315. Ver tambien la *Relación y documentos de Gobierno del Virrey del Perú, José Manso de Velasco, Conde de Superunda (1745-1761).* Introducción, edición, notas e índices de Alfredo Moreno Cebrián, Madrid, CSIC, Instituto Gonzalo Fernández de Oviedo, 1983, p. 69-69 vta. del manuscrito original. La Real Cédula la ubica el autor en Cedulario de Ayala, fo. 390vto, Número 678, Biblioteca de Palacio, Manuscrito 137.

terminar, precisamente la parte que padece es la del Rey, pues así en sus intereses como en su dominio es el que hace el gasto. Estos defectos de interpretar las reales órdenes a su modo, disculpándose algunas ocasiones con el estilo, y las más fiándose que los avisos o las flotas no son frecuentes y que las resoluciones del Consejo suelen ser tardías..." Tiene informado de todo a S.M., en especial "de lo difícil que es a un virrey poder superar las amenazas que se hacen a los pobres, de que ellos acaban y los jueces duran, porque ya el siglo en que las reprensiones en un acuerdo corregían, o con una palabra escarmentaban, se acabó, ... [puesto que ya] no tenemos autoridad para castigarles"[467].

Las relaciones se enponzoñaban cuando era el virrey el que avanzaba sobre la Audiencia. En 1796 el virrey del Perú Francisco Gil de Taboada y Lemos, informa a su sucesor Barón de Vallenari, que según él entiende las principales obligaciones que tiene como tal no son ya las de supervisar la administración de justicia, sino derechamente administrarla, "amparando a los que la imploran, para redimirlos de la opresión de los jueces inferiores, y promover los adelantamientos y progresos de la religión y del Estado, manteniendo el reino en tranquilidad y defendiéndolo de las invasiones de sus enemigos"[468].

Un suceso de ribetes escandalosos en las relaciones del presidente de la Audiencia y sus oidores se produjo a comienzos del siglo XVIII en Panamá. El Presidente Manuel de Alderete puso en rigurosa prisión al Oidor Sebastián Bonde Leos por la disputa que se formó sobre si darle o no al general de galeotes Francisco Cornejo la balandra *La Casandra.* Intervinieron en la cuestión el presidente y los ministros de la Audiencia Pedro Gómez de Andrade, Sebastián García y el propio Bonde Leos. Le disputaron al presidente el uso de la campanilla y las precedencias en las funciones públicas. El presidente mandó al fuerte en prisión engrillado al oidor Bonde Leos y se produjo una conmoción universal en Panamá.

Informado el virrey Castelfuerte, dispuso que fuese restituido el oidor a la ciudad pero no al cargo, hasta mejor averiguar el hecho. Fueron reprendidos el presidente y la Audiencia por el escándalo. Se suspendió de su cargo de abogado y relator al Lic. José Bucano y se lo desterró a 4 leguas por el trato irreverente dado a los ministros en un informe que hizo. Se advirtió a los otros relatores para que guardaran las leyes y órdenes de S.M.

El suceso había sido de grandes proporciones, el presidente había abocado tres cañones contra la ciudad en prevención de que se desacatase de su autoridad. La prisión

467. Torre Villar, op. cit., p. 772.

468. Relación de gobierno del Excmo. Señor Virrey del Perú Don Francisco Gil de Taboada y Lemos, presentada a su sucesor el Excmo. Señor Barón de Vallenari. Año 1796, Lima, 6 de junio de 1796, en *Memorias*, t° 6°, p. 66-67.

del oidor había sido muy rigurosa, murió en ella. Al informar el virrey se refería, sin explicarlo, a "climas fatales que la Religión inficiona la Política"[469]. Se puso todo en conocimiento de S.M. para que resolviese.

Tambien podía resultar que las desavenencias en la Audiencia se originasen en llevarse mal algunos de sus miembros, lo que perjudicaba la armonía de los demás. Dice el virrey de México de la Audiencia de Guadalajara: "Las cosas allí tienen poca quietud porque los encuentros entre los licenciados Sedeño y Canal son muy declarados. Y si S.M. no se sirviese de sacarlos de aquella Audiencia, se podría seguir de ello muchos inconvenientes. Pero esto entiendo que importará sea *sin mejora*"[470], porque Sedeño pudiera haber sido más reportado y quieto en su condición y modo de hablar, y Canal procedido menos cautelosamente en su casamiento, con que se ha trabado en parentescos de gente de aquella ciudad, y como el obispo se ha prendado tanto en su favor es más necesario lo que digo"[471].

En ocasiones las desavenencias entre los oidores se producían al erigirse el tribunal en Audiencia Gobernadora, como ocurrió en Guadalajara y denunciaba el virrey de México, Marqués de Cerralbo, en su relación de 17 de marzo de 1636. No conviene el gobierno de la Audiencia, decía Cerralbo, no solo porque el gobierno de muchos es siempre embarazoso, razón por la cual al llegar encontró muchos despachos pendientes y atrasados, sino y es eso lo más grave, "muy de ordinario en las materias de gracia se levantan disensiones y parcialidades muy perjudiciales con otras muchas cosas que ayudan a estas". Así pasó cuando al morir el Presidente de la Audiencia de Guadalajara, se hizo cargo la Audiencia del gobierno, sucediéndose problemas "entre otros, que se proveyeren oficios en parientes de los oidores a que repugnan las cédulas que sobre esto hay. Tuvo noticia de ello S.M. y me mandó que lo averiguase y castigase"[472].

En otros casos las malas relaciones se trababan entre los oidores y el visitador, como puede comprobarse con la Audiencia de Lima y sus tormentosas relaciones con el visitadior general del Perú Juan Cornejo en el siglo XVII, que menciona de la Puente Brunke[473].

El siglo XVIII se había iniciado con una visita a la Audiencia de México, resuelta unos años atrás, en el siglo anterior. Durante el virreinato del Marqués de Valero, ante

469. De la relación que hizo el Virrey Castelfuerte del estado en que dejaba el Virreinato del Perú a su sucesor Marqués de Villagarcía, Lima, enero 14 de 1736, en *Memorias*, tº IIIº, p. 268-269.

470. Es decir sin ascenderlos (La cursiva es mía).

471. Carta del Virrey de México Marqués de Guadalcazar al rey. 25. V. 1615, en Hanke, BAE, tº 275, p. 44.

472. Hanke, BAE, tº 275. También en P. Fray Antonio Vázquez de Espinosa, op. cit., p. 221-247, p. 276-7.

473. José de la Puente Brunke, "Sociedad y administración de justicia", cit., p. 335-349.

las graves denuncias de desorden y mala administración de justicia, el Consejo propuso al rey visitar la Audiencia de México, a lo que accedió S.M. por resolución de 9 de agosto de 1620. De resultas de esa visita se dictó la Real Cédula de 13 de diciembre de 1721. En lo que aquí interesa se reprendió severamente a los oidores por su sumisión a la voluntad y deseos del virrey, con quien era evidente mantenían una permanente armonía. Le habían permitido abocarse a resolver causas de justicia, quitándolas a las justicias ordinarias y negando las apelaciones a la Audiencia, si el propio virrey no las autorizaba. "Siendo esto contra lo prevenido en las leyes, disimulando los oidores por complacer a los virreyes, así en los referidos casos, como en otros muchos jurisdiccionales en grave perjuicio de la causa pública, prevengo y advierto que las amplias facultades que les están conferidas [a los virreyes] se fundan en la observancia de las leyes y no en el abandono de ellas", manda S.M. tener presente las respectivas recopiladas de Indias, que se citan, sobre virreyes y presidentes (RI:III, iii, 34 a 38, 41 y 45 y demás de ese título y libro). Se apercibe a los oidores "que no se os admitirá disculpa pretextada con el poderío de los virreyes, por ser estos los casos en que los buenos ministros manifiestan al Mundo su constancia y entera defensa de la justicia..."[474].

Estaba claro que cuando el virrey era de carácter autoritario y quería gobernar de espaldas a la Audiencia o en contra de su parecer o desconociendo su autoridad, y no mediaban causas de común concupiscencia, las situaciones eran tensas y muy lejos de la armonía que mandaban las leyes. Fue el caso planteado durante el reinado de Carlos III con el flamenco Marqués de Croix y la Audiencia de México. La decisión del virrey para remediar ciertos abusos y corruptelas detectados a poco de llegar, que en algunos casos afectaban a los Alcaldes del Crimen, como desórdenes y delitos que se sucedían en la ciudad y excesos de los refugios en sagrado, provocaron serias disputas con el tribunal, fundamentalmente, según el profesor Navarro García, por el "alejamiento sistemático a que el virrey condenaba a los oidores, decidido como estaba a actuar por su cuenta". El tribunal, como era de esperar, se dirigió al monarca poniendo en su conocimiento la situación lamentable en que tenía el virrey a su Real Audiencia. Lo acusaba desde de no guardar las atenciones y respetos debidos al tribunal, hasta abrir el correo que le llegaba desde Madrid. Hacía los acuerdos en su casa a pesar de haber habitación para celebrarlos en palacio, nunca había recibido al tribunal, ni lo había cumplimentado como debía en las sesiones de tabla en palacio. Llegando su descortesía a mandarles decir a los oidores por un paje que no podía recibirlos, en una de las visitas que le hizo en cuerpo la Audiencia. Los desairaba evitándolos, según denunciaban los oidores, ya que en oportunidad en que veía salir a la Audiencia en cuerpo, en cumplimiento de alguna ceremonia oficial, y pasar bajo los balcones de su palacio, se retiraba de ellos. El virrey

474. AHN, Consejo, Leg. 21461, Copia existente en el expediente s/pulques.

negó todos los cargos cuando el Secretario de Estado Arriaga le dió traslado, o los justificó en función del exceso de trabajo que pesaba sobre sus espaldas y su mala salud[475].

En algunos casos las relaciones eran nada enfrentadas sino muy "armoniosas" de virreyes y oidores, pero fincadas en la violación o el desconocimiento de las leyes. Así por ejemplo lo denunció a Gálvez el Regente de Lima Jacot , hombre de confianza del Ministro. Melchor Jacot Ortiz Rojano, venía de ser oidor en Valladolid, era natural de Málaga, como el ministro, de quien se decía su "hechura"[476]. En Lima halló muy buena armonía entre virrey, oidores y fiscales de la Audiencia, como prescribían las normas indianas, claro que esa armonía estaba edificada precisamente en su violación.

La situación para Jacot, brazo de la reforma, fué sombría: "Me veo solo y hallo en todo tanta necesidad de remedio ... que me son necesarios los mayores auxilios"[477]. El primer contacto con la Audiencia le hizo ver que el método y horas de la Audiencia se llevaban con la mayor desidia, lo que afectaba grandemente la tramitación de los pleitos, que en número de más de quinientos se encontraban retenidos "por lo perteneciente solo al acuerdo"[478]. Asimismo encontró innumerables pleitos y recursos de fuerza "que se hallan sin movimiento alguno", la mayoría con una antigüedad asombrosa, "de cincuenta y cien años a esta parte"[479]. A poco andar advirtió otros excesos, los Fiscales cobraban cuatro pesos y medio por cada vista y los porteros exigían a los indios doce reales por cada provisión que hacían firmar. A pesar del abuso que ello implicaba, Jacot nada hizo por ser, dijo, "costumbre inconcusa y bien recibida en esta Audiencia" y por cuanto de haber tomado alguna medida correctora habría entrado en una "lid campal" con los demás ministros de la Audiencia "que la aceptan, toleran y permiten por favorecer a los del país, como que ellos mismos son americanos". A estos excesos se sumaba la multitud de conexiones de los oidores con gentes del lugar, lo que le mueve a pedir el traslado de los ministros a otros tribunales "y con mayor motivo al Decano don Pedro Bravo de Rivero, que como director que ha sido de esta Audiencia, es el peor y más contemplativo de la administración de justicia"[480].

---

475. Luis Navarro García, "El Virrey Marqués de Croix", en José Antonio Calderón Quijano (Dirección y estudio preliminar), *Los virreyes de Nueva España en el reinado de Carlos III*, Sevilla, Escuela de Estudios Hispano Americanos, 1967, tº 1, p. 249-257.

476. Cartas de Jacot a Gálvez, 20. X. 1778, 21. X. 1778 y 5. 12. 1778, AGI, Lima, 792.

477. Carta de Jacot a Gálvez, 20. VII. 1777; AGI, Lima, 792.

478. Recordemos que en los "acuerdos" se trataban los asuntos de gobierno, votos consultivos y temas extraordinarios y todos los que las leyes encomendaban privativamente al tribunal, en tanto en las reuniones "de audiencia" se veían los pleitos entre partes (Según el informe del Regente de Nueva España, Vicente de Herrera a su sucesor. Ver AGI, México, 1742 y E. Martiré, *Los Regentes*..., cit., p. 116-119).

479. Carta de Jacot al rey, 20. VI. 1777; AGI, Lima, 792.

480. Carta de Jacot al rey, VII. 1777; AGI, Lima, 792.

Los oidores estaban engavillados con el virrey contra las novedades que introducía el visitador Areche (otro enviado de Gálvez, junto con Jacot, para imponer el nuevo orden Borbónico en las "colonias"). Al Regente le hicieron la vida imposible, a punto de tener que solicitar a la Corona se le permitiese designar un secretario "de su confianza e imparcialidad, suficiencia y desinterés" por no encontrar escribano que lo secundase en Lima "por timidez y miedo"[481]. De los oidores de Lima, los principales opositores a sus instrucciones eran el Decano ya nombrado, los oidores Cristóbal Messía y Munibe Conde de Sierrabella, Pedro Echeverz y Manuel Mansilla "los tres primeros naturales de este país y todos cuatro casados en él". Están emparentados con las más principales familias de Lima y poseen cuantiosos bienes en el Perú, todo lo cual "los tiene obstinados en un total despotismo en la administración de justicia", y "solo atienden a no descontentar al pariente, a complacer al amigo, a atraer para sí al poderoso y a congraciarse con el gobierno" del virrey aún cuando para ello se sacrifique al pobre litigante "en los agudos filos de la irregularidad". Para muestra bastaba la causa criminal substanciada contra el Gobernador de Tarma, Juan José de Abella Fuertes, yerno del oidor Hermenegildo de Querejazu, por haber picado uno de los estribos de la mina de Saciricocha, causando la muerte de varios indios, la pérdida de metales y la sublevación de tres mil naturales contra el comisionado de la Audiencia que el tribunal había enviado a hacer una inspección ocular. La causa se siguió por trámites tan escabrosos que a mas de tres años de iniciada reunía ya más de tres mil fojas, sin que se hubiese logrado providencia alguna contra el culpable, que se encuentra en libertad, asiste a las tertulias del virrey y departe animadamente en ellas con los testigos y jueces del proceso[482].

Los oidores, poderosos en medios y relaciones, tenían larga residencia en la Audiencia. El Decano desde hacía más de treinta años, al igual que Querejazu. Messía era oidor supernumerario desde 1755, Echeverz y Subiza desde 1753[483]. De este último decía Jacot que aparentaba estar enfermo para no asistir a las reuniones de la Audiencia, en cambio se lo veía concurrir asiduamente a las tertulias del virrey en su palacio. El informe del propio Visitador Areche no podía ser más grave y en consonacia con el del Regente: "Este tribunal se halla al presente fundado sobre una abierta y repetida transgresión de las más útiles, justas y sangradas leyes, de que no tiene en todos sus dominios otro tan desacreditado"[484].

El virrey se había arrogado la facultad de entender en las causas civiles y criminales que deducían los poderosos o condecorados del reino, a las que se abocaba con su asesor como juez de primera instancia, atropellando la jurisdicción ordinaria de la Audiencia, con la complacencia de los oidores que le daban comisión para hacerlo, a fin de que

481. Carta de Jacot al rey, 20. VII. 1777; AGI, Lima, 792.
482. Carta de Jacot al rey, 20. VIII. 1777; Agi, Lima, 792.
483. Para mayor información puede verse G. Lohmann Villena, *Los ministros*. ., cit.
484. Carta de Jacot al rey, 25. X. 1777; AGI, Lima, 792 y de Areche al rey, 20.II.1778, AGI, Lima, 1082.

procediese en esas causas "con la eficacia, lentitud o que más les favorezca a su pariente, amigo o paniaguado"[485].

Cuando el virrey Guirior, animado por los oidores, eleva una grave acusación contra el Regente, este se expresa en carta al monarca, con el dolor de la impotencia ante los magistrados limeños, todos de acuerdo en arruinarlo. Lo que desea el virrey, le dice a S.M., es que "disimulase a unos ministros que acudiesen a la Audiencia cuando y en la hora que se le antojase, que dejase continuar los perniciosos abusos que hasta aquí tenían, que contemplase al poderoso y al tertuliano de su palacio, que abatiese al pobre y, últimamente, que no hubiese más tribunal ni recurso para los infelices litigantes que el [del] gobierno, ni otras providencias, en todo, que las que fuesen del aplauso y gusto de éste"[486].

Como se puede apreciar, un perfecto acuerdo y excelentes relaciones entre virrey, oidores y fiscales, edificado sobre el incumplimiento de las normas y el provecho mutuo.

Pero aún sin la presencia de virrey, se producen enfrentamiento en México, que protagonizó la Audiencia de esa ciudad cuando gobernó el Reino en remplazo del virrey Matías de Gálvez, fallecido el 3 de noviembre de 1784. Se enfrento esta vez el tribunal con el poderoso Juzgado de la Acordada, "tan odioso como útil", al decir de Jacinto Marfil, Secretario del virrey Marqués de las Amarillas[487], por tratarse de un tribunal que gozaba de amplísimas facultades para perseguir delincuentes, juzgarlos y ejecutar sus sentencias, sin intervención de la Sala del Crimen de la Audiencia de México[488]. Sus roces con la Audiencia, ahora en funciones de virrey, fueron frecuentes y dieron motivo a la intervención de la Corona. En suma, la Audiencia, aprovechando su condición de gobernadora, no quería que el Juez de la Acordada excediera sus funciones ni interviniera en más asuntos que en los ocurridos fuera de la ciudad, en delitos de la Santa Hermandad, terminando con la complacencia del Superior Gobierno del Virreinato con ese tribunal de excepción, que había sido hasta entonces la regla[489].

Las relaciones entre el Virrey y la Audiencia –ya lo hemos dicho y comprobado- se agravan según el carácter del virrey y el de los oidores, o alguno de ellos. Un caso para traer a colación fue el de los lances entre el virrey del Río de la Plata, don Nicolás del Campo, Marqués de Loreto, de genio torvo y naturalmente desconfiado de todo y de todos, y el Regente de la Audiencia de Buenos Aires, Benito de la Mata Linares, que poseía a su vez una personalidad agresiva e inquieta y una pluma acerada.

---

485. Carta de Jacot al rey, 20. IX. 1777; AGI, Lima, 792.

486. Carta de Jacot al rey, 20. XI. 1777; AGI, Lima, 792.

487. *Noticias instructivas que por muerte del señor Amarillas dio su Secretario D. Jacinto Marfil al Excmo. Señor Francisco Cajigal* (12 de septiembre de 1760), en Torre Villar, tº 2, p. 936.

488. Del Tribunal de la Acordada me ocupé en *1808...*, cit., p. 30-32.

489. Las dificultades generadas durante el tiempo en que gobernó la Audiencia pueden verse en Angeles Conejo Diez de la Cortina, "Matías de Gálvez", en J.A. Calderón Quijano, Los virreyes de Nueva España ..., cit., tº 2, 313-324.

El Marqués dio pruebas de su mal genio al redactar la "memoria" de su actuación al frente del virreinato, dirigida a su sucesor Nicolás de Arredondo, fechada en Buenos Aires el 1° de febrero de 1790, en la que no dejó de deslizar tortuosamente la desconfianza que le merecía el tribunal. Comenzaba el párrafo dedicado a sus relaciones con la Audiencia, con un elogio por la instalación del tribunal en el virreinato. "Su despacho trajo a este Superior Gobierno un gran reposo en las materias de justicia, y en otras en voto consultivo del Real Acuerdo puede fundar mejor sus resoluciones, siempre que importando el secreto, por este medio no se aventure y que no estén con anticipación anunciados los votos por pasiones, conexiones, legales impedimentos u otros compromisos, porque sería conveniente en tales casos excusar al Tribunal de unas ocasiones, en que pueda menoscabarse, ni levemente su concepto, que tanto conduce sea el más acendrado, para que no decaiga de la estimación pública por algunos de sus individuos". De manera que a la tacha de sospechar a sus miembros de comunicar por adelantado sus opiniones al público, que era una de las faltas más graves que podían cometer los oidores, venía a insinuar a su sucesor, sin indicación concreta ni de persona ni de circunstancias, el prevaricato de los oidores ("por pasiones, conexiones, legales impedimentos u otros compromisos"). Para ampliar su desconfianza y afirmar el poder del virrey con respecto a la Audiencia, le dice a Arredondo que a veces, cuando en el Acuerdo no ha logrado la opinión conforme a la suya de todos los oidores, no se ha esforzado por obtenerla, sino que se ha dirigido derechamente al rey para de esa manera, si era posible, fuesen removidas las oposiciones[490].

El virrey Loreto había puesto a prueba la jerarquía y consideración que se debía a si misma la Audiencia, cuando le exigió, por oficio de 7 de octubre de 1789, dirigido a su Regente Mata Linares, que "tanto las sentencias que la Audiencia revoca o retiene como las que pronuncia o confirma, se le consulten", y solo después se pidan los auxilios para su ejecución, cesando la costumbre de limitarse el tribunal a esto último. Agregaba para indignación de los togados que, a él como cabeza de ese cuerpo, se le debía dar cuenta diaria de los asuntos que tratara el tribunal, "para que instruido, no le falte motivo de prestar consentimiento hasta en lo más sagrado del Acuerdo" y traía como ejemplo lo practicado por la Audiencia años atrás.

La airada reacción del tribunal no se hizo esperar. Por la pluma filosa de su Regente, Benito de la Mata Linares, de amplia experiencia en la magistratura indiana[491], la Audiencia le hizo saber al virrey que no cumpliría esa orden, porque se contradecía con la costumbre seguida por la Audiencia de pedir sin más los auxilios necesarios para el

490. Informe del virrey Loreto a su sucesor, 1°, II, 1790, en Sigfrido Radaelli, *Memorias de los virreyes del Río de la Plata*, Buenos Aires, Editorial Bajel, 1945, p. 287.

491. A los 24 años de edad había sido nombrado oidor en Santiago de Chile, luego ascendido a la misma plaza en Lima, más tarde como recompensa por su actuación en la rebelión de Túpac Amaru, fue designado Gobernador Intendente del Cuzco y desde 1787 era Regente de Buenos Aires (Ver E. Martiré, *Los Regentes* ..., cit., p. 237-239).

cumplimiento de sus sentencias. Los antecedentes traídos por el Virrey Loreto corresponden a la Audiencia anterior desaparecido en pleno siglo XVII, adoptados "por unos jueces, que poco instruidos en las jurisdicciones carecían de la verdadera noción de sus combinaciones", pero reparado el error por una providencia del tribunal, este se acomodó a la práctica de todas las justicias ordinarias. Lo que el Marqués quiere "es imponer a esta Audiencia una dependencia servil y nada correspondiente a un cuerpo que, formado por la misma Real mano, merece las atenciones que le franquean las leyes y con menos distancia que lo que quiere su autoridad". Toda alteración a la costumbre que se viene observando, agregan, irroga a la causa pública perjuicios que deben prevenirse, pues quebrarla "es destruir una jurisdicción ya autorizada por la posesión y consentimiento del Príncipe". El virrey insistió en su decisión y por tanto se elevaron las actuaciones al Consejo de Indias, que dictaminó a favor de la Audiencia. Por Real Cédula de 8 de agosto de 1790 se desaprobó el proceder del virrey, por ser violatorio de la costumbre seguida por esa Audiencia, por la de Lima y por las demás de las Indias[492]. La armonía rota se solucionaba en este caso con la sumisión de la autoridad del virrey a la práctica de la Audiencia.

El Regente Mata Linares, en otra ocasión y con otro virrey, se cuidó de tener enfrentamientos con esa alta autoridad. Se trataba del Marqués de Avilés, con quien había ya mantenido constantes choques en el Cuzco, cuando cumplía allí Avilés sus funciones militares y Mata Linares, por los méritos ganados en la rebelión de Túpac Amaru, había sido nombrado Gobernador Intendente del Cuzco. Evidentemente habían quedado malos recuerdos al Regente de esas tenidas, porque reunidos otra vez en Buenos Aires, trató de adherir a los pareceres de Avilés para evitar enfrentamientos. Así ocurrió cuando se suscitó un problema entre el virrey y la Audiencia por el envío de unos autos, que Avilés negó con un agrio oficio a la Audiencia. El tribunal regenteado por Mata Linares, desvió la responsabilidad hacia el asesor del virreinato, "lo que era una salida cómoda para no tener que enfrentarse directamente con Avilés..., fue el único incidente que turbó la paz entre virrey y Audiencia"[493].

El virrey Nicolás de Arredondo, prefería mantener buenas relaciones con la Audiencia de Buenos Aires, habida cuenta de la alta jerarquía del tribunal, según le decía en su memoria a quien lo suplantaría en el cargo, Pedro Melo de Portugal. "Mi genio es más inclinado a la condescendencia que a la contradicción, y más con respecto a un tribunal que despacha y manda con el nombre mismo del Soberano"[494].

Un caso más de virrey enérgico y autoritario enfrentado a una Audiencia integrada por graves personajes, fue el del segundo Conde de Revillagigedo, virrey de México de

492. R. Levene (ed.), *Cedulario de Buenos Aires*, cit., tº I, p. 415-417.

493. José M. Mariluz Urquijo, *El virreinato del Río de la Plata en la época del Marqués de Avilés (1799-1801)*, Buenos Aires, Academia Nacional de la Historia, 1964, p. 551-552.

494. Informe del virrey Arredondo a su sucesor, 16. III. 1795, en Radaelli, cit., p. 377.

1789 a 1794. Ocupaba el cargo de Regente del tribunal el prestigioso jurista criollo Francisco Xavier de Gamboa, autor de unos célebres y sesudos comentarios a las Ordenanzas de Minas de Nueva España, de provechosa utilización dentro y fuera de los centros mineros novohispanos[495]. Revillagigedo lo consideraba "díscolo, petulante y nada afecto a los intereses del Rey ... defensor de malas causas ... a pesar de encontrarse ya en el escalón inmediato al sepulcro por la edad de cerca de 80 años que tiene". Los demás miembros del tribunal eran para el virrey en su mayoría tan achacosos y envejecidos como el propio Gamboa. La Audiencia de Guadalajara, también comprendida en el distrito de Nueva España, era para Revillagigedo peor, pues "además de la poca ciencia de sus individuos, reúne malas circunstancias de rectitud y juicio". Volviendo a la Audiencia de México, sostenía que a pesar de las deficiencias apuntadas, era un tribunal muy convencido de su autoridad y rango, que no le sería fácil reducir[496].

Los roces comenzaron al prohibir el virrey Revillagigedo que su guardia personal de alabarderos hiciera honores de capitán general al Arzobispo y a la Audiencia. Los afectados protestaron ante el rey y lograron que se dejaran las cosas como estaban por R. O. de 25 de enero de 1792, que el virrey desobedeció sustituyendo una guardia por otra, hasta que una nueva admonición de la Corona le hizo cambiar de criterio[497]. Durante su gobierno no logró la armonía que mandaban las normas indianas y el enfrentamiento con el tribunal fue permanente[498].

En un intento de cortar las comisiones que recibían los oidores, aconsejaba a su sucesor que se dieran a letrados distinguidos de México "y se evitarían de ese modo la emulación y quejas que resultan de la desigualdad de suertes que experimentan unos respecto de otros. Al menos se conseguiría el que libres de otros cuidados y atenciones, se dedicasen enteramente al desempeño de su profesión"[499].

Decidido enemigo de la reforma que introdujo la figura del Regente en las Audiencias indianas, conforme lo señala en su informe a su sucesor, no pierde oportunidad de referirse a los inconvenientes que trajo aparejada esa incorporación en la Audiencia de Guadalaja. "Mientras que no esté todo sujeto a un solo jefe con las facultades necesa-

---

495. Me he ocupado del tema en E. Martiré, *Historia del Derecho Minero Argentino*, Buenos Aires, Instituto de Historia del Derecho Ricardo Levene, 1979. 2ª edición, Buenos Aires, Editorial Perrot, 1987.

496. Carta reservada de Revillagigedo a Foridablanca, México, 29. VIII. 1790, cit. por María Lourdes Diaz-Trechuello Spinola, "Juan Vicente de Güemes Pacheco, Segundo Conde de Revillagigedo (1784-1794)", en J.A. Calderón Quijano (Director y Estudio Preliminar), *Los virreyes de Nueva España en el reinado de Carlos IV*, Sevilla, Escuela de Estudios Hispano Americanos, 1972, tº 1, p. 142-143 (En realidad Gamboa tenía 73 años y no 80 como decía el virrey. Ver Ibidem).

497. Idem., p. 144-145.

498. Vease por ejemplo el caso que cita Luis Navarro García en "El virrey Marqués de Branciforte", en J.A. Calderón Quijano, *Los virreyes de Nueva España en el reinado de Carlos IV*. . , cit., tº 1, p. 459.

499. *Relación reservada que el Conde de Revilla Gigedo, dio a su sucesor en el mando, Marqués de Branciforte sobre el gobierno de este Continente en el tiempo que fue su virrey* (30 de junio de 1794), en Torre Villar, tº 2, p. 1044.

rias para hacerse respetar y obedecer en su distrito, todo será dificultades y oposiciones que impidan el buen orden y perjudiquen el mejor servicio del rey"[500].

Anotemos que el sucesor de Revillagigedo, Marqués de Branciforte, juzgó en cambio muy elogiosamente a la Audiencia de México. Pidió a la Corte para el Regente interino (que por haber fallecido Gamboa lo ocupaba Cosme de Mier), que se le concedieran los honores y antigüedad en el Consejo de Indias y propuso como Regente titular al oidor decano Baltasar Ladrón de Guevara[501].

Una desavenencia que se terminó con el perdón y la muerte fue la causa seguida por el Presidente de Chile Santiago Cano contra el oidor de la Real Audiencia de Santiago, Ignacio Fausto Gallego, acusándole de insuficiencia en el ejercicio del cargo. La causa se inició pero murió el presidente, que antes de morir pidió perdón al oidor. Siguió sin embargo substanciándose el expediente, sin que conozcamos los resultados[502].

El virrey de México Félix Berenguer de Marquina, consideraba que su cargo de presidente de la Audiencia era "de puro ceremonial" ya que no votaba en los asuntos de justicia[503].

Los graves problemas de desarmonía entre los miembros de la Audiencia de Caracas y el Presidente Gobernador, y entre ellos mismos, incluyendo Fiscal y Regente, sumados a las repetidas denuncias de irregularidades, decidió a la Corona el 20 de mayo de 1804 encomendar al Virrey de México que enviara un juez visitador a la Audiencia de Caracas. El informe del visitador no solo descubre hondas desavenencia sino la conducta poco apropiada de algunos ministros.

El virrey José Iturrigaray nombró al oidor Joaquín Mosquera y Figueroa[504] para efectuar la visita. Los resultados fueron nulos, ninguno de los miembros de la Audiencia fueron sancionados. El expediente de visita elevado al Consejo estuvo dos años sin tratar. Decía Mosquera en carta al Ministro de Gracia y Justicia, desde Cádiz, el 3 de agosto de 1810: "No es fácil explicar, ni que se pueda comprender, el gran trabajo, la mucha exactitud y el particular celo con que se formaron los autos de la visita, com-

500. Idem., p 1044.

501. Ibidem.

502. De la relación que hizo el Virrey Castelfuerte del estado en que dejaba el Virreinato del Perú a su sucesor Marqués de Villagarcía, Lima, enero 14 de 1736, en*Memorias*, tº VIIº, p. 270-271.

503. Relación del señor Félix Berenguer de Marquina a su sucesor don José de Iturrigaray (1º de enero de 1803), Torre Villar, tº 2, p. 1377.

504. Joaquín Mosquera y Figueroa era criollo de Popayán, Nuevo Reino de Granada, nacido el 19. I. 1748. Doctorado en la Universidad de Santa Fé, había ocupado importantes cargos en el gobierno y la administración de justicia. Fué oidor de la Audiencia de Santa Fé (1787), juez de residencia del virrey arzobispo Antonio Caballero y Góngora (1790), Alcalde del Crimen de la Audiencia de Nueva España y Oidor en 1803. Fue electo diputado por el cabildo de Caracas y vocal de la Junta Suprema de España, que no pudo ejercer por no ser natural de Venezuela. En 1810 obtuvo plaza togada en el Consejo de Indias y en 1812 fue uno de los cinco Regentes que integraron el Consejo de Regencia de España, que presidió hasta 1813. En 1814 fue nombrado miembro de la Cámara del Consejo de Indias. Falleció en Madrid en 1830 .

puestos de 125 piezas, por las complicadas circunstancias que ocurrieron, a no inspeccionarlos con la debida reflexión y por desgracia sobre el exponente que aún no se ha hecho relación en el Consejo". El 31 de octubre del año 1809 se dirigía al Ministro: "La notoria corrupción de ella [la Administración de Justicia] fue la que estimuló a decretar la visita [...]; aquellos habitantes han clamado siempre contra las intrigas, los respetos, y sobre todo contra una venalidad tan notoria y manifiesta que causa el mayor escándalo y admiración y que creo no habrá habido otro ejemplar en ninguna de las Audiencias de América o sería muy raro [. . .]; en la Audiencia todo se conseguía por dinero [...], este era el concepto uniforme y general que desgraciadamente se tenía de aquel tribunal en Caracas, y que el mal era antiguo y con profundas raíces [...] se incurría en venalidades escandalosas, y se hacía tráfico de la justicia"[505]. El visitador había pedido, aún antes de concluir la visita, se tomaran algunas medidas dirigidas a devolver la confianza a la Audiencia, especialmente "que deben subrogarse otros ministros que llenando debidamente las justas intenciones de V.M. y los deberes anexos a las obligaciones del ministerio, comience la Audiencia, borrada la antigua nota, a ser mirada como es debida". Solicita se cumpla la promoción ya dispuesta del oidor más antiguo José Bernardo de Asteguieta, en tanto su reemplazante Antonio Julián Alvarez "se desempeña con mucho honor, integridad y justificación". Se jubile al oidor Miguel Aurioles pues apenas asiste al tribunal por su falta de salud. Al oidor Felipe Martínez se lo debe trasladar a otra Audiencia "así por el poco decoro y decencia con que vive, como porque pasa el tiempo en entretenimientos y diversiones entre jóvenes que no pueden conciliarse con el respeto y estimación debidas, sin dedicarse al estudio ni a las cosas serias del ministerio". En cuanto al Fiscal José Gutiérrez de Rivero, que fue contra quien se hicieron las mayores denuncias y él a su vez contra el presidente y Audiencia, "no resulta otra cosa de la visita, que las desavenencias con el presidente y lo que dio que decir con motivo de haber llevado de España una mujer con título de prima, lo que tiene bastante compurgado con su separación y mansión en Puerto Cabello más de tres años, y hallarse viviendo en la actualidad en buena armonía con su legítima mujer, quien ha desistido de sus quejas. Que se halla en general bien conceptuado en orden a su integridad, pureza, dedicación y que tiene disposición para servir a V.M. con integridad y celo, bien sea en Caracas, o en otra parte"[506]. Es decir una manera de aplicar la "tolerancia" como regla de gobierno.

Los amplios poderes que tradicionalmente se otorgaban a los virreyes y su carácter de cabeza del virreinato que gobernaban serían siempre un escollo para mantener bue-

505. Teresa Albornoz de López, *La visita de Joaquín Mosquera y Figueroa a la Real Audiencia de Caracas (1804-1809): conflictos internos y corrupción en la administración de justicia*, Caracas, Academia Nacional de la Historia, 1987, p. 49-50 y a f. 251-270 el texto completo. Los datos sobre Mosquera los tomo de esta obra (p. 27-28).

506. Idem., p. 240-241.

nas relaciones con la Audiencia, aún en pleno siglo XVIII, a pesar de que la administración borbónica, en especial en la segunda mitad de la centuria, había tendido a abatir esa suerte de "superioridad" del virrey americano. Es decir que nunca habría dejado de sentirse, a lo largo de la dominación hispana, de una u otra manera, *alter ego* de S.M.

Hay varios testimonios más, además de los ya mencionados, que se refieren específicamente a ese superlativo concepto de autoridad y al afán del virrey por abarcarlo todo, a veces condescendiendo con los deseos de sus gobernados de acudir siempre o casi siempre a su alta autoridad, sin excluir los asuntos de pura justicia, aún cuando repetidas normas se lo vedaran.

El Virrey de México Martín Enríquez de Almanza en informe a su sucesor Conde de la Coruña, el 25 de septiembre de 1580, así explicaba su amplia magistratura: ". . . no hay chico ni grande ni persona de cualquier estado que sepa acudir a otro sino al virrey en toda suerte de negocios que espantan. Porque hasta en los enojos y niñerías que pasan entre algunos en sus casas les parece que si no dan cuenta al virrey no puede haber buen suceso..."[507].

El virrey Navarra y Rocafull se consideraba con autoridad sobre todo asunto o conflicto, fuese o no de gobierno. En el informe a su sucesor (18. XII. 1689) se decía el primer juez del virreinato, "... porque de cuántas cosas se ofrecen, por leves que sean, y de un expediente fácil y ordinario del cargo de los corregidores, quieren dar cuenta al virrey, pareciéndoles que no pueden alcanzar justicia en la provincia si primero no se quejan de quien se las ha de dar... Lo cierto es que el Virrey ha de hacer todos los oficios o no se hará nada, y que no hay alcalde ordinario tan ordinario en ninguna parte del mundo, porque en ninguna otra hay tanta variedad de gentío ínfimo, y no se persuaden éstos que los tribunales pueden hacerles justicia si no vienen primero al Virrey, y lo suelen hacer heridos y descalabrados para que la sangre irrite o anime la justicia que piden"[508].

El virrey de Lima Montesclaros, convencido de su alta misión en el virreinato, se atribuye sin vacilar los asuntos de justicia, apoyado en el poder de que goza en América un virrey. Sostiene que en verdad no hay cédulas de S.M. que le impidan entender en asuntos de justicia cuando la materia lo hace conveniente y no en asuntos de poca monta. "También digo yo que lo general es así, y que conviene a todos efectos y a la decencia y autoridad del Virrey no embarazarse en tan humildes materias, lo que defiendo solo es el poder, y creo que lo tiene siempre que quisiera y que alguna vez debe querer por lo menos hasta substanciar una causa que por su gravedad o por otra circunstancia

507. Hanke, BAE, tº 273, p. 203.

508. Navarra y Rocaful al Duque de la Moncloa; Hanke, BAE, tº 285, p. 66 y 73; en *Memorias...*, tº II, p. 58 y 66.

de persona y secreto pidiere tal asistencia, bastará a persuadirlo el absurdo de conocer una desproporción tan grande el oficio y cargo de Virrey cual será hallarse él inhábil de la jurisdicción que por su nombramiento, título y voluntad ejercen tantos Corregidores y Jueces, y que hubiese dado a estos lo que no tiene, ni el Rey le permitió en sí mismo..."[509].

Otro virrey que participaba de esa peraltada opinión del cargo que ostentaba fue el Marqués de Cadereita, que gobernó Nueva España unos años más adelante(1635-1640), lo que lo autorizaba a actuar en asuntos judiciales presionando a los oidores. Tuvo fama de haber gobernado en general con mucha rectitud y moderación y que los asuntos marcharon a satisfacción de todos[510], sin embargo el juez de su residencia, Juan de Palafox y Mendoza, le puso cargo por "haber hecho malos tratamientos a los ministros ... no dándoles lugar para dar sus votos y pareceres con libertad..." El Consejo en su sentencia de 31 de marzo de 1648, revocó el cargo y lo absolvió "por difunto", cosa diferente a hacerlo por falta de prueba como ocurrió con otros cargos[511].

Conocemos la opinión de mediados del siglo XVIII, del Conde de Superunda sobre el tema que era parecida.

La del virrey del Perú Don Francisco Gil de Taboada y Lemos fué similar, considerando primordial sus obligaciones de administrar justicia, amparando a los que la imploraran[512].

En ocasiones el avance sobre las atribuciones judiciales de las Audiencias estaba justificada, a juicio del virrey, por la pesada carga que soportaba la Audiencia del distrito y la poca salud de sus ministros, lo que lo llevaba a ocuparse de asuntos que le estaban vedados. Así lo decía en 1772 el virrey de Santa Fe a su sucesor: "Todas estas materias peculiares del Gobierno suelen embarazarse con otras de justicia, y por la importunación o por contribuir al alivio de los vasallos se ve como necesitado a tomar conocimiento de sus quejas y recursos, que en rigor debieran correr a primera instancia ante los respectivos jueces, y en segunda por apelación a la Real Audiencia. Pero esta no puede dar vado a todo lo que ocurre" no solo por lo extenso del distrito audiencial sino por la poca salud de sus miembros[513].

Se justificaba el virrey sosteniendo que lo impulsaba a exceder en sus atribuciones la costumbre inveterada de los habitantes del virreinato de acudir en primer término al

509. *Memorias*, tº 1º, p. 57-58; Hanke, BAE, tº 281, p. 129.

510. Lucas Alaman, *Obras de Lucas Alamán*, ed. por Carlos Pereyra, México, 1942, tº VIII, p. 343; Hubert Howe Bancroft, *History of Mexico*, San Francisco, 1886, tº III, p. 94.

511. Hanke, BAE, tº 276, p. 17.

512. Relación de gobierno del Excmo. Señor Virrey del Perú Don Francisco Gil de Taboada y Lemos, presentada a su sucesor el Excmo. Señor Barón de Vallenari. Año 1796, Lima, 6 de junio de 1796, en *Memorias*, tº 6º, p. 66-67.

513. "Relación del estado del Virreinato de Santa Fe que hace el Excmo. Sr. Don Pedro Messia de la Zerda a su sucesor el Excmo. Sr. Don Manuel Guirior. 1772", en Gabriel Giraldo Jaramillo, *Relaciones de mando de los Virreyes de la Nueva Granada. ...,* cit., p. 62.

virrey en asuntos judiciales, como ya hemos visto, en el caso de navarra y Rocafull, en vez de ocurrir directamente a los organismos específicos, como era la Audiencia, por ejemplo. En las postrimerías del dominio español en América (1816) el virrey del Perú Abascal se queja aún de la viciosa costumbre de los habitantes de su extenso distrito de acudir al virrey en asuntos de justicia, de dentro y fuera de Lima, lo que entorpece las funciones que le son propias y lo obliga a atender otras que no le competen, pero lo hace por considerarlo "un vicio de tal naturaleza, tan arraigado en estas gentes", que no creen alcanzar la justicia, si no acuden al gobierno, lo que ha sido el asunto de las quejas de sus antecesores por la molestia que les ha causado, él "lo hubiera querido cortar –agrega Abascal- desde luego por el embarazo que causan y por la pérdida del tiempo que debe emplearse en objetos de mas consideración; pero ciertos miramientos con el mismo público me han obligado a pasar por tan notable incomodidad y afán, sin hacer novedad en una costumbre abusiva y que toca en perjudicial"[514].

Las normas de la Corona imponiendo la supervisión de la administración de la justicia a los virreyes y la propia disposición de estos a avanzar sobre las Audiencias no podían augurar frecuente amor ni armonía. Por supuesto que no fue unánime el enfrentamiento ni la mala disposición entre virreyes y oidores, no todos los virreyes tuvieron mala opinión ni mal trato con las Audiencias, ni se asociaron con los oidores en procederes deshonestos. Las fallas a lo normado es siempre más visible que una conducta correcta por parte de tan altos personajes.

Hay muchos casos de buena armonía y de excelente opinión del virrey hacia el alto tribunal. En marzo de 1609 el virrey Montesclaros elogiaba en carta a S.M. la conducta de la Audiencia con términos muy terminantes: "La Audiencia Real de Lima procede hasta ahora con celo del servicio de Dios y de V.M. testigo es la paz y conformidad que en ella hay, gobiérnase con tanta prudencia en sus estrados y acuerdos que afirmo a V.M. como quien asiste a ellos que ni sus palabras me han obligado a alzar la voz ni en sus proposiciones e visto cosa que a título de perjudicial me ponga en deseo de atajarla"[515].

En ese mismo siglo los virreyes Villena (1642), Salvatierra (1655) y Duque de la Palata (1689) y en el siguiente Castelfuerte (1736), Cagigal (1760), Arredondo (1795), Branciforte (1796), por solo dar algunos ejemplos, tuvieron expresiones elogiosas de las Audiencias de sus distritos.

---

514. José Fernando de Abascal y Sousa, virrey del Perú – 1806. 1816,*Memoria de Gobierno* (Edición preparada por Vicente Rodríguez Casado y José Antonio Calderón Quijano. Con un estudio preliminar de Vicente Rodríguez Casado), Sevilla, 1944, tomo I, p. 112.

515. Carta del Marqués de Montesclaros a S.M., 29. III. 1609; en Manuel Pereyra y Paz Soldán, "Introducción a Documentos y Cartas de la Audiencia y del Virrey Marqués de Montesclaros", en *Revista Histórica*, órgano del Instituto Histórico del Perú, tº XIX, Lima, 1952, Doc. nº 9, p. 239. Hace un elogio de muchos de los oidores, a quienes considera merecedores de ascensos. Se queja de Bravo de Saravia. Véase una síntesis de las relaciones del virrey y oidores en P. Latasa Vassallo, *Administración virreinal*..., cit. p. 47-100.

El virrey de Lima Marqués de Villena y Duque de Escalona aconseja a su sucesor Conde de Salvatierra en memoria de fecha 13 de noviembre de 1642 que "con la Real Audiencia se porte V.E. con gran estimación, honrándoles mucho como merecen tan grandes ministros de S.M. y así deles V.E. todo honor y gusto y déjeles obrar en sus ministerios, atendiéndoles en su cumplimiento y dándoles a entender V.E. por demostraciones de entendimiento que V.E. les tiene y les entiende, con que bastará sin más declaraciones para que estén con más cuidado que si las averiguasen. A los acuerdos, que son los lunes, asista V.E. lo más que pueda, a las audiencias poco basta"[516].

A su vez el Conde de Salvatierra también se expresa elogiosamente de las Audiencias de su distrito en 1655 al redactar su propio informe. De las cinco audiencias existentes en el Reino del Perú, Lima, La Plata, Quito, Santiago de Chile y Panamá "diré a V.E. que todas las hallará llena de ministros de mucha entereza, letras y satisfacción sirviendo a S.M. Particularmente en ésta donde le he experimentado ordinariamente, así en los negocios de justicia que corren en el acuerdo [al] que he asistido siempre, como valiéndome de su parecer y consulta en los muchos y graves de gobierno que se han ofrecido durante el mío, por juzgarlo por muy seguro para el acierto, de más de mandarlo S.M. en diferentes cédulas que de ello tratan"[517].

El virrey Francisco Cagigal y de la Vega, que gobernó durante el año 1760 encontró en muy buena situación a la Audiencia. Sostiene que los oidores de México "acuden con aplicación al cumplimiento de su obligación, a su tribunal y en particular, varios de ellos a diferentes juzgados que o por turno o por elección de los señores virreyes, tienen a su encargo; y así en ellos como en algunas asesorías, que por la gravedad de los asuntos les he cometido, he experimentado los buenos efectos que siempre me prometí de sus sabios consejos, y del celo, honra y cristiandad con que se adornan"[518].

"El gobierno de esta Real Audiencia [de Lima] que toca al virrey como presidente dice el Duque de la Palata, tiene poco que hacer, porque la integridad, celo y modestia de estos ministros es todo lo que corresponde a sus obligaciones, y puedo decir a V.E., que aún de aquellos accidentes que sin viciar la sustancia suelen padecer las Audiencias por la desunión y parcialidad, de estos los he visto muy libres"[519].

"Siendo entre todas [las autoridades], dice Castelfuerte, la superior es la de la Real Audiencia, es tan alto en su judicatura como en su potestad y sus ministros son tan elevados en su integridad como en sus cargos". Sostuvo Castelfuerte al término de su

516. Hanke, BAE, tº 276, p. 319.

517. Relación del estado en que deja el gobierno de estos reinos del Perú el Conde de Salvatierra al Virrey Conde de Alba de Aliste, 22. III. 1655, en Hanke, BAE, cit, p. 44; también en Polo, p. 40.

518. Memoria dejada por el señor Francisco Cagigal de la Vega, virrey de México a su sucesor el Marqués de Cruillas, 12. set. 1760, en *Instrucciones que los virreyes de Nueva España,* tº 1, p. 608.

519. El Virrey Duque de la Palata a su sucesor, en Hanke, BAE, tº 285, p. 101; en*Memorias...* cit, tº IIº, p. 100.

mandato, que se mantuvo en perfecta armonía a pesar de no haber tenido esa buena opinión del tribunal al hacerse cargo.

En efecto a poco de asumir el mando había pedido la destitución de los oidores Miguel Nuñez Saravia, Juan Bautista de Echevarría Soloaga y Pedro Antonio de Echave y Rojas. Del primero por tener más de 80 años y los tres por su ineptitud y malos manejos. Echeverría y Echave ya estaban separados de sus puestos por pedido del Virrey Santo Buono. Ante sus recursos el Rey los repuso, pero como supernumerarios. Así los encontró y debió mantenerlos Castelfuerte. En cuanto a Nuñez informó el 4 noviembre de 1724 al Consejo que además de su edad avanzada, su "genio artificioso" le permitió tener a sus órdenes a los asesores, secretarios y las personas mas cercanas a los virreyes con lo que había conseguido siempre lo que deseaba. Su influencia le ha servido para comprar la voluntad de otros oidores, a los que "atrae y reduce a su parecer, interés y gusto" en cuantas resoluciones y sucesos ocurren tanto en las causas de justicia como de Real Hacienda, "siendo raro el negocio de que se encarga su protección o su solicitud que no logre el suceso que procura la industria de su conveniencia". Su forma de actuar casi "mafiosa" le ha permitido mantenerse en opulencia y defenderse en la Corte con sus parientes y amigos que constituían un "antemural" difícil de trasponer.

Para destruir a tan siniestro personaje que era oidor decano, pedía no solo cesarlo sino ordenarle se alejase de Lima prohibiéndole comunicación con la Corte. No prosperó su solicitud. Tres años más tarde, según un nuevo informe, Nuñez se encontraba impedido, gravado por su edad y achaques, paralítico, no asistía al despacho ni podía usar la mano derecha, tenía trabada la lengua. Sin embargo se lo mantuvo en el cargo de oidor hasta su muerte, ocurrida el 28 de diciembre de 1729. Eran sin duda poderosa la influencia en la Corte de este magistrado, denunciada por el virrey.

Informó favorablemente en cambio de los demás oidores, con quienes mantenía buenas relaciones y en general habían cooperado con el virrey en las tareas del gobierno[520].

13. Conducta de los jueces en sus relaciones con el medio

La conducta ejemplar que debían observar los jueces de las Audiencias americanas en su medio resultaba explícita e implícitamente exigida en normas de sanción Real, especialmente en instrucciones a los gobernantes y a las Audiencias mismas o bien provenientes de la costumbre y la doctrina.

Fue de difícil control en territorios tan alejados, en los que se hacía "corta" la mano vigilante y correctora del monarca y su consejo. No llegaba hasta allí, como en cambio

520. El virrey del Perú Marqués de Castelfuerte al Marqués de Villagarcía su sucesor, en *Memorias*, t° III°, p. 266. También puede verse en A. Moreno Cebrián, *El virreinato del marqués de Castelfuerte,* cit., p. 257 y sig.

ocurría en la Península. En aquellas lejanías se acudía muchas veces tarde y en ocasiones sin la información completa, a pesar de todos los esfuerzos puestos por el poder central. Quedaba en manos del propio juez, de su conciencia, como ya lo hemos dicho, observar la conducta apropiada, es decir ejemplar.

Veamos como se aprecian sus procederes en el medio en que actúan, es decir en el propio escenario indiano. En México, al parecer, la conducta de algunos oidores dejaba mucho que desear. El visitador Tello de Sandoval sostiene que el oidor Alonso de Maldonado no lleva la vida recatada que le impone el cargo, sale a fiestas y regocijos, corre por las calles a caballo como un loco, juega a la pelota y otros ejercicios que no convienen a la autoridad que debe tener. Es aficionado a las cartas. Al contestar los cargos el imputado trae a colación el tema de que se trata de "tierra nueva" en forma contraria a lo hasta aquí conocido, pues esa característica era motivo de mayor severidad y cuidado en la observancia de normas y costumbres, según vimos más atrás. Su apoderado sostiene que "si algunas veces salió a fiestas y regocijos sería a los principios y convendría así por ser tierra nueva y por otros respectos justos". El informe del visitador sin embargo no habla bien del oidor. No vive honestamente, anda de noche armado, se ha acuchillado con varios a causa de una mujer, tiene como amiga a una casada de quien dice estar enamorado[521].

También fue acusado por parecidos cargos(relaciones ilícitas con mujeres españolas y americanas y vida desarreglada) el oidor Francisco de Loaisa[522].

Poca caballeresca resultó la conducta del oidor Nuñez de Morquecho; fue acusado y culpado por el Consejo por hablar públicamente de una mujer en un acuerdo en la Sala del Crimen y afectar el honor de la litigante. De manera que se cometían dos faltas graves, no guardar secreto en los acuerdos, regla fundamental para la buena administración de justicia, y ofender a una señora[523].

El trato y seducción con mujeres de distinta categoría social, e incluso de algunas principales, valiéndose de sus cargos de magistrados del alto tribunal, fue cargo puesto a los Alcaldes del Crimen Antonio de Morga, Gaspar de Ayala, López de Azoca y Melchor de Torreblanca[524].

Poca compostura mostraba el oidor Bravo de Saravia, caballero galante deseoso de agradar, generoso en sus gastos y lujosamente ataviado, según denunciaba el virrey Montesclaros. Le informa al rey que es "de moderadas letras y limitada prudencia, tan rendido a su condición de ser agradable a todos, que llega a ser remiso en administrar justicia y estorbo a sus compañeros para su ejecución y aparecer que hace sombra a mu-

521. Arregui Zamorano, p. 229.
522. Arregui Zamorano, p. 230.
523. Arregui Zamorano, p. 231.
524. Arregui Zamorano, p. 231-233.

chas cosas que se debieron atajar por su mano. Es excesivo en sus gastos y menos grave en la forma de su vestido que pide el lugar que ocupa, entendido he que vive poco recatadamente en materia de honestidad y que valiéndose de que espera licencia de V.M. para casarse tiene entretenidas y aún engañadas a mujeres de calidad cuyos deudos que han abierto los ojos al desengaño muestran justo sentimiento y alguno por medio de un religioso me lo ha significado .... Ha servido siete años su plaza en este reino a donde tiene hermano, cuñada y deudos {ilegible} el los respetos de carne y sangre precisamente conviene que V. M. se sirva mudarle de esta Audiencia"[525].

El oidor de Guadalajara, Lic. Miguel Ladrón de Contreras y Guevara, estaba acusado por el Cabildo Eclesiástico de mantener para su mujer, que lo manejaba, un lugar en la catedral que obstaculizaba las procesiones y amenazaba públicamente con hacer azotar a quien se lo quitase[526].

Más que falta de corrección en la conducta se trataba de causal de incompatibilidad el hecho de que dos hermanos fuesen oidores, uno en Nueva Galicia y el otro en México. Lo decía en 1570 al rey el Cabildo Eclesiástico, punto que consideraba grave pues de las decisiones de Nueva Galicia podía apelarse a la Audiencia de México. Se trataba de los hermanos Licenciado Gregorio en Nueva Galicia y doctor Orozco en México.

En la misma comunicación se quejaba el Cabildo de otro oidor, al que calificaba de viejo excéntrico e irritable, dominado por dos pasiones, la jardinería y los litigios. Había obtenido permiso para tener tierras a fin de poder divertirse cultivando hortalizas, pero por ello hacía a un lado sus deberes judiciales[527].

El visitador Villela acusó al oidor Juan Quesada de Figueroa de pedir a regidores y otras personas cargos para sus criados, a los que llegó a obligar a dárselos con la autoridad de su oficio. El Consejo consideró que el cargo estaba probado.

Al Fiscal Francisco Manrique de Lara le acusa de haber conseguido una alcaldía mayor en el partido de Trepexe para el capitán Ulloa, quien le pagó por ello 1. 600 pesos. También que ha conseguido el cargo de alcalde mayor de Cazualpa y otro igual para Antonio Bustos, a cambio de 4. 000 pesos. Pasado un año y como no había sido puntual en el pago trató de quitárselos para dárselo a Juan Terrazas. El Consejo le pone culpa.

El oidor Gomez de Mora fue acusado de pretender cargos para Diego de Orejón pidiéndoselo a gente principal que tenía pleitos en la Audiencia. El consejo lo culpa por ello[528].

Todos estos manejos se hacían a vista y paciencia del virrey, por supuesto, que nunca los denunció.

---

525. M. Pereyra y Paz Soldan, cit., p. 241.
526. El Cabildo eclesiástico al rey, 20. enero. 1570, Parry, p. 188.
527. Parry, p. 189.
528. Arregui Zamorano, p. 189, 192, 194, 195 y 197.

Otro caso de conducta singular fue la denunciada por el Presidente de la Audiencia de Quito, Antonio Morga, del oidor Manuel Tello de Velasco, en cartas al Consejo de 1° y 15 de marzo de 1620. Como no estaban claras las denuncias, el Consejo le ordenó que precisara sus cargos. Para ello el Presidente levantó una información secreta en abril de 1623 en la cual el oidor Matías de Peral sostuvo de su colega Tello de Velasco "¡que su genio y condición es terrible, acompañado de vanidad!". En forma semejante se pronunciaron el recién llegado oidor Castillo de Herrera y el Fiscal Suarez de Poago. Aunque en general los compañeros del culpado no parecieron querer "entrar en pormenores", otros cuatro testigos aseguraron que siempre había tenido trato con gente baja y aún con delincuentes, a los que también defendía en la Audiencia con diferentes maniobras, y que proporcionó buenas comisiones a sus numerosos criados. Sus esclavos negros seducían a otros a practicar juegos prohibidos y que, llegado pobre a su cargo en Quito, ahora era muy rico, de lo que pareciera que debía tener "graves aprovechamientos". Sin embargo el visitador enviado por el Consejo, Licenciado Juan de Mañosca, Inquisidor de Cartagena, lo absolvió de todo cargo. A pesar de ello la conducta de Mañosca durante la visita se juzgó equivocada y fué reemplazado en términos severos a instancias del Consejo[529].

Es interesante la opinión del Consejo en este caso, pues se aplica la doctrina que sostenía que los oidores gozan de presunción de acierto, conforme lo señalé más atras al considerar la elación de los oidores indianos. En el caso, el Consejo luego de hacer referencia a las quejas que le han llegado de la conducta del visitador presentadas por el presidente, ministros y oficiales, particulares y miembros de las religiones de Santo Domingo y San Agustín "y ponderando la calidad de la materia y que siempre los jueces concitan contra sí emulaciones y desabrimientos, y más de los que están comprendidos en las pesquisas y averiguaciones que se le cometen, teniendo por rigor cualquier diligencia que contra ellos se hacen, y que a los ministros de V.M. les asiste la presunción de que guardan la parte de sus obligaciones cumplidamente, para que no moviéndose a livianas sospechas de causa, obre la credulidad en su descrédito, lo que debe calificar el justo examen y atención en su abono". Pero ante las numerosas denuncias de su conducta en la visita convenía reemplazarlo[530].

Ya vimos que el Alcalde del Crimen Luis López de Azcona estaba acusado por los visitadores Diego Landeras y Juan de Villela de dedicarse a la bebida y tener tierras ilegítimamente compradas a los indios[531].

---

529. Schäfer, t° 2, p. 142, nota 238, p. 143 y notas 239, 240 y 241. Schäfer sin embargo lo considera un cumplido funcionario.

530. Consulta del Consejo, 22. II. 1627, en Schäfer, t° 2, p. 143, nota 241. Era la inevitable inquina que se le tenía al juez (Partidas: V, i, 11).

531. Carta del visitador Juan de Villela, presidente de la Aud. de Guatemala, al rey 29. marzo. 1610 (Arregui Zamorano, 94-95).

No se consideraba correcto que los oidores asistieran a comedias, no en cambio los Alcaldes del Crimen, que dada su condición de guardianes del orden podían hacerlo. Así lo dice el Marqués de Mancera en mayo de 1640 a su sucesor Salvatierra, indicando una Real Cédula que se ha recibido en ese sentido. "Por cédula de 11 de abril de 1643 se sirvió S.M. mandarme diese orden a los de la Audiencia para que no asistiesen en las comedias continuamente como se había entendido lo hacían, y en su ejecución a cada uno de por sí se lo advertí en mi aposento. Si bien esta prohibición no parece comprender a los Alcaldes del Crimen, cuya asistencia en tales actos es muy necesaria para preservar algunas pendencias u otros delitos que suelen suceder"[532].

El visitador de la Audiencia de México Tello de Sandoval acusó a varios oidores de cohecho, por haber sido parciales y aficionados a muchas personas favoreciéndolas en sus pleitos "contra lo que por S.M. está mandado". La lista incluye a Lorenzo de Tejada, Francisco de Ceynos, Alonso Maldonado, Franciso de Loaisa. Todos niegan los cargos y sostienen que los testigos "hablan no según verdad sino según sus pasiones". El Fiscal Cristóbal Benavente, acusado de parcialidad en sus procederes, sin negar rotundamente el cargo, sostiene en su defensa, que actuó en beneficio de personas "virtuosas, nobles y honradas".

En general estuvieron acusados de recibir favores y regalos de las partes: Luis de Villanueva Zapata, por favorecer a su yerno, recibió préstamos del mercader Diego López con pleito ante la Audiencia, condenado a 10 años de suspensión de su oficio y de otro cualquiera de justicia por el Consejo; Vasco de Puga se interesó indebidamente por sacar a Cristobal de Oñate y Juan Velázquez de Salazar, presos, de la jurisdicción de los Oficiales Reales, para intervenir en el caso, sin lograrlo, pero apasionándose en ello y perjudicando la cobranza de la Real Hacienda por su solicitud. Fué condenado por el Consejo al pago de 100 ducados; suspendido12 años por el visitador por recibir 4 préstamos de mercaderes con pleitos ante la Audiencia el Consejo redujo la pena a dos años y debió pagar multa de 800 ducados. Alonso de Zurita recibió un préstamo de 1.000 pesos, del dueño de un negro, acusado en causa en trámite ante la Audiencia, de dar muerte a otro. Condenado por ello por el Consejo a un año de suspensión y pagar 100 ducados. Recibió en préstamo que no devolvió paños de tapicería. Se le puso por culpa. La mujer dio 2 o 3 quintales de azogue a López de Quesada, para que los beneficiara en las minas. La plata lograda fue llevada a casa del oidor, luego de pagar el azogue al oidor y su mujer. Cuando se estaba declarando esto ante el Alcalde, al saberlo el oidor rompió la declaración. Recibió el matrimonio numerosos regalos de todo tipo del mismo Lopez de Quesada, teniendo pleito ante la Audiencia. El Consejo le dio 2 años más de suspensión. El Fiscal Sedeño recibía regalos de los indios (pescado, gallinas, etc.), lo que

532. Hanke, BAE, tº 282, p. 142 y p. 195.

se le puso por culpa. El oidor Pedro Farfán era parcial con sus parientes y se mezclaba en negocios turbios. Fue condenado por el Consejo por culpa gravísima al pago de cuatro mil ducados y 10 años de suspensión. También había recibido préstamos de varias personas entre ellas del cobrador de bienes de difuntos siendo él el juez de esos bienes. Hernando de Robles y García Palacios son acusados de recibir préstamos de diferentes personas, poniéndoles por culpa y al último se lo pena por haber sido juez de la causa que siguió su prestamista. A Lópe de Miranda se le carga haber presionado a una de las partes a un arreglo para favorecer a la otra que era su amigo y había perdido el juicio. También había recibido dinero prestado[533].

No era por lo visto muy acorde al "modelo" la conducta de estos señores y muy desarreglada la relación que llevaban con su medio.

Una cuestión grave en materia de la relación de los magistrados y su medio, fueron los "juegos y tablajes" en México. Desde un principio se preocupó la Corona por poner límite a los juegos de azar. Por medio de una R.C. de 4 de noviembre de 1525 se recomendaba al visitador de Nueva España Luis Ponce de León que procurara evitarlos. Unos años más tarde, en las instrucciones a la primera Audiencia de 1528, se le indica la vigilancia sobre esos juegos, "que ninguno sea osado de jugar dados, ningún juego de ellos de tablas, ni de otra manera, ni nadie los tenga en su poder ... que asimismo nadie pueda jugar a naipes ni otro juego alguno más de diez pesos oro en un día natural de veinticuatro horas". Se reiteró la norma en la instrucción dada a la segunda Audiencia en 1530.

Los oidores Alonso Maldonado y Francisco de Loaisa son acusados de jugar naipes por mucho dinero. Diego de Santiago del Riego, Vasco de Puga, Hernando de Robles y Pedro Farfán también (en alguna ocasión este último ganó por las señas que le hacía un criado de las cartas de los otros). Se les puso culpa y 100 pesos de multa. El oidor Francisco Tello es acusado con consulta del virrey Luis de Velasco[534] por el virrey Villamanrique de mantener juego en su casa patrocinado por su mujer, de día y de noche, por hombres y mujeres (con pérdida de fortunas los primeros y de fama las segundas).

En la visita de Landeras y Villela se hacen cargos al oidor López de Azoca de mantener un tablaje de juego en su casa al que asistían gente con pleitos en la Audiencia. También tuvo tablado de naipes el Fiscal Nuñez de Morquecho, al que invitaba a litigantes que perdían adrede en beneficio del dueño de casa. Se lo tuvo por culpa grave en el Consejo. Marcos Guerrero siendo Fiscal tuvo un estanco de naipes con nombre supuesto, recibía regalos de gran valor y dinero con relación al estanco y velaba que no

533. Arregui Zamorano, 162-170.
534. Ver Schäfer, tº 2º, p. 133.

se instalaran otros, cobraba altos intereses por préstamos que canalizaba por el estanco. Se le puso culpa grave.

En la visita de Palafox y Gálves se puso cargo a los ministros Francisco Rojas y Oñate y Andrés Goma de Mora por tener tablaje de naipes, que el Consejo consideró culpa grave[535]. Esas relaciones de juegos implicaban asimismo familiaridades e intimidades contrarias a la conducta que se esperaba del juez, específicamente prohibidas. El relator Hernando de Herrera denuncia al virrey y a los oidores de México en marzo de 1554 por las exageradas cercanías que mantienen entre ellos y con los principales habitantes de la ciudad, "... que nunca en parte alguna se vió virrey y oidores comadreros y andar visitando, ¿qué justicia se puede esperar?". Pide al rey una visita general a la Audiencia[536].

Es que la conducta prudente de los magistrados era un valor muy respetado. A pesar de ser costumbre en Santo Domingo que todo el mundo en carnaval saliera a la calle a tirarse naranjas y regarse con perfumes, por R.C. de 10 de marzo de 1579 se les prohibió a los oidores intervenir en esos juegos "porque aunque sea ocasión de regocijo y fiesta, no es cosa decente que personas de letras y a cuyo cargo está el gobierno y administración de justicia, anden tan común y familiarmente con el pueblo"[537].

La conducta de algún oidor pareciera una síntesis de todo lo que no debe hacer un magistrado. Es el caso que denuncia en noviembre de 1552 el Arcediano de la Iglesia de México Juan Negrete. Sostiene en carta al Consejo que el oidor doctor Quesada (de quien ya hemos hablado) "... no creo que hay[a] trato ni maldad ni traición contra su rey que no intente y él mismo dice que gane dinero y le pongan diez corozas". Tiene "tablajería en su casa, cuenta con diezmos, con minas, con mercancías, malquisto con todos, testimonios falsos a todos, los secretos de los acuerdos son públicos y deshonesto en su persona y en su honra y fama, yo afirmo que por solo esto peligra este reino y a hombres de tan vil casta no se había de dar tal cargo en Indias, ni creo ha venido a esta Audiencia hombre así digno de ser removido de ella, ni yo he conocido hombre de su natural inclinación malo como este... ". El Consejo asentó, al dorso del escrito del Arcediano, que se haga residencia al oidor dando comisión para ello al Dr. Bravo "y que ponga procurador si se hubiese ido"[538].

La conducta violenta de los magistrados no era cosa raro de ver. Así no parece adecuada la del oidor Vasco de Puga que hizo azotar a un menor de 14 años por testificar en un pleito y "mesó y dió un palo" a una mujer que daba voces por haber entrado el oidor a su casa a prender a un moro por malos tratos a un indio. A un vecino Juan Val-

535. Arregui Zamorano, 233-238.
536. Carta al Emperador, México, 15. III. 1554, en Paso y Troncoso, tº VII, p. 283-290.
537. Schäfer, tº 2, p. 122.
538. Carta al Consejo 16. XI. 1552, en Paso y Troncoso, tº VI, p. 207-208.

dés que quiso hablarle de un asunto común no lo quiso oír y amenazó con hacerlo azotar. El Consejo le puso culpa[539].

Otro indisciplinado resulta ser el Alcalde del Crimen Luis López de Azoca, de quien ya sabemos que tenía un tablaje de juego. Es acusado por Landeras y Villela, y puesto como cargo en su contra por el Consejo, su mal trato con oidores y alcaldes colegas. Concurre a las procesiones como es su deber, pero se comporta de manera atrabiliaria, pues "acudía con un palo, además de la vara de justicia, dedicándose a dar palos a todos los que encontraba, hombres o mujeres, a los que estaban sentados los obligaba a levantarse y rompía los bancos y estrados, así como los cojines, que los lanzaba de un lado a otro con el consiguiente desorden, alboroto y escándalo, tanto que hay personas, en especial nobles y principales, que no se atreven en esos días a ir a la iglesia y procesiones por temor a su furia"[540].

El virrey del Perú Conde de Nieva se queja ante el rey en carta de 10 de septiembre de 1563 por la conducta del Fiscal de Lima, Licenciado Monzón, con quien está enfrentado. Lo acusa de tener poco cuidado en los negocios importantes, como pleitos fiscales terminados, de los que podría sacarse dinero para la Real Hacienda, pero "no sigue ni trata negocio en nombre de V.M. que no sea por pasión suya o de sus amigos y también me dicen que tiene contrataciones en Tierra Firme y Potosí, cosa que no parece bien para su oficio. " Pide se lo traslade. Más adelante, en esta misma carta, insiste contra Monzón, "como el Fiscal no vive limpiamente su oficio ... son pocos los negocios de importancia de V.M. que a lo menos no se diga públicamente de ellos que por los cohechos que recibe se disimulan o los aprieta". Envía información de algunos casos[541].

Los encuentros entre los licenciados Sedeño y Canal son muy declarados y perjudican la paz social y la armonía de la Audiencia. Ya nos hemos referido a ellos al tratar la buena relación que debían mostrar entre sí los oidores[542].

En ocasiones la mala conducta de algún ministro afectaba las relaciones del tribunal con los habitantes del lugar y provocaba situaciones de poco respeto. Como fue el caso que informa el Regente Benito de la Mata Linares sobre el Fiscal de Buenos Aires Márques de la Plata. Es tanta la demora en dictaminar que "hay litigantes que proponen llevar a su casa la cama hasta que les despache, ofreciéndole alguno en zumba decirle misas por su salud, sin faltar quien halla llevado su silla para mantenerse allí interin se evacuaba la vista"[543].

---

539. Arregui Zamorano, 199.

540. Arregui Zamorano, 208. Dice esta autora que es general la existencia de cargos por abusos de poder y malos tratos en México durante los siglos que ha estudiado(p. 208-210).

541. Levillier, *Audiencia de Charcas*, p. 594-595, 599-600, 604-606.

542. Carta del Virrey de México Marqués de Guadalcazar al rey. 25. V. 1615, en Hanke, BAE, tº 275, p. 44.

543. Carta del Regente al Ministro José A. Caballero, 15. II. 1803, Real Academia de la Historia, Madrid, Colección Mata Linares, tº 72 fº432-437.

La mala o descuidada conducta de los magistrados de la Audiencia podían afectar las relaciones que debían existir con los demás súbditos de S.M. y de estos con el tribunal y quitarle el respeto que se le debía. Es la denuncia que formula el virrey Linares a su sucesor Valero en México (¿1716?). Se queja de que los Alcaldes del Crimen no hacen las rondas que les corresponden, se limitan a ir a la Sala a la mañana tarde, y salir temprano. "Las causas por graves que sean, no hay que pensar que ningún alcalde las siga; todas se entregan enteramente a los relatores, quienes toman las declaraciones y reciben los testigos, viéndose muy frecuentemente en los procesos perjuros y testigos falsos, pero castigado ninguno, y ciertamente es providencia de Dios el que haya reo que se ponga en términos del suplicio, porque los tormentos no los afligen y la verdad la niegan, con que así la cantidad es lo que hace fácil algún castigo, porque entre tantos se logre que alguno pague la deuda"[544].

Asimismo le hace saber que "así en la Audiencia como en la Sala del Crimen he visto seguir pleitos totalmente de comercio... Esto nace de que cualquiera de las partes que procura tener auxilio o protección, que es lo frecuente, con algún ministro, con presentar una petición la admiten para atraerse la determinación", los del Consulado no defienden su jurisdicción porque los que lo componen "tienen tantas dependencias y propios intereses" que no quieren arriegarse por uno o dos años que duran sus empleos en el Consulado, a quedar para siempre heridos los ministros de la Audiencia a los "que pueden haber menester en otras ocasiones"[545].

Ya hemos visto, páginas atrás, la conducta de algunos ministros de la Audiencia de Caracas, a comienzos del siglo XIX, lesiva de la alta consideración que se les debía tener en el medio en que actuaban. A ello me remito.

14. El respeto por el procedimiento audiencial

Unas reglas muy precisas marcaban el procedimiento audiencial y el comportamiento de los magistrados dentro del tribunal, tomadas en general de los modelos de Valladolid y Granada, cuyas normas y aún las "leyes de estos nuestros Reinos de Castilla" serían supletorias de las ordenanzas dadas para cada Audiencia y aún las recogidas en la propia Recopilación de 1680, tanto en el fondo como en la forma (RI:II, xv, 17; *Cedulario de Encinas*, tº II, fº2 y 66 (El recopilador menciona una norma de las Ordenanzas de 24 de abril de 1545, Cap. 4º)[546].

Reflejaban además, como no podía ser de otra manera, las particularidades que imponía en cada caso la realidad indiana. De tal manera estaban regulados con justeza los

544. El Virrey Duque de Linares a su sucesor Marqués de Valero, en *Instrucciones* tº 1, p. 236-237.

545. Linares a Valero, en Idem, tº 1, p. 260-261.

546. Ver R. Levene, *Historia del Derecho Argentino...*, cit., tº II, p. 93 y sig. La Recopilación de 1680 le dedica en general los títulos XV a XXXIV.

pasos necesarios que debían seguir presidente, oidores, fiscales y demás ministros, para arribar al fruto apetecido del *arbor iudicum* es decir la sentencia justa. Solo marchando por ese camino se habría de alcanzarlo. Un camino que debía seguirse dentro de la mayor discreción, secreto y solemnidad, para que desde el arcano de la Audiencia pudiese surgir como iris sin mácula la justicia entre partes, que acordaban y pronunciaban, en nombre del rey, esos *sacerdotis iuris*. Reglas a través de las cuales el príncipe se aseguraba que "su" justicia fuese buena, según la celebérrima definición de Ulpiano (*Iustitia est constant & perpetua voluntas ius suum vnicuique tribuens*).

Las normas e instrucciones procuraban preverlo todo, desde requisitos que parecían menores como la vestimenta del juez y sus circunstancias personales, su traje, sus maneras, sus gestos, sus compañías y amistades, su recato y buena palabra, sus hábitos, la vivienda que ocupaba y su arreglo, sus bienes, etc., y aún sus parientes.

Por supuesto que se debía ajustar el juez a otras normas, que apuntaban más alto, como eran las que le imponían integridad, honestidad, capacidad, y afán de verdad y justicia. En realidad toda su vida estaba ordenada cuidadosamente, la pública y la privada, pues una era resultado de la otra. Si no se era un hombre de bien en su casa, no se podía ser un juez honorable en los estrados del tribunal. Las normas que conformaban esa tela de araña que cubría pesadamente al juez hasta en sus más nimias actitudes, provenían de la ley del rey o surgían de una antigua consuetudo, un estilo general o la más de las veces particular, que cada alto tribunal había ido elaborando a través del tiempo, siempre, claro está, enmarcado en el *ordo iuris* que nacido en el Medioevo se había prolongado —y modificado— a través de los siglos hasta alcanzar su ocaso definitivo en el XIX.

Nada del procedimiento audiencial debía quedar al azar, ni la concurrencia de los jueces, sus horarios, sus turnos, su presencia pública, su asistencia a las sesiones y acuerdos. El número de votos exigidos para cada caso y en cada ocasión y sobre todo, *el secreto*, conformaban la clave a seguir que produciría una sentencia justa, que aún sin expresar los motivos, o precisamente por no hacerlo, resolvería en justicia y conforme a derecho el caso sometido a la decisión del tribunal. Por ello era necesario el mayor sigilo y discreción, para que no se filtrara en manera alguna cuál era o había sido, antes de votar, al hacerlo, o luego de haberlo hecho, la opinión o criterio del votante. Con el objeto de que no se entrase en cavilaciones y especulaciones de litigantes y letrados acerca de la posible decisión del tribunal en casos futuros, o para que no se supiese en el que se había dado el fallo, quienes habían estado de acuerdo con él, quienes no, ni aún si había existido unanimidad de opiniones. Ya hemos dicho que la ausencia de fundamentos en las sentencias, se compadecía por otra parte con el absolutismo regio, que en el siglo XVIII se impone de manera desconocida hasta entonces, convirtiendo el modelo de jueces perfectos en el de jueces absolutos.

Todos los recaudos exigidos iban dirigidos no solo en "defensa" de la sentencia, como ya hemos explicado, sino también en aras de preservar al magistrado, su prestigio, su honor y especialmente su seguridad personal, en tiempos y territorios en donde la inseguridad estaba al acecho, las pasiones tenían poco freno y la dureza de la vida era la regla.

Informaba el oidor Bravo de Saravia al Consejo, desde Lima el 29 de marzo de 1553 "... porque la gente de esta tierra por su maldad o del cielo o del suelo no quiere ley ni rey, ni verdad, ni hombre virtuoso, yo estoy malquisto en este reino por decir las verdades y tratar lo que conviene al servicio de Dios y de S.M. y bien de estos naturales, como se debe tratar, y no escondiendo la mano y ganando voluntades, como entre nosotros se hace..."[547].

Decía a su vez un año antes el oidor Licenciado Altamirano al Rey, tambien desde la ciudad de los Reyes, el 6 de octubre de 1552, que "todo se solapa y disimula en esta Corte". Hay mucha libertad y "resulta haber poca cristiandad en los españoles y ser este impedimento a los naturales por el mal ejemplo que de nosotros toman en esto. Por la gran longitud de esta tierra toda orden es dificultosa"[548].

Juan de Matienzo se dirige en carta que ya hemos citado al Licenciado Castro, Presidente de la Audiencia de Lima, desde la ciudad de La Plata el 10 enero de 1567 en términos lacerantes: "... Hay mucha desvergüenza en la gente viendo la poca justicia que hacemos algunos de nosotros. La gente del Cuzco de quien tenían sospecha, toda acudió y se pasean y tienen grandes favores. Al que trajo una requisitoria para los prender han dado una cuchillada por la cara, no se sabe quien ni se ha averiguado ni se averiguará". Los "traidores de Tucumán" se pasean por las calles y si algún oidor quiere hacerlos prender o vota se los castigue, enseguida lo saben. Al propio Matienzo se amenazó con matarlo con un arcabuz pues dijo uno de ellos saber que había votado en su contra. A un hombre que estaba averiguando por un adulterio lo mataron en el camino. ". . . yo deseo salir en paz de esta Audiencia y en breve porque el andar a derechas aprovecha poco en esta tierra do toda maldad prevalece"... "Quien esto ve y estuvo en la cancillería de Valladolid, cómo no ha de vivir escandalizado, yo confieso que no soy para oidor en esta tierra"[549].

En otra ocasión es la misma Audiencia de Charcas la que pone de manifiesto los peligros de esa tierra nueva: "Entre las cosas de importancia de que esta Real Audiencia dio cuenta a V.M. el año de 85 fue significar que la gente de estas provincias es libre desenfrenada y sin respeto y que para reducirla a razón se padece trabajo porque siempre

547. Hanke, BAE, tº 272, p. 76-77
548. Hanke, BAE, tº 273, p. 53-56.
549. Levillier, *Audiencia de Charcas*, tº 1, p. 216- 218.

la justicia es odiada y aborrecida y los censores y émulos que los jueces tienen son muchos y se querellan sin razón y pretenden enmendar lo que los jueces y gobernadores ordenan y mandan especialmente en lo que toca a sus intereses particulares cuando no se provee en ellos a su gusto..."[550].

El oidor de Lima Licenciado Monzón, que como se dijo estaba enemistado con el virrey Conde de Nieva, que lo había acusado de malas prácticas ante la Corte, se ocupa a su vez de señalar la malicia de las personas que habitan en Lima, aprovechando la ocasión para descargar sus golpes contra el virrey. Dice a S.M. el 4 de diciembre de 1562, que "... en esta tierra V.M. no tiene justicia pues se vende públicamente y los mandamientos de vuestra Audiencia no son obedecidos ni ejecutados ni vuestras leyes Reales guardadas", por culpa del virrey y los Comisarios de la Perpetuidad que han llegado a Lima. Denuncia un hecho concreto del que ha sido víctima: por saber el virrey que no podría convencerlo de callar esa situación y que en cambio habría de dar cuenta a S.M. de lo que ocurría, mandó matarlo y trató de ponerlo por obra. Saliendo Monzón de casa del oidor Alvaro Ponce de informar sobre negocios de S.M., "salieron a mi don Juan de Velasco, su hijo, y don Juan de Villavicencio, comendador de San Juan, su criado, con las espadas desenvainadas y las capas en los brazos diciendo muera el traidor y procurando matarme y lo hicieran o me señalaran mal, sino vinieran miedo a ser conocidos, como V.M. verá por la información que a vuestro Real Consejo envío". Agrega para mostrar la gravedad de su situación: "Acá no se ha hecho justicia ni diligencia porque vuestros oidores ni osan hablar ni hacerla teniendo entendido quienes son los delincuentes"[551].

Denuncia al rey el Presidente de la Audiencia de Charcas Lope Diez de Armendaris, juez de residencia del anterior presidente y oidores de Charcas, en carta que fecha en La Plata, el 25 de septiembre de 1576 que "... la gente de esta tierra es muy libre de perseguir a los jueces y entiendo que sería necesario dar orden para que se les pusiese algún freno de manera que los jueces no fuesen tan molestados y maltratados porque en esta tierra es mayor el atrevimiento so color de pedir justicia que en ninguna otra". Como todos ponen demandas en las residencias, los jueces conciben miedo "por las amenazas que se les hacen y desacatos que con ellos se comete por esta vía"[552].

En la relación dejada por el Duque de Linares (1711-1716) al Marqués de Valero se expresa crudamente de los habitantes del virreinato de Nueva España. "Estos [vicios] han tomado tal dominio en el corazón de sus habitantes, ... pues sin distinguirlos por singulares algunos, los doy por comunes a todos, o los más, [son vicios] que nos prohiben los divinos preceptos, siendo la mentira común estilo, el jurar falso costumbre, la

550. Levillier, *Audiencia de Charcas*, tº 2, p. 419.
551. Levillier, *Audiencia de Lima*, p. 274-275.
552. Levillier, *Audiencia de Charcas*, tº 1, p. 332.

envidia y emulación práctica corriente, y así de los demás, que no exceptúo ni a la fe pública, que esta ha faltado tan del todo, que no hay que fiarse, no solo en palabras ni aún en instrumentos por escrito, de que nacen que la justicia padece, pues en los tribunales de lo civil no se ve más que abundancia de todo género de ministros inferiores, los cuales comen y lucen siendo de poquísima cantidad los pleitos y en abundandísima cantidad los escritos"[553].

En suma, que en ese ambiente de alta tensión y peligro, cierto o temido, el aislamiento y el secreto eran los mejores escudos. El mismo recogimento que se pretendía de los jueces en la vida corriente se prolongaba al acuerdo, ya fuese judicial o de gobierno[554].

Los pasos del juez debían seguir sin desviaciones las pautas que contenían las ordenanzas de Audiencias y demás normas que fueron dictándose especialmente para Indias, muchas de ellas reunidas posteriormente en la Recopilación de 1680. Depués de ella se siguió legislando en el mismo sentido.

Las ordenanzas de la Audiencia se leían el 1° de enero de cada año en presencia del presidente, oidores, fiscales y demás oficiales, debiendo entregarse a cada asistente un traslado de las mismas "porque sepan como se han de haber sus oficios" (RI:II, xv, 182, norma tomada de las Ordenanzas de Audiencias para Nueva España de 12 de julio de 1530, *Cedulario de Puga*, fº. 56vto./63vto.). De manera que año a año los ministros de las Audiencias oían en reverente sesión el texto íntegro de las ordenanzas, en donde se precisaban sus deberes y obligaciones, las prohibiciones y limitaciones de su comportamiento dentro y fuera del tribunal. No podían alegar desconocimiento del derecho, por cierto.

Además de las tareas específicas de los oidores en el seno del tribunal (así llamaremos a las funciones exclusivamente judiciarias) debían cumplir un sinnúmero de otras, que en la descripción que hace el virrey Velasco a mediados del siglo XVI resultan asombrosamente numerosas[555]. Aún cuando Velasco exagerase la descripción en busca de que se proveyese, según solicitaba al Consejo, la creación de una Sala del Crimen a la Audiencia de México, como opina Schäfer, lo cierto es que después de algunas vacilaciones, el Consejo se convenció del excesivo trabajo de los oidores de México y aceptó el temperamento propuesto por el virrey. En consulta "a boca" el rey Felipe II lo aprobó el 4 de mayo de 1568.

Sin duda que las tareas que debían cumplir los ministros de las Audiencias eran muchas, tanto en el siglo XVI, conforme la descripción de Velasco, como seguían siéndolo

553. Torre Villar, p. 772.
554. C. Garriga, "La visita y el gobierno ...", cit., p. 25.
555. Schäfer, Ed. Porrúa, 2003, p. 102-103 y "Relación del estado del Virreinato de Santa Fe que hace el Excmo. Sr. Don Pedro Messia de la Zerda a su sucesor el Excmo. Sr. Don Manuel Guirior. 1772", citada en nota 518 , p. 62.

aún avanzado el siglo XVIII, así lo puntualiza el virrey de Santa Fé Pedro Messia de la Zerda a su sucesor Manuel Guirior en la relación de gobierno que le deja en 1772. Menciona en ella los asuntos de justicia en que debe intervenir, "que en rigor debieran correr a primera instancia ante los respectivos jueces, y en segunda por apelación a la Real Audiencia. Pero esta no puede dar vado a todo lo que ocurre, así porque en realidad es mucho y muy vasto su distrito... se les agregan algunos votos consultivos, juntas y consultas de gobierno, y sus precisas comisiones en tanteos de cajas, Juzgados de Provincia y bienes de difuntos, diezmos, y lo abundante de causas criminales, como que ejercen de Alcaldes del crimen"[556].

Pero el exceso de tareas no podía alterar la fisonomía del juez indiano por excelencia, el oidor, ni la marcha de sus labores judiciales. Se esperaba de él que fuese un personaje hiératico y silencioso en audiencia pública, sin hablar ni efectuar ademanes impropios, mucho menos discutir y en especial sobre temas de derecho, ni hacer comentarios del asunto que se substanciaba ni de ningún otro.

Los trámites eran más largos y más complicados que lo que puede pensarse de estas pocas líneas, pues intervenían relatores, que daban cuenta del caso que les correspondía por turno, fiscales o defensores de pobres o de naturales, que expresaban sus razones y en ocasiones algún asesor. Pero todo debía hacerse de manera que no se sospechase la decisión final, esa era la base de sustentación de la sentencia justa: el sigilo, el secreto, que conllevaba la gravedad de los personajes.

En general el secreto no solo reinaría en el acto de sentenciar, debía existir en todo lo que tratase la Audiencia. En la ley recopilada que recoge una norma de Felipe II de 7 de agosto de 1566 (*Cedulario de Encinas*, tº II, fº179), se dispone que las Audiencias "guarden el secreto y recato que conviene en lo que por nos les escribiere, y en todo lo demás en que se debe tener, haciendo justicia a las partes"(RI:II, xv, 65). Al propio Consejo de Indias se le indicaba igual sigilo, según se prevenía en otra norma de las recopiladas, que reproducía el Capítulo 11 de las Ordenanzas del Consejo de Felipe II, reiterada por Felipe III en las de 1609 y Felipe IV en las de 1636: "El Presidente y los de nuestro Consejo de las Indias, con particular cuidado y vigilancia, procuren y provean siempre como de todo lo que se propusiere y hubiere de tratar y platicar en el Consejo, y de lo que en él se proveyere y determinare, con secreto, por de poca importancia que se juzgue, se guarde enteramente por sus ministros y oficiales, castigando con rigor al que lo quebrantase y revelase... " (RI:II, iii, 14).

El escribano dejaba constancia de los pasos del proceso por escrito, la fecha de las presentaciones, las notificaciones, los traslados, la entrega del expediente a las partes

556. Schäfer, cit., p. 105, nota 337. También Garriga ha estudiado el tema en "La visita y el gobierno...", cit.

para redactar sus memoriales, las declaraciones de los litigantes o de los testigos, siguiendo la línea del proceso romano canónico de que hemos hablado más atrás. Se agregaban los escritos de demanda y su contestación, las pruebas, los informes, los alegatos, y con la relación de todo ello quedaba el expediente en estado de dictar sentencia por la Audiencia. Una vez que el Fiscal y el Protector, si cuadraba, se hubiesen pronunciado, efectuada la relación de la causa, que se ponía en conocimiento de las partes, se cerraba el expediente con los reclamos que pudiesen formularse y se entraba en la etapa final, el "memento" del estudio y luego, reunidos en el mayor secreto, los oidores expresaban sus votos de palabra. Del resultado de esa votación secreta surgía la sentencia definitiva.

Está claro por lo tanto que era primordial que el juez (*iudex perfectus*) respetase como a su vida y a su honra ese arcano y estos pasos sumariamente expuestos. Era el método establecido por las normas de S.M. —a quien representaba en el sublime acto de juzgar— y por un uso inmemorial, para alcanzar una sentencia justa. De ahí su trascendente importancia y la carga de respetarlo, como lo habían jurado, al asumir sus cargos, el mismo juez y demás ministros y funcionarios de la administración de justicia comprometiendo en ello la vida eterna[557]. Todo aquel que se incorporase a la administración de justicia arriesgaba su vida eterna por medio del juramento.

El juramento de los oidores y demás ministros comprendía el compromiso de guardar el secreto y proceder en el ejercicio de sus cargos con toda rectitud, desinterés y limpieza, sin agravio de nadie y mirando por el bien general, causa pública y también la Real Hacienda. De ahí que cualquier incumplimiento, ya fuese del secreto, o de las otras obligaciones asumidas, importaba el cargo de perjurio, aunque lo normal fuese que además de la falta, la violación al juramento prestado no se formulase como cargo, pero se lo recordase, como nota de agravamiento de la sanción, en la sentencia de visita o residencia[558].

El cumplimiento de las obligaciones de los jueces y demás ministros era vigilado atentamente no solo por las autoridades superiores, como virreyes y presidentes y aún el propio Consejo de Indias, a través de una constante supervisión y de visitas y residencias, sino muy especialmente por las partes y sus representantes, que sabían que de su exacto cumplimiento dependía la vida, honra, fama y bienes puestos en juego en el pleito. Las autoridades eclesiásticas nunca consieraron extraño a sus funciones elevar informes a la Corona sobre las irregularidades que advirtiesen en la recta administra-

557. En un auto acordado de la Audiencia de Guatemala de 22. V. 1778, se recomendaba especialmente a los escribanos de la Audiencia "el más religioso secreto en todo el despacho y de cuanto pase por ellos, como han jurado, mandan las leyes, exige su honor y pide la fé pública", en Julio Cesar Méndez Montenegro, *Autos Acordados de la Real Audiencia de Guatemala (1561-1807)*, México, 1976, p. 139-140.

558. Arregui Zamorano, p. 120.

ción de justicia secular, en este enmarañado y complejo juego de jurisdicciones y facultades que fue el gobierno de las Indias.

Demás está decir que las sentencias, o mejor dichos los votos de cada magistrado, que conformaban la voluntad del cuerpo y hacían sentencia, debían darse libremente, en reunión secreta, sin ojos ni oídos extraños, sin temores ni presiones, sin más obligaciones que las de servir a Dios y al Rey. A esa reunión del "acuerdo" solo acudían los oidores, sin la presencia de relator ni escribano "ni otra persona que no tenga voto por sí mismo", salvo el Fiscal, sin perjuicio de poder hacer comparecer al relator correspondiente a la causa que se ventilaba en ese acuerdo, para "que ordene lo que hubieren acordado en la causa que él hubiere relatado", o al escribano que lo escriba en presencia de los oidores, hasta que las sentencias se pronuncien. Una vez pasada en limpio la sentencia debía ser firmada por todos los que fueron al acuerdo, aunque el voto o los votos de alguno o algunos no fuesen conformes a lo que la sentencia contiene (Ord. de Audiencias de 1528, art. 11 y 46; de 1530, art. 14 y 50 y de 1538, art. 50; RI: II, xv, 30, : *Cedulario de Puga*, fº56vto. /63vto. y *Cedulario de Encinas*, tº IIº, fº 8). El recopilador de 1680 cita asimismo una norma de Felipe II dada en Aranjuez el 23. V. 1607.

El estudio de los expedientes habría de realizarse en esta suerte de "armonía" que, al menos en la letra de la ley, debía reinar en el tribunal, pues no podía ser precipitada la decisión, ni tampoco dilatada en exceso. El juez debía limitarse a lo suyo sin tratar de atraer a sus colegas a su opinión. Solórzano se ocupa de relatar el caso ocurrido durante el ejercicio de su cargo de oidor en Lima, cuando el entusiasmo de un juez por la solución que consideraba justa lo llevó a enviarla a sus compañeros, "señaladas las hojas de los libros en que la fundaba", lo que provocó, al enterarse una de las partes, que fuera recusado de inmediato. Al parecer era bastante corriente que los oidores tratasen de hacer privar su opinión entre sus compañeros de Sala o de Audiencia y aún que se disgustaran cuando no lo conseguían[559].

Los votos de los oidores, sin expresión de causa, se anotaban en el libro que a esos fines debía existir en la Audiencia, ese libro era —como resulta a todas luces- un documento fundamental. Estaba en manos del Presidente de la Audiencia, o bien del Oidor Decano o del más antiguo, si faltaban los otros, o del Regente cuando se incorporó este funcionario a las Audiencias indianas, a partir de 1776. El magistrado que lo tenía en su poder, no solo debía guardarlo celosamente bajo llave, sino que juraba especialmente cumplir con esta exigencia al asumir el cargo. Es decir se le exigía un juramento especial

559. *Política Indiana* V, viii, nº 15, 31, 32 y 37-39. Son de gran interés las noticias que brinda Solórzano derivadas de su paso como oidor de Lima en esos y otros números de este capítulo. Me permito aportar, a mi vez, una modesta experiencia personal vivida durante una década como juez de cámara, es decir como integrante de un tribunal colegiado argentino de alzada, a mas de varios siglos de lo relatado por Solórzano, donde ocurría generalmente lo mismo.

además del general que prestaba al ingresar a sus funciones de presidente, oidor o regente.

Decía el virrey Montesclaros, presidente de la Audiencia de Lima, a su sucesor Esquilache, al dejarle las llaves que cerraban el arca en que se encontraba el libro: "El secreto del acuerdo juramos en nuestro recibimiento, y sin jurar fuera muy grave cualquier defecto en cosa tan importante; a esto se encamina el depósito y llaves que [os] entregaré"[560].

La anotación de los votos en un libro, aún cuando no se expresaran sus fundamentos, corría el velo del arcano del acuerdo, pues identificaba a cada oidor con el sentido de su voto. Su existencia significaba una medida excepcional y por tanto difundir su contenido quebraba la sustancia del procedimiento audiencial, cuya clave era que nadie debía enterarse del sentido de los votos ni de circunstancias que lo hicieran suponer. Por tanto nada de ello constaría en el texto que extendía el secretario, a quien lo obligaba con igual fuerza el secreto, que también había jurado guardar.

Los presidentes no togados no intervenían en las decisiones del tribunal, aunque debían suscribir la sentencia final. Los que fuesen letrados sí podían hacerlo, salvo que hubiesen actuado en la instancia anterior de cuya decisión se apelaba (RI: II, xv, 44).

La excepcional y —por descontado— peligrosa medida de asentar los votos por escrito, dentro de un orden como el expuesto, en que el secreto era la regla, estaba fundada en otra razón fundamental: evitar que hubiesen diferencias o disputas entre los oidores por causa de sus votos, de manera que quedase absolutamente definido y fuera de discusión quienes habían votado en cada caso y cómo lo habían hecho. De lo contrario el oidor disconforme podía cuestionar la sentencia, sosteniendo que se habia equivocado el sentido de su voto al asentarlo el secretario.

En las Ordenanzas de Audiencias de 1528 para México se ordenaba: "De aquí en adelante en todos los pleitos arduos y de sustancia especial, en todos los que exceden de 50. 000 maravedís, el Presidente y oidores escriban sus votos brevemente en un libro encuadernado sin poner causas ni razones algunas de las que [los] mueven, el cual esté en poder del Presidente, e lo tenga escrito en buena guarda, para cuando cumpliere, los dichos votos se puedan probar por el dicho libro y el dicho presidente jure que tendrá secretos los dichos votos y no lo revelará a persona otra sin licencia y especial mandado nuestro"[561].

Una vez acordada la sentencia, el escribano de la Audiencia debía ponerla por escrito, secretamente, ante los oidores, y ya "en limpio", debía ser firmada por todos los jue-

560. Montesclaros a Esquilache, en *Memorias,* tº I, p. 63.

561. Ordenanzas de Audiencia de 1528 (cap. 10), de 1530 (cap. 13) de 1538 (cap. 13). Ver RI:II, xv, 156. El recopilador cita la ordenanza 11 de Felipe II de 1563 (*Cedulario de Encinas*, tº IIº, fº 104) y la 19 de las ordenanzas dadas en Toledo el 15. III. 1596.

ces que estuvieron en el acuerdo, antes de que se pronunciase, es decir antes que se diera a conocer, aunque el voto de alguno o algunos no fuesen conformes con el resultado. Firmada la sentencia no se podía mudar cosa alguna de ella. El escribano notificaba y daba traslado del fallo a las partes que lo pidieren[562]. Una norma recopilada ordenaba que las sentencias las publicasen los oidores por sí mismos (RI:II, xv, 21. En esta ley recogía el recopilador varias normas de distintas ordenanzas de Audiencias: las de 17. IV. 1581, *Cedulario de Encinas*, tº IIº, fº 6; las de 1563 para Quito y Charcas, ver García-Gallo, *Cedulario de Encinas...*, Estudio e Indices, cit. p. 197/207 y las Ordenanzas de 1611 y 1617).

Al cabo de esta breve relación de los pasos seguidos en la Audiencia detrás de un pleito o de un asunto, ya fuese de justicia o de gobierno, pero muy especialmente en el primer caso, no cabrá duda de que la "clave de bóveda", al decir de Garriga, es *el secreto*, sobre el que descansa todo el andamiaje del proceder de la Audiencia[563].

Las Audiencias tenían además del importante Libro de Acuerdos, y el no menos importante de Gobierno, de similares características donde se anotaban las decisiones de los oidores en ese ramo (RI: II, xv, 151 y 152, se citan en estas leyes, normas de 1º. VI. 1619 para la primera ley y de 1592 y 1595 para la segunda), otros libros más para dejar constancia de los sucesos importantes que tramitaban por ante ella: de despachos de gobierno de la tierra, de Real Hacienda, de Cédulas de Real Hacienda, de Cédulas y Provisiones Reales, de copias de cartas, uno para las públicas y otro para las secretas, de condenaciones, de vecinos y sus servicios y méritos, de consultas de residencias, de personas que pasan a Indias (RI: II, xv, 153, 159 a 166).

Como resulta de lo hasta aquí expuesto, en la Recopilación de 1680 se reúne un haz de disposiciones, que unidas a las contenidas en las mismas Ordenanzas generales o particulares de las Audiencias, muchas de las cuales han sido incorporadas a la misma recopilación, conforman el plexo normativo del procedimiento audiencial.

La realidad indiana ofrecía un panorama variopinto con relación al cumplimiento de esas normas. Por ejemplo, el libro en que se anotaban los votos de los oidores no merecía igual respeto en todas las Audiencias. Los ministros de la de Nueva Galicia, por ejemplo, no reparaban en su importancia. En abril de 1555, se había comprobado, según decía el escandalizado visitador Diego Ramírez al rey, que el libro de acuerdos lo tenían sin llave "y lo trae por las calles un muchacho mestizo, mozo del oidor más antiguo en cuyo poder está y es muy notorio a los pleiteantes y al pueblo lo que se platica en su acuerdo"[564].

562. Ord. Aud. 1528, (cap. 11), 1530(cap. 14) y 1538.

563. C. Garriga, "La visita y el gobierno ...", cit., p. 29.

564. Carta de Diego Ramirez al Rey dando cuenta de la visita que estaba haciendo a Nueva Galicia por encargo del Virrey Luis de Velasco, Pontitlán, Nueva Galicia, 4 abril 1551, en Paso Troncoso, tº VIº, p. 36-41.

Un año más tarde es el Licenciado Altamirano quien se dirige al rey desde Lima para denunciar varias anomalías que ha observado en esa Audiencia, entre ellas que no se guarda el secreto debido y los interesados conocen las decisiones antes de que se publiquen y quien ha votado y de qué manera[565].

Desde ya que las partes, sus representantes y en general todos los interesados en las decisiones de la Audiencia buscaban conocer lo que ocurría en ese "sagrado arcano". Para ello se valían de muchos artilugios, y hasta los propios ministros utilizaban la ruptura del secreto para lograr provechos o perjudicar a sus enemigos.

El fiscal Ravanal sostiene en carta al rey, que no concurre con su voto porque siempre se sabe públicamente todo lo que votó, por ser tercero y hacer sentencia. Dice que son los propios oidores quienes informan a las partes "que en acuerdo les mato y me ponen mal con los litigantes"[566].

Denuncia al rey el Presidente de la Audiencia de Charcas Lope Diez de Armendaris, juez de residencia del anterior presidente y oidores, en carta fechada en La Plata el 25 de septiembre de 1576, que con ocasión de demandas de mal juzgado se han "publicado los votos del acuerdo como si el libro se pusiera en la plaza, o sea porque así convenía a la justicia de las partes, o descargo de los jueces o porque los pleiteantes maliciosamente pedían a los jueces cosas por donde fuese menester sacar los votos", de esa manera sabían como habían votado para el futuro.

Muchos de esos pleitos tocaban al virrey por haber resuelto cosas de gobierno en el Real Acuerdo, donde los jueces habían dado su opinión firmada. Era como residenciar al virrey que estaba en el ejercicio de su cargo. A su vez el virrey pedía esos pareceres firmados a los jueces para tenerlos sujetos y obligarlos a hacer lo que quería y a elogiar su gobierno en la Corte[567].

El Presidente de Charcas se queja del oidor Lic. Barros, de su mal genio y de su mal proceder con sus colegas: "descubriendo a los litigantes y abogados y a otras personas sus votos y los nuestros para hacernos enemigos"[568].

Se le puso por cargo al Virrey Marqués de Mancera haber hecho estar presente en tres acuerdos con la Audiencia a su Secretario de Cámara Diego Ruiz de Venturice. Sacó los originales de esos acuerdos siendo negocio de justicia y los presentó en la misma residencia, en la demanda que le puso Juan Vázquez de Acuña. "En todo lo cual se faltó a la puridad y secreto del acuerdo que tanto S.M. y sus leyes encargan"[569].

---

565. Carta del Oidor Lic. Altamirano al Rey, Lima, 6 de oct. de 1552, en Hanke, BAE, tº 273, p. 53-56.

566. El Fiscal Lic. Ravanal al Rey, La Plata 28. oct. 1568, en Levillier, Audiencia de Charcas, tº 1, p. 256-257.

567. Idem, Levillier, *La Audiencia de Charcas,* tº 1, p. 332.

568. Carta del Pres. Interino de Charcas al Rey, La Plata 30. 1. 1579, en Levillier, *Audiencia de Charcas,* tº 1, p. 473.

569. Hanke, cit. Perú III, BAE tº 282, Madrid, 1978, p. 214 y 224.

Los oidores Tejada, Ceynos y Loaisa fueron acusados por el visitador Tello de Sandoval. "Estando en los estrados en pública audiencia platicando en algunos negocios de los que se trataba, hablaban tan descubiertamente y se declaraban tanto por lo que allí decía y hablaba, se sabía y daba a entender lo que había de determinar y sentenciar en ello". El Consejo les puso "culpa" por tal proceder. Estaban acusados de lo mismo, por el visitador Valderrama, con "culpa" del Consejo: Vasco de Puga, Orozco y Villanueva[570].

Al oidor Nuñez de Moquecho lo acusan de disputar y tener altercados con las gentes, sus letrados y procuradores en la vista de los pleitos, sobre el derecho de cada uno de ellos. El oidor defendía así su opinión dando lugar a que todos conocieran su voto. Sus diferencias con los otros jueces se ventilaban en los estrados, especialmente con el oidor más antiguo Riego. El Consejo les puso "culpa" a ambos por esos cargos.

Al parecer, según resulta de la investigación llevada a cabo por Arregui Zamorano, a quien hemos venido citando, este tipo de inconductas, sobre tener las discusiones en los estrados en vista pública y no en el secreto de los acuerdos o tener los acuerdos fuera de la Audiencia eran frecuentes[571].

El oidor Andrés Gómez de la Mora, informó lo decidido en el acuerdo (se trataba de resolver sobre designación de Alcaldes Mayores) al Conde de Salvatierra, uno de los interesados. En otro caso hizo públicos los votos a favor y en contra sobre una villa que se había dado a Martín Robles. También de la provisión de oficio a Diego de Orejón. En una cuestión sobre examinar a los religiosos de San Agustín y Santo Domingo por el Obispo, comunicó a este al salir del acuerdo lo resuelto y le prometió ejecutarlo. No se le pudieron probar estas graves infracciones, a pesar de haberse puesto como cargos por los visitadores Palafox y Gálves en 1639 y 1653[572].

Era una carga especialmente impuesta a los oidores que en causas civiles y criminales que fuesen de mucha gravedad o arduas, examinaran personalmente a los testigos y no quedase la diligencia en manos del escribano, como en general ocurría (RI: V, x, 7, *Cedulario de Encinas*, Ordenanzas de la Audiencia de Nueva España de 12. VIII. 1530, tº Iº, fº 56vto. /63vto.). La norma provenía en realidad, según Arregui Zamorano, de una Instrucción de Justicia de julio de 1530. Los oidores de México Tejada, Alonso Maldonado, Francisco Ceynos y Francisco Loaysa reciben cargo del visitador Tello de Sandoval en 1546, de haber cometido al escribano la recepción de las declaraciones de los testigos "así en las causas criminales como civiles arduas", y no recibirlas ellos mismos como era obligado[573].

Otra grave anomalía fué denunciada por el visitador Jerónimo de Valderrama, quien escribe al rey que los oidores de México "No ponen la diligencia necesaria para prender de-

570. Arregui Zamorano, 122.
571. Arregui Zamorano, 122-123.
572. Arregui Zamorano, 123-124.
573. Arregui Zamorano, 125.

lincuentes y los presos no se castigan como convendría, pues los alcaldes ordinarios de la ciudad hacen justicia como entre compadres. De lo uno y de lo otro soy testigo de vista". Si no hay parte querellante por grave que sea la cuestión, se arroja a un rincón y se libra al delincuente bajo fianzas y se olvida la causa. El Fiscal encontró más de 80 pleitos concluidos de esa forma. Pide la designación de otros Alcaldes del Crimen.

Durante la visita realizada por José A. de Areche a la Audiencia de Lima, informó a la Corte que del examen de varios procesos pendientes en el Tribunal comprobó la existencia de recursos enredados e inútiles y nulidades "y tan vulneradas las leyes que tiene regulado el modo de substanciarlos que parecía haberse puesto de propósito a desatender todos los principios con que estas han cuidado de ceñir la malicia de los hombrese a un cierto modo de litigar"[574]. En suma, que las reglas de procedimientos eran letra muerta en Lima.

15. El *iudex perfectus* y su trato con los naturales

En las instrucciones que se dieron al primer virrey de México Antonio de Mendoza en 1536, el rey le ordenó a su "*alter ego*" que vigilara estrechamente la justicia que en su nombre administraba la Audiencia y demás tribunales del enorme distrito puesto bajo su mando. Era el primero que llegaba con esa alta dignidad a gobernar el virreinato de Nueva España, que con su designación se creaba. Se le advertía que una de las condiciones para que la justicia reinara en Indias era que los naturales de ella, que vivían en la "gentilidad" y los que voluntariamente se habían cristianizados, fuesen bien tratados, defendidos en sus derechos y atraídos a la fe católica, única forma de lograr su salvación eterna y de descargar la conciencia del rey, muy comprometida en este particular caso. Por ello junto a la recomendación tan señalada de vigilar en general la administración de justicia, se agregaba a renglón seguido la de que el flamante virrey celara por el buen trato de los indios.

Era sin duda pesada carga que llevaban los reyes castellanos con respecto a los viejos y nuevos súbditos de América. Lo habían expresado, y volvemos sobre ello, al crear la Audiencia de México y darle sus ordenanzas, por R.C. de 20 de abril de 1528, a fin de lograr el "bien y pro común de los dichos nuestros reinos y provincias, porque nuestros súbditos *y naturales* que pidiesen justicia la alcanzasen, y celando el servicio de Dios Nuestro Señor, bien y provecho y alivio de nuestros súbditos y *naturales*, y la paz y sosiego de los pueblos ... *según somos obligados a Dios y a ellos a cumplir con el oficio que de Dios tenemos en la tierra...*"[575]. Nunca parece suficiente volver sobre el texto de esta singular Real Cédula.

Además la Corona de Castilla había convalidado su descubrimiento y ocupación de las Indias mediante las letras pontificias de 1493 que le imponían la obligación de di-

---

574. Carta de Valderrama al rey y Consejo de Indias, Febr. marzo-1564, Arregui Zamorano, p. 129. No se los nombrará hasta 1568. El informe del Visitador, de fecha 20.II.1778, en AGI, Lima, 1082.

575. *Cedulario de Puga*, fº19vto. ; también en Torre Villar, tº I, p. 37; en J. Sánchez-Arcilla Bernal, *Las ordenanzas de las Audiencias de Indias...*", cit., p. 77 (La cursiva me pertenece).

fundir el Evangelio y de atraer a la santa religión católica a sus naturales. Esa conversión no se lograría sin su buen trato y la defensa de sus derechos y sus personas, solo así los títulos sobre los nuevos territorios serían justos[576].

Esa obligación y su cumplimiento se estrechaban con más fuerza sobre la conciencia de los reyes, si se tiene en cuenta que las capitulaciones firmadas entre Castilla y Portugal en Tordesillas en 1594, donde arreglaron de común acuerdo sus respectivos dominios sobre el Nuevo Mundo, gozaron de aprobación pontificia[577].

Por otra parte es conocido el contenido del codicilo de la Reina Católica fechado en Medina del Campo el 23 de noviembre de 1504, en donde se expresa en términos inequívocos acerca del especial encargo que le ha impuesto a ella y a sus sucesores el Santo Padre. La reina ruega a sus herederos, en consonancia con esa encomienda, que los moradores de las nuevas tierras no reciban agravio sino que sean bien y justamente tratados[578].

576. Véase E. Martiré, "Justo trato justo título ...", cit. No me ocuparé, por no hacer al objeto de esta obra, del amplísimo tema del indio americano y su condición jurídica ni de la frondosa normativa que le atañe, que cuenta con amplia bibliografía autorizada. Siguen siendo de gran utilidad, a pesar de la mas moderna bibliografía sobre el asunto, las clásicas paginas que le dedicó Schäfer en el segundo tomo de su Consejo de Indias y las obras de Silvio Zavala, sobre todo la referida a la encomienda indiana (E. Schäfer, *El Consejo Real y Supremo de Indias...*, cit., Capítulo Segundo "La legislación sobre los indios"(p. 223-253), Madrid, Porrúa, 2003); Silvio Zavala, *La encomienda indiana* (2ª. edición revisada y aumentada), México, Porrúa, 1973). Solo me ocuparé del indio americano en su trato por los jueces superiores, cuya protección y atención preferente, a fin de que gozasen de una buena y rápida justicia, se había erigido como una condición más del modelo que en América se había elaborado del *iudex perfectus*.

577. Tanto los tratados como las bulas pueden consultarse en Alfonso García-Gallo, "Las bulas de Alejandro VI y el ordenamiento jurídico de la expansión portuguesa y castellana en Africa e Indias", en *Anuario de Historia del Derecho Español*, vol. 27-28 (Madrid, 1957-1958), p. 146-147, 779-787, trabajo que luego se incorpora al volumen editado por el propio autor: *Los orígenes españoles de las Instituciones Americanas – Estudios de Derecho Indiano*, cit.

578. Aún cuando es bien conocido, me permito transcribir la cláusula 11ª del famoso documento, modernizando su ortografía: "11. Item, por cuanto al tiempo que nos fueron concedidas por la Santa Sede Apostólica las Islas y Tierra Firme del Mar Océano, descubiertas y por descubrir, nuestra principal intención fue al tiempo que lo suplicamos al Papa Alejandro VI, de buena memoria, que nos hizo la dicha concesión, de procurar de inducir y atraer los pueblos de ellas y los convertir a nuestra Santa Fe Católica, y enviar a las dichas islas y tierra firme, prelados y religiosos y clérigos y otras personas doctas y temerosas de Dios, para instruir a los vecinos y moradores de ellas en la fe católica y les enseñar a doctrinar buenas costumbres y poner en ello la diligencia debida, según más largamente en las letras de la dicha concesión se contiene, por ende suplico al rey, mi señor, muy afectuosamente, y encargo y mando a la dicha princesa, mi hija, y al dicho príncipe su marido, que así lo hagan y cumplan, y que este sea su principal fin, y que en ello pongan mucha diligencia y no consientan ni den lugar a que los indios, vecinos y moradores de las dichas Indias y Tierra Firme, ganadas y por ganar, reciban agravio alguno en sus personas y bienes, más manden que sean bien y justamente tratados, y si algún agravio han recibido, lo remedien y provean por manera que no se exceda en cosa alguna lo que por las letras apostólicas de la dicha concesión nos es ungido y mandado" (Se lo transcribe en *El testamento de Isabel la Católica y otras consideraciones en torno a su muerte*. Estudio introductorio y comentario de Vidal Rodríguez Sánchez, Instituto de Historia Eclesiástica "Isabel la Católica", Arzobispado de Valladolid, Madrid, 2001, p. 50. La cláusula fue incorporado a la Recopilación de Indias de 1680 y puesta como cabeza de la ley 1ª del título décimo(libro VIº), dedicado al buen tratamiento de los indios. También figuró reproducida en el *Cedulario de Puga* (fº 5) y en el de *Encinas* (tº Iº, fº34), lo que habla a las claras de que la norma que contenía ese codicilo fue Norte del derecho de Indias vinculado con los naturales del Nuevo Mundo. Por ello, sin duda, pareció insoslayable a los autores de esas recopilaciones tenerla muy a la mano para aquellos que consultaran esos clásicos repertorios de legislación indiana

Ya se había pronunciado Paulo III mediante el Breve de 1537 sobre la libertad de los indios, se había celebrado la Junta de Burgos por orden de Fernando el Católico, con el resultado de la sanción de las "Leyes de Burgos" de 27 de diciembre de 1512, que declaraban solemnemente la libertad de los indios, aunque confirmaban el régimen de encomiendas y tributo que había venido aplicándoseles[579]. En 1542 a raíz de las quejas que llegaban a la Corte sobre el funcionamiento del Consejo de Indias, el Emperador resolvió "visitarlo" personalmente, visita que luego continuó el Regente Figueroa y de cuyas resultas se dictaron las "Leyes Nuevas" de 1542/1543, modificadas ante la honda repercusión que tuvo la aplicación de alguna de sus cláusulas, sobre la concesión de nuevas encomiendas, en Perú y Nueva España (Cap. 20). Años más tarde se celebró la Junta de Valladolid (1550/1551) convocada para que dictaminase acerca del régimen del indígena, su sujeción y cristianización, en cuyo seno se presentaron y discutieron largamente los famosos alegatos de Bartolomé de las Casas y Ginés de Sepúlveda.

Lo cierto es que cuando se daban al virrey Mendoza las instrucciones para ejercer su flamante cargo, el tema del indio americano se encontraba en plena esfervescencia. La Corona luego de algunas vacilaciones concluyó por considerar al indígena como un hombre libre pero sujeto a una *capiti diminutio* que obligaba a darle trato especial, que comprendía su protección y también su sometimiento. Serían las autoridades superiores de América las encargadas de la tutela de estos nuevos súbditos de la Corona, es decir los virreyes, gobernadores y Audiencias.

Por ello se le imponían al virrey Mendoza en las instrucciones de1536 una constante vigilancia sobre la justicia que administraba la Audiencia a los naturales de América, con palabras de gran claridad: "Tendréis asimismo mucho cuidado que en la Audiencia se administre justicia con la autoridad que conviene y con la brevedad posible, y que haya mucho cuidado de las cosas de oficio en que suele haber más negligencia. Y mandareis para ello al Fiscal que lo solicite y haga lo que debe a su oficio y tenga mucho aviso de saber si se quebrantan nuestras provisiones dadas y ordenadas que están hechas o se hicieren y los mandamientos y provisiones vuestras y de esa Audiencia, *mayormente en lo que tocare a la instrucción y conservación y buen tratamiento de los indios, pues de estos es razón que vos y los oidores seáis tutela y amparo, como de personas que de ello tienen necesidad y aún no entienden la voluntad que tenemos de su buen tratamiento y la obligación que vosotros tenéis en ello*"[580].

En las instrucciones dadas al primer presidente de la Audiencia de Charcas, Pero Ramírez de Quiñones, fechadas en Madrid, unos años más tarde, el 16 de agosto de 1563, reinando Felipe II, se insistía en cumplir el cargo que la Santa Sede le había puesto

579. José M. Ruiz Asencio (Edición y estudio diplomático), *Leyes de Burgos*, Introducción de Manuel Ballesteros Gaibrois, Madrid, Ministerio de Cultura, 1991.

580. Ampliación de la Instrucción al Virrey Antonio de Mendoza, 14. VII. 1536, en Hanke, BAE, t° 273, p. 36-37 (La cursiva es mía).

a los reyes de Castilla al concederle las Indias: "Primeramente porque en reconocimiento de tan gran merced como Dios nuestro señor nos ha hecho en hacernos Rey y señor de tantas y tan grandes provincias como son las de nuestras Indias, nos tenemos siempre por obligado a dar orden como los naturales del distrito de esa Audiencia le conozcan y sirvan y dejen la infidelidad y el error en que han estado para que Su Santo Nombre sea en todo el mundo conocido y ensalzado y los dichos naturales puedan conseguir el fruto grande de su santísima redención, *pues esto es el principal y final deseo e intento que tenemos conforme a la obligación con que las dichas Indias se nos han concedido*"[581].

Cuando los oidores de Nueva Galicia se quejaron por la falta de pleitos en la Audiencia, la reacción fue terminante. Mediante una Provisión Real por la que se confiaba al presidente de la Audiencia el gobierno de Nueva Galicia, y en evidente respuesta a la queja de que había pocos litigios en el tribunal, se le hacía saber a su presidente que "La tarea principal de las Audiencias es vigilar la paz y prosperidad de las Indias, promover el descubrimiento y los asentamientos *y asegurar la conversión de los naturales y su instrucción en las artes agrícolas y la ganadería*. Encontraréis ocupación suficiente en el desempeño de estas labores. *En lo posible se debe desalentar el litigio. Cuando resulte inevitable, trátelos de manera inmediata. Si los naturales comparecen ante Usted, proporcióneles justicia expedita y protéjalos de abogados y de otros que pudieran engañarlos*"[582].

En la Recopilación de 1680 se incluye una norma que el recopilador data: Felipe, 24 de diciembre de 1580, ratificada por Carlos II y la Reina Gobernadora en esa Recopilación, que expresa: "Es nuestra voluntad encargar a los virreyes, presidentes y Audiencias el cuidado de mirar por ellos [los naturales] y dar las órdenes para que sean amparados, favorecidos y sobrellevados, por lo que deseamos que se remedien los daños que padecen y vivan sin molestia y vejación, *quedando esto de una vez asentado* y teniendo muy presentes las leyes de la Recopilación (VI, i, 1).

La ley 1ª del título décimo(dedicado al buen trato de los naturales) del Libro VI°, se encabeza con la transcripción de la cláusula 11ª del codicilo de la Isabel la Católica, y a ese famoso documento la Reina Gobernadora Mariana de Austria agrega: "Y nos, a imitación de su católico y piadoso celo, ordenamos y mandamos a los virreyes, presidentes, Audiencias, gobernadores y justicias Reales, y encargamos a los arzobispos, obispos y prelados eclesiásticos, que tengan esta cláusula muy presente y guarden lo dispuesto por las leyes que en orden a la conversión de los naturales y su cristiana y católica doctrina, enseñanza y buen tratamiento están dadas".

En el siglo XVIII continúa la Corona preocupándose por los naturales de América. De resultas de una visita a la Audiencia de México en busca de corregir abusos y malas

581. Levillier, *Audiencia de Charcas*, t° 1, p. 580. La cursiva me pertenece.
582. Respuesta al presidente de Nueva Galicia, 21. abril. 1574, en Parry, p. 216. La cursiva me pertenece.

prácticas en la administración de justicia, se dicta la Real Cédula dada en Lerma el 13 de diciembre de 1721, a la que nos hemos referido anteriormente, en donde el rey recrimina duramente al tribunal por permitir que los procuradores, abogados, relatores, secretarios de cámara y otros, cobren a los indios derechos exorbitantes, poniéndolos a prestar servicios personales, "como lavar coches, caballerizas y lugares inmundos de las casas de los ministros, sin premio alguno". Tampoco han evitado los oidores que los Alcaldes Mayores y Corregidores "les hagan repartimientos de mercaderías, servicios personales y otras tachas que prohiben las leyes, [en cambio] se disimula y ejecuta lo contrario de suerte de que con el nombre de débitos se los manda pagar y cuando ocurren quejas de indios contra los referidos gobernadores, sobre repartimientos y comercios se las disimuláis, reservándolas para las residencias". Siendo necesario corregir esos abusos S.M. manda se declaren nulas las deudas de indios por repartimientos "como está mandado por especial Cédula Real y por esta la repito y mando se obedezca por punto general, sin permitir se les haga a los indios la menor extorsión, sobre cuyos puntos hago especial cargo al Protector de los referidos indios con apercibimiento de que deberá responder por cualquiera de los que van expresados"[583].

En sus "Discursos Exhortatorios", Porlier señala como una de las importantes exigencias para el juez indiano, que se ocupase del "amparo de los indios [que] es uno de los puntos más recomendados y encargados, tanto al cuerpo eclesiástico y a todos sus ministros, como al secular y todos sus magistrados..."[584].

Al despuntar el siglo XIX, volvía a recomendarse a los jueces superiores ese buen trato al indígena, en capítulo de las ordenanzas de Audiencias para Caracas de 1805, que tenía su remoto origen en las mismas Leyes Nuevas de 1542 (Cap. 20)[585], referida a las obligaciones que se imponían a las Audiencias indianas. De esta manera la norma en pro de los indígenas atravesaba incólume casi cuatro siglos, en decir todo el período del gobierno español sobre América. Se decía en 1805: "Que la Audiencia tenga cuidado del buen tratamiento de los Indios y brevedad de sus pleitos. Porque *una de las cosas más principales en que la Audiencia ha de servirnos* es *tener muy especial cuidado del buen tratamiento de los Indios y su conservación*; mandamos que se informe siempre de los excesos y malos tratamientos que le son o fueren hechos por los Gobernadores o personas particulares, y como han guardado las leyes, ordenanzas e instrucciones que les han sido dadas, y que para el buen tratamiento de ellos están fechas, y en lo que se hubiere excedido y excediere, tenga cuidado de lo remediar, castigando a los culpados por todo rigor conforme a Justicia y no den lugar que en los pleitos entre Indios, o con ellos, se hagan procesos

583. AHN, Consejos, Leg. 21461, copia en el expediente sobre pulques.
584. *Discursos*, p. 31.
585. J. Sánchez Arcilla, op. cit., p. 107.

ordinarios, ni haya dilaciones como suele acontecer por la malicia de algunos abogados y procuradores, sino que sumariamente sean determinados guardando sus usos y costumbres no siendo claramente injusto, y que tenga la Audiencia cuidado que así se guarde por los otros jueces inferiores"[586].

Son tres ejemplos claros, entre miles de los existentes, que denotan la permanente preocupación de la Corona por proteger a los naturales y poner en cabeza de los principales magistrados de América, es decir virreyes y jueces, esa protección. Desde el mismo momento en que se organiza el gobierno de lo que sería el inmenso imperio ultramarino de la Monarquía Católica, se ocuparon los reyes del tema del habitante americano y una frondosa legislación tuitiva fue volcándose sobre ellos.

Por ello, en el modelo de juez, que debía administrar justicia en el *Novus Orbis*, no podía omitirse esta exigencia, es decir su buena disposición y su trato benévolo hacia los indígenas americanos, los nuevos rústicos y miserables personas, que habitaban en las Indias españolas, que no pocas diferencias se advertirían con aquellos del medioevo a los que protegía el derecho común.

Una de las obligaciones más señaladas al juez indiano —en especial a los ministros de las Audiencias— fue la de velar por su trato paternal, poner especial empeño en que se cumpliese la abundante legislación que llegaba desde la Corona para su beneficio, o bien que se elaboraba en el mismo territorio americano, o que surgía de las costumbres, aún las indígenas siempre que lo normado por ellas no fuese "manifiestamente injusto", como se decía en las ordenanzas para la Audiencia de Caracas de 1805, y había venido repitiéndose en prácticamente todas las ordenanzas de Audiencias anteriores. Costumbres indígenas precolombinas que desde bien temprano se ordenó se las mantuviera vigentes siempre que no se opusiesen ni a la religión ni al derecho castellano-indiano, es decir "las buenas costumbres" de los naturales (Real Cédula de 2 de agosto de 1555; *Cedulario de Encinas*, tº IVº, fº 355/356, RI:II, i, 4 y Capítulos de Gobernadores y Corregidores, nº 8, 12. VII. 1530, *Cedulario de Puga*, fº 53/56vto., RI:V, ii, 22).

En Indias, a las obligaciones que era natural exigir de un juez castellano, para que sus sentencias fuesen justas, se sumaba esta otra específica y fundamental. No se podía ser *iudex perfectus* en Indias si el magistrado no cumplía con este requisito, de tratar con bondad y generosidad de espíritu a los naturales, a quienes les administraría una justicia rápida y eficaz, defendiéndolos aún de sí mismos, de sus caciques y mandones y especialmente de los poderosos de la tierra, que no cejarían en abusar de ellos. Anotemos pues este nuevo perfil al catálogo que conformaba el modelo del perfecto juez en América.

En consecuencia de todo ello, en los memoriales que autoridades, religiosos y particulares dirigían al Trono se denunciaban especialmente esas faltas, a la vez que se de-

586. J. Sánchez Arcilla, p. 418 (La cursiva es mía).

mandaba la corrección del olvido del deber asumido por la Corona y delegado a sus servidores, especialmente a los ministros de las Audiencias de América, que representaban al rey al administrar justicia. El cumplimiento de ese deber hacia los naturales hacía al descargo de la conciencia real, estrechamente comprometida desde el día mismo en que se descubrió América y los reyes de Castilla la incorporaron a su Corona, con licencia papal.

A los indios se le asignaba, como a menores de edad, un Protector General de Naturales, aplicando la ya recordada ley recopilada (VI, i, 1ª, que aludía a una norma de Felipe II de 24. XII. 1580), hasta que por Real Cédula de 11 de marzo de 1751 se encomendó la defensa a los Fiscales de las Audiencias, sin por ello cobrar sueldo alguno[587.] Solórzano se refiere a esos primeros Protectores, sin título de letrados y a los inconvenientes que traían aparejados, puestos de manifiesto ante la Corona en varias ocasiones. Pero sostiene que cuando eso escribía (1647) ya se habían puesto protectores letrados y con garnacha, títulos de Fiscales y otros honores y privilegios en todas las Audiencias del Perú, "quiera Dios cumplan bien su oficio". Era también especialmente encargada la defensa de estos naturales al propio Consejo de Indias y a todos los tribunales inferiores, comenzando por las Audiencias y concluyendo con los tribunales de primera instancia, conformándose para estos primitivos habitantes del Nuevo Mundo un especial modo de protección.

Solórzano, como no podía ser menos, se ocupa largamente del tema de los indios, sus derechos, deberes y privilegios, a cuya condición y cuidado dedica en especial los capítulos XXXVIII y XXIX, además de referirse a ellos en toda su obra[588.]

La obligación agregada a los Fiscales de proteger a los naturales y aún representarlos en justicia, salvo si pleitearan con el Fisco, se debía a que estos funcionarios, que procuraban la defensa de los intereses de la Corona, no dejaban de hacerlo al defender a los indios, pues "nuestros piadosos Reyes y Señores han juzgado que las causas de los indios, como tan abatidos y miserables, son propias suyas"[589].

Además de las numerosas normas contenidas en las Leyes Nuevas de 1542/1543, las Ordenanzas de Audiencias de 1563, 1565, 1568, 1572 y 1583, se ocupaban de los naturales, ya sea recomendando en general su protección[590], o fijando normas precisas

---

587. Ver nota puesta a dicha ley en la edición de la Recopilación de 1680 de Ignacio Boix, Madrid, 1841 (Forman parte de la "Glosa de Salas" aumentada con otras notas hasta 1819: C. García-Gallo, *Las notas a la Recopilación de Leyes de Indias, de Salas, Martínez de Rozas y Boix*. Estudio, Edición e Indices, Madrid, Ediciones de Cultura Hispánica del Centro Iberomericano de Cooperación, 1979.

588. Ver *Política Indiana,* V, iii, nº 17; II, xviii, nº 52. El capítulo XXVIII se titula *Que los indios son y deben ser contados entre las personas que el derecho llama "miserables" y de qué privilegios temporales gocen por esta causa, y de sus protectores*; el XXIX lleva por título *De los privilegios y gracias que a los indios, por miserables recien convertidos, les están concedidas en las causas, y materias espirituales.*

589. *Política Indiana*, V, vi, nº 27.

590. Ordenanzas Generales de 1563, 1565, 1568, 1572 y 1583 (cap. 70), Sánchez Arcilla, op. cit., p. 204 y siguientes. Las demás citas de ordenanzas han sido tomadas de esta obra.

para serles aplicadas en juicio. Se debía evitar que en sus pleitos, entre ellos o con españoles, "no hagan procesos ordinarios, ni haya largas, sino que sumariamente sean determinados guardando sus usos y costumbres, no siendo claramente injustos" y se cuide que tampoco ello ocurra con los jueces inferiores[591]; para lo cual se autorizaba a los naturales a presentar sus demandas directamente ante la Real Audiencia del distrito en que habitaren[592]; se fijaban días y horarios para oír sus pleitos y se daban instrucciones precisas para visitas de oidores a la tierra y a la cárcel, relacionadas con el indígena, indicando las facultades que podían usarse en esas visitas[593]. Si se precisaba en general a los Fiscales que vigilaran el cumplimiento de las leyes del reino, se acentuaba esa vigilancia con relación a las que se referían a los indios, "mayormente las [leyes] que tocan a la instrucción y conversión, buen tratamiento y conservación de los indios"[594]; se instruía a esos funcionarios para "favorecer a los indios pobres en los pleitos que trataren y mirar por ellos para que no sean apremiados, maltratados ni reciban agravio conforme a lo proveído y mandado por nuestras leyes y ordenanzas"[595]. Con parecidos términos se trataban las causas de indios en las ordenanzas posteriores a las ya citadas, es decir en las de 1596, 1609, 1661 y 1786. Con variantes que no alteran su sustancia puede verse esa normativa en las llamadas "Ordenanzas de Palafox" para México de 1642/1646, en las de Cuzco de 1789 y en las de Caracas de 1805[596].

Por tanto, era grave denuncia la del fraile Rodrigo de la Cruz dirigida al Emperador desde Ahuacatlán en Nueva España, el 4 de mayo de 1550: "La Audiencia que V.M. tiene aquí ayuda poco a los indios; antes los más de los oidores son contra los indios y muy apasionados, y holgaría que V.M. enviase persona que informase mejor a V.M., porque en verdad que pasan abominaciones, y si el pobre fraile habla, dicen que quiere ser gobernador, que este es el común vocablo de los españoles. No ha mucho hablé a dos oidores que V.M. tiene en esta tierra sobre los agravios que los indios padecían y me quisieron comer vivo y hundir a voces. Y gloria a Dios que no por esto desmayaré si V.M. no me manda que deje a los indios". Se extiende el sacerdote en detallar los vejámenes que sufren y la disminución de indios, que desaparecerán si no se les mejora el trato que le dan los españoles[597].

---

591. Ordenanzas citadas, Cap. 71.
592. Ordenanzas citadas, Cap. 74.
593. Ordenanzas citadas, Cap. 77 y 78.
594. Ordenanzas citadas, Cap. 79.
595. Ordenanzas citadas, Cap. 81.
596. Ver J. Sánchez Arcilla, op. cit., p. 268-271, 328-386, 406, 411, 441. Sobre las "Ordenazas de Palafox" ver Ismaél Sánchez Bella, *Derecho Indiano. Estudios,* vol I, "Odenanzas para los Tribunales de México del Visitador Palafox (1646), p. 313-357 y vol. II, "Hallazgo de la "Recopilación de Indias" de León Pinelo" p. 3-62, Pamplona, Ediciones Universidad de Navarra S. A., 1991.
597. Carta de Fray Rodrigo de la Cruz al Emperador Carlos V, Ahuacatlán, 4. V. 1550; en Cuevas, Documentos... cit, p. 157.

Uno de los abusos más repudiables era la "mala codicia" de los jueces sobre los bienes de los indios y sobre su trabajo, adquiriéndoles los primeros a precio vil, o quitándoselos derechamente, u obligándoles a adquirir cosas a precios excesivos (los "repartimiento de tan mala fama". No se les pagaba el trabajo según lo convenido y en ocasiones sin ninguno, siempre con gran prepotencia sobre esos pobres infelices. Para ello se valían los oidores de su autoridad.

Ya vimos en páginas anteriores la multitud de cargos contra oidores por la posesión de tierras arrebatadas a los indios o adquiridas a precios irrisorios, como tambien valerse de ellos para sus trabajos y grangerías.

Derogada la servidumbre y los servicios personales del indígena por las Leyes Nuevas de 1512, es reiterada su vigencia una R.C. de 16. V. 1536, que insiste en ello y una vez más por una nueva Real Cédula de 22 de febrero de 1549: "Vos mando que luego que esta veáis, con todo cuidado y diligencia os informéis y sepáis en qué pueblos de esa Nueva España se dan servicios personales de indios para echar a las minas, y por sus casas u otros servicios e obras, proveréis como de aquí adelante no se den por vía de tasación o permutación, aunque sea de voluntad de los caciques e indios de tales pueblos" (se refiere a la conmutación del pago de tributo por el cumplimiento de esos trabajos). Especifica que no podrán utilizarse los indios como cargadores, salvo en caso de necesidad, moderando las cargas, que solo llevarán por breve tiempo y corta distancia. El trabajo del indio debe ser voluntario y remunerado.

Este tema está vinculado con la imposición de trabajos personales a los indios como sanción, prohibida por Real Cédula de 1552, pero ante la oposición de Audiencia y Oficiales Reales, que alegaban que otras penas serían más perjudiciales para la economía y para los mismos indios, se permitió imponerla bajo la vigilancia de la Audiencia, pues debían ser por tiempo determinado y en condiciones especiales[598].

Por Real Cédula de 12 de julio de 1530[599] se prohibía a los oidores tener encomiendas ni indios de servicio por los inconvenientes que ello traía aparejado, advirtiéndoles no tenerlos por interpósita persona, estándoles prohibido repartir indios a parientes, criados o deudos. Ante la queja de los oidores por la falta de recursos con qué pagar servidores, si no podían valerse de indios de servicio, la Corona les aumenta el sueldo a 600. 000 maravedíes anuales[600].

A pesar de todo ello, tantos eran los oidores que tenían indios a su servicio y en tal cantidad, transcurridos diez años de la prohibición, que el visitador Jerónimo de Valderrama cree que el monarca lo sabe y por ello nada hará a pesar de haberlo comprobado hasta recibir instrucción especial, en carta que citamos páginas atrás[601]. Creo que eran

598. Arregui Zamorano, p. 240.
599. *Cedulario de Encinas*, Capítulo de la instrucción a la Audiencia de México, tº IIº, fº 231.
600. Arregui Zamorano, p. 241.
601. Carta al rey de 24. II. 1564; Arregui Zamorano, 243.

otras las razones que hacían vacilar al señor Valderrama en el cumplimiento de sus obligaciones, pues él mismo recibe culpa grave del Consejo por traer presos y aherrojados a los indios por las calles. También por haber dado indios en servicio personal a sus acreedores por mucho más tiempo del debido, haberse valido de su trabajo en provecho propio, pagándoles escaso salario a unos y sin pagarles nada o irrisoriamente a otros. Hizo arreglar la plaza de toros con 400 indios, sin paga, para festejar el bautizo de su hija. A veinte indios a quienes mandó pintar su casa, como se negaron por el precio ofrecido, los metió en la cárcel, hasta que aceptaron hacerlo sin cobrar nada. En una visita a la tierra pagó a los indios por comida y otras cosas 25 pesos, lo que en verdad valía 175, haciéndoles decir por el intérprete que lo daban al Emperador que les devolvería mucho más.

El visitador Moya de Contreras pone cargo al oidor Robles por atormentar cruelmente a varios indios, con amenazas de morir en el tormento, hasta lograr confesiones forzadas por el asesinato de un matrimonio español y secuestro de sus hijos. Cuando el Capitan Juan Mena encontró a los hijos secuestrados en una ranchería de otros indígenas, chichimecas, que eran los que en realidad habían matado a los padres y se quedaron con los hijos, escribió al oidor sobre lo ocurrido y que los culpables no eran indios pamíes sino guachichiles. Pero el oidor ya había resuelto el caso y no quería volver sobre un asunto cerrado. Pretextando que los torturados habían confesado le dijo a Mena "hiciese de manera que no pareciese" lo averiguado. Acusado ante el visitador, el Consejo lo condenó a 4 años de suspensión y el pago de 400 pesos de mina[602].

Dice Pilar Arregui Zamorano que la multitud de cargos de abusos y aprovechamiento de los indios en México con complicidad de quienes estaban para defenderlos durante los siglos XVI y XVII es abrumadora[603].

También Garriga, en su trabajo varias veces citado, recoge algunos de esos atropellos, como el ocurrido en el México de 1645, con el oidor Juan Alvarez Serrano, que lleva asuntos comerciales con su hermano quien presiona a un indio cuyo caudal no pasa de cincuenta pesos a comprar dos mulas a precio exorbitante y cuando el indio va a quejarse a la Audiencia, encuentra que el oidor es hermano del que le vendió las mulas[604].

Pero no solo en México ocurren estos abusos contra los indios. El oidor Licenciado Monzón de Lima, se dirige a la Corona el 4 de diciembre de 1562 para denunciar el incumplimiento de las normas de S.M. y la desobediencia de los mandamientos de la Audiencia, lo que provoca la desgracia de los pobres indios: "... y con no haber sido cumplidas las leyes de V.M. y sus mandamientos guardados, los miserables indios han sido y son más afligidos y vejados que jamás en tiempo de revoluciones y conquistas lo

602. Arregui Zamorano, p. 250.
603. Arregui Zamorano, p. 250-253, 255-256.
604. C. Garriga, "La visita...", cit., p. 15-16, nota 79.

fueron, y más mal adoctrinados con el mal ejemplo que han recibido y la poca autoridad que han tenido los ministros de la Iglesia de quienes habían de recibir doctrina"[605].

El rey se entera del general mal trato dado a los indios de México por varios conductos, uno es el informe de uno de sus visitadores. Ante la pregunta del rey de cómo los jueces y ministros no remedian la situación castigando a los españoles que abusan de tal manera de los indios, a pesar de las normas dictadas en su salvaguarda, responde el visitador Diego de Landeras, que los peores tratos que reciben los indios son de los jueces y con su favor se aprovechan los españoles, pagando dinero a los jueces, como si estos fuesen amos y señores de los indios y sus trabajos. De la investigación del visitador surgía que muchos de los ministros le dijeron que era uso introducido en esas tierras antes de que ellos llegaran, pues los salarios que reciben son tan bajos que en "el tiempo que duren sus oficios se han de sustentar como menos mal pudieren"[606].

Los ministros de todas clases caían como "banda de langostas" (según la dramática expresión del visitador) a alimentarse de los pobres indios. En otra carta Landeras le dice al monarca que una de las cosas que más daños e inconvenientes causa a los indios es "la muchedumbre de jueces y sus ministros" que son tantos que aún cuando se repartieran entre cuatro reinos como éste, "fueran muchos de ellos superfluos y aún perjudiciales al bueno y justo gobierno". Los virreyes con tal de tener puestos que dar a sus parientes y amigos multiplican los cargos, "como langostas que destruyen la tierra". Todos se enriquecen a costa de los indios, "chupan la sangre de los miserables indios por mil caminos y los acaban con sus molestias y vejaciones por no llamarlas maldades inhumanas". Ruega que intervenga S.M. y desde ya se reduzca el número de jueces con competencia sobre los indios[607].

Fuera de la ciudad la situación del indígena era peor, solo recibian la visita del encomendero, único personaje español que mandaba sobre ellos, a quien tenían por su rey. El visitador Tello de Sandoval informa que no hay justicia fuera de las veinte o veinticinco leguas que rodean a la ciudad de México, hasta donde llega la autoridad de virrey y Audiencia. Más allá de ese territorio todo es confusión, "ni los indios se saben quejar ni a quien, ni el remedio que tienen" y existen lugares donde los indios tienen por reyes a los encomenderos y señores de los pueblos y no conocen su verdadero rey[608].

Por lo demás en los pleitos que pudieran tener los indios contra españoles, los primeros debían vencer además de las dificultades propias de todo asunto judicial, el ánimo de los oidores, siempre inclinados a favorecer a los de su propio origen, y no ya por afinidades sociales, sino porque serían los europeos y no los indios los mejores testigos

605. La carta en Levillier, *Audiencia de Lima,* p. 274-275.
606. Carta del visitador Landeras al rey, 7. IX. 1606, en Arregui Zamorano, p. 254.
607. Carta de Landeras al rey, 7. V. 1607, en Arregui Zamorano, p. 254.
608. Carta de Tello de Sandoval al Príncipe Felipe, 9. IX. 1545, en Arregui Zamorano, p. 240.

de su futuros juicios de residencia. Así se expresaba el oidor de Nueva Galicia Lebrón de Quiñones en carta a la Corte que ya hemos citado[609].

En su visita a la tierra, Lebrón de Quiñones había comprobado que los oidores de México tenían amistades e intereses económicos a lo largo de las provincias, lo que los hacía poco propensos a administrar justicia imparcialmente y hacer cumplir las leyes, especialmente las referidas a los indios. Esas leyes no eran obedecidas "porque los oidores no lo desean". Pedía se pusiese remedio y se designase un presidente que controlase a los oidores[610].

Según la opinión del oidor Mercado de Peñaloza, si aún en España no era fácil a los vasallos humildes alcanzar la justicia de S.M., cuánto más a los indios de América, cuya apatía y timidez eran notorias. Así se expresaba en ocasión de tener que informar acerca de la perpetuidad de las encomiendas: "Una cosa me parece, salvo vuestro Real parecer, que la perpetuidad no la debe V.M. dar con jurisdicción ni civil ni criminal porque como V.M. tiene entendido estos naturales son de tan bajo juicio y tan tímidos a todos especialmente a sus encomenderos que [estando sus encomenderos] sin jurisdicción no tienen más voluntad que la de sus amos, cuánto más si tienen sobre ellos jurisdicción, que aún en España do tiene V.M. tan plantada la justicia y la gente es tan entendida, aún los vasallos son oprimidos y no se osan quejar de los agravios que de los señores reciben porque por un agravio que se remedia por los superiores les hacen ciento de nuevo los señores y los dejan perdidos porque se quejan de ellos, con cuanto mayor facilidad lo harán con estos pobres naturales sus encomenderos si V.M. con la perpetuidad les da la jurisdicción...."[611].

Los franciscanos de Nueva España no cejaron en sus denuncias al rey por el maltrato que oidores y otros ministros daban a los naturales, lo que a su juicio tenían mejor justicia antes de la llegada de los españoles. Se ocuparon de elevar a la Corte un dolorido memorial que presentaban los indígenas de México, que sin duda habían preparado los frailes: "Porque en tiempos de nuestra infidelidad usábamos muy pocas veces del pleito, y con brevedad se despachaban los negocios de las partes y sin hacer alguna costa, agora que somos ya tornados cristianos tenemos muchos pleitos, así con nuestros naturales como con españoles, en que gastamos lo poco que tenemos, y a veces las vidas y las almas; y como acaece tener pleito por cosas que apenas valen diez y gastar ciento en ello, y estar un año y dos primero que se concluya, viendo esto, muchos de los naturales dejan perder sus haciendas por la excesiva costa que la justicia española les lle-

---

609. Carta del Lic. Lorenzo Lebrón de Quiñones, Pueblo de Tlaximaroa, provincia de Michoacan de Nueva España, 10. IX. 1554, en Paso y Troncoso, t° VII, p. 223-250.

610. Lebrón de Quiñones al rey, Tlaximoroa, Michoacán, 10. IX. 1554, en Parry, p. 122.

611. Parecer del oidor Mercado de Peñalosa desde Lima a S.M. sobre la perpetuidad de las encomiendas (el 25. II. 1558) en Levillier, *Audiencia de Lima,* p. 199-200.

van: por tanto suplicamos a S.M. sea servido de proveer que sumariamente se concluyen y determinen nuestros pleitos y causas, ansí civiles como criminales, atento que somos pobres e ignorantes"[612].

En realidad surgía de las denuncias de los frailes, que elevaban por otro lado a su superior, que quienes más se aprovechaban de los indios eran aquellos magistrados puestos para administrarles justicia, "que los tienen comunmente más afligidos y desollados que por otros ningunos, que no parece sino que las varas de justicia y cargos reales se les dan solamente para que roben a diestro y a siniestro, que es lo que ellos llaman aprovecharse ... haciendo cuenta que para enriquecerse pasaron de España a estas tierras, y no para mirar por sus prójimos ...". La justicia en estas tierras solo se ocupa de "que los indios, yendo (como van) de cada día a menos, sean compelidos en cárceles y azotes a que sirvan por fuerza a todos los españoles, mestizos y mulatos de esta tierra (que van ya en mucho multiplico), y a cuantos vinieren de España... "[613].

Fray Gerónimo Mendieta se dirige en otra carta al Virrey Luis de Velasco para insistir en la condena de los servicios personales que se imponían a los indios en Nueva España, pero no deja pasar la oportunidad de atacar la justicia que se les administra, de donde resulta comprometido un hermano de uno de los oidores de la Audiencia. "Y qué moderación es —dice Mendieta— que al indio lo compelan salir de su casa y fuera de su provincia diez y veinte leguas para servir a quien no debe nada, dejando el hijo o la mujer enferma, y su casilla y labor perdidas, que los hemos visto de desesperados y afligidos darles el mal de la muerte y hallarlos muertos en los caminos.... En lo particular de este pueblo y provincia de Xuchimilco, la causa de que por mucho padecen los naturales es porque un fulano Farfán que hizo la última cuenta [del tributo que debían pagar los indios mayores de edad], como tenía pariente oidor, no hubo quien le fuese a la mano y cargola mucho sobre los indios, contando muchachos y muchachas y juntose a esto que ... le envió Nuestro Señor pestilencias en que murieron muchos y ahora se hallan con mil seiscientos indios menos". Además ello significó perder la caja de comunidad "porque ellos han suplido el tributo de dinero y maíz que montan estos que faltan..." Por lo tanto recomienda al virrey que atienda el pedido de reempadronamiento que le harán los naturales[614].

La exigencia de que los jueces, salvo casos de excepción, juzgasen los pleitos *secundum allegata et probata,* se oponía a la justicia breve y sin mayor substanciación, es decir

612. "Memorial de las cosas en que los indios principales y naturales de la Ciudad de México pedimos y suplicamos a Su Majestad del Rey Don Felipe, nuestro Señor, sea servido de mandarnos desagraviar", México, 9. 3. 1574", *Codice Mendieta,* tº 1º, p. 185-186.

613. Carta para el Rey Don Felipe, Nuestro Señor, acerca de la necesidad que hay de enmendar el gobierno de la Nueva España. Fray Hierónimo de Mendieta, Tepeacac, 24. V. 1589; *Codice Mendieta,* tº 2º, p. 78-79 y 82.

614. Carta de Mendieta al virrey Velasco, Xuchimilco, 4. VIII. 1592. en *Codice Mendieta,* tº 2, p. 120-122.

sin las formas lentas y trabajosas del proceso romano canónico, que debía administrarse a los indígenas, conforme lo indicaban las leyes sancionadas en su beneficio, a las que, como hemos visto, se referían las Ordenanzas de Audiencias y las mismas instrucciones a los virreyes.

En suma eran los pleitos de indios el específico supuesto de excepción al que se refería el *ordo iudiciario,* para que estos asuntos se substanciaran sumaria y rápidamente.

Los frailes de Nueva España se ocupan de señalar los inconvenientes que resulta de la largueza de los pleitos de indios y desde ese vértice, la mala justicia que les administra la Audiencia de México, que en vez de ordenar y orientar el deseo de pleitear, que se ha hecho irresistible en los indios, separando lo que corresponde de lo que no, más bien lo fomenta.

En carta a su superior en México el ya citado Padre Mendieta, desde su convento de Toluca, le informa: "Si decís al oidor que cómo se da lugar en la Audiencia a que se armen cada día tantos pleitos sin fundamento, pudiéndose atajar sin perjuicio, antes en provecho de las partes, y a que gasten sin provecho tantos dineros y perjuren tantos testigos y a que se hagan tales o tales cosas por esta causa, que claramente son en ofensa de Dios", contestará insensiblemente que V.M. le manda oír a todos los indios con cualquier caso y contra cualquier persona y que sentencie por sus leyes *secundum allegata et probata.*

Los oidores unidos todos a uno hacen lo que quieren, es la voz corriente en México y ello que ya es grave entre españoles es especialmente grave con respecto a los indios. Es "aviso infernal de nahuatlatos [intérpretes] y procuradores, cada día y cada hora referido a los indios"[615]. Para Mendieta lo "principal que conviene al asiento y orden de la Real Audiencia, porque es verdad (*coram Deo*) que es tanto el desorden y tantos los males que de ello se siguen, que yo tuviera por más seguro para la conciencia de S.M. dejar estos naturales *penitus* sin justicia ni hombre que la administrara, que habérsela dado de la arte y manera que ahora la tienen; y no digo nada en decir esto que digo, porque se está de *per sé*... Porque en tiempo de su infidelidad ni supieron qué cosa era letrado, ni escribano, ni procurador, ni qué cosa eran pleitos, ni gastar en ellos sus haciendas y ánimas; y ahora con darles la ocasión en las manos, y ser ellos de su natural bulliciosos, amigos de novedades y de hacerse mal unos a otros, hanse recostado tanto a los pleitos, que no se hallan sin ellos, antes sin ninguna ocasión ni fundamento los mueven siempre los más perdidos y bellacos del pueblo ....; que no parece otra cosa el ejercicio y tráfago de la Audiencia de Nueva España, sino imagen y figura del mismo infierno, porque el fundamento y motivo de cuantos negocios allí entran los indios no pesan un cabello"[616].

615. Ver nota 181.

616. Carta del Padre Fray Juan Jerónimo de Mendieta al Padre Fray Francisco de Bustamante, Comisario General de estas Indias en San Francisco de México. Monasterio de Toluca, 1°. I. 1562. En *Documentos para la Historia de México,* p. 530-531.

El virrey Toledo informa a Felipe II sobre el estado en que encontró el Perú al hacerse cargo de sus funciones. Con relación a la justicia, dice al rey que sólo se la ejecuta contra los pobres y especialmente contra los indios, especulando los españoles que a ellos no se los persiga pues peligra la sujeción a España de ese Reino. Los términos son elocuentes. "La justicia real [que en el Perú estaba encabezada por la Real Audiencia de Lima], como muchas veces escribí a S.M. hallé poco temida y respetada y con falta de ejecución, porque al rico y poderoso le parecía que para él no habría de haberla, ni al pobre si se topaba con alguno de estos que podía alcanzarla, y a todos en general y aún a los ministros de ella, les parecía que si se apretaba en la ejecución que era aventurar a que se levantase la tierra que estaba acostumbrada a libertad y exenciones y que *la justicia en ella se había de echar con hisopo como agua bendita*, y si algunas veces se ejecutaba entre los españoles, *los indios padecían primero que pudiesen alcanzarla y osaban pocas veces pedirla*". Sigue informando que ha reformado las cosas y ahora no hay indio pobre o desventurado que no se atreva a pedir justicia contra españoles, doctrineros y sus mismos encomenderos, o sus caciques "y la alcanzan y salen con ella". Solicita a S.M. "sea servido de favorecer y alentar a sus ejecutores buenos que hubiere, porque la naturaleza de la tierra es de manera que en viendo en estos remisión o blandura han de pretender volver el agua a su corriente"[617].

Evidentemente los indios no eran bien tratados en sus demandas de justicia, pues el Virrey Martín Enríquez los pone como ejemplo de desprotección en un informe a S.M. acerca de haber arreglado la administración de justicia en el Perú, a punto tal que ahora puede pedirla hasta "el zapatero, como el más principal, [que] está tan sujeto a ella como el indio"[618].

Sin embargo no quedó "arreglada" la administración de justicia en el virreinato del Perú, al menos con relación a los indios. Así lo declara el virrey Conde de Chinchón en 1640, en la memoria de su gobierno dejada a su sucesor Mancera. Al referirse a los indios le expresa que "con los naturales, por quienes he hecho lo que he podido y ha sido menos para lo que deseara y lo que han menester. Son muchos a comer de su sudor o de su sangre, o a querer enriquecer de lo uno y de lo otro, y halla V.E. pocos a su lado que los defiendan; deben tener su amparo por ser cosa que por tan antiguas y continuadas órdenes se nos ha encargado ... porque verdaderamente nadie puede negar que de su conservación y alivio dependen la riqueza y consistencia de estas provincias... " Para ello ha efectuado repetidas recomendaciones a los fiscales, que también son sus defensores y al protector general y a los abogados y procuradores que tienen "y en algunas

617. Memorial del Virrey Toledo a S.M. sobre el estado que dejó las cosas después de haber sido virrey desde 1569(s/f., circa 1581-1582), en Hanke, BAE, p. 132-133; y en Beltrán y Rozpide, p. 77-78 (La cursiva me pertenece).

618. Enríquez a S.M., 17. II. 1583, en Hanke, BAE, p. 182.

ocasiones los he juntado para eso", también lo ha hecho "en los acuerdos de oidores y alcaldes"[619].

Tampoco en Nueva España la justicia era igual para todos. Así lo decía en 1622 el virrey Conde de Priego al rey: "En lo que toca a materia de justicia aseguro a V.M. que han sido bien grandes las exclamaciones, quejas y agravios que de todo género de estados me han presentado. Particularmente los pobres que, por lo general, son los que más afligidos han estado porque sus causas no tenían fin tocando a persona poderosa o que tuviese independencia de otra. Hase ido reparando esto con todo cuidado posible, procurando que se les guarde con igualdad sin contemplación de nadie y hoy queda muy reparado ... " El informe no se refiere expresamente a los indios, pero va de suyo que están comprendidos en la exposición de Priego al rey[620].

Cuando se instaló la Audiencia de Nueva Galicia el Obispo Pedro Gómez Maraver, informaba al rey el 12 de diciembre de 1550 que los oidores han causado agravio a los habitantes, que no quieren llevar sus pleitos ante ellos, "por los grandes inconvenientes que tienen y así de su venida no ha venido provecho alguno a este reino, antes grandes trabajos, inquietudes y desasosiegos y se va despoblando por ser jueces apasionados y sin experiencia..."[621].

La actuación del oidor Marcha afectaba especialmente a los indios. Así lo informaron los frailes franciscanos a S.M., pidiendo se designe fiscal en la Audiencia para mayor control de los oidores. "Si algún oidor de sus compañeros, viendo los agravios tan manifiestos [que reciben los indios], quiere hacer justicia, muchas veces es impedido de este licenciado de la Marcha, y es tan parcial y favorece tanto a los españoles que para pedir cosas que son en agravio y vejación de los indios, aguardan a que el licenciado de la Marcha tenga la semana de proveer"[622]. Sin embargo los españoles europeos de Nueva España (Marcha se había casado con la hija de uno de ellos) lo tenían como un juez modelo, "juez sobrio, que sirvió al rey diez o veinte años en Nueva Galicia y más de treinta en España y fue además una persona sobresaliente en Nueva España, un caballero bien relacionado y verdaderamente respetado por todos"[623], lo que parece confirmar la denuncia de los frailes.

Francisco Seijas y Lobera, de quien hemos tomado ya algunas referencias sobre el estado de las Indias a comienzos del XVIII, informa que los indios eran maltratados y carecían de justicia en Nueva España, por connivencia entre los ministros que debían

619. Relación del estado en que el Conde de Chinchón deja el gobierno del Perú al Marqués de Mancera, 26. I. 1640, en Hanke, BAE, 1978, p. 55 y 59.
620. El virrey de México, Conde de Priego al rey, 26. II. 1622; en P. Antonio Vázquez de Espinosa, *Descripción de la Nueva España en el siglo XVII*, por el (...), México, Ed. Patria, 1944, p. 215.
621. El Obispo Pedro Gómez Maraver al rey, 12. XII. 1550; en Parry, p. 94.
622. Carta de los frailes de San Francisco al rey, 8. V. 1552; Parry, p. 116.
623. Parry, p. 131.

administrarla y los principales del virreinato: "Y en la atención que en la Nueva España y particularmente en la Real Sala del Crimen de México se ha introducido contra Dios y contra la justicia una crueldad muy tirana contra los indios y contra los demás pobres vasallos de diferentes castas y generaciones, que nosotros los españoles llamamos de color quebrado, a quienes la dicha Real Sala y los demás gobernadores y jueces condenan sin razón y con leves causas a obrajes para que trabajen en ellos y en otros oficios, respecto de ser este un medio injusto con que los reducen a mayor miseria que la esclavitud de galeras, por sólo el útil de que los dueños de los dichos obrajes con los dichos ministros y jueces por los regalos o donativos que les dan los obrajes".

Debe el rey terminar con estos abusos, dice Seijas, pues solo sirven para enriquecer a los dueños de obrajes y a los jueces de la Sala del Crimen. Sostiene que les pagan en los obrajes a cada reo 18 pesos y otro tanto se aplica a los jueces por lo que llaman gastos de justicia, de manera que pagando los dueños de obrajes los 18 pesos por cada año de la pena, se los llevan y los explotan día y noche[624].

Digamos por fin que la preocupación de la Monarquía para que el indio accediese a un juicio justo, empeño bien difícil según se ha visto, le llevó a arbitrar numerosas medidas, de algunas de las cuales ya hemos hablado, como por ejemplo la excepcional de permitir a los naturales hacer sus presentaciones y llevar sus quejas derechamente a la Audiencia sin instancias previas, usar del procedimiento sumario, valerse del auxilio, representación y defensa de sus intereses por medio de funcionarios dedicados a ello en todas las instancias y tribunales y aún requerir la asistencia de los Fiscales de la Corona, encomendar al virrey una intervención decisiva en sus pleitos y problemas, generalmente de "policía", a fin de hallarles solución inmediata.

Una de las medidas más importantes, que no podemos omitir, es la creación del Juzgado General de Indios de Nueva España, establecido a partir de 1585 en ese gran virreinato, dedicado específicamente a esta justicia arbitrada por el virrey y sus delegados, del que contamos con un excelente estudio, lo que nos releva de insistir en el tema[625].

16. La vigilancia de la conducta de los magistrados. Residencias y visitas

A fin de que el "aparato judicial indiano" funcionase ajustadamente y pudiera caber en él un juez lo más cercano posible al modelo de *iudex perfectus,* que hemos venido de-

624. Seijas y Lobera, op. cit, p. 290 del Estudio.
625. Woodrow Borah, *El Juzgado General de Indios en la Nueva España* (Traducción de J.J. Utrilla), México, FCE, 1985.

lineando a través de las páginas anteriores, era necesario una constante y celosa vigilancia sobre los jueces, como que eran ellos el pivote sobre el que giraba la administración de justicia "de hombres, que no de leyes", usando una ajustada expresión habitual de nuestro colega Garriga[626]. Era pues el juez quien, usando de su propia sapiencia jurídica, su buen criterio, su prudencia, integridad y demás virtudes de todo buen magistrado, administraba justicia inter partes, es decir ejercía en nombre del príncipe su *iurisdictio.* Lo hacía con el poderoso auxilio del *arbitrium*, (también delegado y puesto en sus manos por el monarca, acorde con la doctrina del *ancien régime*). Se ha dicho que entre la *iuridictio* y el *arbitrium*, hay una conexión casí genética. Además coincidimos con Meccarelli, que es quien así opina, que el "*arbitrium* diventa arbitrio perché si pone come referente juridico dell'assolutismo político", es decir que se transforma políticamente en poder arbitrario, tal la conducta del magistrado fundada en su propia y libre voluntad[627].

De manera que dentro del marco jurídico del derecho indiano (entroncado con sus particularidades en el derecho común-derecho propio castellano) el magistrado administraba justicia con los poderes absolutos que le delegaba el monarca absoluto, a quien representaba en esa trascendente función. Por ello la administración de justicia, en la Edad Moderna, se constituyó en un engranaje más de la acción de la Monarquía. Dice González Alonso que "La organización judicial y el proceso pierden en el Antiguo Régimen la espontaneidad que les restaba y son objeto de cuidadosa y puntual reglamentación" y trae a colación el consejo del Conde Duque de Olivares a Felipe IV "Conviene infinito la vigilancia de la justicia sobre el pueblo, escarmentándolo con los castigos y atemorizándolo para que no exceda, medio que obra más en él que ninguno y acciones a que vive muy atento"[628]. La estrecha vinculación del poder absoluto y la administración de justicia, dice el autor citado, era causa en la Península de serias fisuras en la imponente organización judicial, pues "la administración diaria de dicha justicia tampoco se ajustaba con exactitud a los moldes legales. La práctica forense y penitenciaria ignoraba con frecuencia (o transformaba en argucias de la peor especie) los cau-

---

626. C. Garriga, "Los límites. . . ", cit., p. 792.

627. "Il princeps può essere considerato *lex animata*, dunque la sua capacità di atrribuire poteri arbitrari è indiscussa". Vuelvo a acudir a la obra de M. Meccarelli, *Arbitrium...*, ya cit., p. 130, 133-134, 347 y sig. La cita en p. 130, nota 3, es de C. Pellegrini, *Praxis vicariorum et omnium in utroque foro iusdicentium. Quattuor partibus comprehensa . . . authore D. Ab. Carolo Pellegrino...*, Romae, 1666 (Pars. II, praemissum III, nº19). La relación entre la administración de justicia y el poder político ha sido señalada por Benjamín González Alonso, en "La justicia", cit.., p. 378-379.

628. Para Indias el rigor de la justicia en esa tierra nueva debía exagerarse, por eso opinaba en el siglo XVI el Relator Hernando Herrera de la Audiencia de México que en ese territorio más que en otras partes, había que "poner miedo y escarmiento", y por la misma época el Virrey del Perú Conde de Nieva, sostenía que allí "es necesario que la justicia sea muy temida", ser riguroso en el castigo y no dar muestras de tibieza (J.M. Mariluz Urquijo, "El concepto de tierra nueva en la fundamentación de la pecularìedad indiana", cit., p. 389-402).

dalosos trámites ideados por los juristas, tramites que por otra parte, unían a su exquisitez formal dosis nada desdeñables de crueldad". Agrega González Alonso que después de los Reyes Católicos, siglo XV, no mereció en España mayor respeto por parte de los súbditos, por el contrario desencadenó críticas gravísimas y la animadversión popular[629].

El juez, como lo hemos dicho tantas veces, es el sujeto que habrá de dar la seguridad de que reinará en Indias una buena administración de justicia. Será él y solo él quien con su proceder podrá hacer triunfar o fracasar estrepitosamente el empeño de la Monarquía Católica Universal de lograrla. Buena y rápida administración de justicia, prometida en todo tiempo a los súbditos europeos y americanos como primera obligación de la Corona, para poder vivir en paz y justicia en el Nuevo Mundo.

Cuando Solórzano pone en lenguaje práctico la actuación del juez en el pleito, es decir cómo habrá de dictar su sentencia, de qué manera seleccionará la doctrina a aplicar, nos muestra el funcionamiento del mecanismo, siempre sometido a la decisión última del magistrado en cada caso. Podrá adoptar el juez la doctrina que lo consideran obligado a seguir las opiniones comunes y más aprobadas o probables y que pecan los que hacen lo contrario, según infinitos pareceres entre los que ubica el de Santo Tomás. Pero hay quienes, en cambio, consideran que el juez podría resolver en contra de una opinión común cuando hallase ley o razón contraria que manifiestamente lo convenciese. Por fin concluye que entre lo probable y lo común, será el juez quien decida lo más apropiado[630].

Está claro que el uso del *arbitrium* no autoriza al juez a obrar "arbitrariamente", es decir desprendido del derecho, de la práctica y de la doctrina, por el contrario el buen juez es aquel que reflexiona a la luz de esos candiles, como lo ha mostrado el oidor Benito de la Mata Linares en unos "Apuntes de pleitos y fundamentos de derecho", que dio a conocer con sustanciosos comentarios Mariluz Urquijo[631]. Pero en definitiva siempre la decisión será del magistrado, en la soledad de su conciencia.

El protagonismo del juez, depositario de tan amplias facultades, hacía que debiera estarse muy a la mira de su conducta, sobre todo en las Indias, pues en ellas la obligación a dar justicia a quienes la reclamasen, era además de la obligación natural del rey, el cumplimiento de la promesa hecha a Dios y a sus súbditos, europeos y americanos, cuando incorporó a su corona las nuevas tierras. Sería el juez con su accionar quien podría o no hacer realidad la obligación y los firmes deseos del rey de lograr un orden justo en las Indias, al que no solo aspiraba como su señor y dueño, sino que se le había

629. B. González Alonso, "La justicia", cit., p. 378-379.
630. *Política Indiana,* V, viii, 29.
631. José María Mariluz Urquijo, "La acción de sentenciar a través de los apuntes de Benito de la Mata Linares", cit.

impuesto al recibir las letras pontificas que "convalidaron" (si así puede llamarse a la concesión pontificia) su posesión del Nuevo Mundo, descubierto y por descubrir. Letras que fueron hechas valer *erga omnes* y sirvieron de base de legitimación del inmenso imperio.

La administración de justicia era la clave de la existencia misma del rey-juez medieval como del rey-juez-legislador de la Edad Moderna. En ambos casos la justicia se impartía en su nombre, era regalía de la Corona y su primera obligación.

Los monarcas echaron mano a variados recursos para informarse del comportamiento de esos jueces, integrantes fundamentales de la máquina de la Monarquía, prolongación de su poder absoluto, a fin de corregir sus excesos y mantenerlos adheridos al modelo de *iudex perfectus* que, elaborado en la Baja Edad Media, mantenía su total lozanía y se acomodaba a las necesidades del monarca absoluto de la Edad Moderna.

Las medidas de control debían estar precedidas de una buena información sobre funcionarios y magistrados indianos. Para ello los reyes cuidaron desde el primer momento de fomentar la llegada de esas noticias y mantener una fluida comunicación con sus lejanos súbditos. Tan tempranamente como el 14 de agosto de 1509 Fernando el Católico ordena que ningún oficial impida a nadie enviar información concerniente al bienestar de las Indias y en 1521 lo reitera Carlos V, insistiendo en que cuando cualquier habitante del Nuevo Mundo "nos quisiere escribir y hacer relación de todo lo que les pareciere que conviene a nuestro servicio y venir a enviar mensajeros, lo puedan hacer, sin que en ello les sea puesto embargo ni impedimento alguno directa ni indirectamente". Alcanzaba la obligación a los pilotos y navegantes que debieran traer esas personas o tales mensajes, bajo pena de perdimiento de todos sus bienes[632].

También usaron del expediente de recabar información a prelados y clérigos o personajes destacados de la administración indiana. Pero sin dejar de recurrir a estas importantes vías de información, espontáneas o requeridas, aún cuando muchas veces estuviesen teñidas de particulares intereses, utilizó el monarca las instituciones que desde antiguo habían servido al poder: visitas y residencias, y también en ocasiones pesquisas previas, para luego resolver o no el envío de visitador o de juez de residencia, o bien sancionar derechamente la violación detectada[633].

Residencias y visitas en Indias cuentan con dos obras singulares, el estudio de Mariluz Urquijo sobre residencias y los trabajos de Sánchez Bella sobre visitas[634].

---

632. Lewis Hanke, *La lucha por la justicia en la conquista de América*, cit, p. 29-30.

633. Se ha ocupado del tema vinculado con la Audiencia de Quito: Tamar Herzog, *Ritos de control, prácticas de negociación: Pesquisas, visitas y residencias y las relaciones entre Quito y Madrid (1650-1750),* Fundación Histórica Tavera, Madrid, 2000, Edición en CD (p. 5 y siguientes).

634. J.M. Mariluz Urquijo, *Ensayo sobre los juicios de residencia indianos*, cit. e Ismaél Sánchez Bella, *Derecho Indiano. Estudios. Las visitas generales en la América española (Siglos XVI-XVII)*, Pamplona, Ediciones Universidad de Navarra, 1991.

No nos adentraremos en profundizar sobre ellas, ya que bastará remitirse a los títulos mencionados y en su caso a otras investigaciones particulares sobre algunas visitas determinadas[635], en cambio abordaremos el problema de su "eficacia".

Digamos, con los autores citados, que ambas instituciones (residencias y visitas) tenían tantas similitudes como diferencias, lo que nos hace difícil distinguirlas y que la Corona ante la necesidad de tomar noticia y remediar un hecho producido en Indias, recurría a una u otra conforme a criterios no bien definidos. Sánchez Bella pone como ejemplo un caso ocurrido en 1653 en el Consejo de Indias, relativo a la Audiencia de Santo Domingo, en donde el Fiscal del Consejo propone al cuerpo que a quien se cometiere la residencia del Presidente-Gobernador, se le podría cometer la visita del Fiscal[636]. Mariluz hace un ensayo de diferenciación entre una y otra, pero reconociendo lo problemático del asunto[637]. Al objeto de este estudio resulta indiferente la posible distinción entre unas y otras, bástenos saber que a través de ellas el rey procuraba vigilar la administración indiana, sancionar a los malos jueces y funcionarios y restañar las heridas abiertas por la mala conducta de sus servidores. En especial nos interesan los casos referidos a ministros de las Audiencias indianas.

Lo que sí resulta de especial importancia, como acabo de señalar, es la eficacia de esos instrumentos de vigilancia, control y remedio, cuestión muy compleja que ha dividido las opiniones de los órganos superiores de la Monarquía, de los magistrados sujetos a ellas y —como no podía ser menos— de quienes se han ocupado de estudiarlas en nuestro tiempo. Las residencias en sí mismas fueron objeto de muy diferente proceder, con intromisiones y excesos que apoyaron en alguna ocasión su supresión[638]. La visita a su vez gozaba de sus defensores y también de un juicio negativo casi general[639].

Mariluz Urquijo recoge una variopinta opinión de la residencias, a la que me remito, y que comprende los pareceres, en especial, de virreyes, oidores y otros funcionarios sujetos a ellas, concluyendo con la desfavorable opinión que el propio Consejo sostuvo en pleno de sus tres salas en 1787, en el sentido de que las residencias, lejos de producir los efectos esperados, habían servido por lo común "de desquite e injustos odios de poderosos contra celosos ministros principalmente

---

635. Como por ejemplo los míos: "Una instrucción de visita en la Intendencia de Potosí (1785)", en *Revista de Historia del Derecho,* N° 4, Buenos Aires, 1976 y "La visita de García de León y Pizarro a la Audiencia de Quito (Aporte documental)", en *Anuario Histórico-Jurídico Ecuatoriano,* Vol. V°, Guayaquil, 1980.

636. I. Sánchez Bella, *Las visitas...*, cit., p. 11.

637. J.M. Mariluz Urquijo, *Ensayo...*, cit., p. 255 y sig.

638. Idem., p. 269-281.

639. I. Sánchez Bella, *Las visitas...,* cit., p. 129.

inferiores", y que aunque hubiera algún togado que necesitara de corrección no parecía esa razón suficiente para imponer a todos los crecidos costos que causaban. Esta condena de la institución, dice Mariluz Urquijo, sirvió para resolver la supresión de las residencias a los miembros de las Audiencias[640].

Igual ha hecho Sánchez Bella, que entre las opiniones en pro y en contra de la institución que ha recogido en los siglos XVI y XVII, destaca la del Consejo de Indias presentada al rey en 1624, en donde el cuerpo expresa que por haber enviado visitas a Indias "se han experimentado muchos inconvenientes, así para la quietud pública como por el gasto grande que causa a la Hacienda a V.M. ". En consonancia con esa opinión el Presidente del Consejo en la instrucción secreta dada al virrey del Perú, Conde de Lemos, le decía en 1666, que la visita que se hizo a la Audiencia de Santa Fé "ha tenido el mismo fin que otras visitas, excesiva costa de la Real Hacienda, ninguna enmienda de sus ministros, cisma entre los mismos naturales, dividiéndose unos a favor del visitador y otros de los visitados", mostrándose por ello el cuerpo contrario a enviar visitas a los tribunales sino a cada oidor en particular[641].

Lo cierto es que las residencias y visitas en Indias, en general, pero especialmente las referidas a oidores, fiscales y demás ministros de las Audiencias, fueron perdiendo con el transcurso del tiempo el efecto buscado, que no se si alguna vez fue logrado plenamente, entrando en una suerte de relajación que atenuó la vigilancia, empañó el rigor con que se habría debido reaccionar ante las faltas comprobadas, y diluyó su aplicación. Ello no significa afirmar que no sirvieron para nada, ni mucho menos. De ellas surgieron normas correctoras de desviaciones y abusos, hubo sentencias punitivas y fueron un instrumento más del ejercicio del poder, con los conocidos condicionamientos que ese poder se ejercía en las Indias.

No se trata aquí de seguir la opinión de los afectados, o de contradecirlos, digamos eso sí, que siempre se consideró bueno "visitar" o "residenciar" a un funcionario Real o a un organismo de la Corona, cuando más a un juez o a una Audiencia, eran medidas "populares", al decir de Mariluz Urquijo[642]. No podía ser de otra manera, pues a través de estas instituciones se sometía a proceso a altos magistrados, como eran los oidores, soberbios y vanidosos las más de las veces, para averiguar cuál había sido su comporta miento. Se sabía que de resultas de esa investigación podía quitárselo de en medio si era un juez corrupto, o bien castigarlo, o tratar de que enmendara su conducta si la entidad de sus faltas lo hacía posible.

640. J.M. Mariluz Urquijo, *Ensayo...*, cit., p. 284.
641. I. Sánchez Bella, *Las visitas..*, cit., p. 129-130.
642. J.M. Mariluz Urquijo, *Ensayo..*, cit., p. 293.

Lo que debemos analizar es si esos medios fueron "eficaces" en el sentido de si los jueces sancionados mejoraban su conducta, o si aún la misma "sombra" de visitas y residencia corregía por sí sola las conductas desviadas o alertaba para no seguirlas. Si visitas y residencias servían a la más rápida y mejor administración de justicia; si con ellas se la desembarazaba de malos elementos y corruptelas y si los jueces observaban el rumbo correcto ante la práctica de estas instituciones.

Aún aceptándolo con vacilaciones, me parece de singular relieve por parco y acerado, por supuesto que ajustado al tiempo en que se pronunció (1782) cuando ya visitas y residencias habían tenido una larga y azarosa existencia y languidecían, el del Regente de la Audiencia de México, Vicente de Herrera y Rivero[643]. Las residencias, decía el Regente, "son unos juicios de ceremonias, del que han escrito mucho los políticos y yo suscribo ... que hacen buenos a los malos y jamás mejorarán a los buenos"[644].

En cuanto a las visitas, parece bueno recordar la opinión, bastante conocida, del virrey Montesclaros sobre las visitas a las Audiencias, expuesta en 1607 al rey. Dice el Marqués que las visitas generales de las Audiencias de ese reino de la Nueva España, "así por la experiencia que tengo de la presente como por haber manejado papeles de las pasadas con alguna curiosidad y menudencia, [las] tengo por medicina peligrosa, porque de ordinario los daños que se pretenden remediar apenas los he visto suspendidos aún en el rato que duran, mejorándose tan solo la cautela y secreto en cometerlos, y sirviéndose del tiempo para estudiar esta ciencia, y ser más hábiles en ejecutarla cuando se les quita el embarazo de delante"[645].

Son dos opiniones de hombres de su tiempo que las padecieron. Pero sin insistir en apreciaciones tan rotundas en contra de visitas y residencias, avancemos a efectos de mejor formarnos un juicio sobre ellas, en orden a si lograron mejorar la administración de justicia indiana.

En primer lugar la presencia de un juez de visita o residencia, si no se trataba de un contertulio de las autoridades locales, era motivo de recelo cuando no de llano rechazo.

643. El juicio está contenido en un documento notable (que ya hemos utilizado) dirigido a "reformar" la administración de justicia del Nuevo Mundo, titulado "Nuevo plan para la mejor administración de justicia en América", redactado desde su Regencia de Guatemala y elevado a la Corte el 8 julio de 1782, que dio a conocer D.A. Brading, "Nuevo plan...", cit.

Era Herrera un brillante magistrado indiano que podía exhibir un *cursus honorum* de excepción. Nacido en Santander el 11 de noviembre de 1733, a los treinta años ya era Fiscal de la Audiencia de Santo Domingo, de esa plaza pasó a Alcalde del Crimen de México en marzo de 1770, oidor de ese mismo tribunal tres años más tarde, Regente de Guatemala en 1776 y de México en 1782. Recibió la orden de Carlos III y en 1786 se lo designó en plaza togada miembro del Consejo de Indias. El 9 de noviembre fue nombrado Marqués de Herrera y Vizconde de Santo Domingo. Señalo estos antecedentes para valorar con justeza una opinión que me parece es la que más se acerca a la realidad.

644. D.A. Brading, "Nuevo plan ..., cit., p. 371.

645. Relación del Virrey Conde de Montesclaros al rey, 2. VIII. 1607, Hanke, BAE, tº 274, p. 278;también en *Instrucciones*, tº 1, p. 82.

Elemento extraño que perturbaría la paz del círculo áulico de las autoridades del lugar, lograda a través de muchos esfuerzos y concesiones mutuas, y aunque no reinase entre ellos buena armonía, los enfrentados se conocían y sabían las armas con las que cada contendiente podía contar. El juez visitador o sindical era un extraño que se incorporaba con armas propias, al que había que mirar con cuidado y no facilitarle las cosas. En el mismo siglo XVI encontramos ya un interesante testimonio en el informe del oidor de Nueva Galicia y visitador de la tierra de Nueva España, Lebrón de Quiñones, que ya hemos utilizado en esta obra, sobre los oidores de México, que veían con desagrado la visita a la tierra que estaba realizando.

No les ha gustado a los de México, le dice al Príncipe Felipe, que un oidor de otra Audiencia visite la tierra. El refrán más popular entre ellos es "que los visitadores a proveer y los oidores a revocar"[646].

Otro testimonio acerca de que no resultaba tarea apacible la del visitador o la del juez de residencia, es el de Pedro Vázquez de Velasco, en el siglo siguiente (1650), que había sido nombrado Fiscal de la Audiencia de Lima y juez residenciador del virrey Mancera que cesaba en ese virreinato. Informa al rey haber llegado a la ciudad para cumplir su misión de residenciar al Marqués de Mancera y de inmediato conoció "la inquietud de los ánimos de los vecinos que entre los opuestos y afectos al marqués había, y al mucho trabajo y riesgo que de semejante comisión se me había de recrecer y la dificultad que había de hallar testigos desapasionados que depusiesen para averiguar la verdad y cumplir con lo que S.M. me mandaba, cuando aún los ánimos de vuestros ministros los hallé vestidos de afectos y la mayor parte recusados por el marqués y el contador Juan de Medina Dávila ... confieso Señor que temí harto entrar en estos negocios reconociendo la dificultad en obrar y el riesgo grande en que me ponía. Que comisiones de visitas de virreyes son siempre peligrosas para los jueces cuando quieren que se obren como desean, pues no olvidados [los que van a ser residenciados] de la soberanía de los puestos [que han ocupado] procuran pretender que no les toquen en cosa alguna, con que viene a ser el juez el residenciado, como quien está tan lejos de los ojos de S.M."

Confiesa que le fue difícil obtener personas que lo secundasen en la residencia y que "deseó ser recusado"[647]. El testimonio, referido a una residencia de virrey, se puede aplicar a mi juicio sin mayor esfuerzo a la de un oidor.

Al residenciado podían irle mal las cosas con un juez residenciador corrupto o parcial, como pasó con los oidores de Nueva Galicia, Lebrón de Quiñones y Contreras, residenciados por el nuevo oidor de esa Audiencia, Lic. Pedro Morones, que incluso usó del látigo para hacer declarar a los indios en contra de ellos. Tan evidente era su mal

646. Lebrón de Quiñones al Príncipe Felipe, Taximora en Nueva España, 10. IX. 1554, en Paso y Troncoso, VII, 223-250.

647. Carta del Juez Pedro Vázquez de Velasco a S.M., 15. III. 1650; Hanke, BAE, p. 196 197.

proceder que fue puesto preso durante la substanciación del juicio[648]. A Lorenzo Lebrón de Quiñones los franciscanos de Guadalajara lo defendieron ante el rey diciendo de él que era "como lirio entre espinas" y pidieron se lo nombrase gobernador y se suprimiese la Audiencia. Lebrón pidió la ayuda de Fray Bartolomé de las Casas y fue autorizado a pasar a España a defender su causa, ordenando el Consejo a la Audiencia de México remitir todos los papeles, sin intervención de Morones. El Consejo lo absolvió en 1561 y fue restituido a la Audiencia de Nueva Galicia como oidor principal. Murió en el viaje[649].

No dejaba sin embargo de ser un riesgo soportar un juicio de residencia, cosa que ya a mediados del siglo XVI sabían bien los oidores de México, y por tanto a lo largo de su tortuosa gestión en el tribunal iban "preparando" posibles futuros testigos de la residencia. Al menos así lo denunciaba el nombrado Lebrón de Quiñones al Príncipe Felipe en septiembre de 1554, en carta que ya hemos utilizado: "... es al presente el oficio de oidor procurar a costa de no ejecutar justicia ni cosa que Vuestra Alteza mande, ganar amigos porque tienen entendido que al tiempo que V.A. les mandare tomar cuenta, testigos españoles aunque con falta de verdad son los que les han de abonar y acreditar con V.A., y el que más de estos tuviera granjeados, más segura y en salvo piensa que está, y no se engañan en cuanto al mando, pues es muy cierto que el que más al gusto y sabor de los de nuestra nación contra los naturales de estas partes anduviere, al tiempo de la cuenta y residencia, más amigos y solicitadores tendrá, y por el contrario el que favoreciere a los naturales ejecutando lo que V.A. manda, más contrarios émulos perseguidores tendrá, procurando destruir al juez que tal hiciese y gastar la vida y hacienda en seguimiento de él que es la mayor ceguedad del mando, y con todo causa de que los jueces no osen libremente hacer justicia"[650].

Pero dejando de lado el tema de las abundantes vicisitudes, que en todo tiempo se produjeron con relación a visitas y residencia, anotemos que la suerte y "eficacia" de estas instituciones de vigilancia y corrección, estaba estrechamente unida al "estilo" con que la Monarquía juzgaba las faltas y violaciones de sus propias leyes. Fiel a las enseñanzas del *ius commune,* el Consejo y el propio monarca, gustaban "disimular" los hechos comprobados, atenuar las sanciones, u olvidarlas, encontrar la manera de evitar una pena grave, reducirla en lo posible, darla por cumplida antes de tiempo si se trataba de suspensión de oficio, rehabilitar al infractor, a veces curiosamente ascendido en su carrera judicial, retener dentro de la administración de justicia indiana a elementos que

648. Parry, p. 123-124.

649. Los frailes de San Francisco al rey, 20. mayo. 1557; Parry, 127-129.

650. Carta de fecha 10. IX. 1554 del Lic. Lorenzo Lebrón de Quiñones al Príncipe Felipe, en Paso y Troncoso, tº VII, p. 233-250.

hoy nos parece que hubieran de haber sido expulsados sin vacilar. En suma, que como bien se ha dicho, el poder y por tanto los juristas que lo auxilian descreen del valor absoluto de las leyes generales[651]. Es que ese temperamento conciliador, esa "gracia" del soberano, que perdonaba o disimulaba, integraba el *ordo iuris* del derecho común del que formaba parte el derecho indiano y específicamente constituía una regla de gobierno del Nuevo Mundo[652].

En vez de castigar las violaciones, o de sancionar las conductas reñidas con el modelo del juez perfecto, a que debía ajustarse el magistrado, la política de la Monarquía en general era otra[653]. Unas veces, derechamente se decidía no imponer sanciones y perdonar, otras aliviarlas notablemente, otras remplazarlas por una penalidad más benigna o por simples admoniciones, o dar por solucionado el agravio mediante un traslado del oidor culpable, o incluso una temporaria comisión "de servicio" fuera de la sede del tribunal donde había cometido la falta.

A todo ello deberá agregarse la propia "política" fiscal de la Monarquía que ante su endémica necesidad de fondos recurrirá muchas veces a "composiciones" de las conductas reñidas con la ley mediante aportes pecuniarios o a otorgar "permisos" y "licencias" de excepción para violarla, siempre en aras de una mayor percepción de fondos. Sin dejar de señalar que, también en ocasiones, tales actitudes "permisivas" eran dejadas de lado en busca de una mejor administración.

Por supuesto que también a lo largo de la prolongada dominación hispánica de las Indias, hubo sanciones graves aplicadas sin vueltas[654].

La "política conciliatoria" de la Corona de matizar su actividad punitiva ante el resultado de la comprobación de faltas en las visitas y residencias le aconsejaba proceder siempre con gran prudencia y morigeración. Se debía dar a los oidores un trato semejante al que les correspondía recibir fuera de ellas. En 1642 —ya lo hemos dicho— el Obispo Palafox, siendo virrey de México, aconsejaba a su sucesor obrar con los oidores con gran cuidado y respeto y salvo casos verdaderamente excepcionales no sancionarlos, sino remitir sus faltas para que se juzgasen en las residencias al dejar sus oficios, por no quitarles el respeto y reverencia que le deben los súbditos a tan altos personajes[655]. Creo que semejante temperamento era algo más que "obrar con gran cuidado y respeto" hacia el oidor, como decía Palafox, sino más bien una manera de mantenerlos im

651. V. Tau Anzoátegui, *Casuismo y sistema...*, cit., p. 384-385.

652. Ver Antonio Manuel Hespanha, "Da "Iustitia" à "disciplina". Textos, poder e política penal in Antiguo Regime", en *Anuario de Historia del Derecho Español,* Madrid, 1988. En fecha más reciente del mismo autor "La senda amorosa del Derecho", en Carlos Petit (Editor),*Pasiones del jurista,* Madrid, 1997, p. 39. C. Garriga dedica el parágrafo 8° de su trabajo "La visita y el gobierno ...", ya cit. al tema "Autoridad v. flexibilidad: sentido y alcance del ideal de juez", p. 30 y sig.

653. E. Martiré, "La tolerancia como regla de gobierno"... cit.

654. Ver C. Garriga, "La visita y el gobierno...", cit., p. 17.

655. En Hanke, BAE, t° 276, p. 62-63.

punes largo tiempo, sin corrección ni remedio, hasta la remota llegada del visitador o juez de residencia, que era frecuentemente colega o compañero del oidor. Era asimismo una manera de que el problema se solucionase solo, sin más expediente que dejar pasar el tiempo, que podía restañar heridas o hacer desaparecer el interés por denunciar al agraviado. Era en suma la regla de tolerancia que se imponía en la administración indiana, a la que me he referido en el trabajo ya citado[656].

Y con respeto a residencias y visitas, resultan significativos los comentarios del siempre citado Solórzano, por la experiencia que trasuntan sus opiniones. En su *Política Indiana* dedica largos párrafos a recomendar moderación al juez visitador o a aquellos que sindican a los magistrados indianos, a los que pide no olvidar que los jueces "están puestos como blanco de las lenguas o saetas de los calumniadores, facinerosos y mal intencionados, porque como haciendo bien su oficio no pueden complacer a todos. . ., es forzoso que sean odiados de muchos, que les busquen calumnias y asechanzas para vengarse y descomponerlos". Con abundante cita de autores antiguos y modernos nuestro autor cierra el párrafo con la transcripción de la ley de *Partidas* que enseña *Que los omes, que oficio tienen, magüer fagan derecho, non puede ser, que non ganen mal querientes* (P. VIIa. i, 11)[657].

Desde ya que el juez de todos los tiempos, mucho más aquel que no fundaba sus sentencias, lleva sobre sus espaldas el resentimiento del que fue condenado penalmente o del que perdió el pleito, de sus procuradores y letrados, de sus amigos y parientes; pero en Indias el hosco ambiente de una tierra nueva, casi salvaje, sin duda que acentuaba las rivalidades, enfrentamientos y recelos. Sólo una constante y férrea adhesión del juez a la regla moral y una cerrada disciplina ajustada a las normas formales y finales del proceso y especialmente la exhibición pública de una conducta ejemplar, tal cual se esperaba de ese *sacerdote iuris*, podrían ponerlo a resguardo de semejantes asechanzas, permitiendo al magistrado mantenerse enhiesto en esa tierra procelosa.

Sería en definitiva el tribunal de su propia conciencia el gran corrector de la conducta y ambición del magistrado, no las visitas y residencias, sujetas a tantos condicionamientos y generadoras de tantas y tan complicadas relaciones y reacciones. Otra vez recurro a Solórzano, que nos brinda una página magistral al respecto. Cita la opinión de Cicerón, "que parece que habla con lengua cristiana", cuando dice a los jueces: *Que es de jueces sabios acordarse de que son hombres y pensar que solo les es permitido lo que se les ha cometido y que no han de hacer lo que quisieren, sino lo que la ley quiere, siguiéndola en sus consejos, juntamente con la Religión, fe, equidad y justicia y apartando de sí la lujuria, el odio, la envidia, el miedo y todos los deseos de torpe codicia.* Estimando sobre todo –sigue Solórzano- el seguro de su con-

656. E. Martiré, "La tolerancia como regla de gobierno...", cit.
657. *Política Indiana*, V, x, 31-32.

ciencia, que es la joya más preciosa que de Dios recibimos y que la puede nadie apartar de nosotros. Y que si la tenemos por testigos de los buenos consejos y procedimientos de nuestra vida, la pasaremos toda sin miedo alguno y con suma quietud, honor y consuelo"[658].

Lo cierto es que esa y no otra fue la garantía de la buena administración de justicia[659], a despecho de visitas y residencias, pues a pesar de todas las virtudes que se les han atribuido a tales medios de control y corrección y del temor que a algún buen magistrado pudieran causarle, sólo la conciencia del propio juez podía asegurar a la Monarquía el freno a las pasiones del mundo y como consecuencia, la conducta virtuosa de sus jueces. Frágil garantía, como frágil era y es la conducta de los hombres.

Por severos —y me parece no lo fueron tanto— que se considerasen esos institutos, ya se hallaría en el inmenso "cajón de sastre"[660] del derecho común, la llave que pudiese abrir la puerta a la justificación de la mala conducta, a "interpretar" la norma que se violaba a favor del que lo hacía, a mitigar los efectos de la sanción aplicada o a rehabilitar al culpado[661]. La "extraordinaria agudeza" de los juristas de su tiempo, de que habla Mariluz Urquijo[662], les haría encontrar las circunstancias especiales con que navegar en las "inciertas" aguas del derecho común. Y no entremos en las especulaciones que ofrecen algunos testimonios que conocemos, acerca de que ciertos oidores se llenaban tanto los bolsillos con su "mala codicia" que poco les importaba pagar multas, dejar de percibir sueldos durante las suspensiones, o incluso irse a su casa cesados, a gozar de los dineros malhabidos durante el ejercicio del cargo.

Además, con el transcurso del tiempo y a veces tempranamente, ciertas prohibiciones a los magistrados, de esas que debían investigar y sancionar los jueces de residencia o de visita, fueron perdiendo autoridad, como por ejemplo las contenidas en las leyes que les prohibían tener indios, o las que les vedaban los tratos y contratos, o llevar una vida recatada, o casarse sin licencia, a pesar de la insistencia de las autoridades peninsulares y locales en lograr su cumplimiento.

La prohibición de que los oidores tuviesen indios, a la que acabo de referirme, fue muy temprana y reiterada. Al punto que en 1680 se recogió en la Recopilación de leyes

658. *Política Indiana,* V, vi, 17.

659. Ver C. Garriga, "Los límites al reformismo...", cit. en nota 661, p. 793-794.

660. La expresión es de Francisco Tomás y Valiente, en "De la Administración de justicia al Poder Judicial", en *El Poder Judicial en el bicentenario de la Revolución Francesa,* Madrid, Centro de Estudios Judiciales, Buenos Aires, 1990, p. 19.

661. Dice con acierto Garriga que "no puede suponerse sin más que las disposiciones regias determinasen la actuación del aparato institucional indiano, provisto como estaba de múltiples recursos para obedecerlas y no cumplirlas (y no me refiero sólo al de este nombre, sino a todos cuántos servían en el universo conceptual del *ius commune* para atemperar el rigor del derecho)" (C. Garriga, "Los límites del *reformismo borbónico*: a propósito de la administración de justicia en Indias", en *Derecho y administración pública, Actas del XII Congreso del Instituto Internacional de Historia del Derecho Indiano,* Toledo, 1997, tº 1, p. 786.

662. J.M. Mariluz Urquijo, *Ensayo sobre los juicios...,* cit., p. XVI.

de Indias una norma datada en 1549, que así lo disponía (RI:III, xvi, 54)[663]. Volvamos a recordar aquí la instancia del visitador Valderrama, de que hablamos al tratar la exigencia al oidor de obrar dulcemente con los idígenas, que decía haber encontrado tantos oidores de México que tenían indios a su servicio y en tal cantidad, que escribió al rey el 24 de febrero de 1564, con tono cómplice: "Tengo sospecha de que V.M. tiene noticia de ello y por alguna razón particular es servido que se disimule con ellos"[664].

Con relación a los tratos y contratos, ya hemos citado la opinión de Castillo de Bovadilla enunciada en 1616, acerca de que la prohibición de tratar y contratar que afecta a los ministros de Indias "aprovecha poco porque, desde los virreyes hasta los alguaciles, ninguno lo guarda y aunque a muchos castigan, ninguno se enmienda". Lo corrobora en el siglo XVIII José Lebrón y Cuervo, al dejar constancia de ello en una de sus conocidas *Notas a la Recopilación de leyes de Indias*[665]. que "... están derogadas por la costumbre", aunque duda de que pueda valer esa costumbre *contra legem* y contra el juramento prestado por los magistrados y remite al propio estudio de cada caso por el ministro que tenga escrúpulos, a fin de encontrar la solución apropiada (RI: II, xvi, 55, 56, 66 y 67)[666]. Sin duda no se aplicaban.

Ya a mediados del siglo XVI, el visitador de Nueva España y oidor de Nueva Galicia le informa al Príncipe Felipe de esas faltas, en una carta varias veces citada en esta obra, de la que tomamos este párrafo elocuente: "Manda V.A. que los oidores no tengamos granjerías y tratos pero no faltan modos y cautelas para defraudar la provisión de V.A., y a trueque de la pena, porque tienen por cierto [los oidores de México que] no se les ejecutará"[667].

Las penas en general consistían en multas, indemnización a particulares, traslados del oidor a una Audiencia de menor categoría, suspensión del cargo sin cobrar sueldo, o privación perpetua del mismo, pero las multas fueron rebajadas muchas veces, lo mismo que las sanciones referidas al empleo[668]. Luis Villanueva y Vasco de Puga suspen-

---

663. Ver más atrás, p. 188.

664. Carta del visitador al rey, 24. 2. 1564; en Arregui Zamorano, 243. Ya vimos cuál era la conducta de este visitador en páginas anteriores.

665. C. García-Gallo, "José Lebrón Cuervo. Notas a la Recopilación de Leyes de Indias. Estudio, edición e índices de (...), en *Anuario de Historia del Derecho Español,* Madrid, 1970, p. 349-537, de este trabajo tomo los datos de Lebrón.

666. C. García-Gallo, cit., p. 422. C. Garriga, en "La visita y el gobierno de la justicia...", cit., llama la atención sobre la glosa de Lebrón (p. 18), también en "Los límites al reformismo...", cit., p. 794. Recordemos, para valorar lo autorizado de esta opinión anotada por Lebrón, que se trata de la glosa de un notable jurista y hombre de leyes de su tiempo. Se había graduado en la Universidad de México, era destacado letrado del Colegio de Abogados de esa ciudad, asesor de los juzgados de la Acordada, del Chiringuito (bebidas prohibidas) y del Estanco de la Renta del Tabaco, de la Real Casa de la Moneda de México, de la Inspección General de Tropas de la Nueva España y del Corregimiento de la ciudad de México. Regidor honorario de esa misma ciudad, hombre culto, jurista destacado, manejaba en forma corriente la legislación vigente en Indias, especialmente en Nueva España. Para auxiliarse en su tarea de jurista confeccionó estas *Notas,* en donde formuló importantes comentarios a la aplicación de sus leyes.

667. Carta de Lebrón de Quiñones al Príncipe Felipe desde el Pueblo de Taximaroa, Nueva España, 10. IX. 1554, en Paso y Troncoso, tº VII, p. 223-250.

668. Schäfer, tº 2, p. 150-151.

didos por el visitador de México Valderrama en 1565, fueron readmitidos provisoriamente en 1567 a la espera de sentencia definitiva del Consejo. Suspendidos por 10 y 12 años respectivamente en 1572, a los tres años fueron reincorporados a la administración de justicia. Se reincorporó a Juan Quesada de Figueroa antes de cumplir su suspensión que era de dos años y Nuñez de Morqueda suspendido por cinco años, fue reincorporado a los tres y medio.

La ejecución de las sentencias se demoraban largamente, es especial el pago de multas, como ocurrió por ejemplo con los herederos de Marcos Guerrero, condenado en 1615 a abonar 12. 000 ducados, que aún no se habían ingresado en 1660. En 1599 el Consejo informa al rey que las sentencias dadas con motivo de la visita general del Arzobispo Moya de Contreras a Nueva España(1583) aún no se habían cumplido ni cobrado las condenas. Diego de Santiago Riego un verdadero acaparador de tierras de indios logradas malamente, fue condenado por el Consejo en 1589 a venderlas para pagar la condena. Con argucias de todo tipo, entre ellas la de que no conseguía comprador, y a pesar de la insistencia del Consejo para que cumpliese la pena, en 1599 aún no se había desprendido de ellas[669].

En 1573 el presidente de la Audiencia de Guatemala, Doctor Antonio González, que había sido oidor de la Chancillería de Granada y luego Presidente de la Audiencia de Charcas, dio residencia, de resultas de la cual fue condenado por el Consejo el 5 de noviembre de 1574, por graves cargos (comercio prohibido, sobornos, tablaje público y muchos casos de nepotismo) al pago de una multa de 1. 700 ducados e inhabilitación para todo cargo de justicia en Indias. Sin embargo pronto volvió a su plaza de oidor de Granada, en España, y en 1584 fue nombrado Consejero de Indias. Tal vez se entendió que la plaza de consejero de Indias, no era ocupar un cargo "de justicia en Indias", pues el Consejo funcionaba en la Península. Tres años más tarde fue designado Presidente de la Audiencia de Santa Fe, donde tampoco tuvo una conducta ejemplar, de allí pasó a España y a poco dejó de hacer daño, pues murió[670].

En 31 de enero de 1576 el Consejo informa al rey (Consultas de 7. II. 1576 y 12. X. 1576), haber condenado al Presidente de la Audiencia de Santa Fe Doctor Venero de Leiva, en su juicio de residencia, a pagar 2. 000 ducados de multa y a 5 años de suspensión en cargos de justicia en Indias, por haber admitido regalos (él y su mujer recibieron esmeraldas) y mantener comercio prohibido (probado en dos ocasiones). Felipe II pidió se mirase si no convenía suspenderlo también en oficios en Castilla. El Consejo entonces lo suspende por 3 años en Indias y Castilla y no "en más –dijo– por el mucho tiempo que ha servido a V.M. en estos Reinos y en aquéllos". Apeló el interesado y a

669. Arregui Zamorano, 270-271.
670. Schäfer, tº 2, p. 153-154.

pesar de que murió antes de resolverse el caso, el Consejo en definitiva le levantó la suspensión y redujo la multa a 1. 026 ducados, con lo que se conformó el monarca.

En la sentencia dictada por el Consejo en la residencia tomada al virrey Príncipe de Esquilache de fecha 7 de en enero de 1626, se confirmó la sentencia que lo absolvió del cargo 10º "que no hizo las diligencias que convenían para que el doctor Juan de Canseco, alcalde de corte de aquella Audiencia, no se casase sin licencia de S.M. de que fue absuelto por el juez y dado por libre"[671].

El tema de los casamientos tenía también sus disimulos, como fue el caso ya narrado del Presidente de Charcas, que ante la orden de S.M. de que averiguase si un oidor se había casado sin licencia con una encomendera y que de ser así lo cesase y dispusiese su residencia, buscó la forma de eludir el mandato Real[672].

En su relación de gobierno informa el Virrey Marqués de Cerralbo el 17 de marzo de 1636, que sospechando de la conducta del Fiscal del Crimen Francisco de la Barreda, de quien se decía haber recibido la suma de nueve mil pesos de un negocio, se le substanció causa de la que resultó ser suspendido por el Consejo de Indias por 4 años. Barreda había sido relator del propio Consejo. A pesar de la condena aludida fue nombrado oidor de Guatemala en noviembre de 1641, donde se desempeñó hasta 1645, luego de Guadalajara (desde 1645 a 1665), con licencia para pasar a España por 2 años en 1660. Terminó su carrera jubilado[673].

En el siglo XVIII las cosas seguían igual trote. No faltaba quien creyese, como he dicho más atrás, que también entonces las crecidas sumas recibidas ilegalmente por los oidores los ponían a reparo de multas y suspensiones. Así lo decía Francisco de Seijas y Lobera, informante del Marqués de Torcy, en uno de sus escritos (comienzos del siglo XVIII): "importa muy poco que el Consejo de las Indias mande que a los dichos [malos] ministros se le saquen algunas multas, cuando lo que han recibido de las partes es mucho más, y así quedando siempre ganancioso ventajosamente". Por ello opina que "no es éste el modo de hacer justicia, sino restituyendo lo mal llevado" y desposeerlos de sus puestos, porque no hay cosa más nimia que un mal juez, los muchos que hay en aquellos reinos ¿cuántas nimiedades harán contra sus moradores? y ¿qué malas consecuencias resultarán de todo contra el Rey?"[674]. Opinión coincidente a la de algunos oidores que sostenían ya a mediados del siglo XVI en México que "importa poco a un oidor a cabo de diez años, en que puede ganar cincuenta mil ducados, dejar el oficio y pagar mil ducados de pena"[675].

671. Hanke, II, BAE, tº 281, p. 213.
672. Ver más atrás, p.
673. Hanke, III, BAE, tº 275, p. 278; Shäfer, tº 2, 464, 476, 495.
674. Seijas y Lobera, *Gobierno militar y político ...*, cit., p. 281.
675. Tomo la cita de C. Garriga, "La visita...", cit., p. 15.

Cuando se visitó la Audiencia de México de 1715 se descubrió –ya lo hemos dicho– que los oidores disimulaban la aplicación de las sanciones a los funcionarios inferiores por sus procederes contra los indios, violando expresamente las normas vigentes, y aún más, ante las protestas de los naturales contra sus gobernadores, también "se las disimuláis, reservándolas para las residencias" (Real Cédula de 13. XII. 1721)[676].

En la residencia tomada al Fiscal de la Audiencia de Santo Domingo, el ya citado don Vicente de Herrera y Rivero, por haber sido promovido a Alcalde del Crimen de la de México, ordenada por R.C. de 30. 5. 1771[677], se deja constancia de haber tomado nota el rey, según Real Carta de 15. XI. 1768 dirigida al propio Herrera, del desinterés demostrado al no "haber cobrado, ni pedido las antiguas utilidades anexas a dicho empleo [de Fiscal de Santo Domingo], ni los cien ducados que de inmemorial se han pagado a vuestros antecesores, disculpando a estos por los motivos que difusamente exponíais los habrían movido a ello".

En sus declaraciones los testigos dijeron que no recibía ni aún "los regalos que de estilo se hacían a los señores Fiscales por los dueños de embarcaciones y balandras" (Antonio Mañón de Lara, capitán de milicias); "los regalos que acostumbraban hacer los capitanes de las embarcaciones y otras personas" (José de Peralta, vecino); "que era tan puro el desinterés del señor residenciado que ni aún los regalos que por costumbre se le hacían a sus antecesores permitió recibir" (Juan Antonio Zalazar, vecino); "que nunca admitió obsequios ni regalos, aún aquellos que por costumbre y estilo se hacían a sus antecesores" (Esteban López de Urtiaga, Escribano Público y de Cabildo); que no recibió regalos "ni aún los que por estilo y costumbre se le remitían a sus antecesores"(José Ramírez, mayordomo de los propios del Cabildo). El juez al elevar el expediente con sentencia laudatoria, dejó constancia de que "se negaba a recibir no solamente aquellos agasajos y regalos que por estilo antiguo se les hacían a sus antecesores por los Capitanes o dueños de las embarcaciones que entraban en este puerto con víveres o sin ellos, sino también algunas cortedades de frutas del país que varias personas indiferentes y de respeto solían mandarle".

En suma que no hizo lo que todos sus antecesores venían haciendo en contra de normas expresas que lo prohibían, sin que ninguna autoridad superior, ni en Madrid, ni en la Audiencia, ni en el Virreinato, le hubiese reprochado semejante "mala costumbre" *contra legem* que fue disimulada. La prohibición sin embargo era muy antigua, dice Mariluz Urquijo que tiene su antecedente castellano más remoto en las mismas leyes de Partidas y en las del Ordenamiento de Alcalá y concretamente para América regía desde 1542. Prohibición que se incorporó a las Ordenanzas del Consejo de Indias y a las de

676. AHN, Sección Consejos, Leg. 21461, Copia en el Exp. s-pulques.
677. AHN, Sección Consejos, Leg. 20. 765.

Audiencias de 1571 y se repitió constantemente, hasta ser recogida en la Recopilación de Indias de 1680 (RI:II, iii, 16), extensiva a cualquier tipo de dádivas o regalos por pequeños que fuesen, como "cosas de comer o beber"[678].

Ya hemos visto que cuando el Regente de la Audiencia de Lima Melchor Jacot comprobó que los Fiscales cobraban cuatro pesos y medio, que partían con su agente, por cada vista que se les corría y que los porteros exigían a los indios doce reales por cada provisión que les hacían firmar, sin norma alguna que autorizara tales excesos, sino todo lo contrario, nada hizo. Debió disimular y tolerar el abuso por ser costumbre inconcusa y bien recibida por los oidores de la Audiencia[679].

De manera que el incumplimiento de preceptos precisos no era cosa extraordinaria. En los altos tribunales indianos se disimulaba el cumplimiento de esas normas, ante el común beneplácito de quienes las violaban, por supuesto, de quienes debían velar por su cumplimento y la resignación de quienes sufrían los agravios, por lo general pobres o naturales.

Schäfer sostiene que solo conoce dos casos de sentencia capital para oidores de Indias. Una de ellas, es la del Licenciado Luis Cortés de Mesa oidor de Santa Fe. En la visita efectuada por el Lic. Monzón en 1579/1580 fue preso por grave sospecha de pecado nefando y otros crímenes como cohecho e injusticias, que pagó con la muerte. Había sido designado oidor de Guadalajara en 1578, nombramiento que se revocó y fue la misma Audiencia quien dictó la sentencia de muerte en 1581. El otro condenado fue el oidor de la misma Audiencia, Licenciado Juan de Montaño. Ante las denuncias en su contra la Corona dispuso cesarlo en el cargo y residenciarlo. Como consecuencia de ello, el Consejo lo condenó a la pena capital el 28. VII. 1561. Cargaba sobre sus espaldas dos muertes: siendo oidor "degolló a un hidalgo y mató a otro en tormento contra justicia, y otros delitos", según se decía en el pregón con que se lo llevó al patíbulo, donde fue degollado[680]. Se trata evidentemente de dos casos extremos que no hacen a la generalidad de las sanciones, que como acabo de sostener eran aplicadas con mucha benignidad, además de disimular en todo lo posible las infracciones cometidas[681].

Me parece que resultará interesante y un elemento de juicio valioso para juzgar la tramitación y resultados probables de las residencias, a fines del siglo XVII en Indias, la obra manualística de un antiguo escribano de Cámara de S.M. redactada para uso de co-

678. J.M. Mariluz Urquijo, *El agente* ..., cit., p. 397-401.

679. Carta de Jacot al rey, julio de 1777, AGI, Lima, 792.

680. Schäfer, tº 2, p. 129-130.

681. Sobre la disimulación en la aplicación del derecho indiano, me remito, además de a mi trabajo sobre "La tolerancia como regla de gobierno... ", ya citado, al de Victor Tau Anzoátegui, "La disimulación en el Derecho Indiano", en *Derecho y Administración pública en las Indias Hispánicas. Actas del XII Congreso del Instituto Internacional de Historia del Derecho Indiano*, Toledo, 19-21 octubre de 1998, Vol. II, p. 1733-1752.

legas de poca experiencia, que contiene una serie de formularios de uso habitual, modelos de residencias y visitas.

Hacia mediados del siglo XVII don Pedro Pérez Landero, natural de Madrid, Escribano de Su Magestad y público del número de la Ciudad de los Reyes, compone una obra que dirige a los Escribanos y Oficiales de dichos Reinos que por su inexperiencia necesiten de la dirección que él puede darles, después de servir una escribanía de cámara en la Audiencia de Lima durante largos años[682]. El gran interés de la obra, a mi juicio, reside en los modelos de interrogatorios y de respuestas probables que ha preparado este burócrata de enorme experiencia, para que sus lectores (tambien profesionales) las copien o las tengan presentes al redactar las actas notariales. Interrogatorios, que como digo, no solo comprenden las preguntas que por lo general se hacían a los testigos sobre la conducta del oidor residenciado, sino —lo que es sumamente interesante— también las respuestas que podrían asentarse.

El resultado a que se llega luego de la lectura de estos formularios, es que el actuario está atento a satisfacer el mantenimiento del *statu quo* vigente, con una habilidad consumada, hasta el punto que puede escribir treinta o más preguntas rigurosas y otras tantas respuestas de las que nada resulte, que no comprometan al testigo en nada, ni tampoco perjudiquen en manera alguna al residenciado y en especial se muestra en estos modelos muy cuidadoso de que no se averigüe absolutamente nada. Queda así en inmejorable situación el juez residenciado, y libre de reparos el juez residenciador. Creo que tal vez sea ese el objeto último de la obra. Ella a mi entender es un elemento importante para juzgar el poco aprecio que se otorga en su época a la residencia de oidores.

No resisto a la tentación de incluir en el presente capítulo algunas de las preguntas y respuestas preparadaspor el escribano de Lima, pues me parecen un modelo de astucia burocrática y de las mejores técnicas curialescas que conozco.

Además son un verdadero catálogo de lo que se esperaba que el oidor no hiciese. Y por cierto un elenco de las obligaciones del juez encerradas en alrededor de treinta preguntas (de las que aquí solo haremos una selección).

Aclara Pérez Landero que el rey, que vive continuamente celando la administración de justicia en sus tribunales, frecuentemente hace residenciar a sus ministros, así mayores como menores, para informarse de su proceder, castigar sus excesos (si los han cometido) y deshacer los agravios que pudiesen haber causado. Es por ello dice que "me pareció conveniente dar principio por este género de visitas y residencias aplicadas a oidores y demás ministros de esta Real Audiencia de la Ciudad de los Reyes. De las cuales es fácil deducir lo que debe y puede hacer cualquiera de uno o muchos oidores o minis-

---

682. Pedro Pérez Landero, *Práctica de Visitas y Residencias apropiada a los Reinos del Perú y deducida de lo que en ellos se estila*, Por... En Nápoles, por Nicolás Layno, MDCXCVI. Agradezco la referencia al Prof. Carlos Garriga.

tros de otra Audiencia Real de estas partes, porque solo puede haber diferencia material y accidental entre ellos".

En suma, que con diferencias de detalles, estas son las preguntas y respuestas que correspondería asentar el escribano actuante para cumplir en debida forma su oficio, si por tal se entiende que sea el de no remover las aguas del tranquilo estanque del *ordo iudiciario* indiano. Es decir que todos los oidores en Indias marchan según Pérez Landero por parecidos carriles, y los testigos interrogados responden de parecidas maneras. "Los interrogatorios —nos dice el escribano— son un muestrario de lo que no debe hacer el magistrado o de lo que se teme haya hecho y se consigna también una forma de respuestas a esos interrogatorios expresadas de tal modo que dejan abiertas todas las posibilidades en contrario, aunque las respuestas resultaran del todo favorables"[683].

Anuncia Pérez Landero que por las preguntas que siguen se examinarán los testigos de la pesquisa secreta del oidor más antiguo de la Audiencia de México, es decir el Decano. Personalmente nos permitimos agregar que el tono y contenido de preguntas y respuestas es el usualmente utilizado según las numerosas investigaciones efectuadas en ese tipo de papeles. Desde ya que no todas las residencia corren por carriles tan armoniosos ni tan convenientemente aceitados, ni los resultados guardan tanta similitud (ya hemos anotado en esta misma obra numerosas sentencias en que se sancionaba a oidores); pero me animo a considerar que para el tiempo en que se escribió la obra y los sucesivos, era la forma más corriente de llevar adelante una residencia en su parte secreta, pues las demandas importantes se formulaban por separado. Quiero decir que el andamiaje del autor cede cuando de veras se quisieran esclarecer situaciones graves o manifiestas arbitrariedades y corregir abusos notorios, pero creo que la obra responde a una necesidad, o mejor a un "estilo" sindical.

La primera pregunta será la consabida: 1) "Por las generales de la ley". La siguiente, que en realidad es con la que se inicia el interrogatorio de la pesquisa secreta: "Si saben que el dicho señor D.N. en el tiempo que ejerció y los demás que arriba se hacen mención, tuvo especial cuidado de la observancia de las leyes, cédulas Reales y ordenanzas de esta Real Audiencia, y si por no haberlo hecho, ni cuidado de ello, dicho señor D.N. resultó algún daño y perjuicio, declaren a qué personas y en qué cantidad sería".

La respuesta puesta como modelo a este requerimiento es como sigue: "... que siempre lo tuvo este declarante al dicho señor Oidor por ministro muy vigilante y que enteramente cumplía con sus obligaciones. Y así no sabe, ni ha entendido, que haya faltado a la observancia de las leyes y Cédulas Reales y Ordenanzas de esta Real Audiencia, ni que por omisión suya haya venido ningún perjuicio en general, ni particular a nadie".

683. En el siglo XVIII se procuró que se redactasen en cada Audiencia interrogatorios a cuyo tenor habrían de declarar los testigos, sin éxito (Ver J.M. Mariluz Urquijo, *Ensayo* ... , cit.).

2) "Si saben que el dicho Señor D.N. acudió con todo cuidado y puntualidad a las audiencias ordinarias y a los acuerdos de justicia y Hacienda Real, que en su tiempo se hicieron, o si dejó de hacer por algún respecto particular, o faltó en ellas algunos días, excusándose, sin tener legítimo impedimento. Y si por ocuparse con cosas de entretenimiento, o acudir a ejercicios ajenos de su obligación, faltó a los despachos de su oficio y casos referidos, por cuya causa resultó daño, así a la Real Hacienda, como a particulares; digan y declaren en qué días hizo las dichas faltas y el daño que de ellas resultó, y a quienes y en qué cantidad sería".

Como se ve la pregunta es bien precisa y circunstanciada, como para no dejar margen a una respuesta poco concreta o de compromiso. Veamos cuál es la respuesta puesta como modelo: "[...] que sabe este testigo, *de haberlo oído así hablar públicamente a los ministros de la Audiencia, Abogados y demás personas, que le comunicaban en su oficio* que es un ministro muy puntual y vigilante en acudir a las obligaciones de su oficio [...] sin que haya oído ni entendido cosa en contrario [...]". En suma que lo que sabe lo sabe por habérselo oído decir a otros ministros del tribunal, abogados y demás personas, nada compromete con ello sus propios dichos que favorecen al residenciado.

3) "si saben que dicho Señor D.N. ha tenido cuidado al despacho de las visitas y residencias de los Corregidores, que en su tiempo se ofrecieron, procurando su buen despacho y el castigo y satisfacción de los agravios hechos por los Corregidores, o calló, disimuló o pasó por ello, diga en qué pleitos, residencias y visitas, y qué daño resultó a Su Magestad y particulares y en qué tiempo".

Es sabido que semejantes precisiones pueden "atemorizar" al testigo o pueden ser tomadas por el deponente como una velada advertencia que de formular una denuncia, deberá circunstanciarla muy específicamente. No es un buen método para animar al testigo declarante a decir lo que sabe sobre el magistrado, sino mas bien para desanimarlo.

Pero veamos la respuesta del formulario que asienta nuestro autor: "que este testigo no ha oído ni entendido que el dicho Señor Oidor haya faltado en ninguna de las cosas que contiene la pregunta, ni sobre ello ha oído, ni entendido queja ninguna en general ni particular".

4) "Si saben que el dicho Señor D.N. procuró que los alcances hechos contra los Corregidores, por razón del uso de sus oficios y condenaciones pertenecientes a Su Magestad y su Real Cámara se cobrasen con todo cuidado haciendo de su parte todas las diligencias necesarias, ni omisión alguna, y si por no haberlo hecho así, se dejaron de cobrar las dichas condenaciones de alcances".

La pregunta es muy concisa, veremos que ello no arredra al burócrata: "... que este testigo tiene por cierto que el Señor Oidor cumpliría con las cosas de su obligación, porque si faltara en ellas, hubiera quien las adicionara y numerara, y nunca este testigo tal ha oído, antes juzga del celo del dicho Señor Oidor, que no faltaría en obligación tan del servicio de Su Magestad, como es cobrarle las condenaciones pertenecientes a Su Magestad y su Real Cámara".

Los verbos condicionados de la respuesta son notables: "cumpliría", "no faltaría". Y la respuesta negativa a la pregunta acerca de un acto concreto de corrupción es asombrosa: No cree que lo haya hecho, pues de lo contrario "hubiera quien" lo denunciara. Es en verdad una relamida respuesta digna del autor.

5) "Si saben que en cuanto le fue posible cuidó de los negocios tocantes a pobres y a indios y forasteros, sin dilatar sus despachos, ni dar lugar a costas, daños ni molestias y si lo hizo así, digan en qué casos y que daños y perjuicios se causaron a las partes con especialidad y claridad, satisfaciendo en todo esta pregunta". A semejante inquisitoria, con exigencia de respuesta circunstanciada, el autor pone como modelo la siguiente contestación: "... que dice lo que tiene en la antecedente, porque lo tuvo por un caballero muy pío y juez justificado y que por esta razón acudiría con mucho cuidado al buen despacho de las causas de pobres y miserables y indios, sin dar lugar a que fuesen molestados, ni a causarles costas ni gastos [...]". He aquí otra respuesta del testigo que nada dice ni a nada se compromete, como las anteriores, aunque favorezca al oidor.

6) "Si saben que dicho Señor D.N. cuidó del despacho de los pleitos fiscales y en que S.M. fuese servido, como lo mandan sus Cédulas Reales y Ordenanzas de esta Real Audiencia, sin dar lugar a dilaciones, ni otras cosa en perjuicios de la Real Hacienda, y si hizo lo contrario, digan en qué casos y cosas sucedió y perjuicio que le causó a la Real Hacienda".

Otra vez el escribano pone como modelo una respuesta digna de la ambigüedad que hemos venido observando y salvando de todo compromiso al presunto testigo: "... que tiene por cierto que el Señor Oidor acudiría al despacho de los pleitos fiscales y en que S.M. fuese interesado, ajustándose a las Cédulas Reales y ordenanzas dadas para este efecto, por el celo que siempre conoció en su persona". De manera que la afirmación es tan solo la deducción del testigo, pues en realidad nada sabe de lo que se le pregunta. Pero no se abstiene de contestar a favor del residenciado.

7) "Si saben que el dicho Señor D.N. acudió con puntualidad a todo lo tocante y concerniente al dicho oficio de Oidor y fue puntual a asistir a las audiencias, visitas de cárceles, acuerdos de ella y Real Hacienda y remates, sin haber procedido en esto con omisión o descuido, dolo ni fraude, ni dando lugar a ello, y si el dicho Señor D.N. hubiese hecho lo contrario, digan en qué casos y cosas y el daño y perjuicio que sobre ello se causó, así a la Real Hacienda, como a los particulares". Una pregunta realmente perfecta, que invita a denunciar el mal comportamiento que pudiera conocer el testigo. La respuesta sugerida como modelo es para tenerla presente: "[...] que no ha entendido, ni sabido, que el dicho Señor Oidor haya faltado en cosa alguna de las que dice la pregunta. Dice antes, como lleva dicho, lo tuvo por celoso y puntual en su oficio [...]".

8) "Si saben que dicho señor D.N. en las juntas y acuerdos de Real Hacienda que se halló, dio lugar a gastos escusados de la Real Hacienda, omitiendo la advertencia de S.M. y mejor disposición, haciendo obras y fábricas escusadas y el daño y perjuicio que vino de ello a la Real Hacienda, y en que casos y cosas sucedió, con toda claridad". La respuesta del modelo dice: "[...] que aunque este testigo no se halló en los acuerdos y juntas a donde el dicho Señor Oidor dio su voto y parecer, *presume y tiene por cierto* que le daría con grande ajustamiento en lo que entiéndese ser de mayor servicio de S.M. y utilidad pública y nunca entendió ni oyó decir que diese ocasión a gastos escusados [...]".

9) "... si acudió a las visitas de navíos y bajeles de S.M, en tiempos en que llega la Real Armada al Puerto del Callao, haciendo las diligencias convenientes para averiguar si han venido ocupados con mercaderías y otros géneros de haciendas y ropa de contrabando y si hubiere hecho lo contrario digan en qué casos y cosas sucedió y el daño y perjuicios que produjo a la Real Hacienda y como a los particulares". La respuesta es del estilo de las demás sugeridas: "este testigo tuvo noticias" que cuando le tocó hacer esas visitas "las hizo con toda justificación, porque nunca oyó ni entendió queja de su proceder, antes oyó decir que en el orden al Real Servicio y averiguar con justificación lo que tocó a las dichas visitas, era demasiadamente diligente y cuidadoso".

10) "Si saben que el dicho señor haya recibido alguna dádiva o interés, regalo u oferta, en virtud de la cual haya faltado a dar su derecho y justicia a las partes, digan en qué casos y cosas sucedió y el daño y perjuicio que resultó a la Real Hacienda y sus particulares". Aún en la supuesta respuesta a esta importantísima pregunta el escribano no abandona la ambigüedad. Veamos la respuesta sugerida: "que no sabe, ni ha oído, ni entendido, que el dicho señor haya recibido dádivas en poca ni en mucha cantidad por la administración de justicia, ni por interés alguno se le haya quitado a las partes, antes, como dicho tiene, le ha juzgado y juzga por uno de los ministros limpios, justificados y desinteresados de cuantos sirven a Su Magestad, antes ha estado tenido y reputado comunmente por juez de mucha entereza y autoridad, y todos los litigantes deseaban tenerle por juez en sus causas, sin que nadie se quejase de que por dádivas, ni por otro cualquiera interés le hiciese injusticia".

11) "... si saben que habiéndosele dado algunos avisos de aprender mercadería de China y otras de contrabando, como a Oidor más antiguo [...] omitió o tuvo negligencia en su ejecución por sus particulares fines, dádivas y promesas. Digan que cosa sucedió y que daño y perjuicio se causó a la R. Hacienda. La respuesta es por el estilo de las demás: "que no ha oído ni entendido que el dicho señor oidor haya disimulado en aprender la ropa de contrabando en los avisos que se le fueron dando [...] antes que dicho tiene, es notorio, hizo muy apretadas diligencias en las visitas a su cargo, sin que haya oído ni entendido cosa en contrario".

12) "... si favoreció a los delincuentes, soltándolos de la prisión, demostrándoles públicamente afecto, dando por ello motivo a grandes delitos y con el ejemplo de no castigarles se cometiesen delitos mayores. Especifique. La respuesta imaginada es digna de un autor de comedia: Sugiere el escribano se asiente así: "que nunca oyó ni entendió faltase a su obligación en las visitas de cárceles, antes oyó decir por muy cierto y constará por las visitas hechas en la cárcel de la ciudad, que estando preso un negro de una parienta suya y queriendo los demás señores soltarle, no lo consintió diciendo que era ladrón, que por la vindicta pública no era justo saliese sin castigo, y así juzga el testigo que en los demás casos procedería de esta suerte".

13) Si ha tenido tratos y contratos y con quienes y si las mercaderías se han destinado a los presidios y trajines de S.M. La respuesta sugerida: "que no sabe cosa alguna de ello y si sucediera fuera de muy público y este testigo lo supiera y los interesados y agraviados se quejarían". Como se ve el testigo, a la vez que libera de culpa al oidor, no se responsabiliza de ninguna forma de sus dichos.

14) Si ha tenido tablajes públicos de naipes, dados y otros juegos. La respuesta: "que no lo sabe, antes tiene por cierto lo contrario". Una increible manera de no contestar sobre un hecho que de haber ocurrido sería público y notorio.

15) Si valiéndose de su condición de oidor ha llevado a su casa de la Real Hacienda o de los almacenes Reales, mercaderías sin pagarlas. Sugiere esta respuesta: "que dice lo que dicho tiene en la antecedente y que no es creíble en las obligaciones y ajustado proceder del dicho señor oidor que procurase defraudar la Hacienda Real en los casos que la pregunta se refiere. Antes tiene por muy cierto que la aumentaría en todo lo que pudiese". Otra forma de eludir la respuesta.

16) Parecida: si ha sacado para sí mercaderías de los almacenes y tiendas de los mercaderes, sin pagarlas y si se ha valido de oficiales y obreros sin pagarles, o si en las comisiones que tuvo partió con los oficiales sus salarios, sin pagárselos íntegramente. La respuesta está bien ideada para liberar al testigo de responsabilidad: "que los mercaderes y oficiales son tales, que si dicho señor oidor no les hubiera pagado las mercaderías que de sus tiendas sacare, o las hechuras de los vestidos que hiciese, lo publicaran y se quejaran en mayor cantidad de lo que ello fuere, ni tales quejas nunca las ha oído ni entendido, antes siempre fue venerado el dicho señor oidor por la igualdad de su proceder".

17) Si ha permitido que los ministros de las Audiencias vivan licenciosamente sin tener la compostura que se debe tener en los lugares donde está el dosel y armas de S.M. y de las autoridades y falta de respeto que de ello ha resultado. Respuesta ideada: "que antes sabe que todo el tiempo que el señor oidor asistió en la R. Audiencia, particularmente cuando presidía, tenía muy ajustados a todos los ministros, sin permitir que alguno excediese en palabra ni obra y así es público y notorio entre todos ellos y entre las personas que han asistido a la Audiencia".

18) Si saben que el oidor haya sido causa que se hayan hecho valuaciones de oficios baratos ocultando la Hacienda Real por este camino. Se responde: "lo que dicho tiene en razón del celo y proceder del señor oidor y deseo del aumento de la Hacienda Real".

Se recomienda como fórmula de cierre de ese memorial, este párrafo barroco y alambicado: "Esto es señor todo lo que he podido comprender del hecho de esta causa. Y ojalá que en lo último, que V.M. me manda, que diga mi parecer, pudiera bastantemente satisfacer. Pero juzgo que habrá cumplido mi obediencia con notar, lo que no puede incluirse en los autos y puede servir de entero a la verdad, sin hacer juicio de lo reservado a V.M. y a su Real Consejo (que fuera irreverencia grande) y así con el rendimiento que debo represento a V.M. [...] En lo demás, Señor, que no toca a estas causas sino a la voz común y general aplauso, no podré callar sin faltar a lo puntual, que le tiene a este ministro de letrado de noticioso en las cosas de Indias y de limpio y entero, con seriedad en su proceder".

Aclara el autor que como estas residencias suelen hacerse poco antes de que salga la Armada "en que todos quieren abreviar el tiempo, el cual fuera muy dilatado si se examinaran pregunta por pregunta las treinta y tres propuestas, se puede recopilar todo el interrogatorio, siempre que no se quieran poner las declaraciones completas. Propone el autor asentar de esta manera las deposiciones testimoniales: 1ª. Sobre las generales de la ley y luego "A la segunda y demás preguntas del interrogatorio, que le fueron leídas a la letra, habiéndolas oído y entendido" se manifiesta conforme con el buen proceder del ministro. El escribano entonces sintetizará los contenidos de las preguntas. Así con cada testigo[684].

Luego de leer este muestrario, no podemos dejar de recordar el juicio del Regente Herrera, sobre las residencias, "son unos juicios de ceremonias ..."[685].

En el siglo XVIII, conforme se desprende de una cala realizada en las residencias de oidores que se guardan en el Archivo Histórico Nacional de Madrid[686], se puede comprobar el escaso interés puesto por los jueces en la substanciación de esos juicios, contrariamente a la preocupación que se advierten en épocas anteriores merced en especial a los testimonios recogidos por Mariluz Urquijo en su ya mentada obra sobre residencias.

---

684. Pérez Landero, op. cit., p. 13-17, 18-22 y 60-61 (Las cursivas son mías).

685. ("Que hacen buenos a los malos y jamás mejorarán a los buenos") D.A. Brading, "Nuevo plan...", cit., p. 380.

686. Pueden verse, por ejemplo, en la Sección Consejos del AHN, las residencias de los ministros Antonio de Villanueva (1763, Leg. 20. 765); Domingo Trespalacios y Escandón (1765-1771, Leg. 21. 461); Ruperto Vicente Luyando (1765, Leg. 20. 764); José Antonio de la Zerda y Soto (1771, Leg. 20. 768); Nuño Navia Bolaño (1775, Leg. 20. 766); Luis de los Ríos y Velasco (1775, Leg. 20. 765); José Antonio Areche (1775, Leg. 20. 718); Francisco Leandro Viana (1777, Leg. 20. 718); Vicente Herrera y Rivero (1777, Leg. 20. 765, 1785, Leg. 20. 979); José Antonio Uruñuela (1785, Leg. 20. 723); José López Lisperguer (1780, Leg. 20. 367).

Anotemos que muchos de los jueces de las investigaciones examinadas, sino todos, venían de ser, o eran en esos momentos, o serían en un futuro próximo, subordinados o colegas del magistrado residenciado. Formaban parte del cerrado mundo de los "muy poderosos señores", que a pesar de rencillas internas, enfrentamientos, celos y otros resquemores, mantenían un *esprit de corps* muy desarrollado que procuraban mantener invulnerable a intromisiones extrañas que pudieran perjudicarlos. Algunas de las sentencias, creo que fundadas en ese sentido corporativo, eran melosamente elogiosas.

Las averiguaciones en los casos examinados se reducen por lo general al pedido de informes a autoridades locales, eclesiásticos (cabildos seculares y catedralicios, obispos o arzobispos, abades o provinciales) y a la recepción de testigos, tarea confiada por lo general al escribano. Los testigos se muestran como integrantes de un grupo abigarrado de ex contertulios del residenciado, cuya devoción por él se agranda (si cabe) si la residencia es tomada por que el interesado deja su cargo para ir a ocupar una plaza de mayor jerarquía. Si el nuevo destino es el Consejo de Indias o alguna oiduría en España, todo se reducirá a una pura alabanza, como buenos "juicios de ceremonias" al decir de Herrera. Los jueces en estos casos exaltarán además de los méritos del que cesa, el buen tino del rey al haber llevado al residenciado a más altos cargos[687]. Si algún quejoso se decidía a entablar acción por separado contra el residenciado, debía en primer lugar encontrar abogado que se animase a entablarla y su resultado habría de ser probablemente incierto, debiendo pagar altas costas, según las instancias que fuesen necesarias[688].

Los testigos, en la inmensa mayoría de las residencias examinadas, responden con generalidades o formulan contestaciones elusivas. Si se refieren a hechos concretos, se trata en general de circunstancias poco comprometedoras. Tan similares son las manifestaciones de unos y otros, que muchas veces pareciera que responden no a los dichos de los interrogados, sino al criterio del escribano o del amanuense que redactó el acta,

---

687. Por R.C. de 2. V. 1787 la Corona suprimió la residencia de oidores cuando eran promovidos a otras plazas y en general, salvo casos de excepción determinados por el Consejo o el rey (J.M. Mariluz Urquijo, "Los juicios de residencia en el Derecho Patrio", en *Revista del Instituto de Historia del Derecho*, nº 5, Buenos Aires, 1953, p. 108 y sig.).

688. Es el caso del ex oidor de la Audiencia de México, Domingo de Trespalacios y Escandón. El juez residenciador era el Fiscal del Crimen de esa misma Audiencia, Miguel José Rojas. Se ordenó la residencia por R.C. de 3. III. 1765, cuando ya el oidor era miembro del Consejo de Indias. En la sentencia de 18. III. 1766 se sostuvo que no hubo cargo alguno, ni grave ni leve contra el residenciado. Dijo el juez, al elevar el expediente al Consejo, que Trespalacios cumplió "exactísimamente y con aplicación y constancia nada común las obligaciones todas anejas al empleo de Oidor de esta Real Audiencia..." digno del premio con que S.M. ya se dignó honrarle ascendiéndolo al Consejo de Indias y de cualquier otro mayor que quisiera darle. La demanda presentada por Pedro Domingo Rembao, por la mala actuación de Trespalacios como oidor juez de pulques, fue desestimada y severamente apercibido y multado el demandante en $400 y reprendido uno de los testigos Juan Lucas de Lessaga, figura prominente del gremio de mineros de México, coautor con Juan Cárdenas de León del proyecto de Ordenanzas Mineras de Nueva España, que S.M. aprobó en 1783. Le fue difícil a Rembao, a pesar de sus vinculaciones, lograr abogado que siguiese su pleito (AHN, Consejos, Leg. 21461).

que habrá de ser sin duda un personaje semejante al escribano limeño que había preparado el "manual" de que hemos hablado más atrás[689].

Las sentencias son absolutorias y muchas veces con recomendación de premio. Podemos referir algunas, fuera de las de Trespalacios Escandón y Herrera Ribero, que ya conocemos:

1) La sentencia de la residencia del Alcalde del Crimen y oidor de Santo Domingo José Antonio de la Cerda, pronunciada por el oidor de la misma Audiencia Miguel Calixto de Azedo, destacó que el oidor había sido "muy celoso en el cumplimiento y observancia de las leyes, cédulas Reales pragmáticas generales y particulares"... haciéndose digno a los ascensos que la piedad de S.M. quisiese darle y por ello lo declaró libre del juicio de residencia, con costas. En la nota de elevación de la residencia al Consejo, dijo el juez "que asimismo observó religiosamente las leyes, cédulas, Reales, pragmáticas generales y particulares". La sentencia del Consejo confirmatoria, se dictó el 27 de octubre de 1774.

2) La sentencia del juicio de residencia del oidor y Alcalde del Crimen de Santo Domingo, José Gómez Buelta, a quien se había resuelto cesarlo por ser intratable ("vitando"), de fecha 14 de marzo de 1760, dictada por el Auditor de Guerra de Campeche y Auditor General de Yucatán, lo absuelve por haber cumplido con sus obligaciones "en la observancia de las leyes Reales, cédulas y ordenanzas de Su Magestad que Dios guarde y de los católicos Reyes sus predecesores". Se hace merecedor a que S.M. lo recompense por el justo modo de procesar y digno de que la Real Clemencia le atienda en igual empleo o mayores. Lo condena en costas por no haber fondos de gastos de justicia ni penas de cámara con que afrontar esos gastos, desde "muchos años ha". El residenciado apeló lo de las costas por no haberle fijado sueldo alguno S.M. para su decente manutención. Se le concedió al solo efecto devolutivo, instándolo a pagar las costas, que se tasaron.

3) En la residencia al oidor de Santo Domingo Nuño Navia Bolaño, por haber sido promovido a igual plaza en Guatemala, dispuesta por R.C. de 18 de junio de 1775, se recomienda averiguar si hubo "sentenciando las causas conforme a derecho y a lo mandado por providencias, cédulas y ordenanzas mías y os informéis y sepáis como y de que manera ha usado y ejercido dicha plaza de oidor y si en ella ha hecho lo que debía y era obligado como buen ministro y si ha guardado las ordenanzas de dicha mi Real Audiencia y las otras cédulas y provisiones que están dadas..." En consonancia con ello, los testigos son preguntados "It. si saben que por causa del citado señor no se hayan observado todas las leyes, cédulas y ordenanzas, pragmáticas generales, o particulares

---

689. T. Herzog, *Ritos de control...*, cit., da cuenta de iguales vaguedades, salvo algunas excepciones bien justificadas, en las declaraciones testimoniales que ha examinado de las residencias a oidores de Quito (ver p. 39 y sig.).

de todas las ciudades, villas y lugares del distrito de esta Real Audiencia y si por remisión que hubiese a su ejecución y cumplimiento el susodicho señor se faltó en todo o en parte a las citadas Reales leyes, pragmáticas y ordenanzas".

Los testigos declaran con una generalidad asombrosa. Tal vez por haber fallecido el residenciado nadie tenía ya interés ni en quedar bien ni en averiguar nada. La sentencia fue pronunciada el 15 de febrero de 1776, en la que se destacó las excelentes condiciones del ministro, que como he dicho había fallecido durante el trámite. Con costas a los herederos. En la nota con que el juez interviniente Simón de Mirafuentes, oidor y Alcalde del Crimen de la misma Audiencia, elevó al Consejo la residencia, se puntualizó "Que cuidó con esmero que no se vulnerasen las leyes, reales cédulas y soberanas intenciones de V.M.". La sentencia definitiva del Consejo se dictó el 27 de febrero de 1777.

4) La residencia del oidor Juan Antonio Uruñuela, ya Regente de la Audiencia de Guatemala, por el tiempo en que fue Oidor de la de México, fue dispuesta por Real Cédula del 14 de junio de 1785 y encomendada al oidor de México Eusebio Ventura Beleña. En la Cédula se le manda al juez lleve adelante la residencia y averigüe si ha obrado "sentenciando las causas conforme a derecho y a lo mandado por provisiones, cédulas y ordenanzas mías y os informéis ... si ha guardado las Ordenanzas de la dicha Audiencia y las otras cédulas y provisiones que están dadas". En la sentencia (de 28 de junio de 1786), se dice "No resultar el más leve cargo contra el referido Señor Don Juan Antonio de Uruñuela y que antes bien se halla plenísimamente probada con las expresivas declaraciones de los 16 testigos, individuos de la mayor distinción y circunstancias e instruidos por sus empleos, de la recta, acertada, cristiana y arreglada conducta del expresado señor, su exactitud en el cumplimiento de todo lo que fue de su cargo, la libertad y buen tratamiento de los indios y el breve despacho de sus negocios, la observancia y ejecución de lo mandado en las Reales Cédulas y Leyes de nuestros reinos, su notorio desinterés en todo lo que fue de su atención, sus no comunes y señalados servicios y relevante mérito..." Agrega el juez que debe "declarar y declaro haber sido el señor Uruñuela recto, limpio y puntual en el servicio de S.M. observando sus Reales Ordenes, celoso y vigilante en la administración de justicia y concurrido en su señoría las calidades y circunstancias que se requieren en un perfecto ministro, que como tal se desempeñó exactamente en el expresado cargo con la aplicación, celo y fidelidad correspondiente a sus grandes obligaciones en servicio de ambas magestades, bien y utilidad del público y consiguientemente digno de que S.M. le honre y favorezca con otros empleos conforme a sus méritos, absolviéndolo como lo absuelvo de la satisfacción de costas y salarios de este juicio, ..." S.M. ya lo había premiado con la Regencia de Guatemala, de manera que no venía mal pedírselo.

5) La residencia del oidor de México Francisco Leandro Viana de Teca dispuesta por R.C. de 20 de marzo de 1777, se despachó rápidamente (en nueve meses). Era ya,

al tiempo de substanciarla, miembro del Consejo de Indias. La sentencia la dictó el día de Nochebuena, 24 de diciembre, el juez residenciador y Fiscal de la misma Audiencia Galindo de Quiñones. Se dijo en ella que cumplió exastísimamente y con una aplicación nada común las obligaciones de su cargo, como todas las laboriosas e importantes comisiones que se le encargaron, "digno portavoz de los elogios con los que los testigos lo aplauden y a que concuerdan las mas de las veces las certificaciones que se mandaron poner", sino también el premio con que S.M. se sirvió honrarle, ascendiéndole al Consejo de Indias "y de cualquier otro con que la Real Magnificencia tuviese a bien distinguirle". Se lo libró de costas, no hubo más pesquisas y ninguna demanda.

6) La residencia del oidor de México Sánchez Pareja, tuvo trámite similar. El residenciado era ya Regente de la Audiencia de Guadalajara. Se dispuso la residencia por R.C. de 19 de mayo de 1777. El 23 de febrero el mismo juez residenciador anterior y Fiscal de la Audiencia Galindo de Quiñones elevaba las actuaciones al Consejo con sentencia absolutoria.

7) La residencia de Don José Antonio de Areche, por el tiempo en que fue Fiscal en lo criminal y lo civil de la Audiencia de México, fue ordenada por R.C. del 20 de marzo de 1777. Se comisionó para ello al Lic. Baltasar Ladrón de Guevara, Ministro Honorario del Crimen de la Audiencia de México que al tiempo de iniciar la residencia ocupaba el cargo de Fiscal en lo Civil de esa misma Audiencia. Se indica en la Real Cédula, para que no haya equívocos, que el residenciado ha sido ya promovido al cargo de Ministro togado del Consejo de Indias.

En la nota de fecha 27 de marzo de 1778, a un año y días de haberse dictado la Cédula que ordenaba la residencia, el juez Ladrón de Guevara formula apreciaciones por demás laudatorias. Una pieza singular de alabanza y exaltación, que habría hecho palidecer de envidia al más vanidoso: "La información y certificaciones me parece presentan en la conducta del residenciado el modelo de un perfecto Fiscal y excelente Ministro, en aquella se ve su virtuoso método de vida y que así en lo público como en el retiro de su casa se portó con decencia propia de su esfera, pero sin profusión y medido a los salarios que gozaba, manteniendo una muy moderada, precisa y arreglada familia. Su genio urbano y amable con que se ganó los corazones especializándose en oír y proteger a los Indios, cuyas causas como las delpúblico defendió con el mayor empeño, promoviendo cuánto consideró oportuno para la felicidad de aquellos en lo espiritual y político y los arbitrios que le dictó su amor al bien común".

Se refiere también el juez residenciador a la integridad y ardor con que procuró el remedio y castigo de los pecados públicos, dando el saludable ejemplo de no disimular los excesos de sus criados sobre que se refieren casos particulares que lo acreditan. Destaca su puntual asistencia a las juntas y demás actos que debió presenciar y su atareada dedicación al despacho de la Fiscalía sin reserva de las horas del descanso, ni de los días festivos con que logró el progreso de increíble número de expedientes que comprueban las certificaciones; su actividad y entereza en sostener los derechos del Real Patronato y regalías de V.M., el cumplimiento de las Reales Cédulas y Órdenes, el seguro aumento y destino de las temporalidades ocupadas a los ex-Jesuitas y el de los templos y colegios que les pertenecían.

El sobresaliente amor a los intereses del Real Erario de V.M. —sigue diciendo en su nota el juez—, con que a costa de continuas tareas procuró su aumento, meditando y promoviendo cuantos arbitrios y medios pudieron sugerirle sus luces y experiencias, de lo que citan los testigos abundantes ejemplares, a que se debió en gran parte el considerable aumento de cada uno de los ramos ... llegó la Real Hacienda a 12. 455. 370 pesos y su existencia o sobrante a 4. 622. 836 pesos, 7 reales y cuatro granos... mereciendo el concepto común de un perfecto y ejemplar Ministro y ser digno de que la Real Clemencia de V.M. le remunere, como puede, según fuere de su Real soberano agrado". Lo absuelve de las costas del proceso. En verdad el señor Ladrón de Guevara era un buen colega del su actual jefe.

7) El juicio de residencia del Fiscal de Santo Domingo Luis de los Ríos y Velasco por haber sido promovido a igual plaza de la Audiencia de Santa Fé en el Nuevo Reino de Granada, fue dispuesta por R.C. de 18 de junio de 1775. El juez fue Andrés Pueyes y Urríes, oidor decano de la misma audiencia.

En la R.C. se recomendaba averiguar si había sentenciado las causas "conforme a derecho y a lo mandado por provisiones, cédulas y ordenanzas mías y os informéis y sepáis como y de que manera ha usado y ejercido la dicha plaza de Fiscal y si en ella ha hecho lo que debía y era obligado como buen ministro y si ha guardado las ordenanzas de la dicha Audiencia y las otras cédulas y provisiones que están dadas... y le haréis cargo de cualquier contravención que haya hecho a lo dispuesto y mandado cumplir por dichas leyes, cédulas y ordenanzas y omisión que haya tenido en su ejecución y cumplimiento". Entre las preguntas de la secreta se indaga si asistió el 7 de enero de cada año a la lectura de las ordenanzas de la Audiencia "y si contra ellas ha procedido dicho señor en algún modo o no ha pedido que las guarden los inferiores, como asimismo la observancia de las leyes, pragmáticas generales, o particulares de todas Las ciudades, villas y lugares del distrito de esta Real Audiencia". Los testigos declaran con gran generalidad, se expresan en una o dos preguntas y luego se remiten a ellas. La sentencia pronunciada el 24 de enero de 1776 destacó entre otras cosas que el ministro no había consentido "que se dejasen de observar todas las Reales leyes y pragmáticas". Lo declaró recto y justo ministro y acreedor a la gracia que la Real Piedad se dignó hacerle de la Fiscalía de Santa Fé y a las demás que fueren de su soberana voluntad", con costas. En la nota con que elevó la residencia al Consejo puntualizó el juez que el Fiscal "cuidó con esmero e integridad que no se vulnerasen las leyes, reales cédulas y soberanas intenciones de V.M."

8) El Oidor Decano y Alcalde del Crimen de la Audiencia de Santo Domingo, Antonio de Villaurrutia y Salcedo, fue residenciado según se ordenó en la R.C. de 12 de noviembre de 1763, por haber sido promovido a la de México. Fue su juez Manuel Fernández de Villanueva, provisto Auditor de Campeche, luego electo Auditor de Guerra de la Provincia de Yucatán. En la R.C. se pide averiguar "si ha guardado las ordenanzas de la dicha mi Audiencia y las otras cédulas y provisiones que están dadas", también que se le hará cargo de "cualquier contravención que haya hecho a lo dispuesto y mandado cumplir por las dichas leyes, Cédulas y ordenanzas y omisión que haya tenido en su ejecución y cumplimiento".

En el interrogatorio preparado para la secreta, se preguntaba "si en su distribución (de la justicia) observó las Pragmáticas Generales, y particulares de todas las ciudades, villas y lugares del distrito de esta Real Audiencia...".

El juez declaró, por sentencia de 14 de junio de 1764, que el residenciado ha "cumplido en todo y por todo con las obligaciones de su empleo lo que le hacen digno así del empleo de Oidor de la Real Audiencia de México a que V.M. le ha promovido como también de que Vtra. Real Clemencia le atienda a otros mayores ascensos de su Real agrado". Decía además el juez que había guardado "las ordenanzas, cédulas y leyes Reales de S.M. y haciendo las guardaran los inferiores". Lo condenó en costas, de lo que apeló el apoderado.

9) La residencia del oidor de Charcas José López Lisperguer por haberse jubilado, fue dispuesta por R.C. de 11 de julio de 1780. El juez residenciador era el Lic. Don Juan del Pino Manrique, Fiscal en lo Civil de la misma Audiencia.

En Potosí el 18 de enero de 1782 Juan del Pino Manrique —desempeñándose ya como gobernador intendente de ese rico asiento minero— pronunció su sentencia como juez residenciador declarándolo "por buen ministro, exacto en el cumplimiento de sus obligaciones y de las que las leyes le imponen por su cargo y como tal digno de que S.M. le atienda con los premios y mercedes que su generosidad tenga a bien dispensarle y le absuelvo del expresado juicio de residencia". Ordenó elevar el expediente al Consejo y que se tasen las costas y gastos que se notificarán al residenciado "a quien igualmente por el justo modo de proceder condeno en los gastos de la residencia".

El 20 de junio de 1782 se elevaron los autos al Consejo con nota en que comunicaba la sentencia, donde agregaba: "Por la información recibida con copioso número de testigos [30], resulta que dicho Don José en el tiempo que fue oidor se manejó con integridad dando pronto despacho a los negocios, con puntual asistencia al tribunal y es cierto que es un ministro de una escogida literatura, consumada prudencia, y larga práctica en el manejo de los negocios, pues además del diario despacho del tribunal ha sido incesante su tarea en el grave negocio de las Temporalidades sin que por ello dejase de atender a los otros juzgados que por turno le correspondían y habiendo sido destinado a la Villa de Oruro para el arreglo de aquellas Reales Cajas, desempeñó la comisión con pulso, integridad y satisfacción del público de lo cual hago presente a V.M. para que su Real piedad atendiendo al mérito de este ministro le dispense las gracias y prerrogativas que sean de su Real agrado.

10) El Fiscal de la Audiencia de Santo Domingo, José Pablo de Agüero, por haber sido promovido a Oidor de la Casa de la Contratación de Cádiz, debió ser residenciado, conforme se ordenaba por R.C. de 9 de octubre de 1761. El juez fué José de la Cerda y Soto, Oidor Decano de la Audiencia.

Se previene entre otras cosas que debe averiguarse si en el cargo de Fiscal "ha hecho lo que debe y era obligado como buen ministro y si ha guardado las ordenanzas de la dicha audiencia y las otras cédulas y provisiones que están dadas". En el interrogatorio a los testigos se les preguntaba si el día 7 de enero de cada año todos los ministros concurrían a oír leer las Ordenanzas de la Audiencia, y si saben que asistió a esa lectura, si contra ellas ha procedido o no ha pedido que las guarden, "como asimismo la observancia de las leyes, pragmáticas generales, o particulares de todas las ciudades, villas y lugares del distrito de esta Real Audiencia, o al contrario". Las respuestas, inducidas por las preguntas, son todas acordes, yo diría que aburridamente iguales. La sentencia pronunciada el 14 de agosto de 1765 lo absolvió y declaró buen ministro "acreedor muy digno a la gracia que con anticipación le ha hecho S.M. de promoverlo para el servicio de uno de los tribunales de España y a los ascensos que su Real Piedad se dignase destinarle en adelante". Dice además el juez "que fue muy celoso en pedir el mejor cumplimiento y observancia de las leyes, cédulas Reales Pragmáticas, generales y particulares". En la nota de remisión al Consejo, el juez puntualiza los actos cumplidos y lo averiguado. En su parte pertinente dice "que fue muy diligente en pedir el mejor cumplimiento y observancia de las leyes, cédulas y Reales Pragmáticas generales y particulares".

11) Promovido a la Audiencia de Guadalajara de la que fue Oidor Decano, hubo de dar residencia el oidor de Santo Domingo, Don Ruperto Vicente de Luyando, dispuesta por R. Cédula del 18 de junio de 1765. Se dice en ella que deberá averiguarse, entre otras cosas, "si ha guardado las ordenanzas de dicha mi Audiencia y las otras cédulas y provisiones que eran dadas". El juez fue José Antonio de Urizar, oidor y alcalde del crimen de la misma Audiencia de Santo Domingo. En el interrogatorio se pregunta a los testigos si guardó el secreto del Real Acuerdo. "Y si saben que por causa del citado señor no se hayan observado puntualmente todas las leyes, cédulas y ordenanzas, pragmáticas generales, o particulares de todas las ciudades, villas y lugares de esta dicha Real Audiencia y si por omisión que tuviese a su ejecución y cumplimiento el susodicho señor se faltó en todo o parte de las citadas Reales leyes, pragmáticas y ordenanzas". Todos al unísono declaran a favor del oidor, con respuestas como las sugeridas por Pérez

Landero. Por ejemplo Fernando de Heredia, alcalde ordinario de la ciudad, responde en general que no sabe ni ha oído nada que se oponga a esta pregunta. En el caso de los demás el escribano asienta "respondió igual". Alguno queriendo distinguirse agrega algún adorno a su respuesta, como Pedro Hierresuelo, tal vez para dar cuenta de su condición de abogado de la Audiencia. Respondió "que tampoco sabe cosa contraria a esta pregunta, antes bien tiene para sí procedería con el mayor celo y eficacia al mejor cumplimiento de todas las disposiciones de S.M. y su Real servicio". La sentencia de fecha 2 de abril de 1776 lo declaró "ministro recto, limpio, desinteresado y muy digno de que S.M. por sus méritos y servicios le honre con mayores gracias y empleos". Lo condenó en costas por no haber de donde costear el juicio. El Consejo confirmó la sentencia. Cuando el Relator expuso el expediente ante el Consejo, dijo que el oidor "cuidó con esmero que no se vulneraran las leyes, Reales Cédulas y soberanas intenciones de V.M."

La sentencia confirmatoria del Consejo se dictó el 22 de febrero de 1777.

Lo cierto es que la Corona a fines del siglo XVIII no debió fiarse mucho en las residencias de oidores, pues por R.C. de 2. V. 1787 las suprimió para los que cambiaban sus plazas, dejando a salvo la posibilidad de hacerlo en casos especiales. Por fin la R.C. de 24 de agosto de 1799 reestructuró la institución, dividiendo a los residenciables en tres grandes grupos, en ninguno figuraron los jueces de las Audiencias indianas[690].

Es de advertir en estas residencias del siglo XVIII la preocupación por conocer si el residenciado había cumplido con la ley del rey, con una insistencia y un sentido muy diferentes a las preguntas similares de siglos anteriores. Cuando el juez quiere destacar los méritos del oidor residenciado se refiere invariablemente a ese mérito, el "exactísimo" cumplimiento de la legislación real, y sin importar si la ley a que se refiere el elogio fuese borbónica o de los Austrias, o anterior. Es "la ley", lo importante, los "mandamientos" de S.M., de lo que ya hemos hablado en páginas anteriores, conforme a las corrientes doctrinarias en boga.

17. La crítica a la administración de justicia en el siglo XVIII

Hemos dicho un centenar de veces a lo largo de esta obra que durante todo el *ancien régime* el *ordo iudiciario* giraba en torno a la persona del juez (pública y privada). También señalamos que por lo tanto las críticas a la administración de justicia no era habitual que fuesen dirigidas contra el ordenamiento jurídico, pues no eran las leyes las que la obstaculizaban, sino los hombres que las aplicaban malamente. Al menos ese era el planteo doctrinario general[691]. En el siglo XVIII la nueva reverencia hacia la ley, que avanza sin pausa a pesar de los obstáculos que el viejo orden le opone, hace que la condena al mal juez tome mas vuelo que en tiempos anteriores y se convierta en tema predilecto cuando

690. J.M. Mariluz Urquijo, *El agente* ..., cit, p. 419-420.
691. Véase V. Tau Anzoategui, *Casuismo y sistema...*, cit. p. 541 y sig.

se quieran señalar las deficiencias del *ordo iudiciario* vigente. La jerarquización de la ley del rey, aún cuando esa ley proviniese de otros tiempos y respondiese a otros criterios que los que auspiciaba la nueva monarquía reinante, como por ejemplo las contenidas en la Recopilación de Indias elaborada durante los reinados de Felipe IV y Carlos II (que reunía disposiciones sancionadas muchas de ellas desde la misma época del descubrimiento), o las normas de las Ordenanzas de Audiencias repetidas casi a la letra desde el siglo XVI, o incluso las antiguas leyes de *Partidas*. Repetimos una vez más con Mariluz Urquijo, que "Cuando el criticismo del siglo se aplica al campo del derecho es casi siempre para censurar el derecho romano o a las leyes y costumbres españolas muy antiguas, provenientes de 'tiempos tenebrosos', frutos de una grande ignorancia, con el fin de adecuarlas a los tiempos ilustrados que corren"[692]. Por ello la exaltación del valor de la Ley era el mejor remedio contra el mal juez y obedecerla la mejor forma de corregir la administración de justicia.

Para tener buenos jueces tan sólo bastaba que obedecieran la Ley sin retaceos ni interprestaciones, sumisamente.

Al señalar las deficiencias encontradas en la Audiencia de México, como resultado de la visita ordenada el 21 de diciembre de 1715, a la que nos hemos referido en varias oportunidades, por ser la cédula que se dicta en su consecuencia un texto de gran riqueza doctrinaria y argumental, el rey le advierte al tribunal, de un modo claro y lacónico (propio de los nuevos tiempos en que la Corona quiere obediencia y no "interpetaciones"), que los agravios comprobados han partido "no solo [de] la poca observancia de cuanto con madura reflexión prescriben las leyes de esos y estos Reinos, sino también [de] su entero abandono con gran menoscabo de mi Real autoridad, comunicada a esa Audiencia, y no menos perjuicios a la causa pública por la mala administración de justicia". Por ello "ha parecido conveniente advertir a todos los individuos que ahora la componen y a los que en adelante la compusieren, el exacto cumplimiento de las leyes y ordenanzas que tenéis juradas desde el ingreso a vuestros empleos, para que quitéis y reforméis todos los abusos introducidos y practicados con nombre de *estilos*, siendo como son realmente corruptelas y aunque con solo mandar observar las leyes y ordenanzas bastará, para que con su cumplimiento quedase todo remediado y esa Audiencia establecida a su antiguo honor y respeto".

Se indica en la cédula cuales son las concretas violaciones en que han incurrido los oidores en punto a su conducta, "faltando al juramento hecho": i) violar el secreto debido cuando se vota en los acuerdos, con conversaciones en las casas y calles de las circunstancias que intervinieron al tiempo de votarse las causas; ii) hacer públicas las determinaciones de justicia antes de ser firmadas; iii) hacer los acuerdos en la antecámara del virrey pudiendo su familia enterarse de lo que se delibera y vota, con violación del tan recomendado secreto.

692. J.M. Mariluz Urquijo, "El derecho natural como crítica del derecho vigente en el setecientos ríoplatense", cit., p. 215.

A lo largo de esta cédula, bastante extensa, el rey en varias oportunidades insiste en el cumplimiento de las normas recopiladas de 1680 que cita expresamente, con indicación de libro, título y ley, para su "literal cumplimiento"[693].

En 1777 se le hacía saber a José García de León y Pizarro al encomendarle la visita a la Audiencia de Quito, que debía procurar "restablecer a su antiguo ser las leyes y ordenanzas que por negligencia o malicia de los sujetos contra quienes se dirigen se hallan en el todo o en parte abolidas por su inobservancia"[694].

Unos años antes, el 19 de octubre de 1768, como lo hemos señalado en la primera parte de esta obra, el Fiscal Vicente de Herrera reinstala en su verdadero valor a la ley, al exigir a la Audiencia de Santo Domingo, su exacto cumplimiento (se trataba de una ley de *Partidas* que fulminaba con la pena capital a los ladrones de ganado). La Audiencia en atención a circunstancias particulares y a su propio "estilo", había obviado la aplicación de la pena de muerte. Pero ante la instancia del Fiscal aceptó el reclamo y resolvió el 21 de octubre de 1768 rectificar el "estilo" seguido hasta entonces, y aplicar la pena de *Partidas* a los abigeos[695].

Tenemos aquí en estos ejemplos una clara exposición de los nuevos tiempos jurídicos y de la exaltación de la ley aunque fuese del siglo XIII, como en el caso de los abigeatos de Santo Domingo. Además el Fiscal recalca en esa oportunidad, que *los respetables estilos y prácticas venerables de los tribunales solo influyen en lo ordenatorio de los juicios y no en sus decisiones y méritos de los procesos.* Algo similar a lo que S.M. expresaba a la Audiencia de México, en la recordada R.C. de 1715, condenando "estilos" que pudiesen opacar la "luz" de la ley del rey. Todo "estilo" podrá valer tan solo en la práctica judicial, pero no servirá para modificar normas legales.

---

693. AHN, Consejos, Leg. 21461, R.C. de 13. XII. 1721.

694. E. Martiré, "La visita de García de León y Pizarro a la Audiencia de Quito...", p. 323-344. Dice Garriga que resulta de interés advertir que de las reglas dictadas por el visitador para mejorar la administración de justicia de Quito, que eleva al Consejo para su aprobación, sólo se aprueban las que están conforme a las leyes vigentes, entre las cuales se encuentran las que fundamentan el "modelo" judicial: la disciplina de la colegialidad y el secreto (La visita...", cit.).

695. Las actuaciones constan en el expediente de la Residencia tomada al Fiscal de la Audiencia de Santo Domingo, Don Vicente de Herrera por haber sido promovido a Alcalde del Crimen de la de México (A.H.N., Sección Consejos, Leg. 20. 765). Decía el Fiscal a la Real Audiencia de Santo Domingo que "se sirva mandar publicar en esta capital y toda la Isla que en adelante se impondrá irremisiblemente pena de muerte y en ejecución de la Ley de Partidas a todos los ladrones de ganado, en quienes se verifique concluyentemente la calidad de abigeato. Esta diligencia se hace precisa en el día *porque aunque las leyes jamás se prescriben ni derogan sin especial resolución de V.R.P. y que por la sola existencia en el cuerpo del derecho siempre obligan sin necesidad de otra intimación*, pero las circunstancias del país, dificultad de pruebas, formalidad de las causas y otros superiores motivos que hasta aquí *han movido a V.A. a templar su severidad*, pueden haber inducido una material ignorancia o errada creencia de su abolición. En estos términos y porque últimamente se ha manifestado demasiado común este execrable género de hurtos con grande perjuicio del público, que llama para su corrección el uso de la saludable ley expresada, es muy consiguiente a la justificación, integridad y celo de V. A. por la utilidad común, reclamar todo su vigor con su exacta observancia, haciéndose notoria esta deliberación para que nadie pueda en lo sucesivo alegar pretexto ni fundamento para su dispensa, *en la inteligencia que los respetables estilos y prácticas venerables de los tribunales solo influyen en lo ordenatorio de los juicios y no en sus decisiones y méritos de los procesos*" (La cursiva me pertenece).

El autoritarismo "legal" que advertimos en estos casos, es de su tiempo y puede ser reconocido en múltiples ocasiones, pues surge a cada paso, cualquiera fuese el asunto de que se tratase. La fuerza de la ley se aplicará tanto para la ley sancionada en la Metrópoli como para la ley sancionada en el propio territorio y su autoridad se extenderá a los mandamientos que en ejecución de ella sean dirigidos a los funcionarios que las deberán cumplir reverentemente.

Así surge por ejemplo en las expresiones de un virrey de Lima, enfrentado a las reacciones provocadas por la brutal supresión de la Compañía de Jesús: "... pues de una vez para lo venidero deben saber los súbditos del gran monarca que ocupa el trono de España, que nacieron para callar y obedecer, y no para discurrir ni opinar en los asuntos del Gobierno"[696]. El Obispo Lorenzana, ante el mismo problema, afirma que "obedecer y callar" debía ser la regla. Juristas del Consejo de Indias, como Marcos Ximeno y Antonio Porlier, ante la instancia presentada por el virrey Guirior en 1779, que cuestiona las normas de la instrucción de regentes, recomiendan a S.M. le haga saber en forma clara y terminante que "guarde, cumpla y observe sin tergiversación todos los capítulos" que había osado observar[697]. Mucho tendrá que ver con esa rendida subordinación a las leyes, la reorganización adminitrativo-militar de la Monarquía Borbónica, de lo que me he ocupado en otro lugar[698].

Por ello aunque la observancia de las leyes, ordenanzas y cédulas reales ocuparon siempre un lugar prominente en los interrogatorios a testigos y en los informes que el juez residenciador recaba de distintos funcionarios y corporaciones, como en las consideraciones que él mismo formula al elevar las actuaciones al Consejo, ahora esa presencia acusa ribetes nuevos y de mayor importancia. No es ya la general demanda de averiguar si ha cumplido "con las leyes y ordenazas", como desde antiguo se inquiría, o que al elevar el expediente de la residencia el juez haga constar que el residenciado ha cumplido con la ley, ahora ese cumplimiento reconoce la preocupación de la Corona por una actuación concreta y positiva del residenciado que se recoge en las actuaciones de cada caso . De ahí que deba averiguarse si el juez se ha subordinado a la voluntad del rey, que es la ley y sus mandamientos particulares, aunque esa ley no la hubiese expresado el monarca reinante, sino otro, hace poco o mucho tiempo atrás.

Debo decir que a esta altura podemos sostener que la administración de justicia indiana sometida a los sistemas de contról y corrección arbitrados por la Corona, no modificó en

696. La cita la tomo de Horst Pietschmann ("Justicia, discurso político y reformismo borbónico en la Nueva España del siglo XVIII", en Marco Bellinger, *Dinámicas del Antiguo Régimen y orden constitucional*, Torino, Otto Editore, 2000, p. 17), aunque me parece que no se ha comprendido enteramente su significado.

697. E. Martiré, *Los Regentes...* cit. , 1981 p. 71-79.

698. E. Martiré, "La militarización de la monarquía borbónica en América", en Feliciano Barrios (coord.), *El Gobierno de un mundo. Virreinatos y Audiencias en la América Hispánica,* Fundación Rafael del Pino/Universidad de Castilla-La Mancha, Cuenca, 2004, p. 447-488.

líneas generales los defectos y anomalías que desde los primeros tiempos la apartaron del modelo de *iudex perfectus*, a pesar de la constante decisión de la Corona de corregirlos, que se traducía en una multitud de normas de todo tipo. El balance altamente negativo que surge de los informes de los que hemos reseñado en páginas anteriores, incluye este de fines del XVIII, que se refiere a la actuación de los Fiscales, de quienes no hemos hablado lo suficiente.

Estos "polos de los tribunales", puestos para vigilar el cumplimiento de la ley y por consiguiente de velar por una administración de justicia independiente de presidentes y otras autoridades del gobierno, eran un elemento de vigilancia y supervisión inigualable. Sobre este funcionario apunto —por provenir de un magistrado sin tacha— la opinión del Regente de México Vicente de Herrera y Rivero estampada en su "Nuevo Plan" para reorganizar la justicia, del que ya hemos hablado[699], quien insiste en destacar el valor de estos funcionarios y su importancia para obtener una buena administración de justicia. Considera Herrera que los fiscales no han cumplido a lo largo de la administración española en Indias con el objetivo tenido presente al designarlos. Han vivido en una gran separación de la Audiencia, uniéndose en cambio al Gobierno, de quien precisamente se esperaba que fuesen independientes. Se hicieron asesores y parciales de los Presidentes complaciéndolos en todo con el fin de lograr "más autoridad en el público para sus distinciones y adelantamientos". Con su accionar proclive a los presidentes han dado lugar y fortalecido el despotismo de los jefes del gobierno, en detrimento de la independencia de las Audiencias. Digamos por nuestra parte que el informe de Herrera se producía en un tiempo en que el despotismo era el modelo que se respiraba desde la Corona.

No se había logrado "enderezar" a lo largo del siglo XVIII la torcida y defectuosa administración de justicia heredada de los Austrias a pesar de la insistente valoración de la Ley y del sometimiento del juez a ella, propiciado por los Borbones. La "crillofobia" de la otoñal administración borbónica, tampoco dio mejores resultados. La administración de justicia "criollizada", especialmente durante el siglo XVII y continuada durante la primera mitad del siguiente[700], no era peor que la que se administraba en la segunda parte del XVIII con jueces preferentemente peninsulares, que digamoslo de una vez, no cejaban en su afan de "criollizarse", entendiendo por tal a sus empeños en sumergirse, no mas llegar a destino, en el confortable, apetitoso y redituable mundo indiano, mediante casamientos, adquisición de bienes, tratos y contratos, sociedades lucrativas ocultas mediante prestanombres, como también explotaciones mineras o mercantiles. Todo ello en violación de expresas normas de derecho, lo que habla claramente de la conducta de los nuevos magistrados peninsulares con los que se remplazaba a los naturales, por ser "mas de fiar".

699. D.A. Brading, "Nuevo plan para la mejor...", cit. 375-400.

700. Ver Mark Burkholder & D.S. Chandler, *De la impotencia a la autoridad —La Corona española y las Audiencias de América— 1687-1808*, México, FCE, 1984.

Como decía el catalán "poeta" Serra y Valls[701] en el Buenos Aires de los años 1807/1810:

Por la grande corrupción
que se advierte en la justicia
se perderá Buenos Aires,
si no se enmienda de prisa

La más importante "reforma" fué la emprendida por Carlos III y su ministro Gálvez, pero no arrojó resultados satisfactorios. Es decir no hubo ni alteración del modelo ni novedades de importancia, más que ajustar las medidas para acelerar trámites y aumentar jueces y sueldos, además del deseo patentizado en las disposiciones dictadas en 1776, de tener en manos del Marqués de Sonora todos los resortes del gobierno indiano, incluyendo la administración de justicia, conforme lo denunciaba al Príncipe de Asturias, futuro Carlos IV, el Conde de Aranda desde París, el 22 de abril de 1781. Por lo demás a los pocos años, muerto Gálvez, prácticamente se la dejó de lado, y no se han advertido cambios substanciales en el esquema judicial indiano después de la mentada "reforma".

En el capítulo siguiente nos ocupamos más detenidamente del tema.

18. La justicia atada al antiguo régimen

La justicia en Indias estuvo adherida al poder, fue una manifestación más de su absolutismo, como no podía ser de otro modo. Un poder absoluto cada vez más endurecido, liberado de todo atamiento, salvo el que provenía del derecho natural y de la religión, convencido de que la obediencia ciega a los mandamientos regios, fruto de inspiración divina, que eso eran en definitiva sus leyes[703], sería la solución a todos los males y problemas heredados del pasado. Bajo "el suave yugo" del déspota ilustrado se lograría la felicidad terrena y celestial, pues nada le era extraño y nada podía escapar a su omnímoda voluntad.

Volvemos por un momento al tema de residencias y visitas, para decir una vez más que se han atribuido singulares méritos a estas instituciones de vigilancia y control, durante el prolongado dominio español en Indias, considerándolas un muro de contención de abusos y excesos de los magistrados, útiles para desvanecer imputaciones falsas,

701. José Serra y Vall, *Colección de Versos (Buenos Aires, 1807-1810,* con Estudio Preliminar de Daisy Ripodas Ardanaz, Buenos Aires, Academia Nacional de la Historia, 200, p. 177.
702. Me he ocupado de ello en E. Martiré, *1808...*, cit., p. 199.
703. Utilizamos el término en el más amplio sentido ("la voz del rey").

hecho temido por quienes habrían de ser residenciados o visitados, instrumento de dominación, sofrenadoras de la soberbia proverbial de los oidores, vía de información excelente y por ello fuente de mejoras de la estructura de la administración judicial, y aún de la administración en general y de la de Real Hacienda, recurso apto para que desde el pobre indígena hasta el mas encumbrado personaje hicieran llegar sus agravios contra el mal juez[704].

No dudo que estos medios de control y corrección llegaran a tener en alguna medida y en determinadas etapas de su existencia esas virtudes. El tema creo que ha sido suficientemente tratado, sin embargo existe un interrogante que conviene develar ¿En qué medida podía la Corona hacer algo más de lo que hacía? —y en verdad hacía mucho—, anclada en el *ordo iuris* del antiguo régimen, que ya al cabo de la dominación española del Nuevo Mundo daba señales manifiestas de encontrarse en profunda crisis. Sumar controles, poner más adecuada vigilancia de conductas y actitudes, aumentar el rigor de las penas a los díscolos, mejorar sus sueldos, animarlos —con ascensos y distinciones— a mantener incólume la norma moral, eran resortes de una máquina desgastada que no resultaba idónea ya para brindar la administración de justicia apetecida.

La buena conducta del juez era la única garantía de justicia en el *ancien régime*, es decir su buena conciencia[705], pues ni aún el proceso judicial, instituido en recelo hacia el juez para encauzar su voluntad y cercar su arbitrio, pudo variar esa fundamental premisa. El juez se montó sobre el proceso y la condujo a su placer, conforme lo hemos señalado páginas atrás. En suma la conciencia del juez era el árbitro de la sentencia justa. Esa conciencia "que es la joya más preciosa que de Dios recibimos y no la puede nadie apartar de nosotros", al decir de Solórzano. Sólo ella.

Ahora bien, la magma de información recibida durante tres siglos a través de múltiples formas, especialmente con visitas, residencias y pesquisas, que se traducían en sentencias del Consejo, reglas generales o particulares de la Corona repetidas ciento de veces, o disposiciones adoptadas localmente, medidas correctivas de usos o "estilos" reputados errados, unidas a la constatación a través de estos institutos, o por otros medios, de una endémica desobediencia a normas consideradas fundamentales, como los matrimonios sin licencia o la posesión de bienes, o los tratos y contratos, que ataban al juez al medio, o la violación del sagrado secreto de los trámites del tribunal, y algunas otras, tanto o más graves que esas, referidas a la misma presencia de España en las In-

704. J.M. Mariluz Urquijo, *Ensayo...*, cit. y I. Sánchez Bella, *Las visitas...*, cit., se ocupan de hacer una reseña de esas opiniones.

705. A las opiniones coincidentes señalas más atrás, agreguemos la del ilustre historiado del derecho, José Maria Ots Capdequi, *Historia del Derecho Español en América y del Derecho Indiano, Madrid*, Aguilar, 1967, p. 188.

dias, como fue el maltrato dado por algunos jueces a los naturales, ¿movieron a la Corona a alterar de manera fundamental la estructura y las bases en que se había edificado la administración de justicia en Indias? Desde ya que no. ¿Donde debía entonces aplicarse el correctivo que diese un vuelco a la administración de justicia y la pusiese en el camino correcto?

A lo largo del prolongado dominio de España en Indias, pudo observarse sin duda una mayor lenidad, como por ejemplo durante períodos de gran apetito fiscal, que permitía que la Corona a traves de donativos, composiciones y otros medios, diese fácil solución a la mala conducta de sus jueces (como ocurría con los demás funcionarios del reino), y que, en cambio, en otros tiempos y circuntancias, se ejerciese un mayor celo en reprimirlos. Pero el resultado, en general, fue siempre el mismo, la justicia atada al poder, como que formaba parte de él, sometida al orden jurídico del derecho común, mantenía la vieja estructura que llegaba de la Edad Media, fuertemente determinada ahora en el siglo XVIII por las nuevas riendas con que se lo ejercía.

No se desinteresaba del problema la Monarquía Católica Universal, por el contrario, era principal y primera preocupación del rey que se administrase a los súbditos de todos sus dominios una justicia rápida y eficaz, pero la estructura básica de la administración de justicia siguió siendo la que había ido forjándose durante siglos con el aporte de materiales históricos diferentes, que tenía por base fundamental ser una justicia de hombres (los jueces) no de leyes. En Indias incluso el problema de la buena administración de justicia, insisto, hacía a los "justos títulos" de la presencia y dominio de los reyes castellanos sobre el Nuevo Mundo[706].

La preocupación de la Corona por dar respuesta a ese compromiso fue una de las cargas más pesadas que soportaron los reyes sobre su conciencia, pues la justicia debía primar en sus extensos territorios en todos los actos del príncipe, no solo al dirimir las cuestiones entre partes. Así lo expresaron en miles de oportunidades, cuando nombraban un nuevo funcionario o le extendían o disminuían sus atribuciones, o lo cesaban, o bien cuando daban una nueva norma o la corregían o remediaban un exceso en busca de una mejor justicia.

Ello provocó una actividad legiferante colosal. Solo las "reformas" sancionadas durante el siglo XVIII implicaron un caudal inmenso de normas, pues en esa centuria —dejando de lado el "saludable descuido" con que los monarcas anteriores ejercieron el gobierno del Nuevo Mundo[707]— el rey quería ahora regularlo todo, para que nada escapara a su absoluta voluntad, y lograr así el bienestar de sus súbitos en paz y justicia.

---

706. Véase E. Martiré, "Justo trato, justo título...", cit., p. 179 y sig.

707. Ver Tulio Halperin Donghi, *Reforma y disolución de los Imperios Ibéricos (1750-1850)*, Madrid, Alianza Editorial, 1985, p. 74-77.

Pero si los resultados a la postre no fueron lo exitosos que merecía semejante preocupación, no habrá sido por abandono ni desidia de los gobernantes. Lo que ocurría, a mi juicio, lo reitero, era que la administración de justicia estaba atada a un régimen en agónico final. Un régimen que no podía ya asegurar una buena administración de justicia basada en la persona del juez (ahora *iudex solutus*), ni en los resortes arbitrados para controlarlo (visitas, residencias, pesquisas, etc.). Un régimen en donde la incerteza del derecho, la desigualdad y el privilegio, seguían siendo las reglas, que habían dejado de resultar idóneas para lograr ese alto objetivo de gobierno. Por lo tanto las aceradas críticas que caen sobre ella por parte de los ilustrados del XVIII, resultan inaceptables para el régimen, pues se dirigen a minar las bases de su poder y de tal manera, "cuanto más fundadas y penetrantes más corrosivas y amenazadoras para el orden constituido"[708]. Solo la mutación de ese viejo orden podría alumbrar una nueva era en la que la administración de justicia, basada en principios desconocidos hasta entonces, de libertad e igualdad, podría salir radicalmente transformada (al menos esa era la esperanza).

Desde los inicios de la nueva centuria la preocupación por la buena administración de justicia iba deslizándose desde los requisitos del juez de tiempos idos, que aún en substancia se mantenían, a la sujeción del magistrado judicial al "exacto" y "reverente" cumplimiento de la ley. Ya veremos que sin embargo de esa preocupación, durante un largo tramo, aún posterior a las revoluciones, siguió siendo básicamente, la figura del juez (de un nuevo juez) la "clave" de la buena administración judicial.

El despotismo ilustrado, es decir el absolutismo regio endurecido, había alcanzado tales niveles que al resultar imposible independizar a la justicia del poder omnimodo del monarca, venía a participar de esas características y a constituirse también ella en una justicia "absoluta", cuyo modelo de magistrado judicial no sería ya el *iudex perfectus* sino el *iudex solutus*[709].

El nuevo monarca recibía en la doctrina jurídica del despotismo regio, cada vez más firmemente, el monopolio del derecho, que debía entenderse como expresión de su sola voluntad soberana e ilustrada, que integraba el ejercicio pleno de su *iurisdictio,* comprendida por cierto la administración de justicia, como que era connatural a ella.

Con el monopolio de la creación del derecho, de cuyas normas se encontraba liberado el príncipe y el ejercicio pleno de la administración de justicia, se volvían a hacer realidad las máximas imperiales, los principios *quod principi placuit, legis habe vigorem...* y *princeps legibus solutus est...*, considerados sustento del accionar de los monarcas.

Ahora bien, en ese camino al despotismo puede enrolarse la generalización a toda la Península de la obligación para los jueces de no fundar sus sentencias. ¿Cegaba de

708. B. González Alonso, "La justicia", cit., p. 399.
709. También en Brasil se hablaba del "despotismo" de los oidores del antiguo régimen (Ver A. Wehling & M. J. Wehling, *Direito e Justiça ...*, cit., p. 112).

esta manera Carlos III una tendencia que atentaba contra la nueva jerarquización del poder real? La norma de 23 de junio de 1768[710] que disponía unificar el "estilo" de todos los tribunales del reino, e imponer la práctica castellana de no fundar los fallos, como en cambio se lo hacía hasta entonces en Mallorca y en los demás tribunales de la Corona de Aragón, conforme a una antigua práctica consagrada en Cortes (Desde las de Monzón de 1510), está enlazada con el absolutismo y con el absolutismo judicial, del que hemos hablado más atrás[711].

La medida, adoptada bajo el pretexto de "no dar lugar a las cavilaciones de los litigantes, consumiendo mucho tiempo en la extensión de las sentencias que vienen a ser un resumen del proceso y las costas que a las partes se siguen", es una expresión cabal del absolutismo despótico del XVIII, y un avance acerca de la suplantación de una sentencia de autoridad por una sentencia legal que solo llegará a imponerse en la próxima centuria[712]. La prohibición de expresar los motivos de las sentencias dispuesta por Carlos III contradecía las razones fundamentales que tenía el secular estilo contrario aragonés: "... por que por pronunciar los jueces sentencias definitivas sin decir por donde se han fundado al darlas, las partes quedan suspensas y dudosas en la causa y fundamento por do los jueces se movieron, y de aquí se siguen apelaciones y otros recursos, con multiplicación de pleitos y procesos, y para esto evitar ..." (Cortes de Aragón de 1547).

Los jueces, representantes del juez absoluto, debían juzgar como lo haría el mismo monarca, sin dar razón de sus decisiones. Y bien que lo demostraría el rey Borbón al resolver cuestiones trascendentes, como por ejemplo la expulsión de los jesuitas, sin dar una sola explicación de los motivos que tenía para hacerlo (¿era la traducción castellana de la fórmula francesa *par mon plaisir*?).

Ecoutez, consultez votre conseil, mais décidez. Dieu, qui vous a fait roi, vous donnera toutes les lumières qui vous seront nécessaires. El consejo de Luis XIV al futuro Felipe V indica un nue-

710. Recogida en la *Novísima Recopilación* (XI, xvi, 8), con data equivocada de 1778 (Ver J.M. Mariluz Urquijo "La acción de sentenciar a través de los apuntes de Benito de la Mata Linares", cit., p. 143, nota 4).

711. A. Levaggi ("Los fundamentos de las sentencias en el Derecho Indiano", en *Revista de Historia del Derecho* nº 6, Buenos Aires, 1978, p. 45-73), apoyado entre otras razones en las disposiciones de Fernando VI de 1774, inspirada por su ministro Tanucci, que obligaba a los jueces a fundar sus sentencias ajustadas a las leyes, y la de Felipe V de 1717 que ordenaba a la Audiencia de Mallorca la fundamentación de sus sentencias, cree que la no motivación de los fallos se debe más que a un "corolario del despotismo que practicaba la Monarquía" ... "al estilo o uso de los tribunales", dando a conocer en sustento de esta tésis varios casos de sentencias dadas en el Buenos Aires del XVIII, anteriores y posteriores a la norma de 1768, en donde los jueces dieron cuenta de los motivos que los llevaron a sentenciar. No creo que esas sentencias, de cuyo número proporcional con las demás dictads en esos mismos años no tenemos noticia, en general de jueces inferiores, alteren lo que resulta con claridad de la norma de Carlos III aludida, que responde a un nuevo concepto del magistrado y su sentencia, conforme lo vengo explicando y que por otra parte ya había sido puntualizado por V. Tau Anzoátegui ("La fundamentación de las sentencias en la Argentina", en *Revista de Historia del Derecho* nº 10, Buenos Aires, 1982, p. 274).

712. V. Tau Anzoátegui, "La fundamentación de las sentencias en la Argentina", cit., 265 y sig.

vo *estilo* de gobernar la Península[713]. No resulta ocioso citar aquí las palabras con que su sucesor Luis XV se dirige al Parlamento de París para oponerse a los "vetos devolutivos" conque se pretendía anular una norma dictada por él: *En mi persona sola reside el poder soberano, cuyo carácter propio es el espíritu de consejo, de justicia, de razón* [...] *La plenitud de esta autoridad, que los tribunales no ejercen más que en mi nombre, permanece siempre en mí y su uso no puede ser jamás usado contra mí*[714]. Francia sería el modelo ineludible.

¿Cómo no buscar en la decisión regia, inspirada por el Altísimo, el derecho con que se gobernarán sus súbditos? Señalaba un prestigioso jurista español del XVIII, como el Conde de la Cañada (1793), que las leyes reciben todo su valor de la boca del soberano, ningún influjo tiene la aceptación del pueblo, y a los vasallos "solo les toca obedecer". Tau Anzoátegui, que es quien acude a esta afirmación categórica, sostiene que si bien todavía subsisten opiniones doctrinarias contrarias, son más abundantes las que la acompañan[715].

Es que la mutación hacia un absolutismo endurecido hará surgir opositores al cambio, pues no es sencillo abandonar las tradicionales formas de entender y aplicar el derecho. La práctica de los tribunales tardará mucho tiempo en obedecer la tajante prohibición de "interpretar" las normas, conforme preconizan los autores y mandan drásticamente las leyes reales. Los altos tribunales de España e Indias seguirán ejerciendo el uso arbitrario (*arbitrium*) de su poder de juzgar *in nomine princeps*, que no abandonarán nunca del todo. Será necesario el abatimiento del antiguo régimen para que los jueces del nuevo que se instaure modifiquen los estilos secularmente utilizados y de esa manera se inaugure una nueva era en la historia procesal, aún valiéndose en muchos casos del orden jurídico heredado.

Pero puede agregarse una consideración más, a fin de aclarar la figura de este juez perteneciente a la rígida estructura del poder absoluto, es decir del "despotismo ilustrado" del XVIII español e indiano. El absolutismo surgido tímidamente a partir del siglo XV, mostrará en el XVIII a través de la "sacralización" de la figura regia, los atributos de un poder casi omnímodo. Ya hemos citado en la primera parte de esta obra a Bossuet, el más conocido y apreciado difusor de esta nueva corriente, que hundía sus raices en pensadores políticos anteriores, como Hobbes. Fundaba en las verdades inconstrastables de las Sagradas Escrituras la extensión ilimitada del poder de los reyes, derivado

713. Cit. por José Antonio Escudero, *Los orígenes del Consejo de Ministros en España. La Junta Suprema de Estado*, Madrid, Editora Nacional, 1979, tº 1º, p. 31.

714. Referencias en Olivier-Martín, *Histoire du Droit Public. Les Parlements contre l'absolutism traditionel au XVIIIe siècle*, Paris, les Cours de Droit, 1950, p. 89; cit. por E. García de Enterría, *La lengua de los derechos ...*, cit., p. 101-102.

715. Victor Tau Anzoátegui, *La ley en América Hispana.* cit., p. 45. La opinión citada está en Conde de la Cañada, *Apuntamientos prácticos para todos los trámites de los juicios civiles*, Madrid, 1793, p. 11. Tau Anzoátegui se ha ocupado del tema en su obra *Casuismo y sistema...*, cit., a la que remito al lector (En especial ver Cap. VIº).

del Altísimo. El monarca merecía por lo tanto una sincera y absoluta obediencia a sus mandatos y leyes, por tratarse de un monarca ungido por Dios mismo para gobernar a su pueblo. Doctrina muy bien difundida en la Península y América y apreciada especialmente por la monarquía reinante[716].

El juez formaba parte de esta estructura de poder absoluto y despótico y como fiel magistrado de la Corona, debía ajustarse en todo a los mandatos de S.M. y por ende observar rigurosamente los preceptos de sus leyes, sin desviaciones ni "interpretaciones" que pudiesen obscurecerlos, lo que al parecer limitaba su posibilidad de aplicar al sentenciar las facultades derivadas del *arbitrium* de que gozaba. *Arbitrium* que le permitía al dictar sentencia, echar mano a otras fuentes, como la doctrina de los autores, los ejemplares, las costumbres y en casos extremos, en ejercicio de la *iurisdictio* delegada por el principe (ya lo hemos dicho en páginas anteriores), modificar el derecho vigente. ¿Había desaparecido de las facultades del magistrado indiano o peninsular esta facultad? ¿Carecía ya del *arbitrium*? ¿Era por lo tanto en el siglo XVIII, solo una mera pieza casi inmóvil que aplicaba la ley del rey, sin consideración a cualquier otra "fuente orientadora"? ¿Buscaba respuesta en el supremo poder legislador cuando se le presentaba una duda o necesitaba una orientación en su tarea de administrar justicia, conforme le ordenaban las nuevas normas dieciochescas?

Acudimos a Tau Anzoátegui, que se planteó aunque con otras palabras y a otros objetos, el problema de la rendida sujeción del juez a la ley del príncipe. Adelantando que es muy escaso aún el conocimiento sobre la forma en que las Audiencias indianas aplicaban el derecho, ante la ausencia de los fundamentos de sus fallos, se anima a sostener sin embargo, con los elementos que se cuentan, que no parece que en esos tribunales hubiese prendido el nuevo criterio de aplicación de las normas, ni resulta ello de la opinión unánime de los tratadistas, ni tampoco de medidas concretas de modificación de la estructura judiciaria, como la llamada reforma judicial del ministro Gálvez implantada en las Audiencias indianas en 1776, donde nada se dice al respecto, ni surge de su aplicación. Invoca en cambio Tau Anzoátegui las sugerentes trazas dejadas en unos "papeles" o "apuntes" de un conspícuo miembro de la Audiencia de Buenos Aires, el Regente Benito de la Mata Linares, que a falta de fundamentación de las sentencias del tribunal de que formaba parte, pueden servir a nuestro intento. Se comprueba de esos apuntes, dados a conocer por Mariluz Urquijo[717], que no descuidaba el magistrado de fines del siglo XVIII de atender a las peculiaridades de cada caso al preparar sus sentencias. En igual sentido son elocuentes los dictámenes de los Fisca-

716. Ver D. Ripodas Ardanaz, "Bossuet *ad usum moxorum*...", cit., p. 185 y sig. En la primera parte (Cap. II) nos referimos a la doctrina de J.B. Bossuet, Obispo de Meaux, enunciada especialmente en su obra *Política sacada de las Sagradas Escrituras* (publicada en 1709, después de su muerte ocurrida en 1704).

717. J.M. Mariluz Urquijo "La acción de sentenciar...", cit., p. 15 y sig.

les de la Audiencia, en donde prima una concepción "casuista" en orden a la aplicación del derecho.

"Si se reconocía con vigor la autoridad de la ley como manifestación del príncipe, dice Tau Anzoátegui, también se expresaba el recurso a la razón a los fines del cumplimiento y aplicación. Del mismo modo lucía la autoridad de la costumbre y se concedía lugar a la práctica y estilo de los tribunales. Eran admitidas otras fuentes del derecho, como los autores y los ejemplares. Se usaba del arbitrio y se estimaba la equidad como moderadora del rigor del derecho". Tendencia que encuentra también en el propio Consejo de Indias[718]. Apuntamos por nuestra parte la afirmación a que nos hemos referido en páginas anteriores, pronunciada en 1766 por el representante de un oidor de México al contestar la acusación de que su defendido Trespalacios y Escandón, ascendido a consejero de Indias, no había observado siendo oidor en México, en una cuestión de pulques, lo alegado por la parte demandante, ni lo dispuesto por las leyes de la Monarquía. Decía el letrado "que los jueces superiores no se sujetan a juzgar siempre por lo alegado y probado, ni atados a las leyes, y por eso [...] semejantes demandas no deben admitirse contra los presidentes y oidores".

De manera que, volviendo a lo nuestro, la sujeción del juez a la ley, preconizada insistentemente desde el poder y apoyada entusiastamente por la doctrina *ad usum* no alcanzaba a modificar las facultades "arbitrarias" de los jueces, que solo seguirían limitados en sus sentencias por su propia conciencia, amparados para ello en el manto cerrado que les proporcionaba la no fundamentación de los fallos, herramienta que el despotismo regio utilizaba a su vez al "dictar" la ley, sin dar otro motivo de su sanción que no fuese la propia voluntad del soberano. No dudo que, dado el ambiente reinante, serviría ese "modo" de pronunciar las normas por parte del príncipe de ejemplo ineludible para el propio juez, al que representaba en el acto sublime de dictar sentencia. Un príncipe depositario del poder, un poder arbitrario, en el sentido político de la expresión, es decir ceñido a su sola voluntad, otorgado por el mismo Dios y del que dimanaba la *iurisdictio* del magistrado.

Las "reformas" que se intentaron para mejorar la administración de justicia en Indias, desde las introducidas en las Ordenanzas de Audiencias más tempranas, hasta las del siglo XIX, y en otras normas específicas, no fueron en realidad "reformas" de las bases del ordenamiento judicial, sino ajustes de tuercas de la inmensa máquina de la administración de justicia del antiguo régimen, una justicia "de hombres que no de leyes"; por ello giraba y siguió girando en torno a la figura del juez, frágil eje, tan frágil como la naturaleza humana, ya lo hemos dicho, pero esencial para el funcionamiento de ese aparato judicial.

---

718. V. Tau Anzoategui, *Casuismo y sistema...*, cit., p. 561-563.

El *ordo iudiciario* se mantuvo incólume, durante la vigencia de esas reformas y después de ellas, como lo había estado antes, sujeto al "modelo" que aunque se hubiese gestado en la Edad Media, estaba definido para las Indias a partir del absolutismo que despunta en el siglo XV y alcanza su cenit en el XVIII, con la Ilustración y el Despotismo. Las bases eran las mismas, aunque desde entonces se trataba de una justicia confiada a un juez que llamamos absoluto, como lo era el príncipe que le confiaba su *iurisdictio*, que en su nombre, la administraba sin tener siquiera que seguir los rígidos escalones del proceso romano canónico, o siguiéndolo cuando en determinados casos debía obviarlo (v. g. indios), y sin tener que dar cuenta a nadie de cómo lo hacía ni las razones que lo llevaban a dictar sentencia en uno u otro sentido[719]. Las demandas de "mal juzgado" no inquietaron a estos jueces poderosos. Se los acusaba de sentirse no ya reyes, sino dioses, de no creer en que fuesen a morir nunca y por ello no temer que alguna vez habrían de dar cuenta de sus decisiones; en cambio buscaban ser adorados como figuras celestiales, "embelesados de su ministerio". Formaban parte del firmamento celestial desde donde el príncipe y ellos, en su nombre, juzgaban a los demás mortales como Dios Nuestro Señor.

Contra esos jueces, que ejercían por delegación de S.M. la *iurisdictio* del *rex solutus* no había reclamos que sobrevivieran, ni reformas que pudiesen valer. Mientras subsistiera, como subsistía, el régimen al que pertenecían, la administración de justicia seguiría siendo imperturbable, sofocada por una gran cantidad de incumplimientos que alejaban peligrosamente a los magistrados del modelo del juez perfecto. Basta volver a páginas atrás para sentirse abrumado por las faltas, la concupiscencia, la desidia, el afán de riquezas, la codicia y —en fin— todos los males que no debían anidar en un magistrado. A no dudar, el abatimiento de estos jueces fue una de las primeras medidas adoptadas por los revolucionarios para que el régimen pereciera y se pudiese asistir al orto de uno radicalmente distinto.

En el orden jurídico del derecho común-derecho propio castellano-indiano, en un medio como el de las Indias, que hemos caracterizado más atrás de prevención, recelo, amenaza y violencia, la heroicidad de los jueces íntegros, rectos y limpios, que nunca faltaron, fueron fruto de su conciencia, solo de ella. Recordemos las dolidas palabras de un ilustre jurista como Juan de Matienzo, oidor en Charcas, dirigidas al monarca: "... yo deseo salir en paz de esta Audiencia y en breve porque el andar a derechas aprovecha poco en esta tierra do toda maldad prevalece"...[720].

---

719. Las amplísimas facultades que se otorgan a los jueces en el derecho común, ha dicho Tomás y Valiente, "conducen necesariamente a la disolución del proceso, a su sustitución por la simple y secreta información sumarial, y en definitiva, a la colocación del juez por encima de la ley. Fenómeno que puede calificarse de absolutismo judicial" (F. Tomás y Valiente, "Castillo de Bovadilla (c. 1547-c. 1605), semblanza personal y profesional de un juez del antiguo régimen", en *Anuario de Historia del Derecho Español,* Madrid, 1975, tº XLV, p. 231.

720. Levillier, *Audiencia de Charcas,* tº 1, p. 216- 218.

Sin duda que los *enciclopedistas* se batían denodadamnente contra esos jueces arbitrarios del XVIII. Baste recordar las sabrosas páginas que dedica el Marqués de Beccaria al tema, que era universal, vinculándolo con la búsqueda del "espíritu de la ley", en vez de atender a su letra. En su célebre obra *Dei delitti e delle pene* (compuesta hacia 1761) ataca duramente al juez, en tanto nuestro autor busca refugio en la aplicación lisa y llana de la ley para hallar una decisión "justa". De otra manera, explica, sería dejar el resultado del pleito en manos "de la buena o mala lógica de un juez o de su digestión fácil o malsana; dependería de la violencia de sus pasiones, de la debilidad del que sufre, de las relaciones del juez con el ofendido, y de todas aquellas fuerzas mínimas que modifican las apariencias de los objetos en el ánimo vacilante del hombre"[721].

La cultura jurídica del antiguo régimen, en crisis, aún no ha sucumbido al vendaval de la libertad que se abatirá irresistiblemente poco más tarde sobre ella, las palabras de Beccaria son algunos de los vientos que presagiaban la tempestad. El agotamiento de ese orden, que había comenzado a mostrar sus primeros síntomas, incipientes aún, en la Edad Moderna, se precipitará en los últimos años del setecientos. Pero siempre será la figura del juez, ese alto magistrado puesto en la cúspide de la pirámide de la administración de justicia, la pieza clave del orden judiciario. Ya veremos cómo a las revoluciones liberales, tanto la española como las hispanoamericanas, les bastará cambiar los jueces, para encontrar satisfecha, por el momento, la angustiosa necesidad de reformar la justicia. Además de asumir esos nuevos gobiernos "revolucionarios", como lo había hecho antes el monarca, la tarea de "interpretar" las leyes, quitando esa fundamental herramienta a los jueces.

Un torrente de ideas surgidas de la Ilustración y aún anteriores a ella[722] darán fuerza a las críticas demoledoras del sistema y abrirán las puertas al nacimiento de un *nouvel ré-*

721. El párrafo completo es así: "Nada hay mas peligroso que el axioma común de que es preciso consultar el espíritu de la ley. Es este un dique roto por el torrente de las opiniones. Semejante verdad, paradojal a las mentes vulgares que se impresionan más por un insignificante desorden presente que por las funestas, aunque remotas, consecuencias nacidas de los falsos principios radicados en una nación, me parece demostrada. Nuestros conocimientos y todas nuestras ideas tienen recíprocas conexiones; cuanto más complicadas, tanto más numerosos son los caminos que a ellas llegan y que de ellas parten. Cada hombre tiene su punto de vista y, en diferentes tiempos, uno diverso. El espíritu de la ley sería, pues, el resultado de la buena o mala lógica de un juez o de su digestión fácil o malsana, dependería de la violencia de sus pasiones, de la debilidad del que sufre, de las relaciones del juez con el ofendido y de todas aquellas fuerzas mínimas que modifican las apariencias de los objetos en el ánimo vacilante del hombre. Vemos así que la suerte de un ciudadano cambia hartas veces al pasar de un tribunal a otro, y que las vidas de los miserables son víctimas de los falsos raciocinios o de la fermentación activa de los humores de un juez que tiene por interpretación legítima el vago resultado de toda la confusa serie de nociones que brotan de su mente. Y así vemos los mismos delitos penados de manera distinta por el mismo tribunal, en momentos diversos, por no haber consultado *"la voz fija y constante de la ley, sino la errante inestabilidad de las interpretaciones"*. C. Beccaria, op. cit., p. 188 (La cursiva es mía).

722. Baste recordar la opinión de un jurista que escribe a comienzos del siglo anterior (1606), para quien debe depositarse "plenamente en el rey la potestad legislativa, no solo para formar la ley, sino también para interpretarla", pues a su juicio los reyes tienen las veces de Dios en la tierra, asistidos de resplandores divinos, y por ello son imparciales, desapasionados, desinteresados e independientes (Ver V. Tau Anzoátegui, "El "Juicio de las leyes civiles" de López de Deza. Una obra crítica y reformadora en tiempos

gime, suplantando el viejo que, al decir de García de Enterría, "ofrecía la imágen de un sistema petrificado e inmóvil, de tiempo suspendido", que saltaría como una "costra seca" al primer empuje[723].

Y no es que el nuevo monarca del setecientos estuviese desligado de las obligaciones de todo soberano de gobernar bien, con justicia y en pro comunal de su pueblo, y que sus "leyes" tuviesen una dirección opuesta a las que, con pretensión de eternas (*por siempre*), heredará de tiempos pasados, normas que en buena medida permitirá el monarca ilustrado que continúen rigiendo. Sin embargo está claro que esas normas recibidas, según lo hemos explicado en la primera parte de esta obra, estarán sujetas a la "conveniencia" de mantenerlas y aplicarlas, una vez contrastadas con las que el rey dicte en orden a "las necesidades o requerimientos del siglo"[724]. La ley que será la voz del rey en el siglo XVIII, se verá suplantada en el siguiente por la voz de la Nación-Estado, representando la "voluntad general".

Es que en el antiguo régimen la rotunda expresión *l'Etat c'est moi*, la haya pronunciado o no Luis XIV durante su reinado, es el signo del siglo XVIII (francés y porque no español). También en España la transformación ha sido significativa en el gobierno y por ende en la labor de legislación. Los consejos y las juntas, típicas creaciones hispánicas, a traves de las cuales ejerce el poder el monarca, cederán el paso a la sola voluntad regia expresada a través de su "vía reservada", que monopolizan los Secretarios del Despacho, en tanto aquellos consejos, reducidos en sus atribuciones se convertirán en asesores del príncipe, cuando este lo quiera o convenga a su política de momento, o en tribunales judiciales o en simples registradores de órdenes, títulos y nombramientos.

Como bien dice Escudero, los Consejos "podrían persistir como corporaciones más o menos brillantes u honoríficas, pero la substracción de asuntos comportaba una correlativa reducción de su aparato funcional". Es que "la crisis del antiguo régimen anunciaba la liquidación de los restos, reales o ficticios, del régimen polisinodial"[725].

Domínguez Nafría nos muestra lo ocurrido, a poco de iniciada la monarquía borbónica (1705), con el Consejo de Guerra. Sus competencias van a ir mermando aceleradamente, hasta que el rey dispone prácticamente sustituirlo en todo lo referente a las materias de su competencia, *excepto las judiciales*, por la Secretaría del Despacho de Guerra, luego dividida en dos, tierra y mar, y a la que atribuye amplias facultades, por los motivos que en la misma norma se explican, muy sugerentes por cierto: "*porque la ejecu-*

---

de Felipe III", en *Revista de Historia del Derecho,* nº 13, p. 480-530, las citas en p. 490-491.

723. Eduardo García de Enterría, *La lengua de los derechos,* cit., p. 22.

724. Jesús Vallejo, "De sagrado arcano a constitución esencial..., cit., p. 426.

725. J.A. Escudero, *Curso de Historia del Derecho. Fuentes e Instituciones Político-administrativas,* Madrid, 2003, p. 742-757.

ción ha de ser pronta, y si sobre el todo, o algún punto de ella tuvieran que refrendar, lo harán después en derechura a mi, por mano del referido Secretario del Despacho de Guerra, tendrase entendido en el Consejo y Cámara y se darán a este fin, luego inmediatamente, tales órdenes y despachos, que estando prevenidos los Corregidores y Justicias, *no puedan tener ocasión de excusa en obedecer lo que se les mandare, ni de imponer interpretación de ser caso nuevo el que se ofreciere*"[726].

Esta clara manera de asumir derechamente el mando y relegar al Consejo, adoptada en los albores de la nueva dinastía, aunque debamos matizar su origen por las necesidades de la guerra, servirá de modelo para la estructura dada a la administración de los reinos.

Con respecto al Consejo de Indias, lo he explicado ya en otra oportunidad[727]. Allí señalé que no era el Consejo de Indias el centro del gobierno de América en el siglo XVIII, ni aún cuando hubiera desaparecido la rutilante y absorvente personalidad del Secretario Gálvez, ni me convence la supuesta rehabilitación postrera. La referencia de uno de sus más conspícuos gobernadores, Antonio Porlier, lo pone de manifiesto al explicar su salida de la Secretaría de Gracia y Justicia en la última década del siglo. Recuerda el Marqués de Bajamar que el 10 de julio de 1792, al cumplir cinco años en el Ministerio, lo llamaron los reyes a su cuarto para informarle que considerando el peso que llevaba sobre sus espaldas en ese importante cargo, habían dispuesto aliviarlo colocándolo en más cómodo destino "de menos gravámen y ocupación", que no fué otro que la presidencia del Consejo de Indias[728].

Ni el Ilustre Consejo de Estado se salvó de la reforma que importaba la nueva corriente, según lo ha demostrado el profesor Barrios, manteniéndose prácticamente inactivo hasta su recuperación por Carlos IV y ni aún así tuvo otra influencia que la que ejercieron individualmente los Secretarios del Despacho, es decir los Ministros de la monarquía[729].

Contra ese "nuevo" derecho, en parte heredado (pero en ese caso adaptado a los nuevos tiempos) y en gran medida basado en la voluntad absoluta del monarca, se dirigirán los tiros de las revoluciones de fines de ese mismo siglo XVIII o comienzos del siguiente (en el caso español-indiano), que exigirán profundas transformaciones, impuestas a veces violentamente. El derecho inspirado en ellas, reaccionará contra el viejo

---

726. (Decreto de 21. VII. 1705) Juan Carlos Domínguez Nafría, *El Real y Supremo Consejo de Guerra (siglos XVI-XVIII)*, Madrid, Centro de Estudios Políticos y Constitucionales, 2001, p. 162-165 (La cursiva me pertenece).

727. E. Martiré, *1808* ..., cit., p. 166 y sig.

728. La anécdota de Porlier en M. Gumera Pedraza "Antonio Porlier, Marqués de Bajamar", en *Revista de Estudios Atlánticos,* nº XXVII (1981), p. 55; da cuenta de ella Rafaél García Pérez, *El Consejo de Indias durante los reinados de Carlos III y Carlos IV*, Pamplona, EUNSA, 1998(p. 62), quien contra nuestra opinión sostiene la recuperación.

729. Feliciano Barrios, *El Consejo de Estado de la Monarquía Española (1512-1812),* Madrid, Consejo de Estado, 1984, p. 175-216.

orden jurídico, que entonces alcanzaba en lo político un rigor desconocido, es decir contra un orden normativo que ya no se lo podía entender derivado —al decir del profesor Grossi— de la "naturaleza de las cosas" ni del "consentimiento del pueblo". La doctrina y la praxis del "despotismo" regio y su rigurosa aplicación tanto en Europa como en América será el fuelle maestro que avivará el fuego "purificador" de las "revoluciones", que como la francesa aspirarán a cortar todo vínculo con un pasado, juzgado perverso, para elaborar un derecho *ex novo*, un sistema de normas distinto, que no tenga por qué relacionarse con el anterior régimen, "en una lucha radical contra el privilegio y el particularismo", en busca de un futuro más justo[730].

Para los revolucionarios franceses la lucha se entablaba contra un *tirano* que no era en realidad la persona del monarca (a quien quisieron desvincular en la Constitución de 1791 de la condena a muerte del antiguo régimen). Con las salvedades de su particular situación, lo mismo cabe decir de los españoles que deseaban una "revolución" con el antiguo monarca a la cabeza de la nueva nación "constitucional".

La lucha en ambos casos es contra "una pluralidad intrincada de situaciones de privilegio, jurisdiccionales, fiscales, comerciales, relativas a los oficios públicos, que encuentran su síntesis en el concepto, cada vez más depreciado, de *antiguo régimen*. Había que terminar para siempre con el señor-juez, el señor-recaudador, el señor-administrador[731]. Es decir que serán los privilegios, la desigualdad, la incerteza jurídica, el absolutismo político-judicial, los que encenderán las llamas revolucionarias.

El *ordo iuris* del setecientos, guardaba las diferencias sociales y jurídicas del *ancien régime*, en un nuevo estilo, despótico e inapelable. Con la Revolución Francesa, llegará su destrucción y la de su derecho. Como dice Manlio Bellomo, la decapitación de un rey importa la decapitación de una imagen del poder y de un orden jurídico y social. Por ello la pluralidad de sujetos jurídicos (las comunidades) tenida presente por las leyes del setecientos es sustituida por la unidad del sujeto jurídico, "ora si può, si debe legiferare non più per il "nobile", e poi per il "borghese", e poi per il "villano", separadamente, ma soltanto unitariamente per il 'cittadino'. La legge ora è eguale per tutti, anche se nel fatto ciascuno ha livelli di richezza o di benessere differenti, ed ha livelle differenti di cultura, di sensibilità, di proffesionalità"[732]. Es el triunfo de las nuevas ideas que más tarde, en ancas de la codificación napoleónica, se impondrán en forma irresistible, para remplazar el derecho viejo por el nuevo, en el que impera con fuerza absoluta la ley. Ese derecho viejo al que están indisolublemente asociado el poder absoluto y con él el de sus jueces.

---

730. M. Fioravanti, *Los derechos fundamentales* ..., cit., p. 60 y 64.
731. M. Fioravanti, *Los derechos fundamentales* ..., cit. p. 37, 58 y la cita en p. 82.
732. M. Bellomo, *L'Europa del Diritto Comune* ..., cit., p. 14-18.

Es decir sustituir la sumisión a un hombre, el príncipe y sus magistrados, por la sumisión a la ley, impersonal y abstracta, única para todos. No más una justicia de hombres, ahora se inaugurará una justicia de leyes. Será el aluvión del gran cambio. Sigamos a Bellomo: "La "certezza della lege" diviene, è, la certezza di un ordine sociale. La vocazione per la giustizia diviene, è, vocazione per la legalità. Per il giudice essere "servitore della lege" vale più che essere "servitore del principe": assicura un grado di decoro, di dignità, di respettabilità direttamente proporzionale all'astratteza della legge"[733]. Sobre el antiguo régimen se edifican, muchas veces utilizando las propias normas-bases heredadas, un nuevo orden que se irradia profundamente en la vida cotidiana, imponiéndose sin esfuerzo. Digamos en suma que el enfrentamiento del *ius commune* romano canónico (y los *iuria propria* que lo integran), con el derecho de *la modernidad,* debe ser considerado fundamentalmente con el fenómeno de las transformaciones operadas en el siglo XVIII, disparadoras a mi entender de la metralla que destruyó el *ancien regime* y su derecho y fundó el moderno ius racionalista e individualista de la codificación. Creo que no puede negarse la existencia en esa centuria de "razones políticas [que] truncan el desarrollo [en España] de algunos derechos nacionales y los que subsisten sufren el contraste con concepciones radicalmente distintas, que introducen novedades de importancia en algunos órdenes"[734].

No cabe duda por mi parte que sin las transformaciones abrumadoramente absolutistas del XVIII no resulta siquiera explicable, ni menos intelegible, el nuevo régimen. El derecho del setecientos perfora el pesado manto del *ius commune* y facilita el arribo del nuevo derecho.

Por lo demás la sustitución en España de una monarquía judicial por otra administrativa-militar, que ocurre con los Borbones, no solucionó el problema, más bien lo agravó al depender cada vez más ajustadamente la "decisión" de selección de jueces, de la voluntad del monarca "militarmente" adoptada y "militarmente" ejecutada[735], como también la supervisión de la administración de justicia y en general de toda la administración de la Monarquía en manos de militares, que mas que preparados para hacer la guerra estaban instruidos para obedecer rigurosamente las órdenes del poder central.

Dice García de Enterría, que "quebrantar el derecho común, justificar las exhorbitancias, las derogaciones de las leyes establecidas, sobre la base de una superioridad sustantiva del rey, como comisionado de Dios para el gobierno humano" es el contenido del derecho del siglo XVIII. Eximido del imperio de las leyes por la fórmula *princeps le-*

733. Idem., p. 18.
734. A. García Gallo, op. loc. cit. en nota 30.
735. Sobre la "militarización" de la Monarquía Borbónica me he ocupado en "La militarización de la Monarquía Borbónica ¿una monarquía militar?", cit., p. 447-488.

gibus solutus est, el príncipe solo esta adscripto al derecho natural y al de gentes[736]. Por ello se lanzaron los revolucionarios de 1789, como los de 1808, o los de 1810, al brumoso y esperanzado estanque de la justicia de la ley. El atractivo de disfrutar de una justicia de leyes que no de hombres, resultaba sin duda irresistible.

Habrá opiniones en contra de la singularidad del sistema jurídico del XVIII, sosteniendo que la nueva monarquía surgida en esa centuria, no solo no instauró en España y sus colonias (así gustaban llamar a los antiguos reinos y provincias de Indias los gobernantes dieciochescos) un orden jurídico distinto del de los siglos anteriores, sino que tampoco resultó "insoportable" aquél régimen, como en cambio yo lo he calificado más arriba, a punto tal que se lo mantuvo hasta la emancipación, e incluso continuó rigiendo durante los gobiernos posteriores, que no lo alteraron fundamentalmente.

No es así a mi entender, aunque las antiguas normas de la monarquía absoluta siguieran en gran parte observándose después del derrumbe del *ancien régime*. Más bien se trata de un problema de aplicación del (¿mismo?) derecho por parte de un diferente magistrado, con el reaseguro de retener los nuevos gobiernos la facultad de "interpretar" las leyes.

No olvidemos que si bien podrían continuar, después de las revoluciones liberales de fines del XVIII y comienzos del XIX, las estructuras de la administración, y aún el propio *ordo iuris* heredado, con las alteraciones impuestas por la distinta raíz del orígen y legitimidad de la soberanía, lo que sí resultó imposible de soslayar fue el desalojo de los funcionarios que debían aplicarlo. Especialmente había que hacer desaparecer a los antiguos jueces (*iudex solutus*), para ser remplazados por nuevos magistrados de corte "revolucionario", que comulgasen con los nuevos vientos, y merecieran la confianza de los "ciudadanos", por sus reconocidos "meritos patrióticos".

Con un nuevo juez que tuviese las cualidades características del nuevo régimen, podía postergarse la reforma del orden jurídico heredado ¡Tánta era la importancia que secularmente se venía dando a los jueces!.

Debo insistir en señalar que la advertida continuidad del orden judicial (y jurídico por supuesto) del antiguo régimen en la estructura de los nuevos países independientes nacidos con la emancipación, responde, entre otras razones, a la larga permanencia de un ordenamiento que no podía ser suprimido de un plumazo (mientras su aplicación se confiara a "nuevos" magistrados) y a la necesidad, para los "nuevos" gobiernos, en esos primeros tiempos de vida independiente, de atender prioritariamente a dar una nueva

736. Por esa vía, de la sujeción del rey al derecho natural y de gentes, sigue explicando el autor citado, "entran las dos grandes instituciones de la propiedad y del contrato, y si un *ius eminens* puede romper en el caso concreto los vínculos derivados de esas instituciones, ello obligará al monarca a una idemnización. La doctrina del Fisco, las primeras regulaciones de la expropiación y de los contratos públicos se desarrollarán para explicar este peculiar ámbito relacional". E. García de Enterría, op. cit., p. 98.

estructura política a la incipiente nación, ajustada a los principios universalmente aceptados en el mundo liberal y racionalista que se inauguraba en el siglo: La limitación y división del poder encerrado en una cartilla que llamarán "constitución", donde se encontrarían sus límites insalvables. Allí mismo y aún antes de las cartillas-constituciones, se sancionarán las imprescindibles declaraciones de derechos y garantías individuales, cuyo ejemplo inevitable sería la declaración de los derechos del hombre y del ciudadano de la Francia Revolucionaria (1789)[737]. La tarea impostergable en la España liberal y revolucionaria (y por descontado también en la América de igual signo), era darse las instituciones políticas imprescindibles que les imponía el cambio de la soberanía, que pasaba del rey absoluto a la nación, al pueblo de la nación.

El cambio radical, sustento de los que vendrán posteriormente, se enuncia en las iniciales normas políticas. Así lo proclama el primer decreto de las Cortes de Cádiz de 24 de septiembre de 1810: "Los diputados que componen este Congreso, y que representan la Nación española, se declaran legítimamente constituidos en Cortes Generales y extraordinarias, y que reside en ellas la soberanía nacional", para luego resolver la división de poderes, reservándose el legislativo[738]. A su vez la Asamblea General Constituyente de las Provincias libres del Río de la Plata, instalada en la ciudad de Buenos Aires, decreta el 31 de enero de 1813: "Que reside en ella la representación, y exercicio de la Soberanía de las Provincias unidas del Río de la Plata..."(art. 1º)[739]. En el interior del país luego de abatida la unidad nacional, las provincias rioplatenses convertidas en pequeños estados soberanos, obrarán de manera semejante, como la de Córdoba (es solo un ejemplo de muchos), cuya Sala de Representantes (Legislatura Provincial) ratificó lo resuelto por el cabildo de la ciudad, "declarando en la forma más solemne que la soberanía de esta provincia reside en ella misma y por su representación en esta Asamblea..."[740].

Sobre esa base debía darse estructura a la nueva nación independiente. El "derecho general", como gustaba llamarse al que regulaba las relaciones particulares entre las personas y las de estas con el poder, en cambio, podía esperar a que los nuevos representantes de la nación, los diputados del "pueblo de la nación", como dirían en general

737. Aunque la precedencia en el tiempo corresponda a las antiguas colonias inglesas (Declaración de Virginia 1776 y diversos *Bills of Rights* hasta la de Carolina del Norte en 1780), que sin duda influyeron en la fancesa, ésta habrá de ser sin embargo universalmente considerada el emblema revolucionario por excelencia.

738. *Colección de decretos y órdenes de las Cortes de Cádiz*, reimpresión facsimilar de la edición mandada publicar por las mismas Cortes en Cádiz, Imprenta Real, 1811, Madrid, 1987, ed. por las Cortes Generales en el 175º aniversario de la Constitución de 1812, vol. 1º, Decreto I, pp. 27-31.

739. Mª. Laura San Martino de Dromi, *Documentos Constitucionales Argentinos*, Buenos Aires, Ediciones Ciudad Argentina, 1994, p. 2015.

740. Declaración de 18. III. 1820, Archivo de la H. Cámara de Diputados de Córdoba, tº 1º (cit. por H.B. Bernhardt Claude, "La administración de justicia en el gobierno de Juan Bautista Bustos", en*Cuadernos de Historia* nº 13 (Academia Nacional de Derecho y Ciencias Sociales de Córdoba), 2003, p. 138v.

los textos constitucionales, dieran forma a los códigos por todos anhelados. Se partía del axioma sostenido largamente por los críticos del antiguo régimen, de una actualidad asombrosa en esos lustros, que en realidad no eran malas las leyes, sino quienes estaban llamados a aplicarlas y por tanto, enmendado este cabo fundamental, el derecho de la monarquía podía servir a la nueva situación, a la espera de una reforma integral del plexo normativo, reforma a la que desde ya no se renunciaba ni mucho menos[741]. Por ahora bastaría con incorporar algunas modificaciones imprescindibles, fundamentales en la estructura del Estado-Nación. La legislación general, salvo ciertos retoques, podía mantenérsela, provisionalmente, ya que sin la presencia del *iudex solutus* del anterior régimen podría resultar adecuada.

Cesados los jueces y seleccionados los nuevos que habrían de remplazarlos, teniendo para ello especialmente en cuenta sus méritos "patrióticos", podía aspirarse ya sin más a una nueva administración de justicia, que aunque siguiese utilizando el viejo derecho y aún los "estilos" antiguos, sería sin duda "revolucionaria". Los magistrados del nuevo orden harían una diferente "lectura" de aquellas normas, ajustada a las nuevas corrientes de pensamiento de su tiempo, respetando las declaraciones de derechos y garantías individuales (libertad de la persona y sus bienes, igualdad ante la ley, libertad de prensa, de expresión, de reunión, de peticionar, etc.) puestas como hitos de la nueva situación revolucionaria y como reglas superiores, es decir "constitucionales" de la nación. Se reservaría por lo demás el gobierno de la revolución la facultad interpretativa, considerada clave de la aplicación del derecho.

Ello no suponía desentenderse de una reforma legislativa que sin duda se reputaba necesaria, aún cuando podía ser postergada por el momento. Entre otras manifestaciones en ese sentido, he seleccionado la expuesta en un folleto anónimo debido a la pluma de "Un antiguo magistrado", por estar expresada con total libertad, debido a que su autor, probablemente un juez afrancesado, estaba desligado del respeto o temor que podía tener al alzarse en su memorial contra el orden jurídico establecido, ya que la monarquía borbónica había sido suplantada por la bonapartista. Está dado a la imprenta en el Madrid de 1810, bajo el título *Discurso sobre la necesidad de una nueva legislación para todas las Provincias Españolas y sobre los medios de formarla*[742]. El autor habla de la gran necesidad de "nuevos códigos", tanto en España como en América, citando para ello el artículo correspondiente de la Constitución de Bayona de 1808 ("Las Españas y las Indias se gobernarán por un solo código de leyes civiles y criminales"). Podía leerse allí "que

741. Me remito a las páginas introductorias sobre el tema en la obra de Víctor Tau Anzoátegui, *La codificación en la Argentina (1810-1870). Mentalidad Social e Ideas Jurídicas,* Buenos Aires, Instituto de Historia del Derecho Ricardo Levene, 1977.

742. El original se encuentra en la Biblioteca del Doctor José M. Mariluz Urquijo, a quien agradezco su conocimiento y la copia que me ha facilitado.

la pasión, la intriga o los errores, a la sombra del caos de cien códigos y de mil comentarios contrapuestos, podían hacer impunemente que sucumbiese la justica después de inmensas y costosas dilaciones". Por ello, ya sancionada la constitución "debe llevarse a complemento por un código civil, que proteja los derechos de todas las propiedades del hombre y contribuya a la distribución de las riquezas por medios eficaces e indirectos; por una ley judicial que proporcione el tiempo y la seguridad indispensables para la instrucción de los negocios, sin perpetuar las controversias y sin exceder los gastos al producto de la victoria conseguida; por una clasificación detallada y filosófica de los delitos y las penas, que aparte a los magistrados el peligro de usurpar la potestad legisladora; por un código finalmente que fije las reglas severas y sencillas de la justicia del comercio, que abrevie y facilite las sentencias de sus cuestiones judiciales y prevenga o castigue sin arbitrariedad las quiebras fraudulentas y culpables". Como se vé una expresión afrancesada en armonía con las corrientes de su tiempo en España y las Indias.

19. La administración de justicia pos-revolucionaria

He dicho en páginas anteriores que el *ordo iuris* hispánico, heredado por los revolucionarios, siguió en vigor despues de los acontecimientos de la primera década del siglo XIX, con las modificaciones imprescindibles que resultaba necesario introducir en razón del cambio de la soberanía. El Derecho Indiano, dice con acierto el historiador chileno Bravo Lira, "no desapareció con la monarquía. Antes bien, es uno de los grandes legados de ella a sus Estados sucesores", salvo claro está de las modificaciones que se le introdujeron en el terreno político institucional, "pues la mas urgente necesidad de los Estados sucesores era consolidarse bajo un gobierno propio"[743].

En la Península se producía, aprovechando la coyuntura que le ofrecía la invasión napoleónica y la prisión del rey, la "revolución" liberal a que aspiraban los "filósofos", espíritus inquietos y activistas decididos, que se concretaría con la obra de las Cortes y la constitución del doce. En los antiguos reinos de las Indias, donde bullen parecidas o idénticas ideas, la obra de Cádiz será sustento del proceso de emancipación y del nacimiento de las nuevas naciones independientes. Para ellas el modelo gaditano resultará insustituible.

El derecho aparecido en América a la sombra de las manifestaciones revolucionarias que se irán produciendo, comenzando por las declaraciones de derechos y garantías individuales, y siguiendo por los reglamentos provisorios o constituciones, que no fue-

743. B. Bravo Lira, "El Derecho Indiano después de la Independencia en América Española: Legislación y doctrina jurídica", en *Historia* nº 19, Instituto de Historia, Pontificia Universidad Católica de Chile, Santiago, 1984, p. 5-6. Este trabajo se incorporó a la obra del autor *Derecho común y derecho propio en el Nuevo Mundo,* ya cit.

ron escasos, estuvieron inspirados en su gran mayoría (y a veces copiados literalmente) por la obra de los gobiernos "revolucionarios", que ejercían el poder en la Península después del año ocho en nombre del rey preso en manos de Napoleón. Las normas surgidas de la Junta Central, de la Regencia y de las Cortes de Cádiz, fueron modélicas. En el Río de la Plata la influencia pareció notoria, pero no solo en en este austral virreinato, sino prácticamente en toda la América española[744].

Las primeras medidas destinadas a dar una nueva estructura al Estado naciente tenían que adoptarse sin pérdida de tiempo. Por ello el derecho público americano abrevó en los modelos gaditanos, mucho más a mano que los de los Estados Unidos y mucho menos "radicales" que los de la Francia impía y regicida.

Se ha dicho con acierto que aquella "revolución española" no solo inició a los habitantes de sus antiguos dominios en las prácticas de la representación pública, sino que los nutrió con sus principios y les proporcionó las bases sobre las que se planteó la organización de los nuevos Estados, ya que sólo a partir de la segunda mitad del siglo XIX aparece una verdadera vocación dirigida a crear "un nuevo derecho para el país"[745]. Debemos señalar, por ello mismo, la escasa originalidad de estas primeras fórmulas institucionales. Veamos más concretamente el caso de la administración de justicia, en el nuevo orden nacido de la "revolución".

La España liberal proporcionará, también aquí, un camino a seguir. Las Cortes habían resuelto confirmar "*por ahora* todos los tribunales de justicia establecidos en el reino, para que continúen administrando justicia según las leyes" (Decreto de 24 de septiembre de 1810) y en la constitución del doce se dispuso la inamovilidad de los jueces (artículos 252 y 253). Pero la sustitución de los antiguos magistrados judiciales era una materia insoslayable y pendiente, que pronto debió ser resuelta. La "depuración" se realizó teniendo especialmente en cuenta la "fidelidad" del magistrado al régimen vigente[746].

Cuando tocó a las Cortes fijar las cualidades que debía tener el integrante del Tribunal Supremo creado en la constitución, se sostuvo que debía "... ser letrado, gozar de buen concepto en el público, haberse acreditado por su ciencia, desinterés y moralidad, ser *adicto a la Constitución* de la Monarquía y haber dado pruebas *en las circunstancias actuales*

---

744. Me he ocupado de ello en "Proyección del liberalismo gaditano en los países de América", en *Las Cortes de Castilla y León (1188-1988)*, Vol. I°, Editado por las Cortes de Castilla y León, Valladolid, 1990, p. 663-703, al que me remito.

745. Julio V. González, *Filiación Histórica del Gobierno Representativo Argentino*, Buenos Aires, 1937, p. 10. La afirmación está referida a la Argentina, pero puede extenderse sin esfuerzo al resto de naciones hispanoamericanas.

746. En el cuestionamiento de los antiguos jueces ante las Cortes gaditanas estaban también los tribunales americanos, como fue el caso de los oidores de la Audiencia de Lima, llevado a las Cortes por el Ministro Pezuela. Ver Fernando Martínez Pérez, *Entre confianza y responsabilidad. La justicia del primer constitucionalismo español (1810-1823)*, Madrid, Centro de Estudios Políticos y Constitucionales, 1999, p. 60-61.

de estar por la independencia y libertad política de la Nación". Al irse incorporando territorios recuperados a la España libre de la invasión napoleónica, se dispuso un examen cuidadoso de la conducta política de los magistrados actuantes, cuya rehabilitación se resolvía en cada caso previa justificación de haber poseído "méritos patrióticos"[747]. Como dice Fernando Martínez, la llamada "revolución española" no inaugurará "un aparato de justicia liberal, sino un distinto contenido de las calidades que se predicaron del *buen juez*"[748].

En suma que allí, como ocurrirá en América hispana, lo urgente era cambiar el juez más que mudar la organización judicial heredada del absolutismo. Con estos antecedentes, ajustemos ahora la lente al caso argentino, que será una muestra de lo ocurrido en general en América.

* * *

Desde el mismo momento en que la Junta de Buenos Aires asume el gobierno de todo el territorio del Virreinato del Río de la Plata en nombre de Fernando VII, el 25 de mayo de 1810 y sustituye al virrey y presidente de la Real Audiencia de Buenos Aires, Baltasar Hidalgo de Cisneros, que había sido nombrado por la Junta Central y Suprema de España e Indias, surge la necesidad de resolver el funcionamiento del nuevo gobierno.

El primer acto en materia judicial lo encontramos en el Reglamento dictado el mismo 25 de mayo de 1810, por el que se despoja la Junta "del poder judiciario", que se traslada a los jueces de la Real Audiencia de Buenos Aires, a la que se dispone remitir todas las causas contenciosas que no fuesen de gobierno. Primer amago de separación de poderes en los umbrales del nuevo orden.

Cesar y sustituir al virrey era una medida "revolucionaria", aunque se invocase la figura del doliente prisionero Fernando VII; otra tan revolucionaria como esta será la sustitución de los jueces.

Es verdad que ya antes se ha atropellado la estructura heredada al declarar la independencia del "Poder Judicial", como se nombrará oficialmente en adelante a la administración de justicia, y disponer la prohibición para el Gobierno de atribuirse asuntos judiciales (que a la postre no se respetará absolutamente)[749].

---

747. Idem., p. 70-71 —la cursiva me pertenece— (El autor trata en esta obra las vicisitudes de la magistratura en un periodo crucial de la vida institucional española).

748. Idem., p. 53.

749. En el acta de instauración de la Primera Junta de Gobierno Patrio de 25 de mayo de l810, se había excluido expresamente a la Junta del ejercicio "del poder judiciario, el cual se refundirá en la Real Audiencia"; principio que se reitera el 10 de febrero del año siguiente al crearse las Juntas Provinciales, ninguno de cuyos miembros podía ejercer funciones judiciales. Lo propio ocurre con el Reglamento Provisorio de

El 22 de junio del año diez, a un mes escaso de la Revolución, decide el gobierno cortar definitivamente los lazos con el antiguo régimen. Para ello dispone la expulsión de los miembros de la Audiencia de Buenos Aires. La decisión fué precipitada por la conducta de los mismos jueces, que habían asumido desde un comienzo una actitud contraria a la Junta de Buenos Aires. Separados de sus cargos (salvo el octogenario regente Lucas Muñoz y Cubero, simpatizante de la "novedad" y el antiguo fiscal y ahora oidor José Márquez de la Plata, por gozar de una prolongada licencia en Montevideo debido a su precaria salud[750]), se consuma la ruptura con la designación en su remplazo de abogados criollos, con el nombre de "conjueces"[751]. La Audiencia de Charcas sufrió igual cambio el 17 de mayo de 1810, pues la Junta de Buenos Aires, que asumía el gobierno de todo el virrenato, sustituyó a sus oidores por abogados criollos[752].

Es decir que la Junta, sin alterar el régimen judicial, designó nuevos magistrados en los dos altos tribunales del distrito virreinal, recayendo los nombramientos en individuos de signo favorable a la situación e integró con ellos las Reales Audiencias. Además remplazó a alcaldes y regidores del cabildo que les eran manifiestamente hostiles. Varias "comisiones especiales" integradas por jueces adictos terminaron por poner en pie la administración de justicia del nuevo régimen.

Pero, a pesar de estos actos radicales, se mantuvo el orden judiciario y por supuesto las normas que otorgaban a la figura del juez y a su recta conciencia las seguridades de un juicio justo[753]. Los nuevos conjueces debieron jurar aplicar lealmente las leyes de la Monarquía, como también "las prácticas legales del Tribunal"[754].

Esa situación se mantendrá durante largos años, porque si para hacer realidad el cambio de la soberanía era imprescindible formalizar algunas modificaciones del orden

---

la Junta Conservadora de la Soberanía de Fernando VII de 22 de octubre de 1811, que declara la independencia del poder judicial y la prohibición de los miembros del Ejecutivo de atribuirse facultades judiciales, independencia que se mantuvo en el Reglamento que a poco sustituyó al de la Junta, dictado por el nuevo gobierno triunviro un mes más tarde (el 22 de noviembre). La Asamblea del año XIII en su Reglamento y en el Estatuto para el Poder Ejecutivo (de 6 de septiembre y 27 de febrero, respectivamente) insistió en este principio de independencia del Poder Judicial, al igual que en el Estatuto de 1815. El Congreso de Tucumán, luego trasladado a Buenos Aires, lo mantuvo en el Reglamento Provisorio de 1817. Todas las constituciones posteriores marcaron esa independencia en términos absolutos, hasta la que cierra el período en 1853-1860. Ver los textos en Mª. Laura San Martino de Dromi, *Documentos Constitucionales Argentinos*, cit. La independencia de poderes, declarada por la Junta, se convirtió por obra de ese mismo gobierno en una disposición principista, más teórica que real (Ver R. Zorraquin Becu, *Historia del Derecho Argentino*, tº IIº, Buenos Aires, Editorial Perrot, 1970, p. 166).

750. Ver A. Levaggi, *El virreinato rioplatense en las vistas fiscales de José Márquez de la Plata*, Buenos Aires, Universidad del Museo Social Argentino, 1988, p. 39-45.

751. José de Darregueyra, Vicente Anastasio de Echavarría, Pedro Medrano y como Fiscal Simón de Cossio (Manuel Ibáñez Frocham, *La organización judicial argentina (Ensayo histórico)*, Buenos Aires, 1938, p. 45-46).

752. Lorenzo Córdoba, Esteban Agustín Garzón, José Calvimonte y Gabriel Palacios (Ibídem).

753. José Nicolás Matienzo, *El gobierno representativo federal en la República Argentina*, Buenos Aires, 1910, p. 295, cit. por M. Ibáñez Frocham, op. cit., p. 38.

754. Enrique Ruiz Guiñazú, *La magistratura indiana*, Buenos Aires, 1916, p. 239.

jurídico existente, como ya se ha dicho, en lo que se dio en llamar "la legislación general", no habrá prisas para adoptar otras transformaciones fundamentales. Se había asegurado el cambio en la administración de justicia, aunque se mantuviese el orden jurídico heredado, pues ahora se contaría con jueces que podían exhibir —como se decía en la España liberal— "méritos patrióticos" para impartir justicia en nombre del nuevo soberano, el pueblo de la nación.

La permanencia del orden jurídico hispano-indiano resulta indudable en estos primeros años y durante varias décadas más, hasta la aparición de los códigos modernos y aún se lo ha visto presente en la labor del propio codificador[755]. Fenómeno que no solo fue notorio en el campo del derecho privado (a tal punto que ha podido afirmarse que las leyes de fondo atravesarán "intactas los 42 años que median entre Mayo y Caseros", es decir entre la revolución y la organización constitucional[756]), sino que también podrá advertírselo, en algunos casos, en el derecho público, pues no se desaprovecharán después del año diez instituciones heredadas, que hacían a la estructura política del período indiano, cuando podían servir a la nueva situación. Así ocurrió, por ejemplo, con la Real Ordenanza de Intendentes del Río de la Plata (1782), juzgada como un verdadero "código político-administrativo", adoptado sin vacilar por las provincias argentinas[757].

La administración de justicia, en cambio, no registrará soluciones legislativas de trascendental importancia, fuera de los problemas suscitados por la substanciación y decisión de los llamados "recursos extraordinarios", previstos en la estructura procesal del antiguo régimen, ante la separación de la Metrópoli a donde debían enviarse para su resolución definitiva[758].

Veamos algunos ejemplos normativos elocuentes provenientes de la época posterior al año diez: "Las leyes generales, las municipales, y bandos de buen gobierno serán

755. Un trabajo de Ezequiel Abásolo con el elocuente título "Las notas de Dalmacio Velez Sársfield como expresiones del *ius commune* en la apoteósis de la codificación, o de cómo un código decimonónico pudo no ser la mejor manifestación de la *cultura del código*" (*Revista de Estudios Histórico-Jurídicos* nº XXVI, Valparaíso, Chile, 2004, p. 423-444) pone de manifiesto cómo en los pliegos de las "notas" de un codificador decimonónico, como el autor del Código Civil Argentino, sancionado en 1869, aún pervive el antiguo *ius commune* del Derecho Indiano.

756. Abel Cháneton, *Historia de Vélez Sársfield*, Buenos Aires, Librería y Editorial La Facultad, 1938, tº 2º, p. 9.

757. José María Díaz Couselo, "La Real Ordenanza de Intendentes y la Revolución", en José M. Mariluz Urquijo (Director), *Estudios sobre la Real Ordenanza de Intendentes*, Buenos Aires, Instituto de Investigaciones de Historia del Derecho, 1995, p. 231 y siguientes. El autor ha desarrollado el tema de la continuidad del derecho hispano-indiano en su trabajo "Pensamiento jurídico y renovación legislativa", publicado en Academia Nacional de la Historia, *Nueva Historia de la Nación Argentina* (5. La configuración de la República Independiente (1810-c. 1914), Buenos Aires, Planeta, 2000, p. 363-403, y en "La tradición indiana y la formación del Derecho Argentino", trabajo presentado en el Congreso Internacional de Cultura y Sistemas Jurídicos Comparados, organizado por el Instituto de Investigaciones Jurídicas de la Universidad Autónoma de México (febrero-2004) (en prensa). Utilizo una copia del original que gentilmente me ha facilitado el autor.

758. El primer intento de solución fué el *Reglamento provisorio sobre los recursos de segunda suplicación, nulidad, o injusticia notoria, y otros extraordinarios, acordado con precedente dictamen Fiscal*, de fecha 21 de junio de 1811, que se los atribuyó la Junta, con holgadas referencias a las leyes españolas (M.L. San Martino de Dromi, cit., p. 1893-1897).

la regla de sus resoluciones"[759], dice el Reglamento de División de Poderes dado por la Junta Conservadora, el 22 de octubre de 1811 refiriéndose al Poder Judicial. En tanto el dictado por el Triunvirato un mes mas tarde, el 22 de noviembre, impone a las "autoridades judiciarias" conocer en los asuntos de justicia "con arreglo a las disposiciones legales", que evidentemente no eran otras que las heredadas.

Es de singular importancia la reestructuración del "Poder Judicial", emprendida el 23 de enero del año siguiente por el Triunvirato gobernante (Feliciano Antonio de Chiclana, Manuel de Sarratea y Juan José Passo; Secretario Bernardino Rivadavia), que estaba encabezado hasta entonces, aún con conjueces criollos, por la Real Audiencia de Buenos Aires. Para ello se sanciona un Reglamento para la Administración de Justicia que suprime la Audiencia y crea en su reemplazo la Cámara de Apelaciones. Manifestaba el legislador en su su preámbulo que "No hay felicidad pública sin una buena y sencilla administración de justicia, ni ésta puede conciliarse sinó por medio de magistrados sabios *que merezcan la confianza de sus conciudanos*"[760]. Al decir de Ibáñez Frocham ninguna de las demás reformas que se introducen, fuera de la aludida sustitución del tribunal Real por el que allí se crea, "modifica substancialmente el régimen vigente y si en algo lo realiza es en los detalles y no siempre para mejorar lo existente"[761]. La reforma de peso era, sin duda, la que ya se había operado al expulsar a los oidores y remplazarlos por conjueces criollos, es decir el cambio de jueces: Ahora sólo lo serían aquellos magistrados sabios que merecieran la confianza de sus conciudadanos y no —por no merecerla— los que habían ejercido esa alta función durante el régimen anterior.

El Reglamento comenzaba por mantener la jurisdicción ordinaria que "será la misma que hasta aquí", por no haber ningún motivo para ampliarla o restringirla y contenía un buen número de cláusulas reglamentarias que, como se ha dicho, no hacían mayor novedad. La flamante Cámara de Apelaciones sustitutiva de la Real Audiencia, se constituiría con cinco miembros (tres letrados y dos buenos vecinos), "todos cinco empeñados en sostener la libertad de la patria"[762]. Otra novedad consistía la creación de un Tribunal de Concordia, al que debía acudirse previo a la sustanciación del pleito[763].

759. Resulta importante la insistencia en hacer observar el derecho municipal y local (Sobre la importancia de ese derecho y en especial el contenido en los bandos de buen gobierno, debe verse el "Estudio" de Victor Tau Anzoategui, en *Los bandos de buen gobierno del Río de la Plata, Tucumán y Cuyo (época hispánica)*. Edición y Estudio de ..., Buenos Aires, Instituto de Investigaciones de Historia del Derecho, 2004, p. 14-118.

760. La cursiva me pertenece.

761. Manuel Ibáñez Frocham, *La organización judicial argentina*, cit., 1938, p. 50.

762. La presencia de jueces legos en el mas alto tribunal fue duramente criticada pues iba en desmedro de la jerarquía y "tecnicismo" del nuevo orden judicial, como le señalaba al gobierno Manuel Antonio de Castro en *El Observador Americano* (N° 2, 26. VIII. 1816). Citado por Luis Méndez Calzada, *La función judicial en las primeras épocas de la Independencia*, cit., p. 121. Un tema candente durante esta época será la presencia del juez "tecnico" en remplazo del lego (E. Ábásalo trabaja sobre este problema).

763. Ver Ricardo Levene, *Historia del Derecho Argentino*, cit., t° IV° p. 149-158. Levene es más entusiasta al dar su juicio sobre el Reglamento.

Un nuevo reglamento destinado a dar normas a la administración de justicia lo promulgará el 1° de septiembre de 1813 la Asamblea General Constituyente, instalada en Buenos Aires el 31 de enero de ese año. Mantiene la jurisdicción ordinaria como hasta entonces y establece que "todas las facultades y atributos que concedan las leyes a las Reales Audiencias quedan desde luego reasumidas en las Cámaras de esta Ciudad y la de la Plata", integradas exclusivamente por letrados, declarándo la inamovilidad de los jueces mientras dure su buena conducta. Dos años más tarde, el 5 de mayo de 1815, vuelve a sancionarse un instrumento "constitucional" que se ocupa de la administración de justicia, será el Estatuto Provisorio preparado por la "Junta de Observación" designada a esos fines por el Cabildo de Buenos Aires, quien asombrosamente también nombra un Director Supremo de las Provincias Unidas.

Destacamos en este Estatuto Provisorio una cláusula que tendrá su importancia en nuestra materia. Al incorporar al texto un catálogo de derechos y garantías vinculados con la seguridad individual, se inserta un principio caro al individualismo racionalista: En causas criminales las sentencias han de ser pronunciadas "por el texto expreso de la ley", recogiendo lo que ya se había dipuesto en el Decreto de Seguridad Individual de 23 de noviembre de 1811. Pasarán algunos lustros antes que esta garantía sea efectivamente respetada. Al Poder Judicial se lo declara independiente, como se había insistido desde el 25 de mayo del año diez, agregándose que "en sus principios y formas estará sujeto a las leyes de su instituto". Las demás autoridades se mantienen y, como ocurría en el caso de la Real Ordenanza de Intendentes, los tenientes de los Gobernadores debían ser siempre letrados.

En 1816 se reunió en la ciudad de Tucumán un Congreso General de los diputados de las Provincias Unidas del Río de la Plata (que luego se trasladó a Buenos Aires) para dar contornos políticos definitivos a la nueva patria americana. De este Congreso surgirá una declaración solemne de independencia y un reglamento provisorio que reviste singular importancia en nuestro tema, ya que autorizó mediante una norma concreta la vigencia de la antigua legislación del gobierno español, según venía observándose en la práctica y surgía implícita o explícita en los textos anteriores. En el art. 2°, Cap. 1, Sección Segunda del denominado *Reglamento dado por el Congreso de las Provincias Unidas de Sud América para la dirección del Estado, mandado observar entre tanto se publica la Constitución*, sancionado el 3 de diciembre de 1817[764], se lee: "Hasta que la Constitución determine lo conveniente, subsistirán todos los Códigos legislativos, Cédulas, Reglamentos y demás disposiciones generales y particulares del antiguo Gobierno Español, *que no estén en oposición directa o indirecta con la libertad e independencia de estas Provincias, ni con este Reglamento y demás disposiciones, que no sean contrarias a él, libradas desde el veinticinco de Mayo de mil ochocientos diez*".

764. M.L. San Martino de Dromi, op. cit., p. 2258 y sig.

En la norma siguiente (art. 2º) se establece que "El Director Supremo del Estado, Tribunales, Jueces y funcionarios públicos de cualquier clase y denominación podrán representar y consultar al Congreso, las dudas que les ocurran, en la inteligencia y aplicación de las expresadas leyes, reglamentos o disposiciones en casos generales o particulres, siempre que las consideren en conflicto con los derechos explicados y sistema actual del Estado, y sus resoluciones se avisarán al Poder Ejecutivo".

Como acabamos de ver la norma no hacía más que reconocer una circunstancia preexistente, como surgiría con claridad en los artículos 13 y 14 (Secc. VIª, Cap. 3º) del mismo instrumento legal. En el primero se establecía, como ya se lo había hecho en 1815, que en las causas criminales la sentencia "debía ser pronunciada por el texto expreso de la ley", en el siguiente se aclaraba que "no se entienden por esto derogadas las leyes que permiten la imposición de las penas al arbitrio prudente de los jueces, según la naturaleza y circunstancias de los delitos, ni restablecida la observancia de aquellas otras, que por atroces e inhumanas ha proscrito o moderado la práctica de los tribunales superiores".

En suma, que había que observar la legislación existente, que regiría en consonacia y acuerdo con las normas que se hubiesen dictado desde 1810 y con el nuevo "sistema actual del Estado", que se ponía por sobre la vieja legislación española. Es decir que en la aplicación del derecho se harían prevalecer los nuevos principios que habían irrumpido después de la "revolución", quedando el Congreso como último intérprete de las dudas que pudiesen surgir en la inteligencia y aplicación de la vieja legislación indiana frente a la realidad del momento.

Podemos volver a encontrar aquí aquello de que no eran malas las leyes, sino malos los jueces que las aplicaban. Esos "malos jueces" habían desaparecido ya y a los nuevos podía confiárseles el "arbitrio prudente" de que se hablaba, al tiempo que se derogaban las penas "atroces e inhumanas" proscritas o moderadas por la práctica de los tribunales superiores.

Estaba claro que lo que debía sancionar el Congreso, tal como lo habían hecho las asambleas anteriores, no eran leyes generales sino, y por ahora, las "leyes fundamentales" del nuevo Estado, aunque fuesen provisorias, "único objeto" de su obra, y dejar de lado la consideración de aquellas normas puramente civiles que ya existían en el país, "de un orden inferior a las *fundamentales*", según se expresaba en el seno de la asamblea el diputado Sáenz[765].

Me he detenido en estas normas por ser demostrativas de una realidad que no empece la necesidad de un cambio fundamental del *ordo iuris* del antiguo régimen, pero que inicia la marcha a esa mutación mediante normas concretas que retocan, si cabe, aquel orden, manteniéndolo en substancia.

---

765. Emilio Ravignani, *Asambleas Constituyentes Argentinas*, Tomo Primero, Buenos Aires, 1937, p. 319 (Es mía la cursiva).

Los reglamentos y estatutos anteriores, según hemos visto, estaban sancionados con ese mismo sentido de continuidad del derecho hispano indiano, en tanto no contradigese los superiores principios de libertad e independencia del nuevo Estado y las normas con que se había adecuado aquél derecho a la nueva circunstancia. ¿Es que el *ancién régime* no había desaparecido aún?

Aunque se mantuviese ese viejo orden jurídico, los nuevos jueces, base de la organización judicial que en substancia continuaba, podrían con su espíritu revolucionario alterar las bases de la anterior administración de justicia, que ya no podía resultar satisfactoria en los nuevos tiempos.

El Reglamento, como lo habían hecho los anteriores cuerpos "constitucionales", dejó las cosas como estaban en punto a la administración de justicia. Las constituciones de 1819, sancionada por el mismo "Congreso de Tucumán" y la de 1826 aprobada por otro, no tuvieron efectiva aplicación, pero en verdad no innovaban en lo hasta aquí explicado.

Al estallar la unidad nacional en 1820, tampoco varió el panorama en el orden provincial, es decir en el derecho vigente en las Provincias-Estados argentinos[766]. Digamos tan solo que la desaparición de una autoridad nacional, como no fuese la embrionaria labor de unión autocrática efectuada durante la larga dictadura de Juan Manuel de Rosas, a través del encargo de las relaciones exteriores, tan bien estudiada por Tau Anzoátegui[767], movió a que cada uno de los Estados provinciales se diese su propia organización interna con enorme preponderancia del Poder Ejecutivo ejercido por los mandones locales. En estos casos la herencia indiana fue patente y al decir de Juan Bautista Alberdi deberá encontrarse en élla "la raíz principal de la organización democrática argentina"[768].

En nuestra materia, la organización judicial de las provincias argentinas siguió las normas anteriores al año diez, con la creación en todos los casos de un tribunal superior provincial, que haría las veces de la Real Audiencia, con competencia en esos distritos y de un tribunal de comercio, unipersonal o colegiado, que sustituiría a las diputaciones del Consulado del régimen anterior, que se seguirían rigiendo por las ordenanzas españolas[769]. Aunque la Provincia de Buenos Aires tuvo una más elaborada reglamentación, tampoco en élla se alteraron las características que venimos

766. J.M. Diaz Couselo, "La tradición indiana y la formación del Derecho Argentino", cit.

767. Victor Tau Anzoategui, *Formación del Estado Federal Argentino (1820-1852). La intervención del gobierno de Buenos Aires en los asuntos nacionales*, Buenos Aires, Instituto de Historia del derecho Ricardo Levene-Editorial Perrot, 1965.

768. Juan Bautista Alberdi, *Derecho Público Provincial*, Buenos Aires, 1965, p. 46-47, cit. por J.M. Diaz Couselo, en el artículo mencionado en nota 763. Ver H.B. Bernhardt Claude, "La administración de justicia ...", cit., p. 142-148 (Transcribe el título IX completo: "Del Juzgado de Comercio", del Reglamento provisorio de 1821 de la provincia de Córdoba que dió su Legislatura, adherido a la Cédula ereccional del Consulado de Buenos Aires de 30 de enero de 1794).

769. Idem.; M. Ibáñez Frocham, op. cit., p. 101-156; V. Tau Anzoategui, "La administración de justicia en las provincias argentinas", en *Revista de Historia del Derecho* nº 1, Instituto de Investigaciones de Historia del Derecho, Buenos Aires, 1973, p. 205 y sig.

señalando[770]. Podemos apuntar como nota importante, que en la época de Rosas se crea el Tribunal de Recursos Extraordinarios, que se han repuesto, fundado en mas razones políticas que jurídicas, colocando el nuevo órgano de justicia por sobre la Cámara, con fuerte ingerencia del Gobierno[771].

Llegamos así a mediados del siglo XIX. Después de casi cuarenta años los "Códigos legislativos, Cédulas, Reglamentos y demás disposiciones generales y particulares del antiguo Gobierno Español", según la letra del Reglamento de 1817, eran considerados como "nuestro derecho", al que todas las provincias reconocían como propio, y cuyas leyes, "aunque antiguas, también eran leyes del país, en base a las cuales se pronunciaban las sentencias". Así resulta de los debates del Congreso General Constituyente de 1853 que sancionó la Constitución definitiva[772].

Claro que tales normas debieron estar sujetas a una diferente "lectura", ajustada a las nuevas corrientes de pensamiento y en especial a las declaraciones de derechos y garantías que entre nosotros precedieron a todo texto "constitucional", como una manera clara y contundente de marcar la diferencia entre el viejo régimen autoritario y el nuevo régimen liberal. También estan contenidas en la propia Constitución de 1853, que desde los primeros gobiernos patrios fueron consideradas como hitos de la nueva situación[773].

Pero esa "nueva lectura" en manera alguna barrió con principios, procedimientos y aún la concreta continuidad de instituciones jurídicas del pasado.

El tema de la fundamentación de las sentencias, por ejemplo, a pesar de haber sido considerado clave para transformar la justicia de autoridad en justicia legal y hacer realidad la vigencia de los derechos individuales contenidos en declaraciones, reglamentos y constituciones, provisorios o con ambición de definitivos, fue resistida por los magistrados del nuevo Estado hasta bien entrado el siglo XIX[774].

La brega sin embargo había sido incesante para tratar de obtener un cambio en esta materia, juzgada fundamental para abrazar el nuevo sistema de justicia de leyes, aunque la doctrina se encontrase todavía dividida. Lo cierto es que los testimonios demuestran

770. V. Tau Anzoátegui, op. cit. en nota anterior, p. 234-235.

771. Ver V. Tau Anzoátegui, "La fundamentación de las sentencias en la Argentina", cit., donde se hace un prolijo análisis del tema judicial vinculado con la fundamentación de los fallos.

772. Tomo algunas de las muchas alusiones de sus diputados en ese sentido del trabajo de Ezequiel Abásalo, "Consolidación del constitucionalismo decimonónico y subsistencia del Derecho Indiano" (En prensa, utilizo una copia cedida gentilmente por el autor).

773. A. Cháneton, op. cit., p. 13.

774. En su clásica obra sobre procedimientos de 1834, el prestigioso procesalita Manuel Antonio de Castro insistía —apelando a Elizondo— en que "no es necesario ni conveniente que el juez funde su sentencia redundando en palabras cuando debe ser concebida en términos precisos, sino en los casos prevenidos por derecho" (Manuel Antonio de Castro, *Prontuario de Práctica Forense*, Buenos Aires, 1834 —Reproducción facsimilar del Instituto de Historia del Derecho—, Buenos Aires, 1945, p. 34). Sobre el tema vuelvo a citar el trabajo de V. Tau Anzoátegui "La fundamentación de las sentecias en la Argentina", ya utilizado.

que hasta medidos del siglo XIX, seguían los jueces sin dar razón de sus fallos. Ni aún incorporado en las Constituciones que se dieron para la nación y las provincias, no logró prender este requisito tan vinculado con los nuevos aires liberales.

Valentín Alsina, jurista destacado, cabeza de un grupo político importante en Buenos Aires, que lo llevó a la gobernación de la provincia, publicó en 1832 unas *Reflexiones breves sobre la conveniencia de que los jueces funden sus sentencias; y de que examinen y voten separada y consecutivamente las diversas cuestiones que haya en una causa*[775]. Las "Reflexiones" habían nacido como una preocupación doctrinaria del autor, que se agitó nuevamente ante una causa en trámite. Habiendo concluido ese asunto, consideró conveniente darlas a publicidad para llamar la atención de los legisladores sobre un tema cuyos resultados y aplicaciones interesan en alto grado a toda la sociedad, ya que la obligatoriedad de la fundamentación de las sentencias "producirá inmensos y ventajosos resultados en toda la economía de nuestro sistema judicial".

El "estilo" de los tribunales de justicia permaneció imperturbable por entonces. O al menos así resulta de lo sostenido en 1850 en un conocido manual de procedimientos del jurista criollo Miguel Estéves Saguí. El autor insiste sobre la necesidad de una norma que definiera la obligación de los magistrados de fundar las sentencias, cuya práctica contraria aún subsistía. Fundar los fallos, decía Estéves Saguí, implica "reducir lógicamente la cuestión y las pruebas a la ley; y ésta a aquéllas; fundarlas es manifestar que el juez ha comprendido aquella, examinando y estudiando el proceso; y que su pluma obedece a la ley y a la razón, no a la arbitrariedad o a sus errores, a su ignorancia o a sus caprichos. De cierto que una u otra cosa ha de resultar, y esto solo es ya una garantía inmensa en la recta administración de justicia"[776].

De manera que la fuerza de la inercia de un procedimiento secular obstaculizaba todavía la vigencia, en materia procesal, de los nuevos principios liberales que pomposamente se declaraban en los textos constitucionales y en las normas sancionadas por las legislaturas. Era la personería residual del viejo órden que resistía su desaparición.

Tánta trascendencia había tenido la persona del juez que en definitiva, y aún entonces, era la primera de las garantías de una sentencia justa, a despecho de textos legales que pudieran posponerla.

---

775. Las dio a conocer con un estudio previo, Victor Tau Anzoátegui, "Acerca de la fundamentación de las sentencias en el Derecho Patrio", cit., p. 181-198. El autor pasa revista allí a las opiniones doctrinarias sostenidas sobre el tema.

776. *Tratado elemental de los procedimientos civiles en el foro de Buenos Aires*, 1850; cit. por Luis Méndez Calzada, *La función judicial en las primeras épocas de la Independencia*, cit., p. 459. En el territorio argentino en las sucesivas constituciones que se dieron las provincias, se ocuparon del problema, ya que siendo una legislación de forma, correspondía la competencia para resolver el caso a cada estado provincial, luego de sancionada la nacional de 1853, que imponía la fundamentación. En esas constituciones, o bien se repitió la obligación o se remitieron a la exigencia nacional. En España se la impuso en el Código de Comercio de 1829.

Bien dice Tau Anzoátegui que el principio racionalista de la fundamentación de las sentencias, si no era controvertido en doctrina, estaba "sórdamente resistido y combatido por los jueces, principalmente los de tribunales superiores". Se mantenía firme el papel tradicional que desempeñaba el juez en el proceso al administrar justicia, que lo eximía de dar razón de sus fallos ante las partes y el público[777]. Por lo demás ello les permitía retener en algo el alto poder de aquellos jueces absolutos.

Con lo hasta aquí expuesto, podemos afirmar que hasta la sanción de los códigos, en la segunda mitad del siglo XIX, en realidad la gran transformación en la marcha hacia la afirmación del régimen liberal triunfante tanto en España como en América, fué el cambio de los requisitos exigidos para el juez. En la nueva época será primerísima condición del magistrado su adhesión a la "novedad". En suma que quien administrase justicia fuese un individuo a quien debían adornar las virtudes tradicionales, pero sobre todo que fuese "de fiar", muy especialmente que se tratase de un individuo adicto a la situación institucional de libertad e independencia de la nueva nación y de adhesión a la política liberal oficial. Como se decía en el preámbulo al Reglamento de Administración de Justicia del año doce, debía tratarse de personas que "mereciesen la confianza de sus conciudadanos", todos ellos "empeñados en sostener la libertad de la patria". También en la España liberal posterior al año ocho la "afección política" de los jueces fué el patrón de medida de su permanencia en el cargo, conforme hemos visto más atrás.

Si en el transcurso de ese período (1810/1853) hemos hablado de la existencia de un derecho de escasa originalidad, en materia judicial solo podemos registrar como norma verdaderamente "revolucionaria" la sustitución de los jueces, que seguirían siendo la clave de la administración de justicia.

El cambio de la soberanía imponía transformaciones inevitables al derecho "político", aunque a veces sólo se tratase de un cambio meramente nominal y que a las nuevas normas "políticas", se agregasen las viejas estructuras cuando no se le opusiesen abiertamente[778].

El nuevo régimen liberal está empeñado en abatir la desigualdad y el privilegio y de esa manera encaminarse a dar "certeza" a su derecho, encerrándolo en códigos, que como "libros de bolsillo"[779], todos los hombres puedan llevar consigo y entender (esa era la idea).

En el entretanto seguirán en vigor las antiguas leyes del viejo régimen, que a pesar de saltar como una costra seca, ha dejado debajo un sinfín de normas enraizadas en la sociedad y aceptadas por los juristas, difíciles de sustituir de un plumazo.

777. V. Tau Anzoátegui, "La fundamentación de las sentencias en la Argentina" cit., p. 313.
778. En el trabajo de Díaz Couselo "La tradición indiana y la formación del Derecho Argentino", al que ya he aludido, se hace un importante aporte al conocimiento de transformaciones y permanencias.
779. La expresión es de Tomás y Valiente, *Manual...*, cit..

¿Significa esa permanencia que el derecho no necesitaba reforma y que el viejo *ius commune* del Derecho Indiano podía mantenerse en los nuevos "Estados liberales" nacidos de la emancipación?

Si bien las expresiones pueden estar teñidas del fervor independentista de la Revolución, anotemos las conocidas palabras de uno de sus principales corifeos, el abogado Mariano Moreno, secretario de la primera junta de gobierno revolucionaria, quien a fines de 1810 consideraba que la colección de legislación reunida en la Recopilación de Leyes de Indias de 1680 era el "monumento de nuestra degradación". En el mismo periódico (*Gaceta de Buenos Aires*), un lector anónimo afirmaba parecido juicio: "leyes arbitrarias degradantes de todos los americanos"[780]; otro editor podía considerarlas "dictadas por el despotismo y el monopolio". En ese mismo sentido se expresaría Bernardo de Monteagudo en 1812, al considerarlas "el código más tirano y humillante de cuantos han dictado los déspotas del Asia"... "leyes arbitrarias que promulgó la usurpación". Un nuevo testimonio, esta vez del Deán Gregorio Funes, al proponer el nuevo plan de estudios para la Universidad de Córdoba, en 1813, prometía que "en adelante ya no conservaremos estas leyes sino como un monumento de la degradación en que hemos vivido". La condena alcanzaba en una *Oración apolegética* de la misma época a las leyes castellanas, al código justineaneo y al decreto de Graciano[781].

A pesar de la generalidad de estas soflamas que propician una ruptura del orden existente, no faltaron voces que aspiraran a levantar el "nuevo edificio sobre algunos muros antiguos". Así se hizo durante varias décadas, manteniendo en substancia el viejo orden, lo que no significó que quedasen tranquilos los ánimos, pues no dejó de insistirse, antes de la sanción de los códigos, en la crítica, a veces despiadada de ese derecho. Condena que se extendía al contenido, la técnica legislativa, el lenguaje, su antigüedad y la autoridad despótica que las dictó.

Mientras tanto las normas reformistas, aún de nombres o de signos, eran en general bien recibidas, pues se las interpretaba como manifestaciones externas del deseo de "aniquilar el despotismo"[782].

Lo cierto es que la "ensambladura" entre el antiguo régimen y el que nace con la Revolución fue una tarea compleja, que no quedó concluida hasta el dictado, en cada caso, de los respectivos códigos modernos y de las leyes generales de procedimientos, y ello con matices de tiempo y lugar. Como se ha dicho con acierto, refiriendose al derecho en general y por ende aplicable también al *ordo iudiciario*, la tensión entre persistencia e innovación demuestran que la paulatina desaparición de un Derecho

780. R. Levene, *Historia del Derecho...*, cit., tº Vº, p. 284.
781. Tomo estas citas y las posteriores de V. Tau Anzoátegui, *La codificación ...*, cit., p. 73-83.
782. Ver L. Méndez Calzada, *La función judicial ...*, cit. p. 121.

Indiano adherido a la cultura del *ius commune* no obedeció tanto a la vigencia formal de nuevas normas sino a la infiltración de una cultura jurídica alternativa (inexistente hasta entonces, me permito añadir por mi parte) que si a la postre resultó victoriosa debió sortear para lograrlo serios obstáculos, a veces sutilmente deslizados por los defensores de la tradición jurídica que fenecía[783].

En cuanto a la administración de justicia, habiéndose substituido a los jueces, y reservándose el gobierno la alta función interpretativa no urgía imponer mayores modificaciones en las instituciones judiciales, a punto que ha podido afirmarse que "la Revolución de Mayo no va contra ellas"[784].

783. E. Abásolo, "Las notas ...", cit., p. 443.
784. M. Ibáñez Frochan, *La organización judicial...*, cit., p. 39-40.

Abreviaturas utilizadas para archivos y colecciones

AGI: *Archivo General de Indias* (Sevilla).

AHN: *Archivo Histórico Nacional* (Madrid).

BELTRÁN y ROZPIDE: RICARDO BELTRÁN y ROZPIDE, *Colección de las memorias o relaciones que escribieron los Virreyes del Perú acerca del estado en que dejaban las cosas generales del Reino* ... por [...]; Madrid, MCMXXI.

Cedulario de Encinas: *Cedulario Indiano recopilado por DIEGO de ENCINAS*. Reproducción facsimil de la edición única de 1596, con Estudio e Indices de ALFONSO GARCÍA-GALLO, Madrid, Ediciones de Cultura Hispánica, 1945 (El Estudio e Indices se publicaron en un volúmen por separado, Madrid, Ediciones de Cultura Hispánica, 1990).

Cedulario de Puga: VASCO de PUGA, *Cedulario de la Nueva España* (Facsimil del impreso original, México, 1563), con Presentación de SILVIO ZAVALA y Estudio Introductorio de MARIA del REFUGIO GONZÁLEZ, Chimalistac, Ciudad de México, CONDUMEX, 1985.

Cartas de religiosos de N.E.: JOAQUÍN GARCÍA ICAZBALCETA (editor), *Cartas de religiosos de Nueva España, 1539-1594*, México, Editorial Salvador Chaves Hayhoe, 1941.

Codice Mendieta: *Codice Mendieta, documentos franciscanos, siglos XVI y XVII*, México, 1892 (Biblioteca de Facsímiles Mexicanos, Guadalajara, Jalisco, México, 1971).

CUEVAS: MARIANO CUEVAS, S.J. *Documentos inéditos del siglo XVI para la Historia de México*. Colegidos y anotados por (...), México, 1914.

Documentos para la Historia de México: JOAQUÍN GARCÍA ICAZBALCETA, *Colección de Documentos para la Historia de México*, publicada por (...), México, 1866; Kraus Reprint. A Division of Kraus-Thomson Organization Limited, Nendeln/Liechtenstein, 1971.

HANKE, BAE: LEWIS HANKE, con la colaboración de CELSO RODRÍGUEZ (ed.), *Los virreyes españoles en América durante el gobierno de la Casa de Austria. México*

IDEM, *Perú*.

En ambos casos, están editados en la Colección *Biblioteca de Autores Españoles* (BAE) y se citan por esa colección.

Instrucciones: *Instrucciones que los Virreyes de Nueva España dejaron a sus sucesores, añadense algunas que los mismos trajeron a la Corte y otros documentos semejantes a las instrucciones*, México, Imprenta de Ignacio Escalante, 1873.

LEVILLIER, *Audiencia de Charcas:* ROBERTO LEVILLIER (editor), *Audiencia de Charcas. Correspondencia de Presidentes y Oidores*, Madrid, 1918.

LEVILLIER, *Audiencia de Lima:* ROBERTO LEVILLIER, *Audiencia de Lima, Correspondencia de presidentes y Oidores, Documentos del Archivo de Indias.* Publicación dirigida por [...], Madrid, 1922.

LEVILLIER, *Oficiales Reales*: ROBERTO LEVILLIER, *Correspondencia de los Oficiales Reales de Hacienda del Río de la Plata con los Reyes de España, 1540-1596*, publicada por [...], t° 1, Madrid, 1925.

MATRAYA y RICCI: JUAN JOSEPH MATRAYA y RICCI, *Catálogo Cronológico de Pragmáticas, Cédulas, Decretos, Órdenes y Resoluciones Reales (1819)*, Buenos Aires Instituto de Investigaiones de Historia del Derecho, 1978 (reproducción facsimilar).

Memorias: *Memorias de Virreyes que han gobernado el Perú, durante el tiempo del coloniaje español*, Lima, Librería Central de Felipe Bailly, Editor, 1859.

PASO y TRONCOSO: FRANCISCO PASO y TRONCOSO, *Epistolario de Nueva España, 1505-1818*, México, 1940, México, 1939.

POWELL: PHILIP WAYNE POWELL, "Portrait of an American Viceroy: Martín Enríquez, 1568-1583", apartado de *THE AMERICAS*, Vol. XIV, july, 1957, N° 1 Academy of American Franciscan History, Washington, D. C. (Tomados de *Manuscritos de la Biblioteca Nacional*, Manuscrito 19692).

TORRE VILLAR: ERNESTO de la TORRE VILLAR, *Instrucciones y memorias de los virreyes novohispanos* (Compilación e índices de RAMIRO NAVARRO de ANDA), Estudio preliminar, coordinación, bibliografía y notas de [...], México, Ed. Porrúa, 1991.

Bibliografía Utilizada

ABÁSOLO, EZEQUIEL; "Las notas de Dalmacio Vélez Sársfield como expresiones del *ius commune* en la apoteosis de la codificación, o de cómo un código decimonónico pudo no ser la mejor manifestación de la *cultura del código*", en *Revista de Estudios Histórico-Jurídicos* Nº XXVI, Valparaíso, Chile, 2004.

IDEM; "Consolidación del constitucionalismo decimonónico y subsistencia del Derecho Indiano" (en prensa).

ABASCAL y SOUSA, JOSÉ FERNANDO DE, virrey del Perú -1806/1816-, *Memoria de Gobierno* (Edición preparada por RODRÍGUEZ CASADO, VICENTE & CALDERÓN QUIJANO, JOSÉ ANTONIO. Con un estudio preliminar de V. RODRÍGUEZ CASADO), Sevilla, 1944.

AJELLO, RAFFAELE; *Arana juris. Diritto e politica nel settecento italiano*, Napole, 1976.

ALAMAN, LUCAS; *Obras de Lucas Alamán*, ed.por PEREYRA, CARLOS, México, 1942.

ALBORNOZ DE LÓPEZ, TERESA; *La visita de Joaquín Mosquera y Figueroa a la Real Audiencia de Caracas (1804-1809): conflictos internos y corrupción en la administración de justicia*, Caracas, Academia Nacional de la Historia, 1987.

ALONSO ROMERO, MARÍA PAZ; *El proceso penal en Castilla (siglos XIII-XVIII)*,Ediciones Universidad de Salamanca, 1982.

IDEM; "El solemne orden de los juicios. La lentitud como problema en la historia del proceso en Castilla", en *Anuario de la Facultad de Derecho de la Universidad Autónoma de Madrid*, vol.5 (2001).

IDEM; "Escenario institucional de unas vísperas constitucionales. Dimensión procesal" (inédito).

ARREGUI ZAMORANO, PILAR; *La Audiencia de México según los visitadores, siglos XVI-XVII*, México DF, Universidad Autónoma de México, 1985.

BORAH, WOODROW; *El Juzgado General de Indios en la Nueva España* (Traducción de J.J. Utrilla), México, FCE, 1985.

BRANCROFT, HERBERT HOWE, *History of Mexico*, San Francisco, 1886.

BAJAMAR, MARQUÉS DE; *Discursos al Consejo de Indias.* Edición y estudio preliminar de CAMPOS DIEZ, MARÍA SOLEDAD, Madrid, Centro de Estudios Políticos y Constitucionales, 2002.

BARRERO GARCÍA, ANA MARÍA; "En torno al ejercicio de gobernación por las Audiencias de Indias. Una hipótesis de trabajo", en XI Congreso del Instituto Internacional de Historia del Derecho Indiano *Actas y Estudios*, Buenos Aires, 1997.

BARRIENTOS GRANDÓN, JAVIER; *Historia del Derecho Indiano del descubrimiento colombino a la codificación. I° "Ius commune-Ius proprium" en las Indias Occidentales*, Roma, Il Cigno Galileo Galilei, 2000.

IDEM; "La selección de los ministros togados para Indias", en *XI Congreso del Instituto Internacional de Historia del Derecho Indiano, Actas y Estudios*, Buenos Aires, 1997.

BARRIOS, FELICIANO; *El Consejo de Estado de la Monarquía Española (1512-1812)*, Madrid, Consejo de Estado, 1948.

BECCARIA, CESAR; *De los delitos y de las penas*, Edición bilingüe y Estudio Preliminar por FRANCISCO P. LAPLAZA, Buenos Aires, Ediciones Arayú, 1955.

BELLOMO, MANLIO; *L'Europa del Diritto Comune*, Roma, Il Cigno Galileo Galilei, Edizione di Arte e Scienza, 1989 (Hay traducción española supervisada por la Profesora EMMA MONTANOS FERRÍN).

IDEM; "Perche lo storico del diritto europeo debe occuparse del giuristi indiani?, en *Revista Internacionale di diritto commune,* N° 11, Roma-Erice, 1994.

IDEM; "Compartiendo, respondiendo, añadiendo. Reflexiones en torno al *ius commune*", en *Rudimentos legales. Revista de Historia del Derecho,* Universidad de Jaén, N° 3, 2001.

BERNHARD CLAUDE, H. B.; "La administración de justicia en el gobierno dê Juan Bautista Bustos", en *Cuadernos de Historia del Derecho* N° 13 (Academia Nacional de Derecho y Ciencias Sociales de Córdoba), 2003.

BOSSUET, JACQUES BÉNIGNE, *Política sacada de las Sagradas Escrituras —1709—* (Traducción y prólogo de JAIME MAESTRO AGUILERA), Madrid, Tecnos, 1974.

BRADING, D.A.; "Nuevo plan para la mejor Administración de Justicia en América", en *Boletín del Archivo General de la Nación*, t°IX, N°3-4, México, 1968.

BRAVO LIRA, BERNARDINO; "El Derecho Indiano después de la Independencia en América Española: Legislación y doctrina jurídica", en *Historia* N° 19, Instituto de Historia, Pontificia Universidad Católica de Chile, Santiago, 1984.

IDEM; *Derecho común y Derecho propio en el Nuevo Mundo*, Santiago, Editorial Jurídica de Chile, 1989.

BURKHOLDER, Mark & CHANDLER, D.S., *De la impotencia a la autoridad – La Corona y las Audiencias de América - 1687-1808,* México, FCE, 1984.

CALASSO, FRANCESCO; *Introduzzione al Diritto Comune*, Milano, Dott. A. Giuffrè Editore, 1970.

CAMPITELLI, ADRIANA; "Procceso civile", en *Enciclopedia del diritto,* tº XXXVI, P. Varese, Dott A. Giuffrè Editore, 1989.

CAÑADA, CONDE DE LA; *Apuntamientos prácticos para todos los trámites de los juicios civiles,* Madrid, 1793.

CASTILLO DE BOVADILLA, *Política de Corregidores* (1597).

CASTRO, IGNACIO DE; *Relación de la fundación de la Real Audiencia de Cuzco en 1788,* Madrid, MDCCXCV.

CASTRO, MANUEL ANTONIO DE; *Prontuario de Práctica Forense,* Buenos Aires, 1834 (Edición facsimilar), Instituto de Historia del Derecho, Buenos Aires, 1945.

CHANETON, ABEL; *Historia de Vélez Sársfield,* Buenos Aires, Librería y Editorial La Facultad, 1938.

CLAVERO, BARTOLOMÉ; *Temas de Historia del Derecho: Derecho común,* Sevilla, Publicaciones de la Universidad de Sevilla, 1979.

IDEM; "La monarquía, el derecho y la justicia", en E. MARTÍNEZ RUIZ & M. PAZZIS PI (Coordinadores), *Instituciones de la España Moderna,* 1, *Las jurisdicciones,* Madrid, 1996.

CONEJO DIEZ DE LA CORTINA, ANGELES, "Matías de Gávez" en J. A. CALDERON QUIJANO (Director y estudio preliminar), *Los virreyes de Nueva España durante el reinado de Carlos III,* Sevilla, Escuela de Estudios Hispanoamericanos, tº II, 1968.

COSTA, Pietro, *Iurisdictio. Semántica del potere politico nella pubblicistica medievale (1100-1433),* Milano, Dott. A. Giuffrè Editores, 1969.

CUNNINGHAM, Charles Henry; *The Audiencia in the Spanish Colonies as iluustreted by the Audiencia of Manila,* Neww York, 1971.

DIAZ COUSELO, JOSÉ MARÍA; "La Real Ordenanza de Intendentes y la Revolución", en J. M. MARILUZ URQUIJO (Director), *Estudios sobre la Real Ordenanza de Intendentes,* Buenos Aires, Instituto de Investigaciones de Historia del Derecho, 1995.

IDEM; "Pensamiento jurídico y renovación legislativa", en ACADEMIA NACIONAL DE LA HISTORIA, *Nueva Historia de la Nación Argentina,* Vol.5, Buenos Aires, Planeta, 2000.

IDEM; "La tradición indiana y la formación del Derecho Argentino", Instituto de Investigaciones Jurídicas, México (en prensa).

DIAZ TRECHUELO SPINOLA, MARÍA LOURDES, PAJARÓN PARODI, CONCEPCIÓN y RUBIO GIL, ADOLFO; "Juan Vicente de Güemes y Pacheco, Segundo Conde de Revillagigedo (1784-1794) en CALDERON QUIJANO J.A. (Director y Estudio Preliminar), *Los virreyes de Nueva España en el reinado de Carlos IV,* Sevilla, Escuela de Estudios Hispano Americanos, tº I, 1972.

DOMINGUEZ NAFRÍA, JUAN CARLOS, *El Real y Supremo Consejo de Guerra (siglos XVI-XVIII),* Madrid, Centro de Estudios Políticos y Constitucionales, 2001.

DOUGNAC RODRÍGUEZ, ANTONIO; "Las Audiencias Indianas y su trasplante desde la Metrópoli, en BARRIOS, FELICIANO (Coordinador), *El Gobierno de un Mundo. Virrei-*

natos y Audiencias en la América Hispánica, Cuenca, Fundación Rafael del Pino/Ediciones de la Universidad de Castilla-La Mancha, 2004.

ESCUDERO, JOSÉ ANTONIO; *Los orígenes del Consejo de Ministros en España. La Junta Suprema de Estado,* Madrid, Editorial Nacional, 1979.

IDEM; *Felipe II: el rey en el despacho,* Editorial Complutense/Colegio Universitario de Segovia, 2002.

IDEM; *Curso de Historia del Derecho. Fuentes e Instituciones Político-administrativas,* Madrid, 2003.

FIORAVANTI, MAURICIO; *Los derechos fundamentales. Apuntes de historia de las instituciones,* Madrid, Departamento de Derecho Público y Filosofía del Derecho, Universidad Carlos III, Editorial Trotta, 1996.

GACTO FERNÁNDEZ, ENRIQUE; *Sobre la justicia en las fuentes literarias,* Universidad de Murcia, 2002.

IDEM; "La administración de justicia en la obra satírica de Quevedo", en *Homenaje a Quevedo,* Actas de la II Academia Literaria Renacentista, Universidad de Salamanca, 1982.

GARCÍA DE ENTERRÍA, *La lengua de los derechos. La formación del Derecho Público tras la Revolución Francesa,* Madrid, Civitas, 2001.

GARCÍA-GALLO, ALFONSO; "Las bulas de Alejandro VI y el ordenamiento jurídico de la expansión portuguesa y castellana en África e Indias", en *Anuario de Historia del Derecho Español,* vol.27/28, Madrid, 1957-1958.

IDEM; *Estudios de Derecho Indiano,* Madrid, Instituto Nacional de Estudios Jurídicos, 1972.

IDEM; "La ciencia jurídica en la formación del Derecho Hispanoamericano en los siglos XVI y XVII", en *Anuario de Historia del Derecho Español,* Madrid, 1974.

IDEM; *Manual de Historia del Derecho Español,* Madrid, 1975.

IDEM; *Los orígenes españoles de las instituciones americanas. Estudios de Derecho Indiano,* Madrid, Real Academia de Jurisprudencia y Legislación, 1987.

GARCÍA GALLO, CONCEPCIÓN; "José Lebrón y Cuervo. Notas a la Recopilación de Leyes de la Recopilación de Leyes de Indias. Estudio, edición e índices de (...)", en *Anuario de Historia del Derecho Español,* Madrid, 1970.

IDEM; *Las notas a la Recopilación de Leyes de Indias, de Salas, Martínez de Rozas y Boix.* Estudio, Edición e Índices, Madrid, Ediciones de Cultura Hispánica del Centro Iberoamericano de Cooperación, 1979.

GARCÍA PÉREZ, RAFAEL, *El Consejo de Indias durante los reinados de Carlos III y Carlos IV,* Pamplona, EUNSA, 1998.

GARRIGA, CARLOS; "La visita y el gobierno de la justicia en Indias (siglos XVI y XVII), inédito.

IDEM; *La Audiencia y las Chancillerías castellanas (1371-1525). Historia política, régimen jurídico y práctica institucional*, Madrid, 1994.

IDEM; "Los límites del reformismo borbónico": a propósito de la administración de justicia en Indias", en *Actas del XII Congreso del Instituto Internacional de Historia del Derecho Indiano,* Toledo, 1997.

IDEM; "La recusación judicial: Del Derecho Indiano al Derecho Mexicano", en GONZÁLEZ, M. DEL REFUGIO (Editora), *La supervivencia del Derecho Español en Hispanoamérica durante la época independiente*, Universidad Autónoma de México, 1998.

GARRIGA, CARLOS & LORENTE, MARTA, "El juez y la ley: la motivación de las sentencias (Castilla,1489-España,1855), en *Anuario de la Facultad de Derecho de la Universidad Autónoma de Madrid*, vol.1 (1977).

GIRALDO JARAMILLO, GABRIEL; *Relaciones de mando de Nueva Granada. Memorias económicas.* Edición preparada por (...), Bogotá, Banco de la República, 1954.

GONZÁLEZ, JULIO V.; *Filiación Histórica del Gobierno Representativo Argentino*, Buenos Aires, 1937.

GONZÁLEZ ALONSO, BENJAMÍN; "La justicia", en MIGUEL ARTOLA, *Enciclopedia de Historia de España,* II Instituciones Políticas, Imperio, Madrid, Alianza Editorial, 1988.

GROSSI, PAOLO; *El orden jurídico medieval* (con prólogo de FRANCISCO TOMÄS y VALIENTE), Madrid, Marcial Pons, 1966.

IDEM; *Discurso de investidura de Doctor honoris causa*, Universidad Autónoma de Madrid, 1994.

IDEM; *Mitologie giuridiche della modernità*, Milano, Giuffrè Editore, 2001.

GURIEVICH, ARÓN; *Las categorías de la cultura medieval*, Madrid, Taurus Humanidades, 1990.

GUZMÁN BRITO, ALEJANDRO; "Historia de las nociones de "Derecho común" y "Derecho propio", en *Homenaje al Profesor Alfonso García-Gallo*, Universidad Complutense de Madrid, 1996.

HALPERÍN DONGHI, TULIO; *Reforma y disolución de los Imperios Ibéricos (1750-1850)*, Madrid, Alianza Editorial, 1985.

HANKE, LEWIS; *La lucha por la justicia en la conquista de América*, Buenos Aires, Aguilar, 1949.

HERZOG, TAMAR; *La administración como un fenómeno social: la justicia penal en la ciudad de Quito (1650-1750)*, Madrid, Centro de Estudios Constitucionales, 1995.

IDEM; *Ritos de control, prácticas de negociación. Pesquisas, visitas y residencias entre Quito y Madrid (1650-1750),* Fundación Histórica Tavera, Madrid, 2000 (En CD).

HESPANHA, ANTONIO MANUEL; "Da "Iustitia" à "disciplina". Textos, poder e política penal in Antiguo Regime", en *Anuario de Historia del Derecho Español*, Madrid, 1988.

IDEM; *Vísperas del Leviatán. Instituciones y poder político (Portugal, siglo XVII)*, Madrid, Taurus Humanidades, 1989

IDEM; "La senda amorosa del Derecho", en PETIT, CARLOS (Editor), *Pasiones del Jurista*, Madrid, 1997.

IDEM; *Cultura jurídica europea. Síntesis de un milenio* (Edición al cuidado de ANTONIO SERRANO, traducción de ISABEL SOLER y CONCEPCIÓN VALERA), Madrid, Tecnos, 2002.

IBÁÑEZ FROCHAM, MANUEL; *La organización judicial argentina (Ensayo histórico)*, Buenos Aires, 1938.

IGLESIA FERREIROS, AQUILINO, "Derecho municipal, derecho señorial, derecho regio", en *Historia, Instituciones, Documentos*, N°. 4, Sevilla, 1977.

KONETZKE, RICHARD; "La prohibición de casarse los oidores o sus hijos e hijas con naturales del distrito de la Audiencia", en *Homenaje a Don José María de la Peña Cámara*, Madrid, Ediciones José Porrúa Turanzas, 1969.

LATASA VASALLO, PILAR; *Administración virreinal en el Perú: Gobierno del Marqués de Montesclaros*, Madrid, Ed. Centro de Estudios Ramón Areces S.A., 1997.

LEVAGGI, APELARDO; "Los fundamentos de las sentencias en el Derecho Indiano", en *Revista de Historia del Derecho* N° 6, Buenos Aires, 1978.

IDEM; *El virreinato rioplatense en las vistas fiscales de José Márquez de la Plata*, Buenos Aires, Universidad del Museo Social Argentino, 1988.

LEVENE, RICARDO; *Historia del Derecho Argentino*, Buenos Aires, Kraft, 1946.

LOHMANN VILLENA, GUILLERMO; "El proceso de ocupación territorial y la ordenación urbana. Siglos XVI-XIX", en *La ciudad iberoamericana. Actas del Seminario de Buenos Aires 1985*, Madrid, Ministerio de Obras Públicas y Urbanismo, Biblioteca CEHOPU, s/f.

IDEM; *Los ministros de la Audiencia de Lima. Esquema de un estudio sobre un núcleo dirigente, 1700-1821*, Sevilla, Escuela de Estudios Hispano Americanos, 1974.

LORENTE, MARTA; "Autonomía y soberanía: Entre la Historia conceptual y la Historia del Derecho", en *Initium*, Revista catalana d'història del dret, N° 3, Barcelona, 1998.

LLOBET TUSET, JOAQUÍN; *Historia de la motivación de la sentencia canónica*, Zaragoza, 1985.

MANNORI, LUCA; "Justicia y Administración entre antiguo y nuevo régimen", en R. ROMANELLI (a cura di) *Magistrati e potere nella storia europea*, Bologna, 1997.

MARILUZ URQUIJO, JOSÉ M.; "Los juicios de residencia en el Derecho Patrio", en *Revista del Instituto de Historia del Derecho*, N° 5, Buenos Aires, 1953.

IDEM; *El virreinato del Río de la Plata en la época del Marqués de Avilés (1799-1801)*, Buenos Aires, Academia Nacional de la Historia, 1964.

IDEM; "El derecho prehispánico y el derecho indiano como modelos del derecho castellano, en *III Congreso del Instituto Internacional de Historia del Derecho Indiano. Actas y Estudios*, Madrid, Instituto Nacional de Estudios Jurídicos, 1973.

IDEM; "El concepto de tierra nueva en la fundamentación de la pecularíedad indiana", en *Memoria del IV Congreso del Instituto Internacional de Historia del Derecho Indiano*, México, UNAM, 1976.

IDEM; "La acción de sentenciar a través de los apuntes de Benito de la Mata Linares", en *Revista de Historia del Derecho,* Nº 4, Buenos Aires, 1976.

IDEM; "El conocimiento del Derecho", en MATRAYA y RICCI, Juan JOSÉ, *Catálogo cronológico de las Pragmáticas, Cédulas, Decretos, Órdenes y Resoluciones Reales Generales emanadas después de la Recopilación de Leyes de Indias.*Edición y Advertencia Preliminar de (...), Buenos Aires, Instituto de Investigaciones de Historia del Derecho, 1978.

IDEM; "El derecho natural como crítica del derecho vigente en el setecientos rioplatense", en *Revista de Historia del Derecho*, Nº 18, Instituto de Investigaciones de Historia del Derecho, Buenos Aires, 1990.

IDEM; *El agente de la administración pública en Indias*, Buenos Aires, Instituto Internacional de Historia del Derecho Indiano/Instituto de Investigaciones de Historia del Dereho, 1998.

IDEM; "Ius commune y Nuevo Mundo", en prensa.

MARTÍNEZ PÉREZ, FERNANDO; *Entre confianza y responsabilidad. La justicia del primer constitucionalismo español (1810-1823)*, Madrid, Centro de Estudios Políticos y Constitucionales, 1999

MARTIRÉ, EDUARDO;"Las ordenanzas de minas del Conde de Nieva y los Comisarios (1561)", en *Revista del Instituto de Historia del Derecho Ricardo Levene,* Nº 23, Buenos Aires, 1972.

IDEM; "Una instrucción de visita en la Intendencia de Potosí (1785)", en *Revista de Historia del Derecho* Nº 4, Buenos Aires, 1976.

IDEM; *Los Regentes de Buenos Aires. La reforma judicial indiana de 1776*, Buenos Aires, Universidad de Buenos Aires, 1981.

IDEM; "El recurso ante la Real Audiencia de las decisiones del Virrey" en *Seminario de Historia de América*, Universidad de Valladolid, 1984.

IDEM; "La visita de García de León y Pizarro a la Audiencia de Quito (Aporte documental)", en *Anuario Histórico-Jurídico Ecuatoriano*, vol. Vº, Guayaquil, 1980.

IDEM; *Historia del Derecho Minero Argentino*, Buenos Aires, Editorial Perrot, 1987.

IDEM; "Proyecciones del liberalismo gaditano en los países de América", en *Las Cortes de Castilla y León (1188-1988), (Actas de la Tercera Etapa del Congreso Científico sobre la Historia de las Cortes de Castilla y León, sept./1988),* Edición de las Cortes de Castilla y León, Valladolid, tº I, 1990.

IDEM; "Justo trato, justo título. Un ensayo acerca del origen de la controversia sobre los justos títulos de España sobre las Indias", en *Anuario Mexicano de Historia del Derecho,* México (UNAM), vol.V, 1993.

IDEM; "La Audiencia de Concepción en Chile (1565-1573). Un caso de Audiencia con expresas funciones de gobierno", en *Anuario de Historia del Derecho Español,* Vol. LXVII (Volumen en Homenaje a Don Francisco Tomás y Valiente), Madrid, 1997.

IDEM; *Guión sobre el proceso recopilador de las leyes de las Indias,* Buenos Aires, Ed. Abeledo-Perrot, 2000.

IDEM; "El Derecho Indiano, un Derecho propio particular", en *Revista de Historia del Derecho,* No. 29, Buenos Aires, Instituto de Investigaciones de Historia del Derecho, 2001.

MASSETO, Gian Paolo; "Sentenza", en *Enciclopedia del diritto,* t° XLI, P. Varese, Dott A. Giuffrè Editore, 1989.

MATIENZO, Juan de; *Gobierno del Perú* (1567).

MATIENZO, José Nicolás, *El gobierno representativo federal en la República Argentina,* Buenos Aires, 1910.

MATRAYA y RICCI, JUAN JOSÉ, *Catálogo cronológico de las Pragmáticas, Cédulas, Decretos, Órdenes y Resoluciones Reales Generales emanadas después de la Recopilación de Leyes de Indias.*Edición y Advertencia Preliminar de MARILUZ URQUIJO, J.M., Buenos Aires, Instituto de Investigaciones de Historia del Derecho, 1978.

MECCARELLI, MASSIMO; *Arbitrium. Un aspetto sistematico degli ordinamenti giuridici in eta di diritto comune,* Milano, Dott. A. Giuffrè Editore, 1998.

MENDEZ CALZADA, Luis; *La función judicial en las primeras épocas de la Independencia,* Buenos Aires, Editorial Lozada, 1944.

MENDEZ MONTENEGRO, César, *Autos Acordados de la Real Audiencia de Guatemala (1561-1807),* México, 1976.

MORENO CEBRIAN, ALFREDO; *El virreinato del Marqués de Castelfuerte, 1724-1736. El primer intento borbónico de reformar el Perú,* Madrid, Ed. Catriel, 2000.

MURO OREJON, ANTONIO; "Las Leyes Nuevas (1512-1543)", en *Anuario de Estudios Americanos,* vol.II, Sevilla, 1945.

NAVARRO GARCÍA, LUIS; "El Virrey Marqués de Croix" en CALDERÓN QUIJANO, JOSÉ ANTONIO (Dirección y estudio preliminar); *Los virreyes de Nueva España n el reinado de Carlos III,* Sevilla, Escuela de Estudios Hispano Americanos, t° I, 1967.

IDEM; "El virrey Marqués de Branciforte", en CALDERÓN QUIJANO, JOSÉ ANTONIO (Dirección y estudio preliminar), Sevilla, Escuela de Estudios Hispano-Americanos, t° I, 1972..

IDEM; "Honra, pobreza y aislamiento de los oidores indianos", en *Temas Americanistas,* N°1, Sevilla, 1982.

OTS CAPDEQUI, JOSÉ MARÍA; *Historia del Derecho Español en América y del Derecho Indiano,* Madrid, Aguilar, 1967.

PARRY, J.H.; *La Audiencia de Nueva Galicia en el siglo XVI. Estudio sobre el gobierno colonial español.* Estudio introductorio de RAFAÉL DIEGO FERNÁNDEZ y EDUARDO WILLIAMS, Michoacán, El Colegio de Michoacán-Fideicomiso Teixidor, 1993.

PEREYRA y PAZ SOLDÁN, MANUEL, "Introducción a Documentos, y Cartas de la Audiencia del Virrey Marqués de Montesclaros", en *Revista Histórica,* órgano del Instituto Histórico del Perú.

PEREZ LANDERO, PEDRO; *Práctica de visitas y residencias apropiada a los reinos del Perú y deducida de lo que en ellos se estila.* Por (...). En Nápoles, por Nicolás Layno, MDCXCVI.

PEREZ MARTÍN, ANTONIO; "Derecho Común, Derecho Castellano, Derecho Indiano", en *Revista Internazzionale di Diritto Comune,* Nº 5, Ettore Majorana Foundation and Centre for Scientific Cultura, Roma-Erice, 1994.

PETIT, CARLOS; "Derecho Común y Derecho Castellano. Notas de literatura jurídica para su estudio (siglos XVI-XVII)" en *Tijdshcrift voor rechtsgeschiedeenis-Revue d'histoire du droit-The legal history review,* L, Nº 2, Universitate Pres, Leiden, 1982.

PIHLAJAMÄKI, HEIKKI; "Lo europeo en derecho: *ius politiae* y el derecho indiano", en Actas del XIII Congreso del Instituto Internacional de Historia del Derecho Indiano, Toledo, 19/21 de octubre de 1998,*Derecho y Administración Pública en las Indias Españolas,* Ediciones de la Universidad de Castilla–La Mancha, Cuenca, 2002.

POWELL, Philip Walter; "Portrait o fan American Viceroy: Martín Enríquez, 1568-1583", en *The Americas Academy of American Franciscan History,* Washington D.C., vol.XIV, july, 1957, Nº 1.

PUENTE BRUNKE, JOSÉ DE LA; "Sociedad y administración de justicia: Los ministros de la Audiencia de Lima (siglo XVIII)", en *XI Congreso del Instituto Internacional de Historia del Derecho Indiano, Actas y Estudios,* Buenos Aires, 1997.

IDEM; "Notas sobre el funcionamiento de la Audiencia de Lima a mediados del siglo XVII", en *Actas del XIV Congreso del Instituto Internacional de Historia del Derecho Indiano, Lima, octubre de 2003* (en prensa).

RAVIGNANI, EMILIO; *Asambleas Constituyentes Argentinas,* tº Iº, Buenos Aires, 1937

RIPODAS ARDANAZ, DAISY; *El matrimonio en Indias. Relación social y regulación jurídica,* Buenos Aires, 1977.

IDEM; "Bossuet *ad usum moxorum.* La "cartilla" atribuida a Lázaro de Ribera", en *Revista del Instituto de Historia del Derecho Ricardo Levene,* Nº17, Buenos Aires, 1966.

IDEM; "Los 'Discursos exhortatorios' del Marqués de Bajamar (Una imagen del Consejo de Indias bajo Carlos IV), en *Anuario Histórico Jurídico Ecuatoriano,* Vol. VI, Quito, 1980.

IDEM; "Los sermones cuaresmales a la Audiencia de Buenos Aires y su propuesta de oidor ideal", en *Revista Chilena de Historia del Derecho,* Nº12, Santiago de Chile, 1986.

IDEM; *Un ilustrado cristiano en la magistratura indiana. Antonio Porlier, Marqués de Bajamar. Viaje de Cádiz a Potosí (1758-1759),* Buenos Aires, Prihsco-CONICET, 1992.

IDEM; "La administración de justicia en el último siglo colonial. Una imagen a traves de la literatura dieciochesca de América Meridional", en *Revista de Historia del Derecho*, N° 20, Buenos Aires, 1992.

IDEM; "El juez y el abogado paradigmático en la obra del santafereño Juan Bautista del Toro (1715), en *Homenaje al Profesor Alfonso García-Gallo*, Universidad Complutense, Madrid, 1996.

RADAELLI, SIGFRIDO; *Memorias de los virreyes del Río de la Plata*, Buenos Aires, Editorial Bajel, 1945.

RODRIGO SÁNCHEZ, Vidal; *El testamento de Isabel la Católica*, Estudio Introductoria y comentario de (...), Instituto de Historia Eclesiástica "Isabel la Católica", Arzobispado de Valladolid, Madrid, 2001.

ROVITO, PIER LUIGI; *Respublica dei togati. Giuristi e società nella Napoli del seicento*, Napoles, 1981.

RUBIO GIL, ADOLFO, "Alonso Núñez de Haro – 1787", en CALDERON QUIJANO, José Antonio (Director y Estudio Preliminar), *Los virreyes de Nueva España en el reinado de Carlos III*, Sevilla, Escuela de Estudios Hispano Americanos, t° II, 1968.

RUIZ ASENCIO, JOSÉ M. (Edición y estudio diplomático), *Leyes de Burgos*. Introducción de BALLESTEROS GAIBROIS, Manuel, Madrid, Ministerio de Cultura, 1991.

RUIZ MEDRANO, ETHELIA; *Gobierno y sociedades de Nueva España: la segunda Audiencia y Antonio de Mendoza*, El Colegio de Michoacán-Gobierno del Estado de Michoacán (México), 1991.

RUIZ GUIÑAZÚ, ENRIQUE; *La magistratura indiana*, Buenos Aires, 1916.

SÁNCHEZ AGESTA, LUIS; *El pensamiento político del despotismo ilustrado*, Madrid, 1953.

SÁNCHEZ-ARCILLA BERNAL, JOSÉ; *Las ordenanzas de Audiencias de Indias (1511-1821)*, Madrid, Dykinson, 1992.

SANMARTINO de DROMMI, Mª Laura; *Documentos Constitucionales Argentinos*, Buenos Aires, Ediciones Ciudad Argentina, 1994.

SÁNCHEZ BELLA, ISMAÉL; *Derecho Indiano. Estudios*, Vol.I y II, Pamplona, Ediciones de la Universidad de Navarra, 1991.

SARABIA VIEJO, MARÍA JUSTINA; *Don Luis de Velasco, Virrey de Nueva España (1550-1564)*, Sevilla, Escuela de Estudios Hispano Americanos, 1978.

SCHÄFER, Ernesto; *El Consejo Real y Supremo de las Indias. Su historia, organización y labor administrativa hasta la terminación de la Casa de Austria*, Sevilla, 1935/1947, reimpreso Nendel-Liechtenstein, 1975.

SCHOLZ, JOHANNES-MICHAEL; "Motiva sunt pars sententiae Urteilsbegrüng in Aragón (16-18 jahrhundert)", en *Atti del Terzo Congreso Internazionale della Società Italiana de Storia del Diritto. La formazione storica del diritto moderno in Euiropa*, Firenze, Leo S. Olschki Editore, MCMLXXVII.

SEIJAS y LOBERA, FRANCISCO DE; *Gobierno militar y político del Reino Imperial de Nueva España (1702).* Estudio, trascripción y notas de PÉREZ-MALLAÍNA BUENO, PABLO Emilio, México DF, Universidad Autónoma de México, 1986.

SERRA y VALLS, *Colección de Versos (Buenos Aires, 1807-1810)*, con Estudio Preliminar de RÍPODAS ARDANAZ, DAISY, Buenos Aires, Academia Nacional de la Historia, 2000, p. 177.

SOLORZANO y PEREIRA, JUAN DE; *Política Indiana* (1648).

TARUFFO, MICHELE; "L'obligo de motivazzione della sentenza civile tra diritto comune e iluminismo", en *La formazzione storica del diritto moderno in Europa* (Atti del Terzo Congresso Internacionales di Storia del Diritto), Florencia, 1973.

TAU ANZOÁTEGUI, VÍCTOR; "Acerca de la fundamentación de las sentencias en el Derecho Patrio", en *Revista del Instituto de Historia del Derecho Ricardo Levene*, N°13, Buenos Aires, 1962.

IDEM; *Formación del Estado Federal Argentino (1820-1852). La intervención del gobierno de Buenos Aires en los asuntos nacionales*, Buenos Aires, Instituto de Historia del Derecho Ricardo Levene/Editorial Perrot, 1965.

IDEM; "La administración de justicia en las Provincias Argentinas", en *Revista de Historia del Derecho* N° 1, Buenos Aires, Instituto de Investigaciones de Historia del Derecho, 1973.

IDEM; *La Codificación en la Argentina (1810-1870). Mentalidad Social e Ideas Jurídicas*, Buenos Aires, Instituto de Historia del Derecho Ricardo Levene, 1977.

IDEM; "La fundamentación de las sentencias en la Argentina", en *Revista de Historia del Derecho* N°10, Buenos Aires, 1982.

IDEM; "Consideraciones sobre la aplicación de la Recopilación de 1680", en Francisco de ICAZA DUFOUR (Coordinador), *Recopilación de Leyes de los reinos de las Indias. Estudios histórico-jurídicos*, México, Miguel Angel Porrúa editor, 1987.

IDEM; *La ley en América Hispana. Del descubrimiento a la emancipación*, Buenos Aires, Academia Nacional de la Historia, 1992.

IDEM, *Casuismo y sistema. Indagación histórica sobre el espíritu del Derecho Indiano*, Buenos Aires, Instituto de Investigaciones de Historia del Derecho, 1992.

IDEM, *Nuevos Horizontes en el Estudio del Derecho Indiano*, Buenos Aires, Instituto de Investigaciones de Historia del Derecho/Instituto Internacional de Historia del Derecho Indiano, 1997.

IDEM; "La disimulación en el Derecho Indiano", en Actas del *XII Congreso del Instituto Internacional de Historia del Derecho Indiano*, Toledo, 1998.

IDEM; "El 'Juicio de las leyes civiles' de Lópes de Deza. Una obra crítica y reformadora en tiempos de Felipe III'"", en *Revista de Historia del Derecho* N° 13, Buenos Aires, 1985.

IDEM; "Estudio" en *Los bandos de buen gobierno del Río de la Plata, Tucumán y Cuyo (época hispánica).* Edición y Estudio de (...), Buenos Aires, Instituto de Investigaciones de Historia del Derecho, 2004.

TOMAS y VALIENTE, FRANCISCO; "Castillo de Bovadilla (c.1547-c.1605), semblanza personal y profesional de un juez del antiguo régimen", en *Anuario de Historia del Derecho Español*, Madrid, 1975.

IDEM; *Manual de Historia del Derecho Español*, Madrid, 1979.

IDEM; "De la administración de justicia al poder judicial", en *El Poder Judicial en el bicentenario de la Revolución Francesa*, Madrid, Centro de Estudios Judiciales, 1990.

IDEM; *Gobierno e* Instituciones *en la España del Antiguo Régimen*, Madrid, Alianza Editorial, 1999.

VALLEJO, JESÚS; "Il calice d'argento (secoli XII-XV, en *Storia d'Europa. Il Medioevo, secoli V-XV,* Vol. III, Torino, Einaudi.

IDEM; *La ruda equidad, ley consumada. Concepción de la potestad normativa (1250-1350),* Madrid, Centro de Estudios Constitucionales, 1992.

IDEM; "Leyes y jurisdicciones en el *Ordenamiento de Alcalá*"; Biblioteca Nacional, Madrid, Vit. 15-7 (Ed.por Frank Waltman) y Biblioteca Nacional, Madrid, Res.9 (Ed. Por Frank Waltman y Patricia Martínez de la Vega), Madison, 1994.

IDEM; "Acerca del fruto del árbol de los jueces. Escenarios de la justicia en la cultura del *ius commune*", en *Anuario de la Facultad de Derecho de la Universidad Autónoma de Madrid*, vol.2, 1998.

IDEM,"De sagrado arcano a constitución esencial. Identificación histórica del Derecho Patrio", en Pablo ALBALADEJO (ed.), *Los Borbones. Dinastía y Memoria de Nación en la España del siglo XVIII*, Madrid, Marcial Pons Historia/Casa de Velásquez, 2001.

VÁZQUEZ de ESPINOSA, P. ANTONIO; *Descripción de la Nueva España en el siglo XVII,* por el (...), México, Ed. Patria, 1944.

VILLARROEL, GASPAR DE; *Gobierno eclesiástico y pacífico y unión de los dos cuchillos, Pontificio y Regio,* Madrid, 1657.

WEHLING, ARNO & MARÍA JOSÉ, *Directo e Justiça no Brasil Colonial. Otribunal sa Relaçào do Rio de Janeiro (1751-1808)*, Río de Janeiro, Sào Paulo, Recife, 2004.

ZAVALA, SILVIO, *La encomienda indiana* (2ª edición revisada y aumentada), México, Porrúa, 1973.

ZORRAQUÍN BECÚ, RICARDO; *Historia del Derecho Argentino*, Buenos Aires, Ed. Perrot, 1945/1946.

IDEM; *La organización política argentina en el período hispánico*, Buenos Aires, Instituto de Historia del Derecho Ricardo Levene, 1969.

IDEM; *La organización judicial argentina durante el período hispánico*, Buenos Aires, Ed Perrot, 1981.